CASTRO Y LAS GUERRILLAS EN LATINOAMÉRICA

COLECCIÓN CUBA Y SUS JUECES

EDICIONES UNIVERSAL, Miami, Florida, 2001

ENRIQUE ROS

CASTRO Y LAS GUERRILLAS EN LATINOAMÉRICA

Copyright © 2001 by Enrique Ros

Primera edición, 2001

EDICIONES UNIVERSAL
P.O. Box 450353 (Shenandoah Station)
Miami, FL 33245-0353. USA
Tel: (305) 642-3234   Fax: (305) 642-7978
e-mail: ediciones@ediciones.com
http://www.ediciones.com

Library of Congress Catalog Card No.: 00-111176
I.S.B.N.: 0-89729-939-6

Composición de textos: María Cristina Zarraluqui
Diseño de la cubierta: Eduardo Fiol

Todos los derechos
son reservados. Ninguna parte de
este libro puede ser reproducida o transmitida
en ninguna forma o por ningún medio electrónico o mecánico,
incluyendo fotocopiadoras, grabadoras o sistemas computarizados,
sin el permiso por escrito del autor, excepto en el caso de
breves citas incorporadas en artículos críticos o en
revistas. Para obtener información diríjase a
Ediciones Universal.

ÍNDICE

PRÓLOGO 9

INTRODUCCIÓN 13

CAPÍTULO I 15
Ante la conferencia de partidos comunistas /15
Cuadro de América cuando se convoca la conferencia /17 Comunicado de la Conferencia de Partidos Comunistas de América Latina /23

CAPÍTULO II Argentina 25
Jorge Ricardo Masetti, Ricardo Rojo, Hilda Gadea, Ernesto Guevara /26 Masetti hacia el Cono Sur /31 El Comandante Segundo /34 Diezmada la guerrilla de Masetti /39

CAPÍTULO III Perú 44
Las primeras guerrillas peruanas /47 Javier Heraud hacia Puerto Maldonado /50 El MIR y el ELN: origen distinto, igual objetivo /52 El MIR peruano: desprendimiento del APRA. El ELN surge del Partido Comunista /54 Puerto Maldonado: El primer fracaso /55 Hacia la Tricontinental /59 Golpe Militar del General Velasco Alvarado /62 La Habana condena el golpe /62 La Habana se entiende con los golpistas /63

CAPÍTULO IV Colombia 66
El ELN, las FARC /68 Camilo Torres /69 Las FARC se fraccionan /75 Las FARC devienen en partido político /78 Las guerrillas y el narcotráfico /79

CAPÍTULO V   Venezuela 85
Atentado a Rómulo Betancourt /88 Las Primeras Guerrillas /93 Carúpano y Puerto Cabello /94 Las FALN que responden al PCV /96 Asalto al Tren de El Encanto /98 El repliegue del PCV /100 El Partido Comunista de Venezuela aboga por "la paz democrática" /101 Fricciones entre las FALN y el Partido Comunista Venezolano /103 Aumenta el distanciamiento entre el PCV de Venezuela y las FALN /106 Las FALN de Venezuela y Castro /108 La Operación "Simón Bolívar" /109 La Conferencia de la Montaña /111 Las FALN en La Habana /114 Dos posiciones dentro del PCV /116 Expulsado Douglas Bravo del PCV. Castro lo defiende /118 El PCV y Castro /120 Los Cubanos y el MIR venezolano /121 El mando de la guerrilla venezolana en manos de un cubano /129 De Moscú llega una advertencia /131 Los Ejércitos de Liberación Nacional y los Partidos Comunistas /133

CAPÍTULO VI   Guatemala 138
Se separa el MR-13 del Partido Comunista /140 El Manifiesto de Sierra de las Minas /140 Las guerrillas: Luis Turcios Lima y Yon Sosa /142 Turcios Lima en la Tricontinental /145 Turcios respalda a Méndez Montenegro /145 Muere Luis Turcios Lima /148 Las FAR rompen con el Partido Comunista /149

CAPÍTULO VII   Bolivia 154
Divisiones internas en el Partido Comunista Boliviano /155 Guevara: Ajeno al dolor de América /160 Guevara: Médico "por la libre" /162 ¿Recibió Ernesto Guevara e título de médico? /166 Una resolución anterior /174 Desaparece el expediente académico de Ernesto Guevara /175 Guevara: su primer viaje a Bolivia /181 Situación de Bolivia antes de la llegada del Ché /185 Bolivia en la Tricontinental /188 Guevara actúa a espaldas del PCB /191 La Guerrilla: Improvisación e Incompetencia /195 Guerrilleros sin respaldo obrero ni campesino /199 Se constituye el

Ejército de Liberación Nacional (ELN) **/201** Renán Montero. Insumergible oficial de Inteligencia **/203** Renán a cargo de la red clandestina **/205** Aislado Guevara: Renán sale de Bolivia **/207** Nuevas Misiones de Renán Montero **/208** Tres de las acciones organizadas por Renán **/209** Renán y el terrorista Gorriarán Merlo **/212** Ajustician al Comandante Bravo **/213** Comandos argentinos ejecutan a Somoza **/217** Muere un guerrillero por unas válvulas gastadas **/220** El asalto a la base militar de La Tablada **/221** Fricciones con Marcos (Pinares) **/223** La toma de un hospital **/229** ¿Quiénes componen la guerrilla? **/232** Guevara se siente perdido **/ 236** La evaluación de la guerrilla por el propio Ché Guevara **/237** Los últimos 38 días de Ernesto Guevara **240** Consejo de Guerra a Regis Debray **/243** El Ché: cercado y abandonado **/248** La guerrilla lo abandona **/249** El Diario del Ché Guevara **/252** Acusaciones y descargos **/253** Los panegiristas **/255** Los responsables son pronto liberados **/256**

CAPÍTULO VIII   Primera Conferencia de OLAS............ 258
Discursos y abandono **/260** El Mensaje **/262** El abandono **/263** Los discursos **/267** Douglas Bravo rompe con Castro **/268** Presionado económicamente, Castro cambia su posición **/269** Primer Congreso del Partido Comunista de Cuba **/271**

CAPÍTULO IX   República Dominicana........................ 274
Primeras acciones de Castro **/274** Francisco Caamaño. Su rápido ascenso. **/278** La invasión **/280** La Batalla del Puente Duarte **/283** Expatriado el General Wessin **/284** Sale Caamaño **/286** Planes de Castro con Caamaño **/287** Operación Estrella **/291** Castro abandona a Caamaño **/292**

CAPÍTULO X   Uruguay... 295
Primer movimiento guerrillero **/297** Uruguay en la Tricontinental y en OLAS **/299** Los Tupamaros. Raúl Sendic **/302** Se estrechan las relaciones de los

Tupamaros con Castro /304 La década de los 70: secuestros y contactos cubanos /306 Dan Mitrioni "agente yanqui" /309 Secuestran al embajador británico /312 Las conexiones de "Prensa Latina" /318 Contactos de los Tupamaros con Cuba /320 El repliegue de los Tupamaros /324

CAPÍTULO XI Argentina... 327
Las primeras organizaciones guerrilleras /327 La Tendencia Revolucionaria (LTR) /331 Secuestro del ex presidente Aramburu. Deposición de Onganía /334 El escenario político /340 Regresa Perón /342 En Chile Allende es depuesto /348 Rompe Perón con la "Juventud Peronista" /355 Castro y los comunistas argentinos respaldan a Perón /358 Castro firma acuerdos comerciales con Perón /359 Muere Perón. Aumenta la violencia /361

EPÍLOGO.. 367

BIBLIOGRAFÍA... 369

ÍNDICE ONOMÁSTICO 376

PRÓLOGO

Cuando Julio César escribió *Comentarios a la Guerra de las Galias* y sus *Comentarios a la Guerra Civil*, el propósito era simplemente anotar los datos necesarios para que los historiadores pudieran escribir la historia a fondo. Sin embargo, resultaron en un estilo tan puro, conciso y claro, y dentro de una verdad histórica tan completa, que nadie se ha atrevido a mejorar lo que es de por sí un modelo acabado del género histórico. Eso mismo podemos decir de los libros de Enrique Ros; pero más particularmente de este: *Castro y las Guerrillas en Latinoamérica*.

El título es descriptivo y refleja con exactitud lo que el libro comprende. Y ¿qué comprende? Enrique Ros lo fija en el primer parráfo del Epílogo: "La lucha guerrillera que ensangrentó el continente, pero que no fue capaz de alcanzar el poder. Fracasó tanto en su concepción del foco guerrillero como en el de la guerrilla urbana".

La lucha guerrillera, que partió de Cuba, corrió hasta todos y cada uno de los países en nuestro continente. El teatro, en este libro, no fue África, como en el anterior. El teatro fue América Latina con escenarios y decorados diversos, aunque siempre bajo una sola dirección: Fidel Castro.

El libro comienza con una introducción que, en síntesis breve pero sustanciosa enuncia la tesis que prueba con las mejores evidencias, la documental, complementada, en ocasiones, con la testimonial, preferiblemente la de los propios actores.

Antes de entrar en el análisis de la intervención de Cuba en cada país, probada y vuelta a probar, el libro nos presenta cómo se inicia el plan guerrillero. Es un bosquejo no sólo de como se inicia, sino cómo impulsa y proyecta. Para esto, para impulsar y proyectar el movimiento armado, el régimen de Cuba convoca a una Conferencia de Partidos Comunistas en La Habana. Allí se tratan de coordinar las dos tácticas: la de la lucha política, propiciada por Moscú, y la armada, propiciada por Pekín. Si bien condena "toda actividad fraccional", se apreciará, con la lectura del libro, que Cuba es más "fraccional" y divisionista que nadie, al inclinarse decisivamente por la lucha guerrillera, por la intervención armada en cada uno de nuestros países.

Inmediatamente comienza el estudio, algo más que análisis, de las actividades subversivas propiciadas por Fidel Castro con el propósito de crear otras Cubas, de hacer de Los Andes otra Sierra Maestra, de crear varios Vietnams. Si bien comienza y termina con Argentina, incluye a todos nuestros países, particularmente a Perú, Colombia, Venezuela, Guatemala, Bolivia, República Dominicana y Uruguay.

El estudio llega hasta sus últimos detalles, con los nombres y apellidos de sus actores. Se analizan todas las corrientes que se movían por entre los laberintos de la subversión. Asombra la minuciosidad con que el autor los examina. No suple con la fantasís lo que falta en la realidad; por el contrario, compulsa los documentos y acude a las fuentes.

La estructura del libro, de ir país por país, lo hace más valioso y útil, pues a quien solo le interesa un país no es necesario que lea los capítulos de todos los países.

El libro tiene, en cierta forma, un aparte con el estudio del Ché Guevara. Es amplio y con detalles. Va desde el periplo turístico inicial, cuando no se había graduado de médico hasta el desenlace de su muerte. Es lógico este estudio, pues se trata de la llamada figura legendaria del guerrillero, que el autor, con lujo de evidencias, la priva de los atributos míticos que se le ha pretendido atribuir. Presenta al "Ché" tal cual es, como un farsante, quien finge lo que no siente y pretende pasar por lo que no es. El estudio se detiene a reflexionar sobre su "alegre recorrido por naciones gobernadas por regímenes autocráticos", "ajeno al dolor de América" y cómo ha fracasado en todas sus aventuras. Y también cómo pretende pasar por médico sin serlo. Lo cual prueba con la más soberana de las evidencias, la documental, a pesar de que el expediente académico lo han desaparecido.

En cuanto a la ayuda de Fidel Castro a los movimientos guerrilleros anota dos conductas: Una de abierto apoyo a las injerencias armadas en América Latina, hasta que la Unión Soviética lo hace renegar de su conducta y claudicar de sus llamados principios revolucionarios. Otra, la del claro abandono del Ché Guevara por parte de Fidel Castro, para dejarlo morir, por decir lo menos, en la Quebrada del Yuro.

El libro no pasa por alto la Primera Conferencia de Solidaridad (OLAS) en La Habana, a la que se "invitaron delegados hostiles a los partidos comunistas ortodoxos de países como Argentina, Brasil y Chile", así como de Venezuela y otros países. Allí estuvieron presentes grupos que no eran de Moscú ni de Pekín, sino de La Habana.

No obstante el esfuerzo y apoyo militante de La Habana a la subversión, al terrorismo y a las guerrillas que operaron en América Latina, todo fracasó pues no pudieron atrapar el poder. Las señala el libro. Entre ellas, tratar de imponer mecánicamente un modelo que no se ajustaba a las realidades nacionales de cada país. Tal vez la causa más importante es la que señaló Douglas Bravo:

> "La revolución Cubana fue, fundamentalmente, una lucha antidictatorial en su primera etapa. Por ese motivo el movimiento cubano fue capaz de atraer a un inmenso número de hombres de la burguesía, de la clase trabajadora, estudiantes y campesinos. En su segunda etapa, comenzando en 1960, la Revolución Cubana tomó un nuevo carácter, su carácter socialista. Es decir, su matiz socialista comenzó después que la revolución había tomado el poder. No fue así en el resto de América Latina cuyos "movimientos de liberación" asumieron un carácter socialista al iniciar su lucha".

El Epílogo es una recapitulación de lo examinado, que reafirma la tesis del libro, un tanto, de acuerdo con la estructura circular tan propia de la novelística latinoamericana. Es breve; tan breve que es de una sola página. En él se apuntan las consecuencias de la acción guerrillera en América Latina. El saldo, sangre y destrucción. La conclusión, nos dice el libro: "Las grandes masas –de hecho los pueblos– no se sintieron atraídos por el llamado de aquellos pocos alzados. No participaron en la lucha; fueron sólo espectadores".

Nadie que pretenda entender la América Latina de hoy puede prescindir de la lectura de esta obra. En ella se revelan muchas de las raíces de nuestros problemas, con una sola perspectiva, la realidad sin añadir ficción alguna. No hace afirmación que no pueda ser respaldada plenamente con pruebas objetivas

No puedo terminar sin apuntar que es un bochorno para un buen número de gobiernos de América Latina que, con las evidencias que ellos poseen y las que publica Enrique Ros, todavía no se dispongan a excluir de sus relaciones a quien ha hollado la soberanía de sus pueblos y convertido a Cuba en un cuadro de horror, en la materialización de la pesadilla de George Orwell, en una tiranía sin justicia, sin libertad y sin pan.

Antonio Alonso Ávila

INTRODUCCIÓN

Glorificación de un sangriento fracaso

El espejismo creado por el fácil y publicitado triunfo de la revolución cubana sobre el régimen de Fulgencio Batista provocó la proliferación de los movimientos guerrilleros en el continente.

La falsa idea de que bastaba la formación de un foco guerrillero para que se desplomaran las estructuras de poder ocultaba que mientras la publicidad se centraba en Castro, que disfrutaba la seguridad ofrecida por la Sierra Maestra, los muertos los brindaba un amplísimo y bien organizado movimiento clandestino.

Casi sin excepción los primeros brotes guerrilleros en la América Latina surgen sin que sus promotores hubieran estructurado previamente una extensa y eficiente red clandestina.

Confundiendo "lo revolucionario" con "lo antimilitar" la ultraizquierda de nuestros países consideró, falsamente, que el vehículo más apropiado para enfrentarse a las fuerzas armadas sería la creación de ejércitos de nuevo tipo: populares y revolucionarios.

Se produjo, así, la multiplicidad de los Ejércitos Nacionales de Liberación.

Pero esa ultraizquierda latinoamericana –producto, a su vez, de la Revolución Cubana– afectó más a la izquierda tradicional, a "la izquierda establecida", que a las estructuras de poder de los países latinoamericanos.

Los sectores populares –estudiantes, obreros, campesinos– no se unieron, masivamente, a esos "ejércitos nacionales de liberación".

Pocos tópicos han recibido tan inmerecida idílica atención como el de las guerrillas. Sus acciones se han presentado como hechos heroicos; sus integrantes, como abnegados adalides.

Pero en aquellos años a la ultraizquierda le fue más cómodo, y seguro, empuñar la pluma que el fusil.

Las guerrillas han producido más narradores que participantes; han generado más alabanzas que colaboración. En cada país de nuestro continente las guerrillas han contado con más escritores que combatientes. Como veremos en estas páginas sólo una exigüa minoría de los que se autocalificaban de izquierdistas se incorporó a la acción violenta, urbana o rural.

En las décadas de los 60 y los 70, a pesar de la mucha indebida publicidad recibida, Castro no tuvo éxito en crear en parte alguna del continente, una "segunda Cuba". Desgarró, prácticamente sin excepción, gran parte de los países del hemisferio. Despilfarró en sus desventuradas operaciones el inmenso caudal recibido de la Unión Soviética sin provecho alguno para el mundo iberoamericano ni, mucho menos, para el pueblo cubano.

Las guerrillas anegaron en sangre al continente. Sólo produjeron destrucción y muerte. Los ejércitos de liberación, muchos de sus integrantes entrenados en Cuba, sólo se sostuvieron en cada país por un breve período pero fue incalculable el daño material que ocasionaron.

A lo largo de todo el continente las guerrillas fueron aplastadas. Sólo sobrevive alguna de evidentes lazos con el narcotráfico.

Pero la prensa, y escritores ávidos de recibir crítica favorable, han glorificado el sangriento fracaso de la lucha guerrillera.

Mi libro, muy modestamente, denuncia el gran timo de las reivindicaciones nacionales a través de las guerrillas orquestado por la ultraizquierda latinoamericana. Sólo sangre y destrucción produjeron las guerrillas.

CAPÍTULO I

Ante la conferencia de partidos comunistas en La Habana

El triunfo de la Revolución Cubana fue el catalizador de los movimientos guerrilleros que pronto surgieron en el continente.

La temprana declaración de Castro de que era "y había sido siempre marxista-leninista" despertó el interés de la Unión Soviética en Cuba y en el hemisferio. Antes de 1959 el partido Comunista de la Unión Soviética (PCUS) sólo había mostrado esporádica atención a algunos países de Latinoamérica[1] entre ellos, Brasil, Guatemala y Cuba.

Una de las características del proceso de la Revolución Cubana es que la Revolución no se realizó bajo la bandera socialista. El derrocamiento de Batista, el triunfo del Movimiento 26 de Julio y, sobre todo, la transformación del nuevo gobierno en un régimen marxista, fueron eventos –afirma correctamente el profesor Luis Aguilar León[2]– no previstos en aquel momento por el comunismo cubano ni el continental. La Unión Soviética, en ese instante, respaldaba la toma del poder, o la participación en el mismo, no por la lucha armada sino por la vía política del frente popular.

En el primer quinquenio de la década del 60 los Partidos Comunistas se encontraban preocupados con los frecuentes resquebrajamientos de su estructura partidista. Las escisiones eran llamadas la "práctica de la disrupción" y a ella sus dirigentes se refirieron en innumerables conferencias, ensayos y artículos.

---

[1] William E. Ratliff.

[2] Luis E. Aguilar León. Marxismo en Latinoamérica.

Varios eventos internacionales contribuyeron a esa desintegración del bloque chino-soviético, ruptura que incidió con el surgimiento y, en otros casos, con el fortalecimiento de agrupaciones comunistas pro-chinas en Latinoamérica.

La Unión Soviética preocupada con las revueltas populares producidas en la Europa Oriental, especialmente en la Alemania del Este, Polonia y Hungría, comenzaba a abogar por una coexistencia pacífica con los Estados Unidos que le permitiese concentrar sus esfuerzos en aquella región tan cercana a sus fronteras.

Posición opuesta a la de la República Popular China que en franca hostilidad con los Estados Unidos por el no reconocimiento de su régimen en el Consejo de Seguridad de las Naciones Unidas obstaculizaba la política de coexistencia exigiendo el retiro de las tropas norteamericanas de Taiwán y alentando, dentro de los grupos más extremistas de Latinoamérica, la lucha armada.

Se consolida Castro en el poder en medio de esa tensa situación entre los dos polos opuestos del mundo comunista.

En aquellos años los ahora antípodas del antiguo bloque chino soviético comenzaban a marchar por sendas opuestas.

Kruschev establecía una línea directa de comunicación con Washington; firmaba con los Estados Unidos un acuerdo prohibiendo las pruebas de armas nucleares; y se comprometía –con muy poco éxito y escaso interés– a no alentar las acciones subversivas de Castro en la América Latina.

Para la China Comunista no eran esos los temas más apremiantes. O esenciales. Para los líderes chinos lo prioritario era la liquidación del régimen de China Nacionalista en Taiwán.

Los comunistas soviéticos se enfrentaban a "los divisionistas chinos y sus seguidores que necesitan de la idea antileninista de dos partidos comunistas a fin de legalizar los grupos antipartido formados por ellos en un número de países"[3]. Afir-

---

[3] D. Lakkas. "Contra la Teoría y Práctica de la Disrupción" Revista Marxista Mundial, Vol. VII, No. 7, Julio, 1964.

maba la publicación moscovita que los grupos divisionistas, formados con el respaldo directo de Pekín, estaban llevando a cabo su dañina actividad en un número de países latinoamericanos. Mencionaba a algunos de ellos.

Daba a conocer declaraciones del Partido Comunista de Chile y afirmaba que "agentes divisionistas chinos están dañando la confianza en sus propias fuerzas del pueblo trabajador chileno, sembrando entre ellos sentimientos del sectarismo a fin de privar a la clase obrera de sus aliados y, así, reducir la base electoral de Salvador Allende"[4]. Afirmaba la revista soviética que la actividad divisionista se disfrazaba con "frases ultrarrevolucionarias que le hacían juego al imperialismo y la reacción".

La Revista Mundial de Marxismo, diario de información y formación de los partidos comunistas, dedicó varias ediciones en 1964 al tema de la unidad. En el número correspondiente al mes de julio, 20 de sus páginas cubrían artículos "sobre la fraternidad partidista y la lucha contra los divisionistas", tema que volvió a ser tratado en el de septiembre bajo el título "Activa Lucha contra el Peligro de una División", continuando en el número de octubre con un largo artículo de Dolores Ibarruri (La Pasionaria) sobre "La Unidad del Movimiento Comunista", temática que continuó en el de noviembre sobre "La Unidad y la Necesidad de una Conferencia de los Partidos Comunistas", terminando, en diciembre, con otro trabajo sobre "Un Nuevo Camino hacia la Unidad".

Ese era, obviamente, el tema que habrá de predominar en la Conferencia de Partidos Comunistas convocada para realizarse en La Habana en noviembre de 1964. Era comprensible.

Cuadro de América cuando se convoca la Conferencia

En los momentos en que se va a celebrar esta conferencia de Partidos Comunistas de América Latina, se han producido graves escisiones en algunos de sus organismos y en

---

[4] D. Lakkas, obra citada.

otros grupos políticos de izquierda. Peor aún, en varios países han sido aplastados los pocos brotes guerrilleros surgidos en los primeros años de esa década. Situación que Fidel Castro tratará de superar con la preparación militar que se está impartiendo en la propia isla a los jóvenes latinoamericanos que pronto estarán a la cabeza de la insurgencia guerrillera que asolará al continente durante tres años.

En la Argentina la guerrilla de Jorge Ricardo Masetti –tan estrechamente vinculado a Castro y, más que a éste, a Guevara- ha sido diezmada por las fuerzas militares, que, en ese período, sirven a un gobierno civil constitucionalmente electo, presidido por Arturo Illia. Mientras, el Partido Comunista Argentino (PCA) dirigido por el Camarada Vittorio Codovilla, se mantiene prudentemente distanciado de aquel brote guerrillero.

En Perú, poco antes de iniciarse la presidencia democrática de Belaúnde Terry, había sido aniquilada, al entrar en el país por Puerto Maldonado, la guerrilla del joven Javier Heraud, quien recibió su entrenamiento en Cuba. En la isla continuaban siendo sometidos a intensa instrucción militar en tácticas de guerrilla Héctor Béjar, que luego constituiría en Perú el ELN, y Luis de la Puente Uceda y Guillermo Lobatón, quienes, a nombre del MIR crearán frentes guerrilleros en varias áreas del país.

Pero la atención de la dirigencia del partido peruano estaba centrada no en la lucha armada sino en los "divisionistas chinos". Así, la Cuarta Conferencia Nacional del Partido Comunista Peruano, que se celebró en Lima de agosto 15 al 18 atendida por 135 delegados, aprobó una resolución: "La denuncia de las actividades divisionistas de líderes del Partido Comunista de China, que sólo benefician al imperialismo y la oligarquía".

Perú era, pues, otro ejemplo de división en el campo marxista. Allí el "grupo anti-partido está dirigido por S. Paredes y J. Sotomayor que han tomado ventaja del hecho de que Raúl Acosta, Secretario General del Partido Comunista, del Prado y otros líderes del partido están encarcelados por el gobierno reaccionario". Denunciaba el órgano oficial del comunismo soviético la "conferencia nacional" anunciada en enero de aquel año por aquellos que calificaba de divisionistas. Ante esta escisión el PC peruano respondía con la expulsión de Paredes y Sotomayor acordada en su "Cuarta Conferencia de la Organización Regional del Partido en Lima". El detallado artículo de Lakkas mencionaba otros numerosos ejemplos de divisiones provocadas por los divisionistas chinos.

En Venezuela habían comenzado las escisiones en los grupos de izquierda. En enero de aquel año (1964) la organización se ha dividido cuando José Vicente Rangel expresa su oposición a continuar respaldando la lucha guerrillera. Al comenzar aquel año que culminará con la Conferencia de Países Comunistas en La Habana, el P.C. Venezolano tiene a sus dirigentes en la cárcel. Jesús Farías, Gustavo Machado, Pompeyo Márquez y otros han sido encarcelados por el gobierno de Rómulo Betancourt por su vinculación con las FAL-FALN que eran –no lo serán por mucho más tiempo– el brazo armado del PCV. En este mismo año, antes de que se celebre la Conferencia de La Habana, los dirigentes comunistas presos comenzarán sus críticas a "los errores del pasado" eufemismo que empiezan a utilizar para irse distanciando de la lucha armada.

La situación era aún más seria en Guatemala donde, en 1963, el Comité Central del Partido Comunista (Partido Guatemalteco del Trabajador-PGT) había aprobado una resolución expresando que la posición de ese partido en los problemas relacionados con el Movimiento Internacional Comunista "coincide con la del Partido Comunista de la Unión Soviética y, consecuentemente, nuestra actitud hacia esos problemas es de total identificación".

La posición asumida por el PGT produjo un hostil distanciamiento entre el partido y el MR-13 que, junto con otros grupos revolucionarios,[5] había constituido en diciembre de 1962 las Fuerzas Armadas Rebeldes (FAR).

---

[5] Las Fuerzas Armadas Rebeldes (FAR) de Guatemala se habían fundado en diciembre de 1962 por miembros de varias organizaciones revolucionarias: el Movimiento Revolucionario 13 de Noviembre (Alejandro de León)

De aquella incipiente organización surgieron el Frente Alejandro de León, dirigido por Yon Sosa y el Frente Edgar Ibarra, comandado por Luis Turcios. El MR-13 abogaba por la insurrección general urbana, en oposición al concepto del foco guerrillero, circulando un programa político a nombre sólo del MR-13. La publicación produjo una pugna entre las direcciones del MR-13 y el PGT que ocasionó, de hecho, el desmantelamiento de las FAR y su dirección central.

A sólo 30 días de la reunión de partidos comunistas en La Habana Turcios Lima, como dirigente del Frente Edgar Ibarra, dio a conocer otro documento abogando por una nueva base de unidad revolucionaria, "para hacer la guerra". Un nuevo distanciamiento entre los grupos revolucionarios de izquierda y los partidos comunistas ortodoxos, como el PGT, que seguía las directrices de Moscú. Se hacía inaplazable la conferencia de La Habana.

Más adelante nos referiremos a ese rompimiento alentado desde Moscú y La Habana.

En Bolivia había asumido por tercera vez la presidencia de la república Víctor Paz Estenssoro ocupando el General René Barrientos la Vicepresidencia.[6]

Las milicias populares del MNR creadas por Paz Estenssoro en su segundo período, aplastaron por la fuerza las huelgas que la impopular reelección había generado. El MNR se dividió y su sector izquierdista, dirigido por Juan Lechín y Ñuflo Chávez, creó el Partido Revolucionario de Izquierda Nacional (PRIN). A los tres meses de constituido el tercer gobierno de Paz Estenssoro, su vicepresidente, el General René Barrientos, junto con el General Alfredo Ovando Candia, Comandante en Jefe de las Fuerzas Armadas, dio un golpe de estado deponiendo al ahora impopular presidente.

(MR-13); las Fuerzas 20 de Octubre formada por militantes del partido comunista PGT y el movimiento estudiantil "12 de Abril".

[6] Las elecciones se realizaron el 31 de mayo con la abstención de la oposición.

En Chile, se intensificaba la violenta campaña entre las fuerzas de izquierda del Frente de Acción Popular (FRAP) —que agrupaba al Partido Socialista, al Partido Comunista (en la clandestinidad), el Partido del Trabajo y otros que llevaban de candidato a la presidencia por tercera vez a Salvador Allende—, y el Partido Demócrata Cristiano, que ahora contaba con el reciente respaldo de los ya debilitados radicales, liberales y conservadores, llevando de candidato a Eduardo Frei Montalva. En la nación suramericana el Partido Comunista y el Partido Socialista, buscaban la ascendencia al poder a través de un frente popular. Situación que será adecuadamente valorada en la Conferencia de La Habana de noviembre.

A fines de 1962 el gobierno conservador de Guillermo León Valencia[7] se enfrentaba en Colombia a los brotes de violencia que surgían en distintas regiones del país. Fueron tantos que el mandatario anunció que el gobierno estaba decidido a destruir aquellos focos conocidos como "repúblicas" de las cuales la más importante era la de Marquetalia, al frente de la cual se encontraba Manuel Marulanda Vélez (Tiro Fijo) quien, poco después, habrá de ocupar la dirección de las Fuerzas Armadas Revolucionarias Colombianas (FARC)[8].

Como en otros países latinoamericanos se mantenían, paralelamente, dos organizaciones comunistas en Colombia. Una, denominándose marxista-leninista y respondiendo a la posición del comunismo chino, abogaba por la vía armada. La otra, abogaba por una vía pacífica. La separación de ambos grupos se produce en el décimo congreso del Partido Comunista Colombiano Tradicional que responde a Moscú.

Dos acontecimientos se producen cuando se inicia en La Habana esta reunión de partidos comunistas. Nikita Kruschev, luego de haber mantenido el poder por ocho años, es destituido como Secretario General del PC soviético y premier del go-

---

[7] Fue elegido el 6 de mayo de 1962.

[8] Las FARC tuvieron su origen en el Bloque de Guerrillas del Sur.

bierno[9]. Coincidía la conferencia de aquellos partidos con el prolongado viaje que iniciaba Ernesto Guevara y cuya primera escala sería en Nueva York para hablar ante las Naciones Unidas y que continuaría con su recorrido por varios países del norte de África y su repentina, y no autorizada, visita a China para entrevistarse con Mao Tse-Tung[10].

En la Unión Soviética es depuesto Nikita Kruschev.[11] Era el momento en que la disputa chino-soviética había escindido el campo comunista en dos bandos irreconciliables.

Ese era el marco en que, en noviembre, se celebraba la Conferencia de Partidos Comunistas en La Habana.

En la reunión se aprobó enviar una delegación a Moscú y Pekín para solicitar a los Partidos Comunistas de la Unión Soviética y de China que cesaran en la polémica pública. La delegación estaría compuesta de nueve delegados; entre ellos, Carlos Rafael Rodríguez por el PURS, que presidiría la delegación; Filiberto Vieira, del PC de Colombia; Eduardo Gallegos Mansera, del Partido Comunista de Venezuela, y Vitorio Codovilla del PC de la Argentina. Mario Monje, del Partido Comunista de Bolivia era Secretario de Actas de la Delegación.

La visita a Pekín era sólo para cubrir la forma. La reunión de La Habana se había celebrado siguiendo las orientaciones de Moscú cuyas líneas los partidos del hemisferio seguían.

Varios acuerdos se tomaron que se dieron a conocer escuetamente en un documento de escasa divulgación.

---

[9] En la reunión de octubre 14, 1964, fue abruptamente despedido. En un documento posterior se hizo mención a veintinueve "errores políticos y administrativos".

[10] Detalles sobre este viaje que representó la liquidación política de Ernesto Guevara pueden encontrarlos en "Cubanos Combatientes: peleando en distintos frentes" del autor.

[11] El 15 de octubre de 1964 es sustituido Nikita Kruschev, nombrándose a Alexei Kosygin, Primer Ministro y Leonid Brezhnev, Primer Secretario del Partido Comunista.

Comunicado de la Conferencia de los Partidos Comunistas de América Latina[12].

El primer párrafo del comunicado repetía los lugares comunes en este tipo de documento:

"La Conferencia transcurrió dentro de un ambiente de estrecha fraternidad, con un espíritu de abierto entendimiento y comprensión respecto a los problemas comunes. Llevó a cabo un intercambio fructífero de las experiencias recogidas en la lucha de todos los pueblos del Continente contra el imperialismo, por la liberación nacinal, en favor de la paz, la democracia y el socialismo".

Luego expresa que la Conferencia dedicó "una atención especial a los problemas de la solidaridad con el pueblo cubano y su gobierno". A continuación mencionaban distintas resoluciones tomadas en dicha conferencia:

1) Demandar el restablecimiento de relaciones diplomáticas y comerciales con Cuba, la lucha contra el bloqueo económico y por el desarrollo del comercio, la denuncia de preparativos de agresión y de actividades contrarrevolucionarias por agentes de la CIA.

2) Apoyar en forma activa a quienes se encuentran actualmente sometidos a dura represión, como los combatientes venezolanos, colombianos, guatemaltecos, hondureños, paraguayos y haitianos.

3) Impulsar la lucha contra el colonialismo en el Continente, dando un sostenido apoyo a la causa de la independencia de Puerto Rico y de Guayana Británica, al logro de la autonomía de Martinica, Guadalupe y la Guayana Francesa, a la devolución de las Islas Malvinas a Argentina.

Las demás resoluciones hablan de la solidaridad "con la lucha liberadora del pueblo venezolano", solidaridad con "la lucha antimperialista que en difíciles condiciones libra el pue-

---

[12] Cuba Socialista. Volumen 5, Febrero, 1965.

blo panameño", "adelantar intensas campañas por la libertad de los dirigentes comunistas secuestrados, entre los cuales se destacan Jesús Faría, Gustavo Machado y Pompeyo Márquez de Venezuela" y otros más.

A continuación el comunicado expresa la verdadera razón de aquella conferencia al abogar por "la unidad del *Movimiento Comunista Internacional*" expresando redundantemente "su profunda preocupación por la situación del *movimiento comunista internacional*, en el que se manifiestan agudas contradicciones que *han engendrado el riesgo de la escisión* y abren brechas a nuestros enemigos, alentando así su agresividad".

Declara la Conferencia que la unidad de cada Partido es condición necesaria para llevar adelante el proceso revolucionario en cada país. "*Por tanto, toda actividad fraccional –cualquiera que sea su índole y procedencia– debe ser categóricamente repudiada*".

Por supuesto, quedaba sobreentendido que todo aquel que contraviniese la línea de Moscú sería considerado como "fraccionalista". Le aplicarán el calificativo a muchos que iremos identificando.

Veamos ahora, con más detalle, la situación de los partidos comunistas y las organizaciones de extrema izquierda en las distintas naciones del continente en el período anterior a la conferencia de noviembre.

CAPÍTULO II

Argentina

Antes de caer en Salta con su guerrilla, Jorge Ricardo Masetti ha realizado un largo recorrido. Buenos Aires, Río Janeiro, La Habana, Santiago de Cuba, Sierra Maestra, Argelia y, otra vez, La Habana.

En 1958, en los últimos meses de la breve lucha insurreccional contra el régimen de Fulgencio Batista, el periodista argentino llegaba a La Habana con el propósito, que tantos perseguían, de entrevistar a Fidel Castro en la Sierra Maestra. Lo logró y pudo conocer, además, a su compatriota Ernesto Guevara con quien, por ser los únicos argentinos aislados en las montañas, estableció una cordial relación.

A su regreso a Buenos Aires Jorge Ricardo Masetti escribe un libro "Los que Luchan y los que Lloran" de muy escasa circulación en aquel momento:

> "Dedico este libro –que no es otra cosa que una simple crónica periodística– a los que luchan.
> Muchos de los que he llegado a conocer, encontrarán sus nombres en estas páginas. En cambio he omitido los de otros, cuya seguridad y la eficiencia de su trabajo revolucionario puedan verse comprometidas por la mención".

Firma esta dedicatoria en Adrogué, en septiembre de 1958. Tan breve fue su permanencia en la Sierra Maestra.

Ya antes, en la misma Sierra, surgió la idea de llevar la lucha armada a la Argentina donde había nacido. Al triunfo de la revolución fue generosamente recompensada aquella amistad con su designación como director de Prensa Latina[13], empresa informativa al servicio, por supuesto, del gobierno revolucionario.

Ricardo Rojo había conocido a Masetti una noche de 1957[14]. Masetti, peronista; Rojo, antiperonista. Masetti había pertenecido a la Alianza Nacionalista, una fuerza de choque peronista "a la que el ejército sitió y rindió a cañonazos en septiembre de 1955". Fue, en ese agosto de 1957[15], cuando Masetti le preguntó como podría conseguir entrevistar a Castro y a Guevara en la Sierra Maestra.

Massetti, Rojo, Hilda Gadea, Ernesto Guevara

Ricardo Rojo[16] era un joven abogado que tras escapar de una prisión de Buenos Aires durante el gobierno de Perón llegó a Guatemala como exiliado político. Allá, en noviembre de 1953 conoció a Hilda Gadea, joven peruana exiliada también en el país centroamericano.

Un mes después, el 20 de diciembre, Rojo le presentó Hilda a dos argentinos: Ernesto Guevara y Eduardo (Gualo) García, estudiante de derecho, que recién habían arribado de

---

[13] Prensa Latina fue sólo una imitación de Agencia Latina, cadena internacional de noticias creada por Juan Domingo Perón.

[14] Su hijo, Jorge Masetti, niega esta afirmación de Rojo:

"Ricardo Rojo no era amigo de mi padre. Rojo era amigo del Ché y conoce posteriormente a mi padre después del año 59". Entrevista de Jorge Masetti con el autor, enero 6, 2000. En conversación posterior, enero 8, 2000, modifica esta afirmación aceptando que, si no amigos, su padre y Ricardo Rojo eran conocidos.

[15] Herbert Mathews recién había publicado en febrero de aquel año su serie de tres artículos sobre Castro y la guerrilla que habían atraído la atención pública.

[16] Ricardo Rojo, activo militante de Unión Cívica Radical, unos pocos años mayor que Ernesto Guevara, conoció al Ché no en Argentina sino en La Paz donde ambos planearon marchar hacia Perú y luego Guatemala.

un largo viaje que los condujo por Bolivia y Perú, y después Ecuador, Panamá, Costa Rica y Guatemala.

Pocos meses antes de aquel encuentro habían llegado a Guatemala, tras pedir asilo en la embajada de aquel país en La Habana, cuatro de los asaltantes del Cuartel Moncada: Antonio "Ñico" López, Mario Dalmau, Armando Arancibia y Antonio Darío López "El Gallego".

Pronto, Guevara, presentado por Hilda Gadea, se hizo amigo de los cubanos recién llegados. El 18 de junio, (1954) Castillo Armas penetra en territorio guatemalteco iniciando el movimiento que derrocará al gobierno de Jacobo Arbenz. Poco después, depuesto Arbenz, Hilda Gadea fue arrestada pero enseguida dejada en libertad, y Guevara partió hacia México.

Al poco tiempo era Hilda la que, expulsada de Guatemala, llegaba también a Ciudad México.

Comienza a unirse así el destino de estos jóvenes suramericanos que aún no conocen la isla caribeña.

Cuatro años después de la toma del poder por Castro están conversando en La Habana los dos amigos argentinos:

"Mirá, mirá" me alcanzó Guevara un cable y los ojos le brillaban, "esto acaban de hacerle los revolucionarios venezolanos. Rómulo se enferma hoy".

Así le hablaba, exhaltado, Ernesto Guevara a su amigo Ricardo Rojo ofreciéndole la información cablegráfica sobre "el puñado de hombres que había capturado en plena navegación un barco de 5 mil toneladas en viaje a Houston[17]. Recién había pasado por La Habana Rojo a petición de Guevara para discutir la situación de América Latina y, en particular, de la nativa Argentina.

Guevara, afirma Ricardo Rojo, estaba convencido de que en la Argentina la situación maduraba para un pronunciamien-

---

[17] Ricardo Rojo. "Mi amigo el Ché". (Se refería al barco de carga "Anzoátegui" capturado en alta mar el 13 de febrero de 1963 por comandos guerrilleros venezolanos).

to popular. "Las condiciones objetivas para la lucha empiezan a presentarse en Argentina" reflexionaba el Ché. "Hay desocupación y, por lo tanto, hambre, ante el cual también comienza a reaccionar la clase trabajadora". Abril de 1963.

Hablaron mucho Guevara y Rojo sobre Argentina pero en momento alguno informó Guevara a su compatriota sobre la inminencia de una tentativa guerrillera en la patria lejana. Pero el Ché se mantenía al tanto de lo que allá ocurría.

Masetti después de un viaje de cortos meses por Argelia, Moscú y Bonn había regresado a La Habana a raíz de la invasión de Bahía de Cochinos, participando, junto con Enrique de la Osa (Revista Bohemia), Carlos Franqui (Periódico Revolución), Raúl Valdés Vivó (Noticiero Venceremos), Gregorio Ortega (C.M.Q.) y Carlos Rafael Rodríguez (Periódico Hoy), en un panel de televisión interrogando a varios de los brigadistas capturados.

Guevara controlaba, desde 1961, las actividades que se realizaban en la embajada cubana en Buenos Aires.

Documentos sustraídos de la embajada probarían la intervención del régimen de Castro en los asuntos internos de la Argentina. Dos cónsules cubanos, de principios democráticos, Leonardo Bravo y Vitalio de la Torre estaban siendo utilizados, sin su conocimiento, para transmitir y hacer llegar información militar.

Siguiendo instrucciones del Dr. Manuel Antonio de Varona, Secretario General del Frente Revolucionario Democrático, el Dr. Tomás Gamba, Jefe de las Delegaciones de esa organización, con el auxilio de otros combatientes anticastristas el Dr. Frank Díaz Silveira y Miguel Silva del Solar, toman el consulado, tramitan el asilo político de los cónsules Bravo y de la Torre y en rueda de prensa mostraron la gravedad de los documentos ocupados.

Las acciones que en esos documentos se planeaban, se convertirían en sangrienta realidad dos años después. Guevara daba instrucciones a los funcionarios de la embajada en Buenos Aires de:

1) Crear escuelas de guerrilleros en distintos lugares del territorio argentino.

2) Propiciar la organización de un frente de izquierda con vistas a las próximas elecciones argentinas.

3) Propiciar las actividades subversivas en las fronteras de Paraguay y Bolivia.

Tan sólo horas antes Guevara se había entrevistado, en el propio Buenos Aires, con el Presidente Frondizi. La débil posición del presidente argentino le costaría, muy poco después, su alto cargo.

La divulgación de estos documentos, que fueron verificados por peritos internacionales, influyó grandemente en la decisión de la Organización de Estados Americanos (OEA) en enero de 1962 de expulsar a Cuba de ese organismo.

Con Guevara permanecía en Buenos Aires, y viajaría después con él hacia el Uruguay y Brasil, Ramón Aja Castro, otra figura vinculada con la organización de los movimientos subversivos en Latinoamérica.

Los contactos que, primero en las montañas cubanas y luego en La Habana, había establecido con el Comandante José María Martínez Tamayo (Ricardo) y, a través de éste, con los bolivianos Coco e Inti Peredo, Rodolfo Saldaña y Jorge Vásquez Viaña, le facilitaron a Masetti poner en marcha el intento de crear un frente guerrillero en Salta.

Ricardo Masetti había iniciado su carrera política militando en organizaciones de extrema derecha.

Forma parte de la Alianza Libertadora Nacionalista (ALN) dirigida por Juan Queralto y Guillermo Patricio Kelly, escribiendo para el periódico Tribuna, que muchos califican de fascista[18].

La afirmación de que Ricardo Masetti fue miembro de la Alianza Libertadora Nacionalista aparece en "La Violenta Historia de los Montoneros" de Carlos M. Vila, publicada en la Semana, el 29 de diciembre de 1983, Pág. 46, citada por Do-

---

[18] Donald C. Hodges. "Argentina's Dirty War".

nald C. Hodges en su obra "Argentina's Dirty War" y por Jon Lee Anderson en su libro "Ché Guevara".

Esto lo niega vehementemente su hijo Jorge:

"Mi padre nunca fue miembro de la Alianza Libertadora. Mi padre, antes de ir a Cuba, nunca fue un militante; podía tener simpatías políticas y, algún tipo de participación como cualquier ciudadano en una sociedad democrática, pero no inclinaciones políticas muy marcadas. Nunca fue militante de organización alguna ni, mucho menos, de ésta"[19].

El 31 de diciembre de 1962, divididos en dos grupos, Masetti y sus hombres (Leonardo Werthein, médico de Buenos Aires, amigo de Masetti que se encontraba en La Habana desde hacía varios meses; Federico Méndez, Ciro Bustos, Miguel y Hermes Peña) llegan a París en tránsito hacia Argelia. Allá se les reunirán Sergio (Papito) Serguera, y Furry Colomé Ibarra (Fuente: Gabriel Rot, "Los orígenes perdidos de la guerrilla argentina").

En enero ya están recibiendo un intenso pero breve entrenamiento luego de haber sido recibidos, personalmente, por el propio Ben Bella. Pero antes se habían reunido con Jorge (Papito) Serguera[20] en Praga y permanecido en la capital checa por cerca de seis semanas mientras culminaban los detalles de la compra de la finca en la frontera de Bolivia y Argentina. Con Jorge Ricardo permaneció Ricardo Rojo sólo durante las primeras cuatro semanas.

Actuaban a espaldas del Partido Comunista Argentino cuyo Décimo Segundo Congreso se celebró en la semana de febrero 22 a marzo 3 en Mar del Plata. Aunque alegaban "muchas dificultades que surgían por el estado ilegal del Partido y las represiones de la dictadura militar" el congreso, que se desenvolvió en el elegante Mar del Plata, fue atendido por 102

---

[19] Jorge Masetti en entrevista con el autor.

[20] Jorge Serguera, actuó como Fiscal General del Ejército Rebelde al triunfo de la Revolución (ver más información sobre Serguera en "Cubanos Combatientes: peleando en distintos frentes" del autor).

delegados de la capital federal y de 20 provincias y por una delegación de la Federación de la Juventud Comunista. El discurso inaugural estuvo a cargo de Rodolfo Ghioldi, el mismo que, días antes, había entrevistado al parlamentario Simón Sáez Mérida, uno de los fundadores del MIR venezolano.

El segundo turno lo consumió el camarada Victorio Codovilla que luego de dedicarle unos minutos a describir "los 45 años de existencia del Partido" empleó el resto de su discurso en destacar "el heroísmo del pueblo cubano y la resoluta y flexible actitud de la Unión Soviética... y, personalmente del camarada Kruschev por sus firmes acciones que salvaron la Revolución Cubana y la paz mundial"[21].

En su extenso discurso, pródigo en alabanzas a Kruschev y a la coexistencia pacífica, el camarada Codovilla no se refirió a los grupos guerrilleros que en esos momentos luchaban en países cercanos.

Masetti hacia el Cono Sur

Protegidas sus espaldas o, al menos, convenientemente ignorados, en mayo de 1963, Masetti y su grupo se dirigían al Cono Sur.

Llega Masetti con una carta de presentación de su amigo y compañero Rojo, recién regresado de Argelia, escritor y abogado, bien relacionado[22] con las más altas figuras de la política argentina, y viejo camarada de Ernesto Guevara.

En junio de 1963 ya estaba Masetti en Bolivia acompañado de tres cubanos que habían peleado con el Ché en la Sierra: Hermes Peña Torres, Raúl Dávila y José María Martínez Tamayo (Papi). Un mes antes, Hugo Blanco, el dirigente

---

[21] Wolrd Marxist Review, Volumen VI, #6, junio 1963.

[22] Ricardo Rojo había trabajado junto a Arturo Frondizi, que llegaría a la presidencia de aquella república y que, poco antes, había constituido el Partido Unión Cívica Radical Intransigente, como un desprendimiento del viejo Partido Radical.

de los campesinos del Valle del Cuzco en Perú había sido encarcelado.

Lo ayudará quien estaba al frente de la Seguridad del Estado y que en ese momento ocupaba la jefatura de la policía revolucionaria, el ahora general de cuerpo del ejército Abelardo Colomé Ibarra (Furry) que viaja a Bolivia y a la Argentina en su primera misión internacionalista.

Va Furry con falso pasaporte argelino para, son sus palabras textuales, "preparar las condiciones para un alzamiento guerrillero en Argentina que estaría encabezado por el periodista Masetti quien tanto se había identificado con su compatriota Ernesto Guevara"[23]. Lo han encargado de "buscar una ubicación para crear una base de apoyo y hacerme de una fachada para recibir el personal, las armas y pasarlas para Argentina".

Con la cooperación de un profesor en Cochabamba, Furry compró una finca de cuatro hectáreas en Emborozá[24], al sur de Tarija, muy cerca de la frontera con Argentina. Para cubrir mejor su fachada, con los hombres que lo acompañaban preparó la tierra para sembrar soya. Quitaron los árboles. Sacaron las raíces.

En Argentina Masetti permanecía con Martínez Tamayo. Por éste, dice Furry, conoce que "Masetti se había quedado estancado en un lugar de las montañas de Salta. En unión de Coco Peredo saqué unos pasajes en avión y nos fuimos a Argentina para tratar de hacer contacto con Masetti".

¿A dónde llegaron?

"A la casa de uno que le decían El Cordobés[25], que se encontraba alzado con Masetti. Al llegar, la esposa nos comunicó que la gendarmería lo había cogido preso ese

---

[23] Luis Báez, "Secretos de Generales", Editorial Si-mar, S.A., La Habana, 1996.

[24] Otros la llaman Emborozú.

[25] Héctor Jouve (el Cordobés) y su hermano Emilio habían pertenecido a la Juventud Comunista en Córdoba.

propio día en horas de la mañana. ¿Cuándo?, cuando iba con suministros para Jorge Ricardo. Coco[26] y yo decidimos trasladarnos al hogar de otro compañero, pues era un peligro permanecer en el de El Cordobés".

¿Qué fue realmente lo que pasó según la parcializada versión de Furry Colomé?

*"Masetti mandó a Hermes Peña y a un argentino a casa de un campesino a buscar alimentos y le dejaron el dinero para el compromiso de recoger los víveres al día siguiente. El hombre se asustó y los denunció.
Cuando salieron con los brazos llenos de paquetes, los dos fueron acribillados a balazos. Pienso que Jorge Ricardo, en su intento de huir, se internó en la selva y murió. A ciencia cierta nunca se ha podido saber realmente qué le ocurrió".*

Es esa la versión del general de cuerpo del ejército Abelardo Colomé Ibarra a quien se le había comisionado "preparar las condiciones para un alzamiento guerrillero argentino". Evidentemente no fue capaz, este general, de crear aquellas condiciones.

Veamos ahora otra versión, bien distinta, de los pasos de Masetti en la poco divulgada aventura de Salta.

Masetti junto con Hermes Peña, fuerte campesino cubano que había servido bajo el Ché, Alberto Castellanos[27], también cubano, y otros trató de asentarse cerca del poblado de Orán al norte de Argentina. Cometieron en su empeño los mismos errores en que incurrirá Guevara tres años después en Bolivia: marchar sobre terrenos inhóspitos, desconocidos por ellos y sin contacto con la población nativa. Encontrarían ambos aventureros el mismo fin.

---

[26] Roberto (Coco) Peredo militante de la Juventud Comunista del P.C. boliviano será en 1966 uno de los cuatro dirigentes del PCB asignados por Mario Monje para colaborar con Ernesto Guevara al llegar éste a Bolivia. Morirá el 26 de septiembre de 1967 en La Higuera, al sur de Valle Grande.

[27] Alberto Castellanos, unido al Ché desde la Sierra Maestra, fue informado por éste en La Habana sobre su próxima misión en el norte de Argentina. Las instrucciones precisas las recibiría de Manuel Piñeiro Losada, Barbarroja.

Con Ciro Bustos[28], común amigo de Jorge Ricardo y del Ché, se dedicó a reclutar nuevos prosélitos. Masetti comenzó a conseguirlos entre las filas universitarias y disidentes del Partido Comunista. Tentativamente estableció su cuartel en la finca Emborozá, en suelo boliviano cerca de la frontera con Argentina. Se incorporaron los hermanos Emilio y Héctor Jouve que habían pertenecido a la Juventud Comunista en Córdoba; el "Petiso" Canelo, médico; Adolfo Rotblat, joven judío de Buenos Aires al que todos llamaban "Pupi" quien, como el Ché, sufría de asma.

Avanzaba junio y Ricardo Masetti reunía a su alrededor a los tres cubanos: Hermes Peña, Alberto Castellanos (Raúl Dávila) y José María Martínez Tamayo (Ricardo) y a media docena de militantes de la Juventud Comunista Boliviana: Jorge Vásquez-Viaña, Coco Peredo, Inti Peredo, Rodolfo Saldaña y otros para, abandonando la granja que habían mantenido junto al río Emborozá, cruzar la frontera e internarse en tierra argentina. Era el 21 de junio de 1963. Para Masetti la suerte estaba echada.

El Partido Comunista Argentino protestó violentamente contra la injerencia "extranjera"[29] *al conocer* de la guerrilla de Masetti. Para los camaradas argentinos era una invasión foránea la que llegaba a la nación austral.

Se había unido otro joven estudiante de medicina, también de Córdoba, Henry Lerner; uno más fue Bernardo Groswald, (Nardo); otro, Grillo Frontini, fotógrafo relacionado desde Buenos Aires con el incipiente ejército guerrillero.

El Comandante Segundo

Estaba creando un minúsculo Ejército Guerrillero del Puebo (E.G.P.) en el que cada miembro adoptaba un nombre de guerra. Masetti eligió el de Segundo. Tal vez considerando

---

[28] Ciro Roberto Bustos, de Córdoba, Argentina, tres años después se reunirá, junto con Regis Debray, en Ñancahuazú, con Ernesto Guevara. Detenido será juzgado en Camiri, condenado a prisión y, luego, amnistiado.

[29] Regis Debray . "La Guerrilla del Ché".

que el Ché Guevara debía ser el Primero o por el del gaucho famoso, Segundo Sombra.

La selección del nombre "Comandante Segundo" por Masetti es, junto a otros elementos, un claro indicio de haber éste recibido seguridades de que Ernesto Guevara lo acompañaría en la Operación de Salta y, por tanto, sería Guevara el Comandante Primero. Guevara no le cumplió la histórica cita a Masetti.

El compromiso lo había reafirmado en julio de 1963, en Argelia, donde Masetti está recibiendo un entrenamiento guerrillero, cuando llega Guevara. Luego de la nueva y larga conversación sobre el proyecto de crear un frente guerrillero en la patria nativa de ambos, Guevara comisiona al confiable Martínez Tamayo (Papi, Ricardo) para que vaya, junto con Abelardo Colomé Ibarra a preparar las condiciones para la Operación de Salta.

Pero un cambio de gran significación había ocurrido en la nación argentina mientras Masetti preparaba su guerrilla y comenzaba a vagar sin rumbo por la agreste región de Orán. En las elecciones convocadas por la Junta Militar había sido derrotado el General Pedro Aramburu, candidato oficialista[30], y triunfado el Dr. Arturo Illia del Partido Radical del Pueblo[31]. El incipiente y minúsculo EGP tendría que enfrentarse ahora no a un régimen militarista impuesto por la fuerza sino a un gobierno democráticamente electo.

Masetti recibió con sorpresa la noticia de que el 17 de julio, en las elecciones nacionales de la Argentina había triunfado Illia[32]. No modificó sus planes. A fines de septiembre el pequeño grupo ingresó en territorio argentino.

---

[30] José María Guido, respaldado por las fuerzas armadas había ocupado la presidencia desde la destitución de Arturo Frondizi en marzo del año anterior.

[31] En junio de 1966, antes de cumplir tres años de su inesperada victoria comicial, el Presidente Arturo Illia era depuesto por un golpe militar. Asumía el poder el General Juan Carlos Onganía.

[32] Arturo Illia por la UCRP obtuvo 2,403,451 votos frente a Oscar Alende del UCRI que recibió 1,563,996 y el General Pedro E. Aramburu por el partido de gobierno recibió 1,326,855 sufragios.

Illia asumía la presidencia cuando Ricardo Masetti ingresaba clandestinamente en el país. Se enfrentaba Illia a dos fuerzas antagónicas: el peronismo que acusaba al gobierno de ilegítimo y el ejército, comandado por el General Onganía, opuesto a Illia pero más opuesto aún al retorno de Perón[33].

Ante la imprevista situación algunos de los jóvenes rebeldes desistieron del intento guerrerista. No, el Comandante Segundo quien desde el campamento "Augusto César Sandino" envió una carta pública[34], de muy escasa divulgación, al Dr. Arturo Illia. Lo acusaba, falsamente, de haber sido electo fraudulentamente. Así firmaba Masetti la larga misiva:

REVOLUCIÓN O MUERTE
Por el Ejército Guerrillero del Pueblo
Segundo
Comandante

La carta de Masetti a Illia se publicó, tan sólo, en un semanario de la izquierda peronista llamado "Compañero".

En enero de 1964 dirige Masetti –más escritor que combatiente– un mensaje a los campesinos, que ocupa poco más de ocho largas hojas.

"Compañero Campesino:
Te escribimos esta carta para que la leas varias veces..."

Como si un campesino tuviera tiempo, paciencia e interés en leer un largo mamotreto de casi nueve páginas. Lo firma en Salta con el mismo estribillo:

REVOLUCIÓN O MUERTE
Montañas de Salta, Enero de 1964
Por el Ejército Guerrillero del Pueblo
Comandante
Segundo

---

[33] El 28 de junio de 1966 el General Onganía por un golpe militar asumía el poder.

[34] Fechada 9 de julio 1963.

A los pocos días el estado físico de Pupi, el asmático recluta, se deterioró al extremo de convertirse en un serio impedimento para la guerrilla. Decide juzgarlo como un vulgar delincuente. Rojo recoge también el irregular juicio al que fue sometido Pupi, su condena y su ejecución. En el diario que lleva el Capitán Hermes queda registrado el episodio[35].

Existe otra versión, igualmente bochornosa, de la repudiable liquidación física del joven Rotblat. La ofrece su propio ejecutor: Ciro Roberto Bustos.

Jorge Ricardo decidió eliminar físicamente al infeliz Pupi, ordenando a uno de los más recientes reclutas ejecutar al inútil enfermo. Se oyó un disparo pero el ejecutor regresó gritando *"no murió"*. El solícito Bustos recibió instrucciones de terminar la tarea... *"fui a verlo y vi que tenía una bala en la cabeza, prácticamente estaba muerto pero en convulsiones, así que decidí ponerle fin"* expresó el propio Bustos[36]. Tres distintos testimonios del crimen cometido[37].

Mientras, Martínez Tamayo (Ricardo/Papi) propone a Masetti reactivar el grupo troskista de Ángel (Vasco) Bengoechea, que era un desprendimiento del partido Palabra Obrera en aquel momento la mayor organización troskista de Argentina. Martínez Tamayo había entrenado en Cuba a Bengochea[38]. Petición rechazada con gran irritación por Masetti.

Es el cubano Hermes quien le da instrucción militar a los nuevos voluntarios. En febrero (1964) se celebra un nuevo jui-

---

[35] Hermes Peña muere, en las márgenes del Río Piedra, en un enfrentamiento con la gendarmería nacional luego de haber ejecutado a un colono de apellido Vázquez. En la mochila se encuentra su Diario de Campaña en el que relata el juicio a que el 15 de noviembre 1963 fue sometido Pupi y su fusilamiento. (Fuente: Periódico "Los Principios", mayo 14, 1964, página 12).

[36] Jon Lee Anderson "Ché Guevara. Una vida Revolucionaria"

[37] Pupi será fusilado el 15 de noviembre de 1963 (Fuente: Documentación de la gendarmería nacional, presentado en el juicio a que son sometidos los sobrevivientes, y el periódico "Los Principios", mayo 14, 1964. Archivo personal de Enrique Ros).

[38] Poco después Vasco Bengoechea murió en Buenos Aires al explotar el arsenal guardado en su apartamento.

cio contra otros de los guerrilleros. Groswald (Nardo), de sólo 19 años, empleado de un banco, de débil complexión, no pudo ajustarse a la dureza del medio guerrillero.

Jon Lee Anderson, describe el deterioro mental que fue sufriendo Masetti al frente de aquellos hombres que componían la guerrilla y de cuya lealtad y capacidad sentía creciente y enfermiza desconfianza. Ya había ordenado la muerte de Pupi Rotblat. Ahora sentía creciente sospecha de Bernardo Groswald, Nardo. Y ordena fusilarlo. Lo somete a juicio. Federico Méndez (el Flaco) –el argentino reclutado por Alberto Granado– fue el fiscal; Héctor, el Cordobés, su abogado defensor; Hermes –el cubano que había combatido junto al Ché en la Sierra Maestra– el presidente del "tribunal". Todos sentados durante los 10 ó 15 minutos que duró el juicio. La condena se conocía de antemano: muerte. Al amanecer cavaron una tumba. Le dispararon frente a ella[39].

Tenía 19 años. Pide que lo fusilen con su uniforme de guerrillero, con la boina negra. Los hombres que componían la guerrilla de Masetti no morían combatiendo al ejército. Morían a manos de sus propios compañeros.

La prensa local se hará eco, días después, de las declaraciones de Héctor Jouve y Federico Méndez, cuando están presos en Orán, describiendo la forma en que Nardo fue ejecutado. (Periódico "Los Principios", mayo 17, 1964. Archivo personal de Enrique Ros).

Henry Lerner, el joven estudiante de medicina, hijo de un antiguo militante del partido, pronto será la nueva víctima del desequilibrio mental que empieza a mostrar Masetti. Para probar su lealtad lo fuerza a espiar los nuevos reclutas y a informarle sobre su comportamiento. El informe de Lerner sobre "Nardo" precipita el trágico fin de éste.

---

[39] Amplios detalles sobre este episodio puede encontrarse en la obra de J.L. Anderson "Ché Guevara. Una vida revolucionaria". Datos aún más precisos aparecen en las ediciones del periódico "Los Principios, de marzo a julio de 1964.

Jorge, el hijo de "Comandante Segundo", se esfuerza si no en justificar, al menos en aminorar la gravedad de estos hechos:

> *"Mi padre era un hombre sin experiencia política, sin una práctica militante anterior. Lo que conoce es la Sierra Maestra como periodista y, luego, queda muy embebido en la cultura guevarista; es decir, a los débiles fusilarlos. Con esto no lo estoy justificando. Lo que hace mi padre es aplicar en su guerrilla la cultura guevarista de eliminar a los débiles que se convierten en un obstáculo; lo que no deja de ser un acto criminal"*[40].

Ya para mediados de febrero la prensa se hacía eco de la presencia de grupos guerrilleros. Cae en manos del ejército un pequeño campamento.

El periódico de Córdoba "Los Principios" en su edición del 2 de marzo (1964) recoge la incautación de impresos de propaganda, notas de recolección de fondos y carnet de algunos de los integrantes de las guerrillas y la incautación de armas automáticas, granadas de mano y explosivos de distintos tipos. En el campamento se encontró una bandera cubana y otra soviética y un cartel con la leyenda "Campamento Camilo Cienfuegos".

Diezmada la guerrilla de Masetti

El jefe del servicio de inteligencia[41] afirmaba a la prensa que "esto es una comprobación que en Córdoba existe una organización castro-comunista dedicada al sabotaje". Cinco días después en otro campamento son arrestados varios insurgentes en la zona boscosa de la provincia de Salta. Entre los detenidos, dice la prensa en los primeros momentos, se encontraba "Raúl Dávila" alias "El Cubano", argentino de treinta años, soltero, sin profesión. Ni era argentino, ni se llamaba

---

[40] Jorge Masetti, entrevista con Enrique Ros, enero 6, 2000.

[41] Teniente Coronel José R. Lapella.

Raúl Dávila. Los otros ofrecen también nombres y generalidades falsas.

El campamento se encontraba en la zona de Orán, provincia de Salta. La guerrilla había escogido, señalaba la prensa, las regiones más pobres donde confiaba que les resultaría más fácil lograr prosélitos y contaban con la ventaja de la proximidad de las fronteras bolivianas que les permitirían un más seguro refugio. El material encontrado en la pequeña guarida de Orán provenía, sin duda alguna, de Cuba. El periódico "Los Principios" en su edición de marzo 10 afirmaba que el material incautado incluía granadas de fabricación suiza que podrían ser lanzadas con los fusiles Garand a unos doscientos o trescientos metros de distancia y otras armas "enviadas por el gobierno de Castro".

Desde la captura de este primer campamento se fue haciendo más evidente que las armas, muchas de fabricación rusa, habían sido enviadas por el gobierno cubano.

En el Aeropuerto Internacional de Ezeiza se incautó un embarque destinado a la representación diplomática de Cuba que contenía, entre otros materiales, decenas del "Manual del Guerrillero" con detalles de como se debían instalar las escuelas especiales para las guerrillas[42].

La guerrilla de Masetti comete varios de los errores en que tres años después incurrirá en Bolivia Ernesto Guevara.

A las pocas semanas, sin aún estar organizados, emboscan a una patrulla de la gendarmería argentina matando a uno de sus miembros, lo que le facilita a las fuerzas armadas localizar e identificar la ubicación de la guerrilla. Igual le sucederá al grupo de Guevara que el 23 de marzo le prepara una emboscada a una patrulla boliviana ocasionándoles siete muertes. Fue una victoria pírrica. Aquella torpe decisión del Capitán Eliseo Reyes Rodríguez (Rolando) selló el destino de Guevara porque sobre aquel punto, en la ribera del Ñancahuazú, comenzarán a concentrarse las fuerzas bolivianas.

---

[42] Periódico "Los Principios", miércoles 18 de marzo 1964.

En febrero las autoridades infiltran la guerrilla[43]. De los 5 nuevos miembros, 2 de ellos resultaron agentes de la policía secreta. Infiltrados y, además, denunciados por campesinos de la zona que los creían delincuentes, se les iba cerrando su radio de acción; mejor, de movimiento. Con la información suministrada pronto fue detectada la localización de la guerrilla. El 4 de marzo la gendarmería ocupa el campamento La Toma, en el Departamento de Orán. Encuentran uniformes, armas y documentos que le permiten la detención en las poblaciones cercanas de personas comprometidas con el poco efectivo Ejército Guerrillero del Pueblo. Diez días después cae el campamento asentado en Cinco Picos. Ya empieza a conocerse de grupos dirigidos por un "Comandante Segundo". Termina el mes de marzo y, disgregándose, tratan de alejarse del área tomando distintos senderos. Junto a Masetti marchará Oscar Altamirano. No aparecerán, tragados por la selva[44].

Después, perseguidos de cerca por el ejército unos morirán por falta de alimentos; otros, cuando tratan de huir.

A mediados de abril se produce la única escaramuza de la guerrilla: un enfrentamiento del cubano Hermes y un compañero con una avanzada de la gendarmería. Mueren Hermes[45] y su acompañante. Fueron capturados Castellanos, Lerner[46], y Grillo Frontini.

---

[43] La Gendarmería Nacional infiltra en la guerrilla a Víctor Eduardo Fernández y Alfredo Campos a quienes, antes, habían introducido en el Partido Comunista en Buenos Aires. Serán ellos los que mantendrán informados a los cuerpos de seguridad de los pasos de la errante guerrilla

[44] Ulises Estrada, que había tenido a su cargo, junto a Furry Colomé Ibarra, el pobre organizado abastecimiento de la guerrilla recibió instrucciones de La Habana, extraviado Masetti, de realizar los esfuerzos necesarios para localizarlo. En esta encomienda volvía a fracasar Ulises Estrada.

[45] Regis Debray en su obra "La Guerrilla del Ché": "entre los combatientes muertos figuraba el que era un poco como el hijo adoptivo del Ché, el joven capitán Hermes Peña".

[46] Henry Lerner cae preso, fue juzgado, cumplió varios años de cárcel y al ser liberado no participó en ninguna otra actividad revolucionaria. Cuando se da el golpe militar del año 76 en la Argentina vuelve a caer preso. Como es de origen judío es "opcionado" (el poder ejecutivo daba la opción de conti-

Uno de los principales personajes de este drama, Juan Héctor Jouve, Comisario Político de la Guerrilla y quien tenía a su cargo la evaluación de los que a ella se incorporaban, da una versión distinta sobre la muerte del Capitán Hermes Peña y sus compañeros.

Jouve identifica al anónimo compañero como "Jorge" que, de acuerdo a la versión de Rojo, había disparado "cuatro tiros de su revólver 38M". Considera Héctor Jouve falsa la versión de Rojo "por una razón muy sencilla: la única arma que Jorge poseía era un revólver S&W. Colt 38. Este revólver estaba inutilizado desde hacía varios días"[47].

Pero la aparentemente sólida impugnación de Jouve pierde de inmediato validez al admitir que "nosotros no estuvimos en el lugar de los hechos como para hacer un relato fiel". No luce muy firme el terreno en que descansa el apasionado Jouve.

Abundan los impugnadores de Rojo[48]. Otro es Arnaldo Orfila Reynald a quien Rojo le presentó al Ché para conseguirle un trabajo en la "actividad de libros". Según Rojo, la entrevista no tuvo resultado satisfactorio porque "Orfila era entonces muy importante en México como editor, y el Ché no se llevaba bien con gente importante". En carta de septiembre 26 de 1968 Orfila Reynald impugna el que se le haya considerado "importante", pero no niega lo esencial que fue el hecho de que Rojo fue el mediador en la entrevista entre Guevara y Orfila. Otro impugnador de poca credibilidad.

Masetti pudo escapar de aquel breve encuentro. No tenían alimentos. Apenas agua. Tres de los nuevos reclutas murieron de inanición[49]. Masetti se econtraba con Atilio, Héctor y

---

nuar preso o salir al exilio) para Israel con su familia. Allí estudia sicología cuya carrera ejerce en Madrid, marginado de toda actividad política.

[47] Carta pública de Juan Héctor Jouve y Federico Evaristo Méndez a Ricardo Rojo fechada el 8 de julio de 1968. Granma, La Habana, octubre 3, 1968.

[48] La obra de Ricardo Rojo "Mi Amigo el Ché" le creó serios problemas con los seguidores de Castro al afirmar que Ernesto Guevara se encontraba distanciado del gobernante cubano antes de marchar hacia Bolivia.

[49] Amplios detalles, aunque parcializados, pueden encontrarse en la obra "Los orígenes perdidos de la guerrilla en la Argentina", de Gabriel Rot, una

Antonio Paul. Al tratar de bajar una de las montañas Antonio pierde el equilibrio muriendo en la caída. En pocos días todos habían sido capturados. No se supo ni de Masetti ni de Atilio. Masetti se sigue alejando adentrándose en la selva de Yuto. Nunca más se supo de él[50].

Guevara no había concurrido a la cita con Masetti. Jorge, el hijo de Ricardo, es de los que afirma que Ernesto Guevara no cumplió su compromiso:

> *"Ché Guevara se comprometió a estar con mi padre en la operación de Argentina. Incluso, el seudónimo que usó mi padre (Comandante Segundo) viene de una primer broma entre los dos cuando el Ché le dice a mi padre que va a firmar su carta como "Martín" por el gaucho Martín Fierro, y mi padre respondió que él le va a responder "Segundo" por el gaucho Don Segundo Sombra y por ser él su segundo"*[51].

Los miembros de la guerrilla fueron sometidos a juicio. Todos fueron defendidos por hábiles abogados y recibieron condenas de cuatro a catorce años[52].

Este fue el capítulo final de aquella aventura. De ella, poco aprendió Ernesto Ché Guevara[53].

---

embellecida narración de las actividades de los miembros del EGP. que sólo recoge las versiones de éstos. No presenta ni un solo testimonio discrepante.

[50] Ulises Estrada está en Bolivia preparando el alzamiento en Salta cuando, por participar en una riña callejera que produce heridos, es expulsado del país. Lo habrá de sustituir Juan Ariel Carretero.

[51] Entrevista de Jorge Masetti con el autor.

[52] Los abogados que representaron a la guerrilla eran: Norberto Frontini, padre de Grillo; Horacio Lonatti; Ricardo Rojo, y Gustavo Roca.

[53] Guevara conoce el fracaso de la Operación de Salta estando en París en enero de 1965 cuando se dirigía a la Conferencia de Argelia. Aquella operación era su obra. Conoce entonces que ha muerto, también, el joven capitán Hermes Peña que era "un poco como el hijo adoptivo del Ché".

CAPÍTULO III

Perú

El gobierno de "Restauración Nacional" instaurado por el General Manuel A. Odría tras el golpe de estado que lo había llevado al poder la década anterior, terminaba su largo y cruento mandato[54] cuando Castro está preparando, en México, su expedición del Granma.

Será durante los seis años de gobierno de Manuel Prado que –habiéndose afianzado el régimen de Castro en la isla del Caribe– comenzará a proyectarse la influencia del dictador cubano sobre el movimiento guerrillero en el país andino.

En 1961, Juan Pablo Chang –que empezará a vincularse estrechamente con Ernesto Ché Guevara hasta morir junto a él en Bolivia– crea con otros jóvenes izquierdistas la APUIER (Asociación para la Unificación de la Izquierda Revolucionaria) que conduciría a la constitución del Partido de Unidad Revolucionaria (PUR).

El PUR estaría integrado por el Partido Comunista, el MIR, el Partido Socialista, el Partido Comunista-Leninista, el Movimiento Tupac Amaru, y las facciones troskistas el "Trabajador y el Campesino" y "La Voz de los Trabajadores". Podría ser extraña esta coalición de grupos de izquierda que, por años, habían sido y seguirían siendo hostiles los unos con los otros. No lo era, al menos, para el chino Chang que durante el régimen del General Manuel Odría había sido deportado a

---

[54] Una creciente crisis económica y fiscal había forzado al General Odría a convocar elecciones en las que resultó electo presidente de la república, por segunda vez, el Dr. Manuel Prado Uarteche, el 28 de julio de 1956.

México al descubrirse que estaba al frente de una célula aprista vinculada con una división del ejército peruano[55].

En su exilio en México, Chang convivió con dirigentes apristas y comunistas peruanos deportados por el régimen de Odría; entre ellos con el líder troskista Ismael Frías. Fue precisamente en la capital mejicana donde conoció a Ernesto Guevara a través de la esposa peruana de éste, Hilda Gadea, exiliada por su condición de Secretaria de Prensa del Partido Aprista. Al terminar el mandato de Odría, el bien conectado Chang regresó al Perú donde por varios años trabajó en la Agencia Cablegráfica France Press en calidad de redactor, ocupación que le permitía mantener una febril actividad revolucionaria durante el "gobierno de convivencia" (1956-62) del Presidente Prado que tenía el respaldo del APRA.

Durante este régimen de convivencia se produce la toma del poder en Cuba por Fidel Castro. Chang buscará, y recibirá, respaldo político y económico de sus antiguos, y ahora poderosos, compañeros del exilio mejicano.

Otras figuras van apareciendo en el escenario andino.

Ya estaba organizando sindicalmente a millares de campesinos en el Valle de la Convención el dirigente Hugo Blanco[56] que militaba en las filas del FIR (Frente de Izquierda Re-

---

[55] Juan Pablo Chang ("El Chino") se inició en la vida política sumamente joven. En 1945 se ha unido a la Juventud Aprista Peruana.
Durante dos años estuvo confinado en la Isla Penal de Frontón, acusado de participar en un movimiento revolucionario contra el gobierno de Bustamente y Rivero. Cumplida su sentencia es desterrado a la Argentina de donde es expulsado al ser acusado de ser uno de los promotores de un movimiento estudiantil contra el régimen de Juan Domingo Perón. Su abogado defensor fue Ricardo Rojo que estará luego estrechamente vinculado a Jorge Masetti y Ernesto Guevara. Entra Chang subrepticiamente a Perú y es apresado nuevamente. Luego, en 1953 marcha hacia México. Después de una corta estadía en Francia regresa en 1956 a Perú acogido a una amnistía general decretada por el Gral. Odría. Matriculado en la Facultad de Ciencias Económicas de la Universidad de San Marcos colabora en la formación del Frente Estudiantil Revolucionario. Ya, para entonces, es miembro del Comité Central del Partido Comunista Peruano.

[56] Hugo Blanco, nacido en Cuzco, viajó a la Argentina para ingresar en la Escuela de Agronomía en la Universidad de la Plata, donde se incorporó al

volucionaria), organizado por disidentes del Partido Comunista. Los sindicatos constituidos por Hugo Blanco se dedicaban a ocupar tierras creándole al gobierno de turno un serio problema legal y social. La febril actividad desplegada por Blanco en el asentamiento del campesinado en las tierras ocupadas lo fue distanciando del troskismo tradicional al otorgarle al campesinado la más importante participación en la puesta en marcha de una revolución. Era el campesino, no el obrero, el impulsor del proceso revolucionario.

Con el triunfo de la Revolución Cubana se va creando en Perú una nueva izquierda revolucionaria que será fuertemente influenciada, con presiones a veces opuestas, por el "castrismo" y el "maoísmo".

Alientan el intento foquista del Ejército de Liberación Nacional (ELN), constituido por un grupo de jóvenes universitarios, obreros y campesinos en cuya dirigencia aparecían el poeta Javier Heraud, Edgardo Tello, Alaín Elías, Héctor Béjar, Juan Chang y Guillermo Mercado, que se sentían identificados con la Revolución Cubana y que ideológicamente se definían a sí mismos como marxista-leninistas. Terminará, como habremos de ver, en la acción de Puerto Maldonado.

Araba en el mar Hugo Blanco. Cuando en 1963 es apresado, el esforzado activista no recibe el apoyo de los campesinos del Valle de la Convención ni el de otras zonas.

La dirección del APRA, que no sentía entusiasmo alguno por la Revolución Cubana, respaldó al gobierno de Manuel Prado. En la Cuarta Convencion del APRA, celebrada en Octubre de 1959, de la Puente Uceda —entusiasta partidario de Fidel Castro— presentó una moción de crítica al gobierno de Prado y al liderazgo del APRA. Luis de la Puente fue separado

---

grupo troskista, Palabra Obrera. En 1956 Blanco regresó al Perú uniendose al Partido Obrero Revolucionario (P.R.P.O.E.), troskista. En mayo de 1962, por diferencias con sus mentores Hugo Bedassano y Hernán Boegio, se distanció del troskismo dedicandose de lleno a la constitucion de sindicatos campesinos. Tras el asalto a un pequeño puesto militar donde murió un policía, Hugo Blanco fué perseguido por las fuerzas armadas, capturado el 29 de mayo de 1973, juzgado y condenado a 20 años de prisión.

del partido. Así surgió el "Comité Aprista Rebelde" llamado luego "Apra Rebelde" y, más tarde, para distanciarse aún más de la organización, el nuevo grupo asumió el nombre de Movimiento de Izquierda Revolucionario (MIR).

Las primeras guerrillas peruanas

Se encuentra en labores de organización de su Movimiento de Izquierda Revolucionaria (MIR) Luis de la Puente Uceda, el abogado que habrá de convertirse, en poco tiempo, en una de las más influyentes figuras del movimiento revolucionario peruano, que es elegido Secretario General de la nueva organización.

En agosto de 1963 de la Puente Uceda viajó a La Habana donde conoció a Ernesto Guevara.

Poco más joven que de la Puente, Héctor Béjar, periodista, recibe en Cuba (en 1962) entrenamiento en guerra de guerrillas. A su regreso al Perú pasa clandestinamente a Bolivia para organizar la guerrilla "Javier Heraud" con la que luego laborará activamente en Lima y otras zonas urbanas de Perú.

En estos años del "gobierno de convivencia", que muchos calificaron de "gobierno de conveniencia", se prodigaban los viajes a Cuba para recibir entrenamiento en guerra subversiva. Uno de los viajeros era Guillermo Lobatón Mille, periodista como Béjar, quien al regreso de la isla se dedica, dentro del MIR, a la formación de cuadros para distintas actividades subversivas.

Viaja también Máximo Velando Gálvez de la guerrilla "Tupac Amaru" que laborará, junto a Lobatón, en las filas del MIR centrando su actividad en el campesinado. Máximo Velando se sitúa en la línea maoísta. Allá, en la isla, habrá de coincidir con Elio Portocarrero Ríos, estudiante de derecho de la Universidad Nacional de Trujillo, quien con el título de "Comandante en Jefe de las Fuerzas Revolucionarias en el Perú", militando en el MIR realizará su labor subversiva en el norte del país.

La fiebre revolucionaria que abrasa al Perú al comienzo de la década del 60 alcanza a profesores universitarios. Gonzalo Fernández Gasco, catedrático de la Universidad Nacional de Trujillo, viaja a Cuba como delegado al Congreso Latinoamericano de Juventudes celebrado en agosto de 1962. Dos años después se encuentra en Bolivia en contacto con los que tienen a su cargo crear la red urbana organizada para facilitar ayuda al levantamiento que se planea en la región argentina de Salta, en la frontera boliviana. Volverá al Perú y, luego, nuevamente a Cuba y, lo que era frecuente en esos años, a Pekín.

El gobierno de Prado, cumplido su misión de convivencia, convoca a elecciones. Siete candidatos se disputan la presidencia. Tres con posibilidades reales; los otros cuatro para comenzar a darle estatura nacional a sus organizaciones y a sus candidatos.

Víctor Raúl Haya de la Torre, el indiscutido líder aprista, concurría a estas elecciones contando, además, con el respaldo del grupo oficialista del Presidente Manuel Prado y de Pedro Beltrán, influyente director del periódico La Prensa. Fernando Belaúnde Terry al frente del Partido Acción Popular, que había constituido en 1957, era el segundo candidato con posibilidades de triunfo. El tercero, el propio General Manuel Odría quien, tras un breve interregno, pretendía volver a ocupar la primera magistratura de la nación.

Otros dirigentes de cuatro organizaciones políticas, entre ellos Héctor Cornejo Chávez, del Partido Demócrata Cristiano, participaron también en la lid comicial contribuyendo a la dispersión de votos que no le permitió a ninguno de los siete aspirantes obtener el tercio de los votos necesarios para alcanzar la presidencia. Situación que resolvieron las fuerzas armadas derrocando al Presidente Prado, anulando las elecciones y convocando, para exactamente el próximo año, nuevos comicios presidenciales.

Por supuesto, ni durante la campaña electoral ni durante el breve mandato de la Junta Militar, se habían mantenido inactivos los grupos revolucionarios. Bajo la dirección del troskista Hugo Blanco continuaban los campesinos en la zona del Cuzco ocupando tierras. Porque impugnaba el concepto del foco guerrillero –propugnado por Regis Debray, Ernesto Guevara y Castro– las otras organizaciones de extrema izquierda se distanciaron de Blanco que pronto caería prisionero de las fuerzas armadas.

Cuando finaliza el año van aumentando los actos de violencia. Es tan tensa la situación que el gobierno se ve obligado a suspender las garantías constitucionales en uno de los departamentos del norte del país. El Ministro de Gobierno[57] declaró tener en su poder documentos que probaban que la agitación que sacudía al país en las últimas ocho semanas tenía "un origen comunista con conexiones en el exterior". Todos conocían que "el exterior" quedaba reducido a una isla en el Caribe.

La situación se agravaba por horas. La Junta Militar de Gobierno estableció el estado de sitio en todo el territorio peruano. Fueron detenidos un centenar de personas y allanados los locales del partido Frente de Liberación Nacional y del Movimiento Social Progresista, calificado éste, por las propias autoridades, de "tendencia fidelista". El comunicado oficial expresaba que se esperaba el estallido de un movimiento subversivo "planeado por organizaciones extremistas, de acuerdo con órdenes de Moscú, Praga y La Habana, con el fin de entorpecer el proceso electoral e implantar un régimen obrero-campesino de extrema izquierda". En el allanamiento de los locales se encontraron armas y bombas de fabricación casera.

Hugo Blanco luchaba en la Convención, en la zona del Valle a más de mil kilómetros de Lima, cuando en La Habana se encontraban, en contacto con Ernesto Guevara, varios jóvenes peruanos: Héctor Béjar, Javier Heraud y otros.

Desde 1963 ya están actuando en Perú varios focos guerrilleros. El primer grupo operó en la frontera con Bolivia dirigido primero por Javier Heraud y luego, tras la muerte de éste, bajo la dirección de Héctor Béjar y Horacio Juárez, ambos del FLN.

---

[57] Cable UPI, enero 4, 1963.

Javier Heraud hacia Puerto Maldonado

Para asistir a Hugo Blanco, o, tal vez para crear otro foco guerrillero, partió Javier Heraud. Considerando que tendría más posibilidades de llegar a su destino si lo hacía a través de Bolivia, más cerca de la zona donde pensaba alzarse que la propia Lima, hacia ese país se dirigió. Contactos no le faltarían. Bolivia mantenía relaciones diplomáticas con Cuba y era el siniestro Ramón Aja Castro quien estaba al frente, en la embajada, de los contactos con el Comandante Manuel Piñeiro, Barba Roja, Jefe del Departamento de América Latina del Ministerio del Interior de Cuba.

En la primera semana de enero (1963) llegaban a Bolivia los 40 combatientes peruanos entrenados en Cuba[58]. Los recibió el Partido Comunista Boliviano que, para su atención, designó a Julio "Ñato" Méndez, Orlando Jiménez "Camba" y Loyola Guzmán, quienes dentro de tres años estarán íntimamente envueltos en la guerrilla de Guevara.

Estos primeros pasos se están coordinando entre Manuel Piñeiro, del Departamento América Latina, en La Habana, el Partido Comunista Peruano y el Partido Comunista Boliviano.

Quien estaría a cargo de la logística de la operación sería Luis Tellería, miembro del Comité Central del PCB a quien, tres años después, le darían la misma misión cuando Guevara arribaba a Ñancahuazú.

Al llegar cerca de la frontera peruana Abelardo Murakami, militante boliviano, casado con peruana, los esperaba para aprovisionarlos. Los guerrilleros tendrían que, por su cuenta, cruzar la frontera para ingresar en el Valle de la Convención.

El 15 de mayo al llegar el grupo a la ciudad de Puerto Maldonado, se produjo un intercambio de disparos y muere un soldado y es herido un guerrillero[59]. Otros fueron detenidos.

---

[58] Humberto Vásquez Viaña "Antecendentes de la Guerrilla del Ché en Bolivia", Instituto de Estudios Latinoamericanos, Estocolmo, Septiembre 1987.

[59] Muere el Sargento Sam Jara y es herido el guerrillero Nelson Rodríguez.

Javier Heraud y Alain Elías lograron escapar. Al día siguiente, fueron alcanzados; muere Heraud y es herido Elías. El resto de la guerrilla se repliega de regreso a Bolivia[60].

Para obstaculizar el proceso electoral los grupos subversivos multiplican sus acciones. En los primeros días de febrero, en la región de Cuzco se registró un encuentro entre una patrulla militar y campesinos armados. La patrulla se dirigía a arrestar al líder troskista Hugo Blanco, pero éste logró escapar. En el Callao se produjo otro encuentro con terroristas.

En marzo la Junta Militar se desprendió de uno de sus miembros. El Gral. Ricardo Pérez Godoy intentó, sin éxito, organizar un movimiento popular que impidiese su separación de la junta gobernante. Fracasó en su intento populista. Las fuerzas armadas respaldaron al nuevo jefe de la Junta Militar de gobierno, General Nicolás Lindley.

A pesar de la violencia alentada desde La Habana las elecciones se celebraron.

El 21 de mayo Hugo Blanco es arrestado. El 9 de junio, Fernando Belaúnde Terry es electo presidente del Perú. Casi simultáneamente está ingresando en la Argentina la guerrilla de Jorge Ricardo Masetti.

En julio de 1963 llega a la presidencia Belaúnde Terry[61] tras formalizarse una alianza entre Acción Popular y Democra-

---

[60] Los que sobrevivieron de la guerrilla de Javier Heraud, en Puerto Maldonado, pudieron regresar a través de la tupida selva gracias al conocimiento de aquella zona que tenía uno de sus integrantes: Julio Luis Méndez "El Ñato" que, cuatro años después, estará junto al Ché en la Quebrada del Yuro y junto con Benigno, Pombo y Urbano sobrevivirá aquel encuentro para morir semanas después el 15 de noviembre de 1967. Al caer herido en un enfrentamiento en el Río Mataral, imposibilitado de caminar "Ñato exige a sus compañeros que le quiten la vida para no caer prisionero".... "Dolorosa decisión fue cumplir con el compromiso contraído". Fuente: "Pombo. Un hombre de la guerrilla del Ché".

[61] Belaúnde tomó posesión el 28 de Julio de 1963. Su régimen, calificado de renovación, atravesará dos etapas. La primera llamada de "los cien días" que se distingue por una numerosa legislación de carácter social y, la segunda, "renovadora" a la que pone fin el pronunciamiento militar del 3 de Octubre de 1968.

cia Cristiana. Su presidencia tendrá que enfrentar los embates de una guerrilla cuyos dirigentes, entrenados en Cuba, encabezarán movimientos de distintas denominaciones pero con el mismo objetivo de crear en la Cordillera de los Andes uno, dos, tres Vietnam.

Para junio de 1962 los dirigentes del APRA Rebelde habían decidido abandonar ese nombre y adoptar el de Movimiento de Izquierda Revolucionaria (MIR), el mismo que habían tomado los disidentes de Acción Democrática en Venezuela.

El MIR y el ELN: Origen distinto, igual objetivo

Dos grupos, el Movimiento de Izquierda Revolucionaria (MIR) y el Ejército de Liberación Nacional (ELN), que persiguen los mismos propósitos políticos de alcanzar el poder a través de la lucha armada, actúan, no obstante, por separado. El MIR consideraba que la lucha revolucionaria debía ser dirigida por un partido; por supuesto, el MIR.

Hubo siempre, por su origen, un gran distanciamiento entre el ELN y el MIR; no así entre el ELN y el Frente de Izquierda Revolucionaria (FIR) o el Partido Comunista. El MIR surge de un desprendimiento del APRA, mientras que el ELN y el FIR estaban integrados por antiguos militantes del Partido Comunista. Separaban al ELN y al MIR las mismas barreras que, antes, distanciaban al APRA del Partido Comunista[62].

El ELN consideraba, siguiendo la teoría marxista-leninista, que la dirigencia y el partido debían surgir de la lucha, que el desarrollo de las acciones y los combates "permitirían la conformación de la base social, era así como debía de constituirse el Ejército Revolucionario". Pero estas dos organizaciones, el MIR y el ELN, que coincidían en considerar la lucha armada como el único camino para llegar al poder, jamás se integraron en una sola organización.

---

[62] Héctor Béjar. Perú 1965.

Como vemos, en Perú, estos grupos de extrema izquierda que abogaban por la confrontación armada surgieron como desprendimientos de antiguas organizaciones políticas o de ramas, ya desprendidas, de esas mismas instituciones. Así, el Movimiento de Izquierda Revolucionaria (MIR) surgió en junio de 1962 del APRA Rebelde que, a su vez, provenía del partido de Víctor Raúl Haya de la Torre. El Secretario General del MIR fue Luis de la Puente.

De la Puente siendo joven se vincula estrechamente a la vida política. Bajo la dictadura de Odría es electo Presidente de la Federación de Estudiantes de la Universidad de la Libertad, el departamento donde había nacido. Toma parte en un movimiento huelguístico, es apresado y deportado a México.

Años después regresa convertido en dirigente de la izquierda del APRA y se opone al pacto de Haya de la Torre con Manuel Prado. Al intervenir en actos de oposición violenta es encarcelado nuevamente y, poco después, obtiene la libertad por la amnistía política decretada por el nuevo gobierno.

El partido comunista también se fraccionaba. La Cuarta Conferencia Nacional del Partido Comunista Peruano celebrada en Lima de agosto 15 al 18, atendida por 135 delegados se enfrentó al problema. Una resolución importante fue tomada: "La denuncia de las actividades divisionistas de líderes del Partido Comunista de China, que sólo benefician al imperialismo y a la oligarquía". Los "divisionistas" estaban dirigidos por los abogados Sotomayor y Paredes, que fueron expulsados. (Fuente: World Marxist Review. Vol. VII, Julio 1964, Número 7).

Preocupado por estas diferencias que se prodigaban en el continente, Moscú convoca en La Habana la Conferencia de Partidos Comunistas de Latino América a efectuarse en noviembre de 1964.

El MIR peruano: Desprendimiento del APRA
El ELN surge del partido comunista

En 1964 el MIR comenzó a definir con más claridad su posición[63]. Sin endosar la línea china criticaba seriamente la política de coexistencia pacífica de la Unión Soviética. Poco demoró el MIR en abandonar la palestra pública para comenzar su movimiento guerrillero. De la Puente dejaba Lima por los Andes.

En mayo de 1965 de la Puente Uceda, ya líder indiscutido del MIR, anunciaba en sus cuarteles de Cuzco que su partido comenzaba la lucha guerrillera y que dirigiría esa batalla comandando una de sus unidades[64].

Afirmaba de la Puente que hasta ese momento el MIR había mantenido posiciones erróneas al considerar "la lucha armada como el único propósito de las fuerzas revolucionarias y adoptado la desacreditada tesis troskista que para países como el Perú la meta inmediata no es la revolución antiimperialista y antifeudal sino la revolución socialista". El MIR rechazaba ahora como estrategia esa avenida aunque mantenía su antigua posición de lucha guerrillera como táctica.

Cuando el MIR se alzó en armas en 1965 lo hizo con no más de sesenta hombres, que habían recibido entrenamiento político y militar en Cuba. Más de 100 jóvenes enviados como becados a Cuba dejaron sus estudios universitarios y se alistaron para conformar el primer ejército rebelde[65].

El otro grupo revolucionario de importancia que apelaba a la lucha armada, el Ejército Nacional de Liberación (ELN), como ya expresamos, estuvo constituido por jóvenes intelectuales y antiguos militantes de agrupaciones izquierdistas y del Partido Comunista.

---

[63] Discurso de Luis de la Puente Uceda en la Plaza San Martín de Lima.

[64] César Lévano, en "Lecciones de la Lucha Guerrillera en Perú". World Marxist Review, Vol. IX, Septiembre, 1966.

[65] Jaime Castro Contreras. "Violencia Política y Subversión en el Perú, 1924-1965".

Puerto Maldonado: El primer fracaso

El primer enfrentamiento armado conducido por el ELN culminó en un fracaso. En 1963, entrenados en Cuba, luego de entrar clandestinamente en Brasil, armándose y preparándose militarmente en Bolivia los noveles guerrilleros trataron de ingresar en Perú por el punto conocido como Puerto Maldonado. Se produjo un encuentro[66] donde resultó muerto el joven Javier Heraud cuyo nombre se le dio luego a la guerrilla preparada por Héctor Béjar.

Se multiplican los focos guerrilleros. A mediados de 1965 existían en Perú cuatro frentes guerrilleros todos ellos comandados por dirigentes entrenados en Cuba:

1) El Frente de Mesa Pelada, en la provincia de La Convención, comandando por Luis de la Puente Uceda, aquel abogado, graduado de la Universidad de Trujillo, que era Secretario General del MIR.

2) El Frente de la Provincia La Mar donde operaba la guerrilla del ELN.

3) El Frente en las Provincias de Concepción y Juaja, escenario natural de las guerrillas del MIR, comandadas por Guillermo Lobatón y Máximo Velando.

4) El MIR había organizado un cuarto frente en la provincia de Ayabaca, bajo el comando de Gonzalo Fernández Gasco, abogado especializado en materia agraria, y Elio Portocarrero; el primero, había viajado a Cuba en agosto de 1960 y, recientemente, había vuelto ese propio año de 1965. La segunda guerrilla de esa provincia estaba comandanda por Portocarrero quien, como Fernández Gasco, había viajado a Cuba en 1962, regresando investido

---

[66] El 15 de mayo de 1963, después de caminar varias millas por las selvas, el grupo llegó a Puerto Maldonado en la misma frontera. La policía los rodeó, hubo un intercambio de disparos y Javier Heraud pudo escapar por 24 horas. Al día siguiente el joven fue sorprendido cerca de un río muriendo en el encuentro.

del título de "Comandante en Jefe de las Fuerzas Revolucionarias en el Perú"[67].

Los grupos guerrilleros "Pachacutec" del MIR y "Javier Heraud" del Ejército de Liberación Nacional (ELN), que operaban en zonas cercanas, tuvieron contactos desde mediados de 1962.

En sus comienzos el ELN estuvo formado por un reducido número de jóvenes universitarios y obreros, muchos de los cuales venían de la Juventud del Partido Comunista. Para 1964 se le incorporaban otros con mayor experiencia política como Juan Pablo Chang, el antiguo miembro de la Dirección del FIR quien habrá de morir en Bolivia junto a Ernesto Guevara; Luis Zapata, dirigente obrero de la construcción; Guillermo Mercado, dirigente del FIR y otros[68].

No es del todo precisa la ubicación de los distintos focos guerrilleros.

En su manifiesto de mayo, el MIR anunciaba que se habían establecido tres centros de lucha de guerrilla:

a) La unidad "Pachacutec", operando en el área de Cuzco bajo el comando del propio de la Puente.

b) La "Tupac Amaru", en la Sierra Central, comandada por Guillermo Lobatón, que sería la primera en combatir, y

c) La Unidad "César Vallejo" dirigida por el abogado Gonzalo Fernández Gasco.

---

[67] La guerrilla comandada por Fernandez Gasco nunca entró en acción. Enfrentada por tres unidades de las Fuerzas Armadas, la guerrilla optó por retirarse hacia Ecuador sin combatir.

[68] Otros miembros del ELN peruano morirán también con Guevara en su aventura boliviana: José Cabrera Flores, el Negro, estudiante de medicina, uno de los miembros de la retaguardia comandada por Joaquín (Juan Reynaldo Acuña Núñez) que murió en la acción del Vado de Yeso el 31 de agosto de 1967; y Lucio Galván (Eustaquio, operador de radio de la guerrilla que murió el 14 de octubre de 1967, que sobrevivió el encuentro de la Quebrada del Yuro (donde fue hecho prisionero Ernesto Guevara) quien muere el 14 de octubre junto al cubano Octavio de la Concepción de la Pedraja (Momo).

La más activa fue la de Lobatón que tuvo su primer encuentro en junio (1965) y continuó combatiendo, continuamente, hasta enero del siguiente año en que muere este dirigente. Dos meses antes había perecido también Velardo Gálvez. La guerrilla comandada por Guillermo Lobatón, surgió en la zona en la que, en octubre, caería Luis de la Puente.

Poco después otra fuerza guerrillera entró en acción en el sur de la sierra. Era la del Movimiento 15 de Mayo —así nombrada para recordar la fecha en que había muerto Javier Heraud— al frente de la cual se encontraba Héctor Béjar.

Activas las guerrillas de Lobatón y de la Puente, el Partido Comunista Peruano se ve obligado a ofrecerles, tímidamente, un condicionado y mínimo respaldo. El Comité Central en un leguleyesco análisis[69] pretende distinguir entre "la lucha guerrillera" y "un levantamiento" para concluir que "aún no existía en el país la situación revolucionaria que es esencial para que surja un movimiento guerrillero".

El Partido Comunista, reluctantemente, daba ese apoyo, tan sólo verbal, a las guerrillas. Era comprensible. Belaúnde Terry había triunfado en las elecciones de junio de 1963 con el respaldo del Partido Comunista. Aunque los comunistas peruanos expresaron su apoyo a las guerrillas, inmediatamente, por obvias razones, objetaron el momento escogido por éstas para levantarse en armas.

El mismo mesurado respaldo les brindaba a las guerrillas el Partido Comunista pro-chino más preocupado por sus divisiones internas. Les irritaba al P.C. pro-chino que el MIR se considerase a sí mismo como uno de los dos partidos marxistas-leninistas siendo el otro el Partido Comunista que seguía la línea de Moscú.

Los grupos guerrilleros continuaban activos pero al poner en efecto el Presidente Belaúnde su reforma agraria el proselitismo de las masas campesinas por las guerrillas mermó considerablemente.

---

[69] Acuerdo del Comité Central del Partido Comunista Peruano, de agosto 15, 1965.

Algunos guerrilleros, presos en las cárceles de Lima, gozaban del privilegio de concederles entrevistas a revistas y radioemisoras. Desde la prefectura de Lima, donde Héctor Béjar se encuentra preso por más de un año, declara "que la lucha armada es el único camino del pueblo peruano". Poco después de esas "virulentas" declaraciones el "revolucionario Béjar" aceptaba una posición en el gobierno militar que depondría a Belaúnde.

Béjar, el dirigente del Ejército de Liberación Nacional, había sido detenido en 1965 y mantenido en prisión hasta que el gobierno militar –que asumiría el poder dentro de tres años– decretó una amnistía política en diciembre de 1970. Menos de dos años después Béjar comenzó a trabajar para una de las instituciones del régimen militar, abandonando sus actividades guerrilleras.

De la Puente había mantenido estrechas relaciones con algunos de los peruanos que integrarían la guerrilla de Ernesto Guevara en Bolivia. Al caer de la Puente Uceda[70] la prensa de La Habana destaca la labor del "Héroe de Amaybamba":

> *"La muerte, en acción, del héroe guerrillero Luis de la Puente, no ha detenido la insurgencia armada del pueblo peruano en la brava serranía andina. Su desaparición en Amaybamba, zona sur del Perú, lejos de representar un debilitamiento en las filas insurreccionales, ha fortalecido el espíritu combativo, señalando el camino verdadero en la lucha de la liberación nacional".*

Al morir en 1965 de la Puente[71] y en enero Guillermo Lobatón[72], Ricardo Gadea[73], hermano menor de Hilda, la primera

---

[70] Muere en combate el 22 de octubre de 1965.

[71] La captura y liquidación de De La Puente y sus guerrillas se debió en gran medida, a la "colaboración" que las fuerzas armadas recibieron de Albino Guzman, un campesino que desertó y se convirtió en enemigo de la guerrilla luego de haber participado activamente junto a Hugo Blanco. "Extracto de las Conclusiones de la Asamblea del Comité Central del MIR". Héctor Béjar, Obra Citada.

[72] La guerrilla de Guillermo Lobatón era liquidada en el enfrentamiento que se produjo el miércoles 5 de enero, 1966, en que pierde la vida Guillermo

esposa del Ché Guevara, se convirtió en el dirigente del Movimiento de Izquierda Revolucionaria (MIR). Durante el gobierno militar, de izquierda, de Velasco Alvarado, el MIR se dividió cuando un grupo de sus militantes constituyeron la Liga Socialista Revolucionaria (LSR) que pronto respaldó a la junta militar.

Con la intención de compensar las debilitantes escisiones el Movimiento de Izquierda Revolucionaria intensificó en el verano de 1965 distintas operaciones guerrilleras. Antes de terminar el año éstas habían terminado tras sufrir apreciables pérdidas de vida.

Hacia la Tricontinental

Dentro de pocas semanas grupos de extrema izquierda, bajo banderas de distintas siglas, pero todos respondiendo a Castro, concurrían como delegados a la Conferencia Tricontinental celebrada en La Habana. La delegación peruana estuvo integrada por Roberto García Urrutia, del Movimiento de Izquierda Revolucionaria (MIR) al que había pertenecido Lucho

---

Lobatón y varios de sus hombres. Ya antes habían sido liquidados los núcleos subversivos "Tupac Amaru" y Ayacutec.

[73] Ricardo Gadea, al terminar su segunda enseñanza en Perú, viajó a la Argentina para estudiar periodismo en la Universidad de la Plata, cuando su cuñado se encontraba en la Sierra Maestra. En Buenos Aires se incorporó al movimiento Aprista que laboraba con la rama local del 26 de Julio. En 1960, con Castro ya en el poder, viaja a Cuba a estudiar Economia bajo la direccion de Carlos Rafael Rodriguez.

Estaba Gadea en la Habana cuando en Agosto de 1962 se celebra ahí el Congreso Latinoamericano de Juventudes que reunio a jovenes de muchos paises latinoaméricanos.

Deja sus estudios para recibir, en la Sierra Maestra, entrenamiento de guerrilla. Para entonces ya Guevara se ha divorciado de su hermana Hilda, pero el Che mantiene tanto con ella como con Ricardo cordiales relaciones.

Mientras los revolucionarios peruanos peleaban en su tierra natal –dentro del MIR, FIR, ELN, en distintos frentes guerrilleros– Ricardo Gadea se encontraba en las montañas de Escambray, en Cuba, combatiendo a los grupos guerrilleros que se oponian a Castro. Gadea formaba parte de los "Cazabandidos". Dos años despues Ricardo Gadea viaja finalmente a Peru estableciendo contacto con Juan Pablo Chang (el Chino Chang), Hector Bejar y otros jovenes. A los pocos meses era arrestado.

de la Puente; Jesús Masa Paredes, de las Fuerzas Armadas de Liberación Nacional (FALN); Jaime Venegas Romero, del Ejército de Liberación Nacional (ELN); y Alberto Ramírez Pérez, del Partido Comunista Peruano. La delegación la presidía García Urrutia.

Al hablar de su organización en la Conferencia, García Urrutia afirma que "surgimos del APRA, de la vieja izquierda, de la antigua llamada vieja izquierda que se transformó después en la izquierda llamada "democrática". A partir de allí el MIR se encuentra en la primera fila de la vanguardia revolucionaria".

"En Perú es imposible otra salida que la de la lucha armada" afirmaba en La Habana el antiguo aprista que se enfrentaba con las armas a un gobierno democráticamente electo pero que, frente al gobierno militar, optaría por una salida política.

Jesús Masa Paredes es delegado de las Fuerzas Armadas de Liberación Nacional del Perú (FALN) a la Conferencia Tricontinental. Afirma Masa, negándose a admitir la realidad que recién han experimentado las guerrillas peruanas, que los campesinos *"saben que el único camino es oponer las armas revolucionarias contra las armas de la reacción y el imperialismo".*

"El movimiento guerrillero, en cualquier parte del mundo, podrá contar con la ayuda incondicional y decidida de Cuba", les prometía Castro a los grupos de izquierda que asistían a la Primera Conferencia Tricontinental.

Para impresionarlos los invita a presenciar la "Revista Militar" en celebración del Séptimo Aniversario de la Revolución. Les mostrará todo el potencial bélico conque cuentan las fuerzas armadas:

"Todos los bloques de infantería, las agrupaciones de artillería y cohetería, las Unidades Blindadas, la aviación. Primero una formación en línea de tres caza-bombarderos MIG-15, que dejaron estelas de humo de diferentes colores; a continuación un avión de transporte AN-12, escoltado por una escuadrilla de caza-bombarderos MIG-15; seguidamente en perfecta formación, caza-bombarderos MIG-17; luego poderosas Unidades de Supersónicos MIG-25, en formación "Delta", y, finalmente, en recobre vertical, 3 MIG-28, en una gran demostración de ma-

niobrabilidad... Todas hicieron la revista con precisión, rapidez y eficiencia[74]*"*.

Los delegados quedaron impresionados.

Por palabras, no quedaba. El presidente Dorticós les ofrecía irrestricto apoyo: *"Más que nunca renovamos nuestro compromiso de apoyar todos los movimientos de liberación"*[75].

En Lima Félix Contreras Rengito a nombre del Comando Nacional del ELN peruano emitía altisonantes declaraciones a la prensa, repitiendo, casi textualmente, las mismas palabras pronunciadas por Castro: que era erróneo, cuando no criminal, dirigir la lucha desde las ciudades. Manifestaba el vocero del ELN que "la vanguardia revolucionaria se forma en las montañas".

Mientras en La Habana se organizaban desfiles y pronunciaban discursos llenando de encomios a los alzados, en esa misma semana de enero (1966) las fuerzas armadas van acorralando, y liquidando, distintos grupos guerrilleros. El 5 de enero se da a conocer que están cercados, tal vez ya capturados, cerca de Huancayo, en el centro del país, Guillermo Lobatón y varios guerrilleros. El día 9 el General Armando Sierralta, que dirigía las operaciones antiguerrillas en los Andes Centrales, anunciaba la muerte de Lobatón y de un número indeterminado de sus seguidores.

En menos de seis meses los militares exterminaron los núcleos subversivos "Tupac Amaru" y "Pachacutec", este último dirigido por Luis de la Puente Uceda. Seis meses antes, en mayo, de la Puente Uceda había anunciado su decisión de ir a la región del Cuzco para iniciar la revolución castrista. Activos, pero cada vez con menos fortaleza, se mantienen los grupos comandados por Elio Portocarrero y Gonzalo Fernández Gasco que dirigen las operaciones de la guerrilla "Manco Cápac", y el huidizo Héctor Béjar que abandona a sus compañeros.

Portocarrero y Fernández Gasco llegaron a la frontera norte del país y se internaron en Ecuador. Para el 21 de abril

---

[74] Revista "Verde Olivo", enero 1966.

[75] Granma, enero 4, 1966.

(1966) la prensa en Lima informaba que se investigaba en el Ecuador la posible presencia en aquella nación de los guerrilleros Fernández Gasco y Elio Portocorrarero.

El viernes 15 de abril (1966) Ricardo Gadea es arrestado. El hermano menor de la primera esposa de Ernesto Guevara aparecía financiado por "una organización izquierdista chilena de la que recién había recibido US$12,000 dólares"[76].

Golpe militar de Velasco Alvarado

Poco después, al llegar al poder el General Juan Velasco Alvarado, por un golpe de estado[77], una escisión del ya fraccionado MIR, la Liga Socialista Revolucionaria (LSR), no demoró en darle su entusiasta respaldo a los militares golpistas. Igual apoyo recibieron los militares del minúsculo Partido Obrero Revolucionario organización, como la Liga Socialista Revolucionaria, constituida por elementos troskistas.

Velasco Alvarado designó de inmediato un gabinete militar con asesores civiles. Una de sus primeras medidas fue la anulación del contrato con la "International Petroleum Company ("IPC") –cuya anulación ya Belaúnde estaba considerando– que, a juicio de la mayoría del pueblo peruano concedía excesivas beneficios a la empresa petrolera.

La Habana condena el golpe

El golpe militar sorprende a todos. La Habana no es una excepción. A unas pocas horas del derrocamiento del gobierno de Belaúnde Terry, en su editorial del viernes 4 de octubre

---

[76] Cable AFP, abril 15, 1966, Diario Las Américas.

[77] Desacuerdos entre la Empresa Petrolera Fiscal (EPF), la Compañía Petrolera Internacional (IPC) –subsidiaria de la Standard Oil- y el gobierno, unido a una división del gobernante partido Acción Popular, sirvieron de base a las fuerzas militares para derrocar al gobierno de Belaúnde el 3 de octubre de 1968.

Granma afirma que el golpe es el comienzo de otro gobierno "incondicionalmente sometido al imperialismo norteamericano" en igual o mayor grado que el gobierno anterior.

Aún cuando la Junta anuló aquella misma noche el contrato firmado por el gobierno de Belaúnde con la "International Petroleum Company" ("IPC") el Granma manifiesta su desconfianza afirmando en un editorial que esa decisión produce "una reacción escéptica por temor a una maniobra demagógica". Prensa Latina, la agencia de noticias tan útil al gobierno de Castro, fustiga la asonada militar afirmando que "apenas se instalaba en el poder la Junta, surgían las primeras órdenes de represión contra ministros del depuesto presidente". Y destacaba que *"nutridas manifestaciones de estudiantes que expresaban combativamente su repudio tanto al nuevo régimen militar como al gobierno entreguista de Belaúnde, eran salvajemente reprimidas por la fuerza pública"*[78].

En pocos días habrá un conveniente entendimiento entre La Habana y Lima. Al terminar el año 69 la prensa cubana destaca las declaraciones del "presidente" Juan Velazco Alvarado en las que afirmaba que 1970 sería de despegue para Castro y habla, ensalzándolo, "del estatuto de libertad de prensa aprobado ayer por el Consejo de Ministros Peruanos"[79].

La Habana se entiende con los golpistas

Los grupos guerrilleros, castristas y maoístas, tan violentamente activos contra el gobierno democráticamente electo de Fernando Belaúnde Terry, amainaron sus ímpetus belicistas para buscar formas de colaboración con el régimen militar.

Otras organizaciones de izquierda como el Frente de Izquierda Revolucionaria (FIR) orientado por Hugo Blanco quien, desde 1963, guardaba prisión, Vanguardia Revolucionaria, el

---

[78] Granma, Octubre 9, 1968.

[79] Cable de Prensa Latina de Lima, diciembre 31, 1969.

Movimiento de Izquierda Revolucionaria (MIR)[80] y algunas más pequeñas de orientación maoísta, rechazaban el golpe militar. Luego, muy pronto, modificarán su posición para ofrecer su respaldo a Velasco Alvarado

Los revolucionarios de ayer se vuelven admiradores de las realizaciones del régimen militar pródigo en su generosidad (o en su habilidad). Son los arrepentidos revolucionarios. Así, Hugo Blanco, liberado por el Gobierno Militar y luego desterrado, declaró que la Ley de Reforma Agraria dictada por el gobierno militar podía calificarse de más avanzada y superior que la de Belaúnde Terry.

Ricardo Gadea, que al igual que Blanco fué liberado por el acuerdo de amnistía promulgada por el gobierno militar, admite que "las fuerzas armadas crearon en 1968 una situación nueva desatando un proceso de reforma cuyas características radicales han sorprendido a la izquierda peruana y desconcertado a muchos obsevadores extranjeros".

Hasta Vanguardia Revolucionaria que se opuso al gobierno militar, luego concede que éste "no ha iniciado una revolución, lo que ha comenzado es un proceso reformista burgués".

A este pronto acercamiento hacia el gobierno militar de los grupos de extrema izquierda contribuyó grandemente la influencia ejercida sobre ellos por Fidel Castro quien mantuvo cordiales relaciones con los militares peruanos.

A los pocos meses de llegar al poder el dictador peruano ya Castro le ha ofrecido su amplio respaldo al General Juan Velasco Alvarado "que ha venido realizando un auténtico proceso de transformación nacional".

No demoró en concretar su apoyo. Luego de haber sido expulsado del Uruguay, Mario García Inchástegui era designado el 24 de diciembre de 1970 como el embajador de Cuba ante el gobierno chileno. Días después eran amnistiados otros dieciocho presos políticos en Perú.

---

[80] Ricardo Gadea, dirigente del MIR y hermano de la primera esposa de Ernesto Guevara, quien al igual que Blanco guardaba prisión fue, como éste, amnistiado luego por el gobierno militar.

Al celebrarse el 2 de octubre el segundo aniversario de la constitución del "Gobierno Militar Revolucionario" la prensa oficial cubana, es decir, el Granma[81], destaca las palabras del golpista peruano afirmando que los logros de esa "revolución nacionalista y popular, representa una garantía a nuestra libertad".

Vergonzosamente, Granma une su voz a la del militar golpista condenando las acciones de la "extrema izquierda" y continúa expresando:

> *"La reducida acción de pequeños grupos considerados por algunos "extrema izquierda" representa también un obstáculo menor que debe ser mencionado aquí. Estos grupos actúan al unísono con los sectores ultraconservadores. Le están haciendo el juego a la reacción".*

No fue remiso el Partido Comunista Peruano (PCP) en acercarse también a las pródiga sombra de Velasco Alvarado encontrando, convenientemente, puntos de coincidencia en la posición "antiimperialista y antioligárquica" del gobierno militar.

Al producirse manifestaciones hostiles a Velasco Alvarado, el Partido Comunista Peruano continuó sirviendo al gobierno militar haciendo un llamamiento a las organizaciones sindicales y populares para "derrotar la sedición contrarrevolucionaria"[82].

La misma posición que Castro asumía.

---

[81] Granma, lunes octubre 5, 1970.

[82] Cable de Prensa Latina, Gramma, 26 de enero 1973.

CAPÍTULO IV

Colombia

El 9 de diciembre de 1961, frente a la reiterada ingerencia de Castro fomentando los brotes revolucionarios en aquella nación, Colombia rompía sus relaciones con Cuba.

A los pocos días, terminada la presidencia de Alberto Lleras Camargo, se produce en enero de 1962 un cruento enfrentamiento entre las fuerzas del ejército y los guerrilleros de Marquetalia en la etapa que se denominó "guerra preventiva", anterior a la que pocos años después, bajo la presidencia de León Valencia, se denominaría "operación Marquetalia" que trató, inútilmente, de darle fin al movimiento guerrillero que por más años se ha mantenido en el continente. La resistencia guerrillera de Marquetalia se prolongó hasta fines de 1965 cuando se extendió a otras zonas de Colombia[83].

A mediados de Julio terroristas urbanos tratan de incendiar el Capitolio Nacional en Bogotá[84]. Asumió el crédito de aquel atentado al edificio del más alto centro legislativo de la nación una organización que recién se había constituido unos seis meses antes: el Ejército Nacional de Liberación, que pronto alcanzará gran renombre.

---

[83] A fines de 1965 la acción guerrillera se extendió a la zona conocida por Río Chiquito-Tierra Adentro, y Cauca.

[84] El 22 de julio de 1963, luego de prender fuego a un popular almacén de vinos, los terroristas trataron de incendiar el Capitolio Nacional.

La actividad guerrillera se intensificaba. Tanto, que se convoca a una asamblea general que el 20 de julio de 1964[85] proclamó el Programa Agrario de los Guerrilleros "que se convirtió en la bandera de lucha del movimiento revolucionario de Colombia"[86].

El programa, como tantos otros, estaba saturado de promesas que jamás materializaron:

a) "La Reforma Agraria Revolucionaria entregará a los campesinos, animales de labor, equipos y construcciones para su debida explotación económica".

b) "Los colonos, ocupantes, arrendatarios, aparceros de tierras de latifundistas o de la nación recibirán los títulos de propiedad de los terrenos que explotan".

c) "La Reforma Agraria Revolucionaria respetará la propiedad de los campesinos ricos que trabajan personalmente sus tierras".

Continuaba el extenso programa ofreciendo "amplio sistema de crédito", un "sistema planificado de irrigación", un "vasto plan de vivienda campesina". La realización de este programa solo "dependería de la alianza obrero-campesina y del Frente Único de todos los colombianos, única garantía para la destrucción de la vieja estructura latifundista".

Desde luego todo esto era necesario "para dar en tierra con el régimen proyanqui que impide la realización de los anhelos del pueblo colombiano". Más líricas no podían ser las

---

[85] A fines de 1966 se celebró la Segunda Conferencia Constitutiva de las FARC. La Tercera Conferencia se efectúa al siguiente año en la que aprueban constituir la Escuela Nacional de Formación Ideológica (que jamás funcionó). Continuaron la Cuarta, Quinta, Sexta y Séptima Conferencia. En esta última se le dió el nombre de "Fuerzas Armadas Revolucionarias de Colombia, Ejército del Pueblo" (FARC-EP).

[86] Jacobo Arenas. "Cese al Fuego": Una historia política de las FARC. Jacobo Arenas era el ideólogo más destacado de las FARC. Escribió otros libros: "Correspondencia Secreta del Proceso de Paz", "Vicisitudes del Proceso de Paz" y "Paz, Amigos y Enemigos".

palabras de las guerrillas que anegaban en sangre –de campesinos y terratenientes- aquel territorio.

El ELN. Las FARC

La lucha guerrillera se convirtió, en muchos casos, en simples asaltos a bancos y entidades de préstamos y ahorros en pequeñas poblaciones. Así, el 7 de enero de 1965 el grupo guerrilleros "José Antonio Galán" del Ejército Liberación Nacional (ELN) asaltó la población de Simacota apropiándose de todo el efectivo que se encontraba en la caja agraria, en la agencia Bavaria y en un banco local.

Una división interna en el Ejército de Liberación Nacional dió como resultado el distanciamiento de ella de Juan de Dios Aguilera[87] que dirigía en aquella organización un grupo marxista pro-chino.

Dos grupos guerrilleros de Río Chiquito, al mando del Comandante Ciro Trujillo seguían operando en la región de Marquetalia, junto con las fuerzas de Manuel Marulanda Vélez (Tirofijo), miembro del Comité Central del Partido Comunista de Colombia. Para 1966 la lucha armada entraba en una nueva fase con la creación de las Fuerzas Armadas Revolucionarias de Colombia (FARC) siguiendo lo dispuesto en el X Congreso del Partido Comunista de Colombia que reunió a los distintos departamentos de Rigueros del Bloque Sur y en una convención celebrada el 25 de abril constituyó, en las montañas, las FARC[88].

Ya funcionaban en Colombia tres movimientos guerrilleros:

---

[87] Juan de Dios Aguilera morirá fusilado por miembros de su propia organización acusado a su vez, de haber ajusticiado a José Ayala, otro militante de su grupo guerrillero.

[88] Tres meses antes, en enero, habían redactado y distribuido el "Manifiesto de Simacota" que, a nombre del Ejército de Liberación Nacional (ELN) llamaba a la unidad de los campesinos obreros, estudiantes, profesionales y hombres honestos". Uno de los firmantes del Manifiesto era Fabio Vásquez.

El Ejército de Liberación Nacional, dirigido por Fabio Vásquez Castaño y Ricardo Lara Parada, de las que formaría parte el sacerdote Camilo Torres.

El Ejército Popular de Liberación (EPL), que funcionaba en la zona de Antioquia, y estaba dirigido por González Matías.

Las Fuerzas Armadas Revolucionarias de Colombia (FARC), que actuaban en Huila y Tolima, comandados por Manuel Marulanda Vélez (Tiro Fijo).

Camilo Torres

En medio de esta lucha fraticida surge una figura y una voz que pronto contará con creciente número de seguidores. El padre Camilo Torres, inicia una incendiaria prédica que lo lleva, en pocos meses, a abandonar sus hábitos convirtiéndose en un activista revolucionario.

Camilo Torres había llegado a la conclusión de que era imprescindible la lucha armada para la toma del poder y que solamente desde el poder era posible realizar la gran transformación revolucionaria del país. Pero no creía en la efectividad del Partido Comunista de Colombia ni en la política de auto defensa puesta en práctica en Marquetalia y otras zonas de Colombia por el Bloque Sur (más tarde FARC). Por otra parte, no tenía noticias acerca del ELN y los rumores sobre la guerrilla eran múltiples y contradictorios. Por eso, Camilo consideraba inútil desarrollar un movimiento político sin existir una organización guerrillera[89].

Ocupaba Camilo destacadas posiciones en la iglesia y en instituciones relacionadas con ella o con la enseñanza (Decano del Instituto de Asistencia Social, profesor de la Escuela Superior de Administración Pública, profesor y capellán de la Universidad Nacional) a las cuales, para no dañar las relaciones entre la Iglesia y el Estado, se vió forzado a renunciar. Pe-

---

[89] Declaraciones de Camilo Torres a Jaime Arenas. "La Guerrilla por Dentro. Análisis del ELN Colombiano".

ro no pudo evitar un serio enfrentamiento con el Cardenal Luis Concha Córdoba que trascendió a la prensa.

En una de las diversas comunicaciones entrecruzadas declaraba el Cardenal que "en la Plataforma de Acción Político-Social presentada por el Padre Torres hay puntos que son irreconciliables con la doctrina de la Iglesia". Esta afirmación llevó al sacerdote a demandar, también públicamente, que el Cardenal Concha aclarase a qué plataforma socio-política se refería y que puntos "estimaba su Eminencia que son irreconciliables con la doctrina de la Iglesia", a lo que, en comunicación del 9 de junio, se negó a responder el cardenal, lo que motivó que Camilo le solicitara[90] se le redujera al estado laico.

Así lo hizo el Cardenal Concha quien, con fecha 30 de junio, informa que "a solicitud del Sr. Camilo Torres, decretamos su reducción al estado laico", lo que amplía, en términos más duros, en declaraciones públicas el 20 de septiembre.

El intercambio, primero verbal y, luego, epistolar, que se inició en enero se había prolongado hasta esta última comunicación de septiembre 20.

Antes de abandonar sus hábitos viaja a Lima –invitado por el gobierno de Fernando Belaúnde Terry– a dictar varias conferencias. En la capital peruana establece contactos con dirigentes de la izquierda revolucionaria.

Mientras Camilo se encontraba en Lima, la red urbana del ELN contactó a la guerrilla para establecer los enlaces que hicieran posible llevar al sacerdote a la montaña. A su regreso Camilo Torres dio su consentimiento a las conversaciones realizadas y se trasladó a Bucaramanga donde llegó el 4 de julio. En su primer viaje a las montañas de Santander creyó Camilo en la pronta victoria de una revolución popular.

En la carta que dirige a Fabio Vásquez Castaño, que usaba el nombre de guerra de Helio, explica sus ideas y sus planes:

---

[90] Carta de junio 24, 1965.

1) Dar golpes seguros y seguidos, ampliando cada vez más la base.
2) Tratar de coordinar acciones con los otros grupos principalmente con MOEC[91], Vanguardia de MRL, Partido Nuevo, ORC, Juventud de la Democracia Cristiana y Partido Comunista.
3) Creación de grupos urbanos.
4) Compra de una imprenta y clandestinizarla (la financiación está prácticamente completa).
5) Procurar la división del ejército.
6) Si lo demás resulta, planear una marcha sobre las ciudades para la toma del poder.

En este, su primer viaje a la guerrilla, parecían sumamente simplistas las ideas del sacerdote Torres[92].

Camilo mantenía continuos contactos con los distintos partidos y agrupaciones políticas de oposición y, a su alrededor, se creó un Comando Nacional del Frente Unido que contaba con representantes de las distintas organizaciones y de aquellos "no alineados". Todo fue inútil.

Todos los grupos trataban de cobijarse a la sombra del antiguo sacerdote utilizándolo para aumentar la membresía o con fines electorales.

"Sectarismo, intriga, recelo, prejuicio, dogmatismo, oportunismo, ambiciones de uno u otro tipo, fueron el común denominador de quienes en teoría aceptaban los planteamientos de unidad hechos por Camilo, pero que, en la práctica, no sólo no los aplicaban sino que, conscientemente o no, los saboteaban"[93].

---

[91] Movimiento de Obreros, Estudiantes y Campesinos (MOEC).

[92] La carta a Helio estaba fechada el 6 de junio de 1965.

[93] Jaime Arenas. "La guerrilla por dentro. Análisis del ELN colombiano".

Camilo fue un fracasado. No pudo, siquiera, lograr una incipiente unidad entre las distintas agrupaciones rebeldes a pesar de que tenía un muy amplio respaldo popular.

Se había producido una unidad nominal que no podía sobrevivir.

Fue en Medellín en el Primer Encuentro Nacional de Estudiantes, Obreros y Campesinos celebrado en septiembre[94] que pretendía ser unitario y a cuyo efecto el comité preparador fue integrado por representantes de la Democracia Cristiana, el Bloque Sindical Independiente, Federación de Trabajadores de Antioquia, dominado por los comunistas, el Consejo Estudiantil de la Universidad de Antioquia y del Sindicato Único de Trabajadores de Coltejer, y delegados del Frente Unido, todos bajo la presidencia Camilo Torres.

La declaración política del Primer Encuentro que se llevó a votación produjo, de inmediato, la división del Frente Unido al oponerse la Democracia Cristiana a la afirmación de que la lucha armada era la forma principal de llegar al poder en Colombia, posición que también sostuvo el Partido Comunista que seguía la orientación de Moscú. Camilo Torres, que, como dijimos, presidía el encuentro, apoyaba el proyecto de declaración política que abogaba por la lucha armada.

Parte de Bogotá el 18 de octubre (1965). Al día siguiente se hace efectivo su ingreso en la lucha armada al llegar a San Vicente, en Santander, donde inicia su marcha a las montañas. El 25 arriba al campamento del ELN donde lo recibe Fabio Vásquez[95]. Pocas semanas después, el 28 de diciembre, acuerdan hacer público el ingreso de Camilo en la guerrilla. En pocos minutos ha redactado el propio ex-sacerdote la proclama.

Para el 7 de enero de 1966 el ELN distribuía la proclama de Camilo a los colombianos, junto con una fotografía del cura que un año antes había abandonado el ejercicio sacerdotal. En la foto aparecía en compañía de Fabio Vásquez y Víctor Medi-

---

[94] Ese Primer Encuentro Nacional tuvo efecto los días 17, 18 y 19 de septiembre de 1965.

[95] Carlos Arango Zuliaga. "Crucifijos, sotanas y fusiles".

na Morón[96]. La nación quedó impresionada con la comunicación. Fue noticia en el país y fuera de la nación. Quienes –por el distanciamiento que existía entre el ELN y el Partido Comunista de Colombia–, le restaron importancia a la presencia de Camilo en las guerrillas fueron los comunistas colombianos que seguían la línea de Moscú.

Camilo predicó con el ejemplo. "Me he unido a la lucha armada. Voy a luchar en las montañas de Colombia hasta que el pueblo llegue al poder. Me he unido al ELN porque encuentro allí los mismos ideales del Frente Unido". Se engañaba el antiguo sacerdote.

Camilo Torres, ignorado y preterido por el Partido Comunista Colombiano, fue utilizado por el ELN cuyos dirigentes no se sentían seguros de su lealtad a la organización. No querían a Camilo "como un aliado" sino como "miembro de la organización" para, así, someterlo a las órdenes del Jefe Único del ELN, Fabio Vásquez[97]. Así quedó plasmado en el Proceso Militar No. 820 incoado contra el ELN y donde aparecían las distintas comunicaciones de Fabio Vásquez Castaño a distintos dirigentes de la organización.

---

[96] Diferencias ideológicas separarán en menos de dos años a estos dos dirigentes del ELN. Fabio Vásquez someterá a Víctor Medina, Heliodoro Ochoa y Julio César Cortés a un consejo de guerra. Los tres serán condenados a muerte.

[97] Jaime Arenas. "La Guerrilla Por Dentro". Jaime Arenas Reyes, fue durante cuatro años miembro del Comité Ejecutivo de la Asociación Universitaria de Santander en Colombia. En 1962 viajó como delegado de la Unión Nacional de Estudiantes Colombainos (UNEC) al VI Congreso de la Unión Internacional de Estudiantes (UIE) celebrado en Leningrado, visitando a Cuba posteriormente.
A fines de 1963 es uno de los organizadores del Ejército de Liberación Nacional (ELN) vinculándose al Padre Camilo Torres. En 1967 se incorpora a las guerrillas. Jaime Arenas, militante del ELN, presidió el "tribunal guerrillero" que el 22 de marzo de 1968 condenó a muerte, y ejecutó a Víctor Medina Morón que había compartido con Fabio Vásquez la jefatura del propio Ejército de Liberación Nacional. (Fuente: Carlos Arango Z. "Yo ví morir a Camilo". Carlos Arango mantiene la posición del Partido Comunista Pro-Moscú. Arenas es luego apresado y juzgado en Consejo de Guerra en Bogotá en 1969 y condenado por rebelión. Liberado, Jaime Arenas es ejecutado en las calles de Bogotá por la guerrilla urbana del ELN acusado de delación y traición.

El ya ex-sacerdote Camilo Torres se incorpora al ELN. De izquierda a derecha, Fabio Vázquez, Víctor Medina Morón (antes de dos años será fusilado por orden de Fabio) y Camilo Torres.

El minúsculo Ejército de Liberación Nacional no representaba una seria amenaza para las Fuerzas Armadas de la nación. Lo probaría la Quinta Brigada, basada en Santander, y comandada por el Coronel Alvaro Valencia Tovar. El 15 de febrero una patrulla avanza hacia donde se encuentra apostada, inmóvil, la guerrilla. Error de ésta. Sigue avanzando el ejército y se inicia, a pocos metros, el combate. Caen varios guerrilleros, uno de ellos el iluso sacerdote.

Exactamente, cuarenta días después de publicarse la Proclama, moría en combate Camilo Torres Restrepo.

Las FARC se fraccionan

Ya para entonces se estaban produciendo profundas diferencias dentro de las FARC.

El grupo mayoritario, dirigido desde sus inicios por Manuel Marulanda Vélez (Tiro Fijo), imponía su estrategia de mantener la lucha sólo en la montaña. Aplicaba Marulanda el concepto del foco guerrillero del teórico Regis Debray. Otros, dentro de la organización ante el fracaso en Colombia y en países colindantes de la guerrilla rural abogaban por la lucha urbana; por llevar a la ciudad la violencia y el terror.

Cuatro años duraron estas tensiones que culminaron con la formación del Movimiento 19 de Abril (M-19) compuesto por estudiantes y jóvenes profesionales, algunos de ellos exmilitantes del Partido Comunista Colombiano.

El M-19 surge en 1973 dirigido por Jaime Bateman Cayón[98]; luego compartirán la dirección del movimiento Carlos Pizarro León-Gómez, Antonio Navarro Wolff y otros.

Bateman, expulsado del Partido Comunista, se convierte en el jefe urbano de las FARC. Había sido miembro del Secretariado Nacional de la Juventud Comunista, formando parte de lo que se conocía como "el ala izquierda" que, contrario a la línea del partido, abogaba, aunque al principio tímidamente,

---

[98] Jaime Bateman morirá en 1982 en un accidente aéreo.

influido por la Revolución Cubana, por la lucha armada. En 1973 ingresa en la escuela del Konsomol en Moscú. Del Partido Comunista pasó Bateman a las FARC y de allí a constituir el M-19. A La Habana viajó con frecuencia. La última vez en marzo de 1982[99].

Integrado a las FARC se mantuvo junto a "Tiro Fijo" como su secretario. Al poco tiempo se separaron amigablemente. La misma estrecha vinculación que tuvo con Jacobo Arenas quien lo sustituye como asesor político del dirigente guerrillero.

Bateman en las FARC convierte la red urbana de apoyo, en guerrilla urbana. De conseguir botas, uniformes y conseguir atención médica saltó a la acción militar.

El ELN –en el que tan brevemente había militado Camilo Torres– "no quería saber nada de Jaime Bateman, ni del M-19 ni, mucho menos, del Partido Comunista[100]".

Para 1974 el M-19 se hacía sentir en las calles de las principales ciudades. Una de sus acciones fue la captura y asesinato del dirigente sindical José Raquel Mercado acusado de haber traicionado a la clase obrera y de trabajar para la Agencia Central de Inteligencia (CIA). Poco después, en enero de 1978, el robo de más de siete mil armas de fuego sustraídas de un depósito del ejército a las que tuvieron acceso tras cavar un extenso túnel; en febrero de 1980 el M-19 ocupa por asalto la embajada de la República Dominicana en Bogotá tomando como rehenes a más de 50 personas, entre ellas 20 diplomáticos[101].

A diferencia de otras que fueron pronto aplastadas, las guerrillas colombianas se han mantenido combatiendo y dominando crecientes territorios. Han presentado distintas fórmulas de paz, ninguna de las cuales han sido efectivas.

---

[99] Testimonio de Fanny de Ospina en "Bateman". Obra citada.

[100] Declaraciones de Yamel Riaño, fundador del M-19, en "Bateman", Libro citado.

[101] Carlos Arango Z. en su obra "FARC. Veinte Años" afirma que el nombre verdadero de Jacobo Arenas es el de Luis Morán y el de Manuel Marulanda "Tiro Fijo" el de Pedro Antonio Marín Marín.

La influencia de Castro sobre las guerrillas colombianas se puso de manifiesto en febrero de 1980 en la toma de la embajada de la República Dominicana en Bogotá durante una recepción diplomática. Entre los cautivos quedó Diego Asencio, el embajador norteamericano en Colombia. El gobierno cubano intervino como mediador, junto con la Comisión Interamericana de Derechos Humanos de la OEA, para lograr la libertad de los cautivos tras el pago de un rescate de US$2.5 millones de dólares. Los asaltantes de la embajada y dos de los cautivos volaron a Cuba.

En marzo (1981) Colombia rompió nuevamente sus relaciones diplomáticas con Cuba porque en la isla se estaban entrenando a las guerrillas colombianas.

En 1983 muere Jaime Bateman, quien ya, para entonces, impulsaba su propia candidatura presidencial.

El 31 de mayo (1983) el Gral. Gustavo Matamoros, Comandante de las Fuerzas Armadas, equivocadamente, desmentía en Bogotá que Bateman hubiese perecido en un accidente aéreo. Precisamente en el momento en que el M-19 anunciaba en un boletín "que estaba dispuesto a dialogar con el gobierno sobre el proceso de paz y la apertura democrática, pero sin abandonar la lucha armada en el campo contra el ejército". (Cable de la UPI, mayo 31, Diario Las Américas).

También las FARC exhortaba al gobierno del Presidente Betancur a reanudar las negociaciones de paz que se encontraban interrumpidas desde hacía varios meses. La petición la hacían llegar a través de un comunicado publicado por el periódico "El Tiempo" de Bogotá. El comunicado proponía celebrar una reunión con la Comisión de Paz en la región de la Uribe, al oriente del país. Ya la comisión la había celebrado con representantes del Movimiento 19 de Abril (M-19) y otros grupos menores.

Luego de una tregua tácita de casi seis meses lograda por la promulgación de una ley de amnistía en favor de los insurgentes, el M-19 reanudaba en mayo de 1983 su lucha armada.

Cerca de 250 miembros del M-19 se habían acogido a aquella ley de amnistía pero, la reanudación de la actividad guerrillera era esperada ya que Bateman Cayón, Jefe del M-19, poco antes de morir, la había anunciado, desde la clandestinidad, días atrás, al afirmar que luego de ocho meses el gobierno de Belisario Betancur, no había podido garantizar la seguridad de los militantes que depusieron las armas.

Afirmaba Bateman que unos 20 ex-guerrilleros que se habían rendido a las autoridades fueron abatidos por comandos paramilitares. La promulgación de la ley de amnistía había preocupado a los militares colombianos que temían que la guerrilla aprovechase aquella ley como "un galón de oxígeno" para rearmarse y reorganizarse luego de los fracasos que habían sufrido en los dos años anteriores.

En julio de 1983 las FARC habían presentado al gobierno de Belisario Betancur su fórmula de cese al fuego que incluiría al M-19, al Ejército de Liberación Nacional (ELN) y al EPL. A ese efecto se activó la Comisión Nacional de Paz que acordó en marzo de 1984 varios puntos "con el fin de afianzar la paz nacional"[102]. A nada condujo.

Las FARC devienen en partido político

En 1985 resurgió la violencia. Sorpresivamente para muchos, la guerrilla de mayor fortaleza, las FARC, fue el único de los distintos grupos guerrilleros que respetó el acuerdo de Cese al Fuego firmado con el gobierno de Betancur el año anterior. El M-19 aprovechó el acuerdo para reagrupar sus fuerzas aprovechándose de la amnistía que liberaba a sus dirigentes; en noviembre el M-19 asaltó el Palacio de Justicia en Bogotá forzando a las Fuerzas Armadas a retomar el edificio por la fuerza. Más de 100 personas murieron, incluyendo al presidente de la Corte Suprema y diez de sus magistrados. Las otras organizaciones, el Ejército Nacional de Liberación y el Ejército Popular de Liberación continuaron sus acciones bélicas sin respetar el acuerdo de paz.

---

[102] Acuerdos de la Uribe firmado entre el gobierno y las Fuerzas Armadas Revolucionarias de Colombia (FARC), 28 de 1984.

En marzo de 1986 la Comisión de Paz y las FARC habían firmado un nuevo acuerdo para prolongar la tregua que apenas se había cumplido.

En agosto de 1986 sectores de las FARC ya se habían constituido como organización política bajo el nombre de Unión Patriótica participando en las elecciones de ese año en la que Virgilio Barco llegaba a la presidencia.

Los Acuerdos de la Uribe, con las órdenes de Cese al Fuego y el Acuerdo de Tregua no impidieron que Colombia siguiera desangrándose en la prolongada guerra civil. Tras el gobierno de Betancur llegó el de Virgilio Barco, luego César Gaviria, Ernesto Samper y Andrés Pastrana.

Las guerrillas y el narcotráfico

En todos estos años, bajo esas distintas administraciones y, principalmente las últimas, se fue haciendo difícil distinguir entre el tráfico de drogas y las operaciones guerrilleras. El asesinato de Guillermo Cano Isaza, editor del periódico "El Espectador", en diciembre de 1986 que había denunciado al Cartel de Medellín; el encarcelamiento y posterior deportación de Carlos Lehder; el magnicidio cometido con el candidato presidencial Luis Carlos Galán (Agosto de 1989)[103] y otros crímenes hacen imposible separar ambas actividades.

El Ejército de Liberación Nacional (ELN) continuaba ya en la década de los 90 su violencia urbana. En diciembre del 93 moría en un enfrentamiento Pablo Escobar[104] que había mantenido contacto para el trasiego de drogas a través de Cuba con oficiales al mando de el General Arnaldo Ochoa y el

---

[103] Aquel año fue asesinado también Carlos Pizarro, candidato presidencial por el Movimiento 19 de Abril que había dejado las armas para ingresar en la arena política. Fue asesinado también Berdardo Jaramillo Ossa, candidato presidencial del Partido Unión Patriótica.

[104] El 22 de julio del año anterior Pablo Escobar se había escapado de su cárcel en Envigado (Medellín).

Coronel Tony de la Guardia[105]. La mano de Castro se hacía visible en las actividades de la narco guerrilla.

Las FARC habían capturado a más de 60 soldados y, en otra operación, a diez marines de las fuerzas armadas norteamericanas[106]. Para la liberación de estos militares el gobierno aceptó evacuar más de trece mil kilómetros cuadrados donde operaban las guerrillas. Fue éste el inicio de las extensas concesiones territoriales que sucesivos gobiernos han concedido a las guerrillas.

Las relaciones de las FARC con el recién electo gobierno de Barco se afectaron negativamente con el asesinato en octubre (1987) de Jaime Pardo Leal, uno de los más conocidos dirigentes del Partido Unión Patriótica constituido en 1981 e integrado con muchos guerrilleros de las FARC que habían sido amnistiados, situación que fue agravada con el asesinato el siguiente año de su vicepresidente José Antequera. Esta acción llevó a la organización Unión Patriótica a terminar su papel de mediador en las conversaciones de paz.

En 1990 era el M-19 quien abandonaba las armas para participar en el proceso político. El M-19 en su camino de paz, ofrece una gran sorpresa al convertirse en la tercera de las fuerzas políticas de Colombia y su dirigente Carlos Pizarro recibe el 10% de la votación para la alcaldía de Bogotá. Con sólo dos semanas de campaña proselitista resultaba impresionante la fortaleza política demostrada por el M-19.

La FARC rechazaba el plan de paz de Barco, no así el M-19. Carlos Pizarro que hacía sólo seis semanas era el líder de la bien armada agrupación guerrillera M-19, apoyada por Cuba, hoy abandonaba su uniforme de guerrillero cambiándolo

---

[105] En el juicio al General Ochoa y otros oficiales se puso de manifiesto que el Capitán Jorge Marítinez Valdés, ayudante del General Ochoa, viaja a Medellín para establecer contacto con Pablo Escobar con quien llega a un acuerdo para el tráfico de cocaína a través de Cuba. El narcotráfico autorizado en Cuba "al más alto nivel" (Ver amplia información sobre este particular en "La Aventura Africana de Fidel Castro" del autor).

[106] Los soldados fueron capturados en agosto de 1996 y los marines en enero de 1997.

por un traje elegante. Así describía Andres Oppenheimer la campaña presidencial del antiguo guerrillero[107]. Dentro de poco habrá de morir. Carlos Pizarro pagará con su vida su aspiración política[108].

Planeaba el M-19 llevar como candidato presidencial a su dirigente Carlos Pizarro León-Gómez cuando éste es asesinado[109].

La otra organización, Unión Patriótica, constituida por antiguos guerrilleros de las FARC, también verá asesinado a su aspirante presidencial, Bernardo Jaramillo Ossa.

Las guerrillas querían entorpecer las elecciones para elegir distintos cargos legislativos y para convocar la Asamblea Nacional Constituyente que redactase una nueva carta magna. El ELN secuestraba funcionarios del poder judicial, alcaldes, legisladores y dejaba sin servicio eléctrico a un gran número de pequeñas poblaciones en el interior del país (marzo 10, 1990).

Mientras el gobierno afirmaba que no ha habido conversaciones ni proyecta negociar con los carteles de la droga aparecían en la prensa declaraciones de intermediarios entre la presidencia y dirigentes del narcotráfico para dejar en libertad a familiares de industriales y funcionarios de aduana secuestrados[110].

A mediados de abril (1990) la guerrilla colombiana recrudecía su campaña dando muerte, en dos días, a una docena de policías y secuestrando un número mayor. Los ataques a cuarteles de policía iban en aumento cada día. La prensa identificaba como ejecutor de esas acciones al Ejército de Liberación Nacional (ELN) a la que calificaba de "guerrilla castrista"[111].

---

[107] El Nuevo Herald, jueves 19 de abril de 1990.

[108] Jueves 26 de abril de 1990.

[109] En las elecciones el nuevo partido, llevando como nuevo candidato a Antonio Navarro Wolff, obtendrá el 12.6% de los votos.

[110] Cable de la Associated Press, marzo 29, 1990.

[111] Cable de la Associated Press (AP), Bogotá, domingo 15 de abril, 1990.

Cuatro candidatos presidenciales para las elecciones que se celebrarían en mayo de 1990 son asesinados. El primero Luis Carlos Galán, cuya muerte en agosto del 89 facilitó la candidatura de César Gaviria. Jaime Pardo Leal, de otro grupo insurgente fue el segundo ultimado. El candidato de la izquierdista Unión Patriótica, Bernardo Jaramillo Ossa fue la tercera víctima de los candidatos presidenciales de 1990 en perder su vida. Es ultimado también a bordo de un avión, Carlos Pizarro León Gómez aspirante presidencial del Movimiento 19 de Abril (M-19) que había abandonado la lucha armada para incorporarse al ruedo político.

El 23 de marzo (1990) el Cartel de Medellín se adentra de nuevo negativamente en el terreno político. Esta vez para acreditarse el asesinato en el aeropuerto de Bogotá de Bernardo Jaramillo Ossa, candidato presidencial de la izquierdista Unión Patriótica (UP).

El año en que en Medellín moría asesinado un promedio de 50 personas diariamente. Aquel año registró la desmovilización del M-19[112] y del Ejército Popular de Liberación (EPL), y el fortalecimiento de las FARC y del Ejército de Liberación Nacional (ELN). Será en marzo del siguiente año, 1991, que el EPL deja las armas convirtiéndose en un partido político bajo el lema de "Esperanza, Paz y Libertad".

Carlos Pizarro, último comandante del Movimiento 19 de Abril (M-19), organización que, luego de haber combatido con las armas por más de tres lustros se había convertido en un partido político[113] es ultimado en abril.

Era éste el cuarto asesinato de un candidato presidencial. Luis Carlos Galán, atractiva figura del Partido Liberal, el 18 de agosto del año anterior; Jaime Pardo, del Partido Unión Patriótica; Bernardo Jaramillo Ossa, también de la Unión Patriótica

---

[112] Durante la presidencia de Belisario Betancur el M-19, abandonó temporalmente, la lucha armada tras las conversaciones con la Comisión de Paz creada durante el gobierno anterior de Julio César Turbay Ayala.

[113] El victimario, Gerardo Gutiérrez Uribe, de 21 años, fue a su vez ultimado por uno de los ocho guardaespaldas que la policía secreta había asignado para proteger a Pizarro.

(UP), proveniente de las FARC, el 22 del mes anterior, y ahora Pizarro.

Asumían la responsabilidad del último crimen los "Extraditables", el grupo constituido por traficantes de droga amenazados de ser extraditados a los Estados Unidos.

El propósito de los narcotraficantes era el de desestabilizar al gobierno al que le habían ofrecido, desde el 17 de enero, dejar sus actividades a cambio de que se eliminaran las extradiciones a los Estados Unidos.

Y la presión tuvo efecto. La nueva constitución aprobada en julio (1991) durante la presidencia de César Gaviria, ratificó la no extradición.

La violencia continuó forzando al gobierno a imponer sucesivos estados de emergencia que no reducirán la efectividad de las FARC, encabezadas por Marulanda Vélez (Tiro Fijo) ni del ELN, responsable este último de varios atentados dinamiteros en Bogotá.

Resultaban confusas las líneas divisorias entre las guerrillas y los carteles de la droga. La campaña del gobierno para erradicar los cultivos de la coca provocó en 1996 el frontal ataque a las fuerzas armadas por parte de las FARC y el Ejército de Liberación Nacional.

Centenares de secuestros se producían. Entre ellos, en 1996, el de Juan Carlos Gaviria, hermano de César Gaviria, ahora Secretario General de la Organización de Estados Americanos (OEA). El antiguo presidente[114] sabía a quien pedirle ayuda por lograr la libertad de su hermano. En una descarnada exhibición de su influencia –y sus estrechas relaciones con las guerrillas– Fidel Castro hizo público un llamado (además de los contactos privados que se multiplicaron) a Marulanda Vélez (Tiro Fijo) quien liberó al rehén mientras Castro admitía el ingreso en Cuba de nueve terroristas. Mayor sería ahora la ascendencia de Castro sobre el dirigente del organismo regional.

---

[114] Lo había sustituido Ernesto Samper.

Las guerrillas aumentaban, con éxito, sus demandas. Así, en 1997, el ejército se ve obligado, por órdenes del presidente Samper, a entregar a las FARC más de 13,000 kilómetros de la zona de Caquetá donde se van a celebrar conversaciones de paz[115].

El 9 de junio de 1998 el nuevo presidente Andrés Pastrana se reunía con el líder de las FARC, Manuel Marulanda para "poner en marcha el proceso de negociaciones políticas" según recogía la prensa.

Dos años después, en junio del 2000, libera Pastrana a dos destacados dirigentes del Ejército de Liberación Nacional (ELN)[116] que se encontraban encarcelados para que viajen a Ginebra a participar en las negociaciones.

Ese mes el Comandante Raúl Reyes, miembro del Secretariado de las Fuerzas Armadas de Colombia (FARC) se trasladaba a La Habana para sostener contactos sobre el proceso de paz que mantienen la guerrilla y el gobierno de Pastrana. En la capital cubana se reuniría primero con Álvaro Leiva Durán, antiguo ministro colombiano que gozaba en la isla de la protección del dictador cubano, y, días después, con éste último[117].

Castro mantenía su ascendencia sobre las guerrillas colombianas.

---

[115] Producto de esas conversaciones serán liberados en enero de 1997 los 60 soldados y los 10 marines secuestrados por las FARC en agosto del año anterior.

[116] Francisco Galán y Felipe Torres exigen en Ginebra que se le conceda al ELN el control de un área de 1,840 millas cuadradas para las negociaciones. (Ya los 17 mil guerrilleros de las FARC controlaban un área mucho mayor con el, aparente, mismo propósito).

[117] Cable EFE, Bogotá, Diario Las Américas, Junio 29, 2000.

CAPÍTULO V

Venezuela

Luego del levantamiento militar del primero de enero, dirigido por el Coronel Jesús María Castro León, que fue rápidamente reprimido por Marcos Pérez Jiménez, comenzaron el 14 de enero manifestaciones populares de protesta que dieron origen a la formación de la Junta Patriótica, encabezada por el joven periodista Fabricio Ojeda[118].

Para entonces, ya el Partido Comunista de Venezuela había constituido una brigada de choque dirigida por Eloy Torres, Teodoro Petkoff y Douglas Bravo[119]. Estas brigadas entraron en acción en las demostraciones callejeras del 14 de enero.

El 23 de enero (1958) se produce un alzamiento que quiebra la estructura militar que mantenía en el poder a Pérez Jiménez.

A la caída de ese gobierno, se constituyó una junta militar encabezada por el almirante Wolfgang Larrazábal, la que, pronto, con la excepción del Coronel Castro León, se convirtió en una junta civil.

Al igual que luego sucedería en Cuba, las fuerzas políticas que llegan al poder al derrocamiento de Pérez Jiménez no tenían como meta realizar una revolución profunda. Aspiraban, co-

---

[118] Según Luben Petkoff, antiguo miembro del Partido Comunista que luego se separó de éste, la Junta Patriótica fue un organismo creado por el Partido Comunista aunque existían allí representantes del COPEI.

[119] Declaraciones de Douglas Bravo a la revista Dossiers Partisans, 1968. Citado por R. Gott.

mo en la isla, a adecentar la administración pública y a establecer un régimen de derecho que garantizase las libertades individuales y la celebración de elecciones con plenas garantías.

Los dirigentes de renombre nacional se encontraban exiliados en Nueva York. Desde la lejana ciudad Rómulo Betancourt, de Acción Democrática, Rafael Caldera de la Democracia Cristiana, y Jóvito Villalba, de Unión Republicana Democrática (URD) firmaron un acuerdo para concurrir, como una coalición, a los comicios convocados para ese mismo año.

Rómulo tendría que enfrentarse, de inmediato, a la facción más radical de su partido dirigida por Simón Sáez Mérida, marxista admirador de Castro, y Domingo Alberto Rangel quienes pronto dividirán al partido para constituir una rama militar.

Para las elecciones que se celebrarán en diciembre los comunistas ya se han unido al URD, de Jóvito Villalba, llevando de candidato al almirante Larrazábal. También aspirarán a la presidencia Rómulo Betancourt por Acción Democrática y Rafael Caldera por los demócratas cristianos pero, antes, se ha firmado un acuerdo que margina al Partido Comunista. Acción Democrática, la Democracia Cristiana y URD han firmado la declaración de principios, conocida como el Pacto de Punto Fijo, comprometiéndose a constituir un gobierno de unidad nacional en el que todas las corrientes políticas nacionales y los sectores independientes de la comunidad estarán representados. Todos, menos los comunistas.

Habiendo quedado el Partido Comunista excluido del acuerdo de "Punto Fijo", se celebran las elecciones y triunfa Betancourt con una clara mayoría en el interior del país; pero, en Caracas, Larrazábal gana con un margen de 5 a 1. Se emitieron más de dos millones y medio de votos. De éstos, sólo 170 mil recibió el PCV que, no obstante, pudo elegir a tres senadores y doce diputados[120].

---

[120] Pompeyo Márquez, miembro del Buró Político del Comité Central del Partido, y Carlos Augusto León, fueron elegidos senadores por el distrito federal de Caracas. Jesús Faría, Secretario General del Partido, fue elegido senador por el estado de Zulia. Entre los electos diputados, se encontraba Gustavo Machado, Presidente del PCV; Guillermo García Ponce, Eloy To-

Recién convenido el Pacto de Punto Fijo que los excluía de compartir el gobierno, el PCV estrecha sus lazos con el gobierno cubano y exiliados dominicanos para organizar una invasión a la República Dominicana.

El 14 de junio de 1959 aterriza sorpresivamente en el Aeropuerto Militar de Constanza un avión C-46 con las insignias de la Fuerza Aérea Dominicana. Al frente de 56 hombres desembarca Enrique Jiménez Moya[121]. En el breve combate, o posteriormente, murió la casi totalidad de los expedicionarios[122].

Transcurre un año en el que Betancourt tendrá en enfrentar levantamientos de tropas y atentados personales.

El 20 de abril (1960) la Radio Nacional de Venezuela informó que los jefes militares de la guarnición de San Cristóbal entregaban el mando de sus fuerzas a los coroneles Oscar Tamayo Suárez y Moncada Vidal, quienes trataron de levantar el ejército contra el gobierno legal del Presidente Betancourt.

Inmediatamente Betancourt, hablando por radio y televisión, informó a la población que en unas horas el gobierno dominaría el alzamiento militar de San Cristóbal de Táchira. A las pocas horas la Junta Militar convocada por los militares rebeldes, dejaba de existir.

Cuando la rebelión militar había sido aplastada, Carlos Lechuga, representante de Cuba en la Organización de Esta-

---

rres y Héctor Rodríguez Bauzá, por el distrito federal; Fernando Key-Sánchez, por Zulia; Pedro Ortega Díaz, por Anzoátegui; y Eduardo Machado, hermano del presidente del partido, por Aragua.

[121] Enrique Jiménez Moya, dominicano exiliado. vivía en Caracas de donde partió para Cuba incorporándose al Ejército Rebelde. Al triunfo de la Revolución Cubana ya era capitán. Con ese grado regresó a Venezuela. Con el prestigio adquirido en la lucha en Cuba organizó, con el respaldo del Partido Comunista Venezolano, la expedición a Santo Domingo.

[122] El PCV le da su apoyo al Comandante Jiménez Moya en su expedición a la República Dominicana. Todos los venezolanos que van en esa expedición pertenecen al aparato armado del PCV y de Juventud Comunista (Fuente: Guillermo García Ponce en declaraciones a Agustín Blanco. "La Lucha Armada: hablan cinco jefes").

dos Americanos, dio a conocer una comunicación del gobierno cubano ofreciendo respaldo de armas y hombres al gobierno venezolano "para la defensa de la democracia venezolana". Por supuesto, para entonces, la guarnición rebelde de San Cristóbal se había rendido.

La conspiración y el levantamiento tenía como figura central al General Jesús María Castro León –aquel militar del frustrado golpe a Pérez Jiménez del primero de enero– quien en la madrugada del viernes 21 huyó de San Cristóbal hacia la frontera colombiana. La sedición había durado sólo 26 horas. El sábado 23 el General Castro León fue capturado en un pequeño poblado del Estado de Táchira. Nuevamente, vencido el levantamiento, volvió Cuba a ofrecer soldados para defender "la democracia venezolana".

En junio 24 el presidente venezolano y su ministro de defensa resultaron heridos en un atentado en Caracas ¿qué había sucedido? ¿quiénes estaban complicados?

Atentado a Rómulo Betancourt

En horas tempranas de la mañana, una caravana de automóviles marchaba por una de las principales avenidas de Caracas. En uno de los carros viajaba el Presidente de la República Rómulo Betancourt. A su lado el Ministro de Defensa Gral. Josué López Enríquez y su esposa.

Cuando el automóvil presidencial pasaba junto a un pequeño Oldsmobile estacionado en la avenida "una tremenda explosión lo redujo a chatarra humeante". El jefe de la Casa Militar, General Ramón Armas Pérez y el chofer Azael Valero, que viajaban en el asiento delantero murieron carbonizados. Betancourt recibió quemaduras en el rostro y en las manos. Se responsabilizó al régimen trujillista del criminal atentado.

Se mantenían aún, en aquel mes de junio de 1960, en la superficie, cordiales relaciones entre el gobierno de Rómulo Betancourt y el de Fidel Castro. Con la intención de conservarlas, el Presidente Osvaldo Dorticós hizo llegar de inmediato su protesta contra el bárbaro atentado y "Castro fustigó con cáustico lenguaje a los autores, en el curso de una comparecencia televisada". Bohemia, la revista cubana de tanta circulación, destacaba el hecho "como un crimen más contra la democracia continental". A pesar de esta aparente solidaridad, ya los caminos de Rómulo y Castro comenzaban a apartarse.

Afirmaba la publicación cubana que contra Betancourt y el sistema democrático que él representaba, se confabulaban varios sectores: los militares que habían perdido los mandos con la caída de Marcos Pérez Jiménez; las dictaduras del área del Caribe, como la de Trujillo, y la extrema izquierda. No aclaraba Bohemia si Castro se encontraba en esa izquierda extremista o entre las dictaduras caribeñas.

En pocos días todos los participantes directos en el atentado contra el Presidente Betancourt había sido apresados. El 4 de julio fue detenido el único que faltaba: el técnico de radio que había instalado el aparato electrónico que trabajaba a base de microondas.

Tan grave era el hecho que tendría que ser presentado ante la Organización de Estados Americanos (OEA). Adelantándose a esa convocatoria, la delegación venezolana hizo circular entre los miembros de la OEA un documento en que se señalaba al Jefe del Servicio de Inteligencia Dominicana, Teniente Coronel John W. Abbes García como el hombre que suministró los explosivos usados en el atentado contra el presidente.

Pasan unos días y ya Cuba, es decir, Castro, se siente, también, víctima de una agresión. Esta vez dentro de la OEA cuando se va a cubrir la presidencia del Consejo Interamericano Económico y Social, uno de los organismos técnicos de la institución. Aspiraba al cargo el embajador del gobierno revolucionario, Enrique Pérez Cisneros que el pasado año había sido elegido vice-presidente de aquel Consejo. Pero ya el organismo del hemisferio se sentía incómodo con la creciente injerencia de Castro en los asuntos de sus respectivos países.

Muchas delegaciones, como implícito rechazo a la aspiración del delegado castrista, se abstuvieron de participar en la elección que, con prácticamente la mínima mayoría reglamentaria, se celebró el 30 de junio de 1960[123]. Ante el evidente rechazo, Pérez Cisneros retiró su aspiración.

Se van distanciando los gobierno de Rómulo y Fidel. La muerte a tiros en Caracas del antiguo coordinador del Movimiento 26 de Julio, Andrés Cova, hace aún más tirantes esas relaciones. Ya la prensa oficial comienza a señalar que "hay dos Venezuelas. Una de ellas usurpa ese nombre glorioso: es la Venezuela de los golpes militares, las dictaduras, la represión política y la injusticia social. La otra Venezuela, que es la real y la amada por los cubanos, es la que conspiró y peleó con Bolívar por la libertad de América... la que recibió clamorosamente a Fidel Castro y a Dorticós".

Las críticas al mandatario venezolano y a otras figuras políticas iban en aumento. Para fines de agosto la prensa controlada de Castro repetía que Betancourt no tenía ya el respaldo de la mayoría que lo había elegido en 1958. Señalaba que con la caída de Pérez Jiménez poco había cambiado. No se había disuelto el ejército. No se repartió la tierra. No se recuperaron los bienes robados. Ya Betancourt no era el viejo enemigo del imperialismo. Las críticas a las figuras cimeras de la política venezolana subía de tono. Jóvito Villalba era un hombre sin valor para tomar decisiones. Caldera representaba la reacción. Fabricio Ojeda no supo estar a la altura de su papel. Domingo Alberto Rangel no supo enfrentarse a Betancourt en la lucha interna de Acción Democrática.

Para entonces ya están en Argelia los primeros cubanos que comenzarán a recibir un intenso entrenamiento para la lucha guerrillera. Serán ellos los que, a su regreso a la isla, se convertirán en instructores de las guerrillas que asolarán la América Latina.

A mediados de julio Betancourt, desde al Palacio de Miraflores, se dirige al pueblo por televisión con sus manos aún protegidas por gruesos vendajes. Había escapado milagrosamente con vida del atentado ejecutado por agentes trujillistas. Así lo recoge la Revista Bohemia de Julio 17 de 1960.

---

[123] Revista Bohemia, Julio 10, 1960.

A los pocos meses se celebra la Conferencia de Cancilleres de la OEA en San José, Costa Rica[124].

Lamentablemente para la causa cubana existía en la OEA mucho más entusiasmo para sancionar al régimen de Trujillo por el atentado a la vida del Presidente Betancourt que por condenar a la dictadura de Castro por sus continuadas violaciones de los derechos humanos y su condición de país satélite de la Unión Soviética que ponía en peligro la seguridad del continente[125].

Luis Ignacio Arcaya, Canciller de la República de Venezuela, y miembro del Partido URD, presentó objeciones a la aprobación de la resolución de la OEA "contra la intromisión chino-soviética en el hemisferio", igual posición que la asumida por el canciller de Perú, Raúl Porras Barrenechea, lo que motivó la sustitución de ambos por sus respectivos gobiernos. El Presidente Betancourt ordenó la retirada de la conferencia de Luis Ignacio Arcaya sustituyéndolo, como presidente de la delegación venezolana, por el embajador Marcos Falcón Briceño[126]. Con su voto Arcaya pretendía fortalecer dentro de su partido Unión Revolucionaria Democrática su aspiración a la candidatura presidencial.

La destitución de Arcaya motivó nuevamente grandes desórdenes callejeros en Caracas. La URD se situaba a la izquierda de los otros partidos. Es el momento en que los elementos más radicales de Acción Democrática, dirigidos por Américo Martín, se separan constituyendo el Movimiento de Izquierda Revolucionaria (MIR). Como era de esperar, una de las razones esgrimidas era la de que "Betancourt había co-

---

[124] Serán, en realidad, dos reuniones distintas: la Sexta Reunión de Consulta de los Ministros de Relaciones Exteriores que estaba convocada sólo para tratar la denuncia de Venezuela al gobierno de la República Dominicana. Y la Séptima Reunión convocada para discutir la protección y seguridad del hemisferio.

[125] Información más detallada puede encontrarla en "Girón: La verdadera Historia", del autor.

[126] El Canciller Raúl Porras fue sustituido por el embajador Juan Bautista de Lavalle.

menzado a actuar abiertamente como un agente de los monopolios norteamericanos"[127]. Comienza en la capital venezolana la primera violenta lucha callejera desde la caída de Pérez Jiménez. Los comunistas no están ajenos a ella.

Nuevos disturbios, nuevas huelgas. Nuevas deserciones[128]. Betancourt acusa al MIR y a los comunistas de organizar los desórdenes instigados, afirma, para establecer en Venezuela "un régimen similar al que existe en Cuba". Ha terminado la luna de miel de Betancourt y Castro.

Para competir con el extremismo del MIR los comunistas tienen que asumir una posición cada vez más beligerante. Así lo han acordado en el pleno que celebran el 25 de septiembre.

Aumenta la violencia en Caracas. Explota una bomba a unos quince metros del despacho del Embajador Norteamericano Alan Steward. Era éste otro de los muchos actos terroristas promovidos por elementos de la extrema izquierda para protestar de la Conferencia Interamericana de Cancilleres convocada para el 31 de enero en Punta del Este.

Turbas incendian buses en la zona céntrica de la ciudad; en la Universidad Central se producen choques entre estudiantes de las dos vertientes; en la Plaza Venezuela se incendian cinco automóviles. A las 24 horas ya ascienden a 22 los muertos en las manifestaciones de violencia. Por la noche se escucha la explosión de bombas en el centro de la ciudad. En aviones de transporte, con tropas equipadas, el gobierno envía a Caracas fuerzas para terminar con los actos de violencia y terrorismo. Queda aplastada la revuelta urbana, pero toman fuerza los primeros grupos guerrilleros en el campo.

---

[127] Declaraciones de Simón Sáez Nérida a Rodolfo Giordi en "World Marxist"

[128] Los tres miembros del URD del gabinete renuncian en protesta por el despido del Dr. Arcaya en la Conferencia de Cancilleres de San José.

Las primeras guerrillas

Con el triunfo de la revolución castrista jóvenes venezolanos, y otros no tan jóvenes, comenzaron a calificar de pro-imperialista y entreguista al gobierno de Rómulo Betancourt. Influenciados por el muy publicitado triunfo de la Revolución Cubana, se autoconvencieron que tenían que recurrir a la lucha armada "como la única vía posible, la única vía abierta, la única salida que dejaban los gobiernos entreguistas", según expresaba Douglas Bravo al explicar, a su manera, el inicio de la lucha armada en Venezuela en los años 1960 a 1961[129], que era para ellos la guerra de liberación de Venezuela.

Pocos disienten en aceptar que la guerrilla, que sigue a la violencia, comienza en Venezuela después del triunfo de la Revolución Cubana. Tras de ese movimiento armado está, en sus inicios, el Partido Comunista Venezolano. Lo admite un dirigente de 30 años de militancia marxista leninista, Juan Vicente Cabezas, "el Comandante Pablo", que fue el primero en alzarse:

> "Nosotros decimos que no nos iba a pasar como al Partido Comunista de Cuba que le subieron la parada unos radicales pequeño burgueses que tuvieron coraje y se alzaron. Nosotros teníamos que alzarnos, pero con el Partido Comunista. Pero para que no apareciéramos los comunistas de frente, para disfrazarnos un poco, nos dispusimos a alzar gente de prestigio como Fabricio Ojeda, que había sido presidente de la Junta Patriótica"[130].

Criterio coincidente con el de Alfredo Maneiro para quien los años de la violencia venezolana coexistieron, y no por casualidad, en una década que es recordada como la década violenta en toda la América Latina. La explicación de esta coincidencia hay que buscarla en la Revolución Cubana que funcionó, según Maneiro, como una especie de detonante continental que, de repente, actualizó formas de lucha olvidadas o nunca ejercidas. "La violencia en Venezuela es inexplicable, inimaginable, sin la magia de la Revolución Cubana, sin la magia gue-

---

[129] Fabricio Ojeda. "Hacia el Poder Revolucionario".

[130] Juan Vicente Cabezas en declaraciones a Agustín Blanco Muñoz. Obra citada.

rrillera", dice Maneiro para quien las FALN no fueron ninguna organización de masas sino una simple prolongación del partido. "Las FALN no eran más que un mamotreto creado por el PCV. Su famoso comandante en realidad no comandaba nada".

Como hemos visto, los más señalan el 60 como el punto de partida de la insurrección venezolana. Consideran que para fines de ese año ya está claramente expresado el objetivo insurreccional. En octubre y noviembre de 1960 el MIR es la primera organización en lanzarse a la carrera insurreccional. Algunos de sus miembros estarán vinculados a los movimientos sediciosos que se producirán en Carúpano y Puerto Cabello.

El Movimiento de Izquierda Revolucionaria (MIR) -que había surgido el 9 de abril de 1960 como una respuesta al "Pacto de Punto Fijo" que le negaba al PCV la oportunidad de participar en el gobierno y censuraba las relaciones cubano-soviéticas-, se convirtió en el primer partido que abogaría en Venezuela por el camino de la lucha armada como el único medio de producir cambios sociales[131].

Carúpano y Puerto Cabello

No serán sólo civiles convertidos en guerrilleros los que se enfrentan al gobierno de Betancourt.

El sábado, 5 de mayo de 1962, Rómulo Betancourt suspende las garantías constitucionales. ¿Qué había pasado? La guarnición de infantes de marina y la base naval de Carúpano se habían sublevado. Las fuerzas armadas en el resto del país se mantienen leales al presidente constitucional y se ordena a batallones blindados y unidades de la marina de guerra avanzar hacia Carúpano.

Jesús Teodoro Molina Villegas, Capitán de Corbeta al mando del Batallón Número Tres de Infantería de Marina, acantonado en Carúpano, se había sublevado con el apoyo del Partido Comunista y el Movimiento de Izquierda Revolu-

---

[131] Moisés Moleiro. "El MIR de Venezuela".

cionaria (MIR) y durante 40 horas mantuvo en suspenso a 9 millones de venezolanos[132], hasta que la ciudad es ocupada por las tropas del gobierno.

La detención, tratando de escapar del cerco, de dos dirigentes enviados por el Partido Comunista desde Caracas probaba la vinculación entre algunos oficiales y el PCV[133].

Pronto, para la prensa oficial de Castro, Carúpano no es noticia. Le dedica sus primeras planas a la lucha del gobierno de Ben Bella contra la Organización del Ejército Secreto Argelino (OAS) a los que califica de terroristas.

Un mes después, el 2 de junio, se produce un nuevo levantamiento en otra base naval aún más cerca de Caracas. Esta vez en Puerto Cabello, a sólo 90 millas de la capital. Dirigen esta asonada el Comandante de la Base, Pedro Medina Silva, que luego alcanzará posición cimera en la izquierda venezolana y el Capitán Manuel Pompes Rodríguez. Contrario al incruento levantamiento de Carúpano, éste de Puerto Cabello deja sin vida a más de 200 soldados y cerca de 300 rebeldes. Del cerco de Puerto Cabello pudo escapar un capitán de la marina que, como Medina Silva, se convertirá en dirigente de la extrema izquierda: el ya ex-capitán Elías Manuitt Camero[134].

Los brotes militares trajeron consigo la ilegalización del Partido Comunista y, como consecuencia, la decisión por el pleno del PCV, de diciembre de 1962, de optar por "la lucha armada".[135] Ilegalizado quedaba, también, el MIR.

---

[132] Adolfo Meinhardt Lares. "Yo, el terrorista".

[133] Adolfo Meinhardt Lares. Obra citada.

[134] Desde antes Elías Manuitt había participado en labores conspirativas. En 1962, -junto con el Coronel Hugo Trejos, que había producido el levantamiento del Primero de Enero precursor de la caída de Pérez Jiménez, y otros militares- había planeado, contando con la colaboración de Simón Sáez Nérida, la creación de un movimiento guerrillero en Venezuela (Fuente: Declaraciones del Coronel Hugo Trejos al periodista Agustín Blanco).

[135] En diciembre de 1962 el Cuarto Pleno del PCV acordó respaldar la lucha armada. Poco antes, Fabricio Ojeda, que había dirigido la lucha contra Pérez

En los primeros meses del 62 organiza el PCV frentes guerrilleros. Uno de ellos el de Falcón, en marzo y abril del 62, establecido por Douglas Bravo con la cooperación de Teodoro Petkoff. Los comunistas venezolanos, marginados del gobierno, van por la línea insurreccional para combatir a Rómulo Betancourt. Para ello, como afirmaba Juan Vicente Cabezas, "alzaron gente de prestigio como Fabricio Ojeda", pero todavía, en 1962 no han creado las FALN (que se formarán al comienzo del 63. Una creación formal ya que venían operando desde antes).

Es, pues, luego que se produce, en 1962, la derrota de la insurrección naval de Carúpano y Puerto Cabello y se incorporan a las FALN militares activos, que el PCV recurre a la lucha armada[136]. Poco le durará el ímpetu bélico.

Las FALN que responden al PCV

Con el beneplácito del Partido Comunista de Venezuela se constituyen en Caracas, el 20 de febrero de 1963 las Fuerzas Armadas de Liberación Nacional FALN que agrupan, en ese momento, cinco minúsculas organizaciones:

a) El Movimiento 4 de Mayo (Carúpano).

b) El Movimiento 2 de Junio (Puerto Cabello).

c) Unión Cívico Militar

d) Frente Guerrillero "José Leonardo Chirinos" (Falcón).

e) Comando Nacional de la Guerrilla (Guerrillas de Lara, Yaracuy, Anzoátegui, Barinas, Carabobo, Zulia, Monagas, Gualco y Distrito Federal).

Encabezará a las FALN el Capitán Manuel Ponte Rodríguez, uno de los alzados de Puerto Cabello.

Jiménez dentro de la clandestinidad, renunciaba a su posición de parlamentario para sumarse a las guerrillas.

[136] Luis Correa, dirigente del PCV, consideró que la guerrilla no había sido fundamental en la lucha armada.

Suscriben el documento de constitución hombres que ya han viajado a La Habana o que, muy pronto irán, una y otra vez, a la isla del Caribe:

Por el Movimiento 4 de Mayo
Capitán Jesús Teodoro Molina Villegas, Comandante Pedro Vegas Castejón.

Por el Movimiento 2 de Junio
Comandante Manuel Ponte Rodríguez, Capitán Pedro Medina Silva.

Por la Unión Cívico-Militar
Teniente Coronel Juan de Dios Moncada Vidal, Comandante Manuel Azuaje.

Por el Frente Guerrillero José Leonardo Chirinos
Comandante Douglas Bravo, Capitán Elías Manuitt Camero

Por el Frente Guerrillero Libertador
Comandante Juan Vicente Cabezas

Por el Comando Nacional Guerrillero
Pedro Miguel.

Fue un hecho singular que oficiales del ejército se uniesen a dirigentes guerrilleros para constituir unas "Fuerzas Armadas de Liberación".

El Partido Comunista Venezolano había respaldado, por supuesto, a distancia, los alzamientos de Carúpano y Puerto Cabello. Ahora al constituirse las Fuerzas Armadas de Liberación Nacional (FALN), los comunistas plantearon como condición para unirse a ella que se crease un Frente de Liberación Nacional (FLN) que tendría la responsabilidad de tomar las decisiones políticas. A ese efecto se firmó el programa de acción que delineaba los objetivos de la lucha armada.

En febrero, habían sido capturados en Santa Cruz de Bucaral, en el estado de Falcón, 19 hombres, estudiantes y campesinos, que se habían alzado. Días después, en marzo primero, se produce un choque con las fuerzas armadas y son detenidos otros catorce hombres en la zona de la Azulita, en el estado de Mérida y, en el mismo día, se produce un encuentro, esta vez en el Estado Portuguesa, donde muere uno de los integrantes de la incipiente guerrilla. En menos de un mes quedan detectados pequeños grupos guerrilleros en otras regiones de Venezuela: En Cerro Azul, estado de Yaracuy; Aguaviva, en el estado de Trujillo, y en el estado de Lara. En los distintos encuentros una docena de hombres ha muerto y más de 18 guerrilleros han sido capturados.

Era la peor derrota para las guerrillas y los grupos subversivos. En la ciudad había sido aplastada la guerrilla urbana. En las montañas, aunque poco activas, se mantenían las guerrillas.

Asalto al tren de El Encanto

Un crimen alevoso conmueve a la nación. El asalto a un tren de pasajeros por miembros de las Fuerzas Armadas de Liberación Nacional (FALN) representó la acción más censurable de las realizadas por esa organización.

El asalto ocurrió cuando el tren, con cerca de 400 personas a bordo, atravesaba un túnel[137].

El criminal atentado produjo indignación en la población. Ante la creciente campaña terrorista el Presidente Betancourt ordenó la detención de prominentes figuras del PCV y del MIR, entre ellas Gustavo Machado, senador y máximo dirigente del comunismo venezolano y su hermano Eduardo, miembro de la Cámara de Representantes. Fue detenido también el Senador Jesús Farías y cerca de 40 dirigentes de la extrema izquierda.

Ante el creciente número de hechos terroristas el gobierno movilizó tropas para patrullar las calles de Caracas al tiempo que la Corte Suprema de Justicia declaró la "inhabilitación"

---

[137] El ataque de las FALN se realizó el domingo 29 de septiembre (1963) cuando los 400 excursionistas se dirigían a una zona de recreo conocida por "El Encanto", a 65 kilómetros de Caracas.

del Partido Comunista y del Movimiento de Izquierda Revolucionaria (MIR), aunque manteniendo su "legalidad"[138].

La reacción no se hizo esperar. Terroristas comunistas realizaron ataques simultáneos en varios puntos de la capital y dejaron un saldo de más de 5 muertos.

Los dirigentes de la extrema izquierda se distanciaron en ese momento, y posteriormente, del alevoso crimen de El Encanto:

> *"Fue una acción absurda, políticamente incorrecta...yo no tuve nada que ver con esto".*
>
> **Anselmo Natale**
> *Dirigente del Organismo Militar del PCV,*
> *Jefe de la Unidades Tácticas de Combate (UTC).*

Otros tratan de justificarla:

> *"La operación El Encanto fue una acción concebida erróneamente, de tipo propagandístico, que salió mal y hubo que matar a unos guardias". Luben Petkoff.*[139]

Para Luben la operación de El Encanto "no tiene el signo de terrorismo. No fue una operación para matar a unos guardias nacionales"[140].

Es esa la situación reinante en Venezuela cuando están convocadas las elecciones presidenciales de diciembre. Para tratar de interrumpirlas las FALN convocan a una huelga general con desórdenes y saqueo pero sin respaldo de la masa obrera. Fracasa la huelga y se celebran las elecciones. Más del 90 por ciento de los electores concurre a las urnas.

---

[138] Cable UPI, Caracas, octubre 4, 1963.

[139] Dos veces viajó Luben Petkoff a La Habana. La primera culminó con su desembarco en julio de 1966 por las costas de Falcón acompañado por el entonces Comandante Arnaldo Ochoa y otros oficiales cubanos. La segunda, meses después, cuando se han restablecido las relaciones entre Castro y el PCV. Para entonces, ya Luben Petkoff estaba distanciado de Douglas Bravo.

[140] Luben Petkoff afirma que no puede calificarse aquel período "de insurrección popular porque el pueblo no se insurreccionó. Sólo podemos hablar de lucha armada que es bien distinta a una insurrección".

Las guerrillas, prácticamente disueltas, los derrotados insurgentes de Carúpano y Puerto Cabello, los ilegalizados militantes del MIR y del PCV, y otros grupos comienzan a impugnar la efectividad de las Fuerzas Armadas de Liberación Nacional (FALN)[141].

Cada día se hacen más violentas las agresiones del grupo de extrema izquierda al Presidente Betancourt. Tanto, que en junio hay un intento de asesinarlo cuando se encuentra en Ciudad Bolívar. Betancourt no vacila y ordena, de inmediato, la detención de todos los extremistas pro-castristas. A los pocos meses se le retira la inmunidad parlamentaria a los congresistas que militan en el PCV y en el MIR.

Las elecciones generales del primero de diciembre de 1963 que llevó a la presidencia a Raúl Leoni marcó la primera gran derrota de aquel movimiento armado que libró pocas batallas.

Un minúsculo grupo tomaba el camino de las armas pero la gran mayoría del pueblo venezolano tomaría el de las urnas.

El repliegue del PCV

El triunfo de Leoni representó el inicio de la prolongada crisis del movimiento armado.

El MIR empieza a desgajarse con la salida de su Secretario General Domingo Alberto Rangel y la intensificación de la acción militar contra los frentes guerrilleros "El Bachiller", "José Leonardo Chirinos" y el frente "José Antonio Páez".

Algunos dirigentes revolucionarios se encuentran detenidos; muchos en el Cuartel San Carlos. Y desde el San Carlos difunden comunicaciones que culpan a la lucha armada como causante de los reveses sufridos por el movimiento revolucio-

---

[141] El Partido Comunista Venezolano, como expresamos, aceptaba unirse a las FALN con la condición de que se creara un Frente de Liberación Nacional (FLN) como responsable de las decisiones políticas que afectaran al movimiento guerrillero.

nario. Son antiguos dirigentes del Partido Comunista Venezolano los que piden el cese de las acciones guerrilleras.

1964 se inicia con la declaración de tregua unilateral por parte de las FALN –en ese momento dependientes del PCV– que querían darle una oportunidad a Leoni para que pusiera en práctica sus ideas pacifistas. Pero en Falcón –dirán después algunos fantasiosos combatientes– no hubo tregua. Con Leoni hubo ofensiva y con Betancourt y Caldera igual, afirmaba Elegido Sibada, uno de los comandantes guerrilleros[142]. "Nosotros no creíamos en tregua, sino en lucha armada. Aquello fue un enfrentamiento constante", afirma Sibada, "el Comandante Magoya", engrandeciendo en su recuerdo los esporádicos enfrentamientos.

Resolver la confrontación entre la dirección nacional del PCV –que responde a Moscú– y dirigentes juveniles que, fascinados por Castro, abogan por la lucha armada es otro de los factores que impulsan a la convocatoria de los Partidos Comunistas en La Habana.

El Partido Comunista de Venezuela aboga por "la paz democrática"

A fines del 64 se comienza a hablar en la patria de Bolívar de la paz democrática y en abril de 1965 se aprueba.

El pleno del PCV que se reune en aquel mes abogó por ella sin criticar abiertamente la lucha armada. Iban abonando el terreno para el próximo paso que darían en el mes de septiembre: el repliegue que comenzaría con un ataque al MIR. La paz democrática significaba un paso muy importante en la vida del Partido Comunista.

El Octavo Plenario Nacional de Partidos Comunistas se desarrolló en el interior de la Universidad Central de Venezue-

---

[142] Elegido Sibada se incorporó desde muy joven a la actividad revolucionaria. "Yo era guerrillero por instinto y emotividad". Estuvo estrechamente vinculado a Douglas Bravo.

la. El informe emitido por los parlamentarios Eduardo y Gustavo Machado y Jesús Farías daban a conocer el repliegue general de la guerrilla. "No se trata de una nueva tregua. Se trata de dar un viraje en la forma de lucha". Cable AFP, abril 6, 1966, Diario Las Américas.

El repliegue del Partido Comunista Venezolano lo fuerza el éxito del gobierno de Leoni en su lucha contra las guerrillas. Tendrán que admitirlo tres miembros del Buró Político (Teodoro Petkoff, Freddy Muñoz y Pompeyo Márquez) en carta de noviembre 7, 1965 dirigida a Castro.

En otro documento, también fechado el 7 de noviembre, miembros del Comité Central del PCV (Guillermo García Ponce, Pompeyo Márquez, Teodoro Petkoff, Freddy Muñoz y Eduardo Machado) piden a las FALN que cese su acción militar:

> *"Los procesos en marcha permiten al movimiento revolucionario tomar la iniciativa en el frente político. Sin embargo, será necesario que las FALN ordenen un repliegue de las guerrillas y de las UTC"*[143].

No se trataba, admitía el propio documento, de una tregua sino de algo más profundo que era, en sus palabras textuales, un viraje en la forma de lucha en la que quedarían suspendidas las acciones de la guerrilla y se colocarían en primer plano las iniciativas políticas. El repliegue era una especie de amnistía que la izquierda se ha concedido a sí misma. Para muchos el período de la violencia era ya, en ese momento, un período cancelado. La violencia como acción directa, franca, frontal, estaba cancelada[144].

Muchos que estaban alzados no lo aceptarían. Los más lo rechazan.

El 22 de abril de 1965 5 dirigentes de las guerrillas se reunieron para establecer un "Comando Único" que controlaría tanto al FLN como a las FALN.

---

[143] Unidades Tácticas de Combate.

[144] Alfredo Maneiro. Obra citada.

A partir de ese momento serían los dirigentes guerrilleros y no el Partido Comunista los que tendrían el poder de decisión.

¿Quiénes eran esos dirigentes?: Fabricio Ojeda, Francisco Prada, Douglas Bravo, Elías Manuitt, Gregorio Lunar Márquez y otros.

Quedaban constituidas dos organizaciones FLN-FALN paralelas. Una, ajena al Partido Comunista, dirigida por Douglas Bravo que respondía a Fidel Castro y otra, al frente a la cual se encontraba Pedro Medina Silva,[145] que respondía al PCV y mantenía la línea de Moscú.

Fricciones entre las FALN y el Partido Comunista venezolano

Comenzaron a surgir profundas diferencias entre los comandantes guerrilleros y el Partido Comunista Venezolano. Aquellos comandantes asumieron la lideratura de las FALN designando a Fabricio Ojeda como Presidente del Comité Ejecutivo del FLN distanciándose aún más del Partido. En marzo (1966) dieron a conocer el "Manifiesto de Iracara" sin contar con el PCV. La guerrilla se enfrentaba al Partido Comunista y también al gobierno de Raúl Leoni.

La dirección político-militar única del FLN-FALN estaría encabezada por Fabricio Ojeda como presidente del FLN, por Douglas Bravo como primer comandante de las FALN, y por un dirigente del MIR.

El reto había sido aceptado por el Gobierno que, hábilmente, de inmediato decretó la libertad de Jesus Farías, Secretario General del Partido Comunista, y de Domingo Alberto Rangel el antiguo secretario del MIR, que se encontraban presos desde 1963.

Liberados quedaban también los hermanos Eduardo y Gustavo Machado. Decretó el hábil Leoni una amplia amnistía.

---

[145]Pedro Medina Silva, el antiguo capitán de fragata que dirigió la sublevación militar de Puerto Cabello en 1962.

Pronto los excarcelados comenzaron a distanciarse, al principio discretamente, de las FALN que antes habían patrocinado.

En noviembre de 1964 se había celebrado en La Habana la Conferencia del Partidos Comunistas, auspiciada por Moscu con la intención de alejar a estas organizaciones de la línea maoista.

Era el momento en que se estaba produciendo el distanciamiento de la Unión Soviética con la China de Mao Tse Tung, y Moscú abogaba por una penetración política a través de distintas formas de frentes populares y no alentaba la ascendencia al poder por el tortuoso camino de la lucha armada.

Comenzaba una tensión –será muy pasajera– entre el gobierno cubano, que respaldaba a las guerrillas y a los movimientos subversivos de Latinoamerica, y la Union Soviética y los partidos tradicionales que mantenían la línea de Moscú.

En octubre de 1965 el Partido el Partido Comunista Chileno celebró su congreso con la presencia de muchos delegados soviéticos de alto nivel y de las distintas naciones de Europa Oriental. Los movía un propósito común: abogar por la integración en Chile y otros países de un frente popular.

Por Cuba asistió como delegado, distanciándose de esos pronunciamientos, Lionel Soto que fue uno de los pocos delegados, posiblemente el único, que habló en favor de la lucha armada como el camino para alcanzar el poder.

Al año de haberse efectuado en La Habana la Conferencia de Partidos Comunistas, miembros del Buró Político del PCV declaraban en la comunicación de Noviembre 7, 1965 a la que antes nos habíamos referido, que debido a continuos descalabros militares el movimiento "no estaba en esos momentos en condiciones de continuar una lucha abierta frontal con sus enemigos... por lo que, como resultado, el Partido debe retirarse del frente militar y recomendar la suspensión de la acción militar para poder reagrupar sus fuerzas".

El documento trataba de ser lo más preciso posible. Así en uno de sus párrafos[146] enfatizaba que:

"Se trata de dar un viraje en la forma de lucha. Es decir, abrir un nuevo período táctico, en el cual en lugar de combinarse todas las formas de lucha, quedarían suspendidas las acciones de las guerrillas y se colocarán en primer plano las iniciativas políticas".

Los dirigentes del PCV defendiendo su tesis de la "doctrina de paz democrática", el eufemismo utilizado para oponerse a la lucha insurreccional, destacaban los "resultados negativos de las acciones armadas"

a) Perjuicios a la acción política y al reagrupamiento de fuerzas contra los enemigos reaccionarios.

b) Le permiten a nuestros enemigos mantener sus alianzas.

c) Actúan como frenos impidiendo la aceleración de la desintegración de la base de los enemigos.

Era una decisión que muchos esperaban. Anticipandose a ella 5 dirigentes que abogaban por la lucha armada se habían reunido creando un comando único: Douglas Bravo, Gregorio Lunar Márquez, Elías Manuitt Camero, Francisco Prada y Fabricio Ojeda[147].

A esa jefatura general de las FALN se unieron los primeros comandantes de los frentes guerrilleros. Consideraba Fabricio que la incorporación del MIR a los organismos de dirección era un paso de gran importancia para resolver las divergencias que existían en ese momento. Por supuesto, tales divergencias lejos de desaparecer aumentaron con el transcurso de los próximos meses. Ya lo veremos.

---

[146] Comunicaciones del PCV mencionadas.

[147] "El Comando Unificado" recién se había constituido el 22 de abril por Douglas Bravo, Elías Manuitt, Fabricio Ojeda, Francisco Prada y Gregorio Lunar Márquez.

Aumenta el distanciamiento entre el PCV y las FALN

En la Conferencia Tricontinental, celebrada en enero de 1966, afloran, aunque trataron inútilmente de silenciarlas, las contradicciones que tenían los guerrilleros venezolanos con los representantes del Comité Central del PCV (dirigidos por Medina Silva) que se encontraban en La Habana.[148] Era el momento en que a Douglas Bravo se le estaba enjuiciando por el Buró Político del Partido, proceso en el que fue sancionado y, posteriormente, expulsado al igual que lo fueron Luben Petkoff, Lunar Márquez y otros.

En la Tricontinental se encontraban, además, Pedro Medina Silva, de la FALN, el Indio Marcano Coello, Domingo Francisco Nieres y Lubén Petkoff. Por gestiones de éste último designan a Medina Silva Vicepresidente de la Tricontinental. Asistín también Luis Correa, dirigente del PCV, que llega a La Habana con Luben y Cabezas, manteniendo una posición opuesta a la de Douglas; Moisés Moleiro, del Comité Ejecutivo del Frente de Liberación Nacional; Héctor Pérez Marcano, Eduardo Ortiz Ucarán y otros. Pedro Medina Silva presidirá la delegación venezolana de la Fuerzas Armadas de Liberación Nacional (FALN) que aún no ha roto sus vínculos con el Partido Comunista Venezolano (PCV). Será Medina Silva quien habrá de presidir la primera reunión preparatoria para constituir la Organización Latinoamericana de Solidaridad (OLAS). Forma parte también de la delegación venezolana Francisco Prada, el Flaco.

La presencia en La Habana de los elementos más radicales que se encontraban a la izquierda del PCV venezolano fue aprovechada para lograr de Castro el apertrechamiento del grupo de hombres, dirigidos por Luben, que el 24 de julio de 1966 desembarcarían en las costas de Falcón, en la operación que llamarían "Simón Bolívar". Se les incorporó un grupo de hombres de Douglas Bravo pero poco pudieron hacer a pesar

---

[148] Luben Petkoff. "La Lucha Armada: Hablan seis comandantes". Recopilación de testimonios preparada por AgustínBlanco Muñoz, Serie Coediciones, Expediente. Venezuela.

del irrestricto apoyo de Castro. A fines del año, con muchas armas traídas de Cuba pero con pocas acciones realizadas, se reúne un centenar de "guerrilleros" en lo que llamaron Conferencia de la Montaña.[149] Forman una columna pero pocas acciones habrán de realizar.

Douglas Bravo había denunciado que las repetidas derrotas de las guerrillas a fines de 1965 habían llevado al PCV a modificar su estrategia distanciándose de la lucha armada y tomando el camino de la participación política. Era sólida la argumentación de Douglas ya que en noviembre de 1965 los dirigentes del Politburó Pompeyo Márquez, Teodoro Petkoff y Freddy Muñoz expresaban en carta firmada por ellos,[150] que "debido a golpes y derrotas... el movimiento no estaba, en estos momentos, en condiciones de continuar un enfrentamiento abierto y frontal con sus enemigos...".

En febrero de 1966 el PCV se esforzaba en ocultar la realidad. Recién concluida la Tricontinental en La Habana pretenden negar el distanciamiento que ya se ha producido entre las FALN y el PCV y que había sido públicamente señalado por el periódico Yugoeslavo "Borba"[151] y reproducido por el periódico "Granma" el 12 de febrero. El PCV muestra su irritación no hacia el Granma que es quien lo publica en español sino hacia el lejano periódico europeo. El PCV califica la columna (del "Borba", no del Granma) de "irresponsable y canalla contra el Partido Comunista Venezolano.... de un ataque cobarde y artero". Niega que el PCV haya roto públicamente con las FALN por considerar que las tácticas de lucha de guerrilla son erradas y perjudiciales.

En el largo escrito de denuncia y de ataque al rotativo yugoslavo "Borba" que, realmente, va dirigido contra el "Granma", afirma el representante del Partido Comunista de Venezuela que "las Fuerzas Armadas de Liberación Nacional (FALN) son

---

[149] Luis Correa, "La Lucha Armada: hablan seis comandantes", militante del Movimiento Socialista (MAS).

[150] A la carta hizo referencia Fidel Castro en su discurso de marzo 13, 1967.

[151] Edición de enero 24 de 1966.

el brazo armado del Frente de Liberación Nacional (FLN) que es la unión voluntaria de todos los venezolanos patriotas y que en la vanguardia del FLN, y por lo tanto de las FALN, se encuentra el Partido Comunista de Venezuela y a su lado el Movimiento de Izquierda Revolucionaria (MIR)" y que "un militar patriota, el capitán de navío Pedro Medina Silva es el Comandante General de las FALN".

Aún ensalza la figura de Douglas Bravo: "En la montaña, al frente de los destacamentos guerrilleros se encuentra Douglas Bravo, miembro del Buró Político del PCV'".

Las FALN de Venezuela y Castro

A mediados del año, las cartas a Castro estaban de moda entre los miembros de la izquierda venezolana.

En mayo 30 de 1966, –a los cuatro meses de celebrada la Conferencia Tricontinental– Américo Martin y Douglas Bravo a nombre del "Comando General Unificado Politico Militar del FLN-FALN", se dirigieron a Castro criticando abiertamente al PCV[152]. La comunicación fué publicada por Granma en su número de Junio 11. La carta tuvo dos efectos: probar que el PCV ya no controlaba a las Fuerzas Armadas de Liberación (FALN) y que Cuba no cumpliría los acuerdos tomados en la Conferencia de Partidos Comunistas celebrada en la Habana en Noviembre de 1964.

Esa comunicacion fué seguida por otra de Fabricio Ojeda, también a Castro, explicando el control financiero que el PCV ejercía sobre la FALN y quejandose de que "nuestro problema financiero se deriva del hecho de que el Buro Político ha controlado este departamento"[153]. Aparentemente la FALN sólo quería cambiar de controlador monetario. En Castro encon-

---

[152] Comunicacion leída por Fidel Castro el 13 de Marzo de 1967.

[153] Carta de Junio 6, 1966. Fabricio Ojeda en "Hacia el Poder Revolucionario" Editorial Guayras, la Habana 1967.

traba uno dispuesto a sufragar sus gastos... pero les cobraría luego un exhorbitante interés.

Castro hasta ese momento había mostrado empeno en acelerar el distanciamiento de las FALN con el PCV, pero no en el financiamiento de los aún no probados guerrilleros.

Fabricio en su elegante pero claro estilo literario había aclarado que necesitaban asistencia económica pero que "ésta debe ser directa". El intercambio epistolar, ayuno de contenido ideológico, revolucionario, tomaba el formato, porque lo era, del financiamiento de una operación comercial.

Todo había quedado arreglado, sólo faltaba ajustar los detalles. Para ello partieron hacia la Meca los aguerridos combatientes.

Luben Petkoff viajó a La Habana sosteniendo numerosas conversaciones con Castro en busca de respaldo (militar y humano) para una acción guerrillera en Venezuela.

Douglas está dirigiendo una incipiente fuerza revolucionaria. Luego de prolongado regateo sobre hombres y armas[154] desembarca Luben el 24 de Julio de 1966 por las costas de Falcón en lo que se conoció como "Operación Simón Bolívar". Su propósito fué materializar "la ayuda directa" solicitada por Bravo que estaba alzado. Se ha quebrado el acuerdo de La Habana de Noviembre de 1964.

La Operación "Simón Bolívar"

El propio Luben había seleccionado, de un grupo de hombres que el propio Castro le había ofrecido, los cubanos que vendrían con él. Escogió a dos comandantes: a Arnaldo Ochoa y Orestes Guerra, y a los capitanes Mario Bouza Lastre y Angel Frías.

---

[154] "Fidel no quiso darme la cantidad de hombres que yo le pedía". Declaraciones de Luben Petkoff a Agustín Blanco Muñoz en "La Lucha Armada: Hablan seis Comandantes".

Partió el grupo expedicionario de Santiago de Cuba el 18 de Julio de 1966. Venían a bordo, hasta la próxima escala, muy altos funcionarios del régimen. Uno de ellos, el propio Fidel Castro[155].

Al acercarse a aguas dominicanas la lancha que los seguía se les arrima para, apareada con el barco, recoger a Castro que se despidió de Luben y Arnaldo Ochoa.

Castro, como antes en el Moncada, se alejaba sin afrontar peligros. Los otros partían hacia un futuro incierto.

En mitad del Caribe el barco quedó prácticamente a la deriva bajo un fuerte huracán tropical. Al amanecer del 22 la tempestad había amainado y pudieron continuar navegando con relativa tranquilidad. Poco después de la medianoche del 23 de julio llegaban frente a las costas orientales del estado de Falcón. Se visten todos con sus trajes de campaña y son inspeccionados por el comandante Ochoa quien informa: *"Comandante Luben, estamos listos".*

Se repartieron en dos lanchas, en la primera iban Luben y Ochoa.

Pisaron tierra. Del desembarco no se había avisado a nadie, ni siquiera a Douglas Bravo, que comandaba las guerrillas del Frente José Leonardo Chirinos. Se reúnen con la guerrilla, pero no aún con Douglas, en Yaracuy.

Pero antes, tienen que regresar a Cuba a dos de los miembros del grupo cubano: Angel Frías[156], que estaba afectado de su columna vertebral, quien regresa con pasaporte falso, vía aérea a México y, poco después al capitán Mario Bouza quien había tenido serias diferencias con Luben y que

---

[155] El texto de los siguientes parrafos aparecen en "Cubanos Combatientes: peleando en distintos frentes", del autor.

[156] El 18 de diciembre de 1967 muere, en un accidente de tránsito, cerca de la población de Santo Domingo en Las Villas, el Comandante Ángel Frías Robledo. En el momento de su muerte Frías realizaba actividades en el desarrollo agropecuario del país (DAP).

intencionalmente, en opinion de todos sus companeros, se hirió en un pié[157].

Más de 200 soldados del ejército venezolano perseguían a los que el domingo 24 habían desembarcado en las playas del estado de Falcón. Abandonado había quedado el yate "Royal Band" después que encalló.

La Conferencia de la Montaña

Los grupos guerrilleros que operaban en Lara, Miranda y Oriente, que apenas sobrepasaban los 200 hombres, más los cubanos que habían venido con Luben, se reunieron en lo que se llamó la "Conferencia de la Montana" a fines de aquel año de 1966. Precisamente cuando Ernesto Guevara comenzaba su aventura en Bolivia.

A la reunión asistieron, además de Douglas y Luben, Francisco Prada, Elías Manuitt, Freddy Carquez[158] así como los doce cubanos restantes. Declararon posteriormente Douglas y Luben que en aquella Conferencia de la Montaña también participó quien luego resultaría un delator: Adolfo Meinhardt Lares[159] quien había sido contactado en Caracas, recibido en Cuba por el Comandante Piñeiro, y luego incorporado como jefe de sabotaje. Más tarde, cuando fue detenido, relató al Servicio de Inteligencia de las Fuerzas Armadas su experiencia, ofreciendo nombres propios y nombres de guerra de todos aquellos con quienes había tenido contacto.

Comienza en esta Conferencia de la Montaña la primera profunda diferencia entre Petkoff y Douglas Bravo al decidir

---

[157] Declaraciones de Luben Petkoff al periodista Eleazar Díaz Rangel.

[158] Se encontraban también los venezolanos Octavio Acosta Bello, Nicolás Hurtado, Juan Arizca Mendoza, Nery Carrillo, Julio Chirinos, Edgar Rodríguez Larralde, Alí Rodríguez, Rafael Vargas Medina y Antonio Romero Celiz entre otros.

[159] Meinhardt Lares había viajado a Cuba y mantenido estrecho contacto con la dirigencia de la Revolución Cubana. De regreso a Venezuela es quien –de acuerdo a Luben Petkoff– ejecuta a Iribarren Borges.

Douglas bajar hasta Caracas para asistir a la Primera Conferencia de la OLAS que se iba a celebrar en La Habana.

Regresan también a La Habana Arnaldo Ochoa y los demás cubanos. Utilizan vías distintas, los más por Colombia.

Douglas estaba comandando el Frente de Falcón; Manuitt, era su segundo. Cuando sale Douglas queda Félix Farías al frente de la columna y toda la orientación política queda en manos de Manuitt, de Félix Farías y de otros. Los alzados bajaron a los llanos y a pequeños pueblos en la zona de Falcón. Va a comenzar un distanciamiento entre estos guerrilleros que resienten la intención de Douglas de alejarse de las montañas para asistir –lo que no conseguirá– a la Primera Conferencia de Solidaridad (OLAS) que se celebrará en La Habana.

Ya para el verano de 1966 se habían hecho evidentes las diferencias dentro del grupo guerrillero. Douglas había tratado, sin éxito, bajar de la montaña para asistir a la conferencia de la OLAS en La Habana. Al no poder asistir, envió a Francisco (El Flaco) Prada. Es la etapa en la que, según Luben, Douglas Bravo trataba de atomizar al grupo guerrillero utilizando, entre otros, a Freddy Carquez, Edgar Rodríguez Larralde, Alí Rodríguez y varios más[160].

El 3 de noviembre (1966) llega a La Habana una delegación de la Comandancia Nacional de las Fuerzas Armadas de Liberación de Venezuela presidida por el propio Elías Manuitt Camero y formada por Alidio Chirinos, Alberto Pérez y Gaspar Rojo que fueron recibidos y atendidos por el Capitán Osmany Cienfuegos.

El PCV critica a estos dirigentes afirmando que las operaciones de las FALN eran, en palabras de Guillermo García Ponce[161], mucha propaganda y poca efectividad. Otros son aún más severos. Para Pompeyo Márquez, uno de los máxi-

---

[160] Entrevista de Luben Petkoff con Agustín Blanco Muñoz. "La Lucha Armada: hablan seis comandantes".

[161] Guillermo García Ponce fue considerado por muchos como "el jefe de la guerra". Fue vocero del Partido Comunista Venezolano. Fuente: Agustín Blanco Muñoz. Obra citada.

mos dirigentes del PCV, las FALN, fundadas en 1962 "no eran más que un trasplante, una mezcla argelina, cubana, china, una mescolanza".

Operaciones de propaganda o no, mientras el "Comandante" Manuitt y su comitiva, en trajes civiles, visitan y son agasajados en La Habana, comandos guerrilleros de las FALN atacan por segunda vez, el 19 de noviembre, la guarnición militar de San José de Guaribe, en el estado de Guárico.[162] Días antes comandos armados de la propia organización atacaron en Caracas una estación de tránsito de la policía en la céntrica zona de Sabana Grande. El 18 de noviembre dos oleoductos de la empresa Creole Petroleum son dinamitados.

Los continuos actos terroristas fuerzan la designación de un nuevo Ministro del Interior, el ex-embajador en la Santa Sede, Reinaldo Leandro Mora que sustituye a Gonzalo Barrios, muy vinculado al proceso cubano. Por supuesto, la medida cosmética nada cambió.

Para enero de 1967 la guerrilla marchaba, sin enfrentamiento militar alguno, a zonas más distantes.

En La Habana se había convocado, ya, a la reunión de la Organización Latinoamericana de Solidaridad con los Pueblos (OLAS) a la que muy eufórico, pero sin respaldo de sus compañeros, Douglas decidió asistir, autodesignándose representante de la guerrilla venezolana. Pero se dificultó la salida y, en su lugar, concurrió el "Flaco" Prada.

Sin apenas haber combatido, el puñado de hombres que había concurrido a la Conferencia de la Montaña se encontraba ya dividido, atomizado. Douglas Bravo sin contacto con ellos, Freddy Márquez al frente de la cada vez más raquítica columna, y Lubén Petkoff reuniendo a los quince cubanos que lo habían acompañado para regresar con ellos a La Habana. Es una etapa en la que Lubén defiende aún a la revolución cubana. Quien va a denunciar y verter sobre Castro, dentro de pocos meses, los peores epítetos es Douglas Bravo que, como tantos otros, se sentirá por él traicionado.

---

[162] Periódico Granma, Noviembre 20, 1966.

Al abandonar Douglas el área de Falcón, lo sustituye Manuitt que no tenía la autoridad y el respaldo de aquel. Cuando baja éste, toda la orientación política queda en manos de Manuitt que había sido Director de la Escuela de Policía cuando la caída de Pérez Jiménez pero muy vinculado al Partido Comunista. De oficial de las fuerzas armadas pasó a ser dirigente del PCV.

La crítica al PCV de aquellos que en algún momento dirigieron los grupos subversivos, es igualmente ácida. Para Teodoro Petkoff, en aquel período en las filas de la insurgencia más radical y hoy transitando un camino electoral, el PCV era "un clásico partido marxista leninista, dogmático, libresco, fuera de la realidad, como son casi todos los partidos marxistas-leninistas".

Criterio que será impugnado en Moscú. Un largo artículo del periódico Pravda criticaba a aquéllos que le negaban el papel de vanguardia a los partidos comunistas porque no ponían énfases en la lucha de guerrillas:[163]

> *"Ningún partido comunista en Latinoamérica niega las proposiciones marxistas-leninistas sobre el camino armado de la lucha revolucionaria, pero rechaza la tesis de producir artificialmente una revolución en un país".*

Las FALN en La Habana

Vimos que la delegación de las Fuerzas Armadas de Liberación Nacional de Venezuela que se encuentra en La Habana en noviembre de 1966 está compuesta por Elías Manuitt Camero, Gaspar Rojo, Alirio Chirinos y Alberto Pérez.

Se sienten poderosos y hablan de una unidad ficticia.

> *"En estos momentos nuestras Fuerzas Armadas de Liberación Nacional atraviesan por los momentos más favorables para su desarrollo y fortalecimiento bajo el mando*

---

[163] Noviembre 20, 1968. Citado por William E. Ratliff "Castroísmo y Comunismo en Latinoamérica 1959-1976". American Enterprises for Publishing Research, Stanford University 1976.

de nuestro Comandante en Jefe Douglas Bravo que ha delineado un plan de contraofensiva general con el cual apuraremos el fracaso de la "Operación Embudo"[164].

Manuitt habla de victorias inexistentes:

"Las acciones armadas, como ustedes pueden leer a través de los cables, se han incrementado y su incremento irá desarrollándose más y más conjugándose con todo tipo de acción que tienda a debilitar a nuestros enemigos. Estamos seguros que alcanzaremos grandes victorias".

Pero la realidad es otra. Muy pocos encuentros militares y ningún pedazo de la tierra venezolana controlado por estos fervorosos guerrilleros. Lo tiene que admitir:

"Nosotros, es cierto, aún no disponemos de una zona a la que podemos calificar, como en la guerra de Cuba y Vietnam, de un territorio libre dentro de nuestro frente guerrillero".

Manuitt y sus compañeros delegados prolongaban su estadía en La Habana para demorar su regreso a los incómodos, y a veces riesgosos, frentes guerrilleros.

La diferencia entre las dos organizaciones (FLN-FALN) del mismo nombre pero de distintas lealtades hará crisis en los primeros días de marzo de 1967 con el secuestro y posterior asesinato de Julio Iribarren Borges, hermano del Ministro de Relaciones Exteriores de Venezuela.

Ante el asesinato de Iribarren Borges[165] atribuido a las FALN, Medina Silva, que dirigía la otra FALN aún adscrita al Partido Comunista, condenó enérgicamente el atentado: "la justicia del pueblo le será aplicada a los asesinos del Dr. Iribarren Borges". Aprovecha el voluble Medina Silva para dejar

---

[164] Revista Bohemia, La Habana, noviembre 18, 1966.

[165] Manuel Mantilla, secretario de la presidencia de Venezuela, en clara alusión a la complicidad de Castro, expresó: "El asesinato no solamente fue perpetrado por individuos delincuentes, sino también por una nación delincuente". (Cable UPI, Diario Las Américas, marzo 9, 1967).

bien claro que su organización no fue la ejecutora del crimen al afirmar que "quienes usurpan el nombre de la organización de combate que nosotros dirigimos, se convierten en provocadores y cómplices de los enemigos del pueblo".

En la medida en que los grupos subversivos tienden a mitigar sus diferencias, éstas se acrecientan en sus relaciones con el Partido Comunista Venezolano, cuyo Buró Político impone sanciones a Douglas Bravo[166] y, luego, a otros que abogan por la lucha armada.

Dos posiciones dentro del PCV

En la carta[167] que ha dirigido a Fidel Castro, y que éste hace pública el 13 de marzo de 1967 cuando ataca ferozmente al PCV que antes tanto había celebrado, Fabricio Ojeda afirmaba que en el seno del Partido Comunista de Venezuela se debatían dos grandes corrientes de opinión:

a) La del Buró Político y el Comité Central que considera que los procesos en marcha permitían al movimiento revolucionario *tomar la iniciativa en el frente político*; sin embargo, para esto, sería necesario que las FALN ordenen un repliegue de la guerrilla y de las Unidades Tácticas de Combate (UTC).

b) La otra, mayoritaria en la base del Partido, que encabeza Douglas Bravo, que se opone al viraje y formula fuertes críticas a la forma en que se ha venido conduciendo la lucha revolucionaria. El centro de las divergencias está en la lucha armada, a la cual se ha venido oponiendo un grupo de dirigentes del Partido Comunista Venezolano.

---

[166] En mayo 18 de 1967 Bravo fue suspendido del Buró Político por "haber usurpado los nombres de FALN y FLN" creando "una organización paralela".

[167] Carta fechada el 17 de mayo de 1966, mes en que Fabricio mantiene una agria polémica con Guillermo García Ponce del Buró Político del PCV.

Pero aún en 1966 no se ha hecho pública esa carta ni se presiente el demoledor ataque a que será sometido por Castro el PCV. Pronto llegaremos a ese clímax.

Para discutir sus diferencias con el PCV Fabricio Ojeda, la figura de más prestigio en las guerrillas bajó, junto con Douglas Bravo, a Caracas. El 17 fue detenido. El 21 de junio aparecía ahorcado en su celda.

Tal vez la mejor definición de Fabricio Ojeda la ofreció Luben Petkoff en su extensa entrevista con Agustín Blanco Muñoz:

"Yo conocí tres Fabricios: el Fabricio diputado que era un hombre que no tenía nada absolutamente de revolucionario. Era un urredista cualquiera. Conocí al Fabricio preso, ya comenzando a manejar las ideas de la revolución, y conocí al Fabricio guerrillero que poco a poco, se fue curtiendo a través de la lucha... Fabricio no era un jefe guerrillero y él estaba consciente de esa falla. Estaba consciente de que su nombre, su personalidad, podía prestarse para una jefatura guerrillera nacional, pero él como persona sabía que no era un jefe de tropa guerrillera".

El asesinato de Julio Iribarren Borges, hermano del Ministro de Relaciones Exteriores, motivó que el PCV se apresurara a distanciarse de aquel crimen. Al extremo que tres conocidos dirigentes del partido que recién se habían "escapado" de la cárcel, Pompeyo Márquez, Teodoro Petkoff y Guillermo García Ponce, dieron a conocer declaraciones en que calificaban ese tipo de ataque como métodos terroristas dañinos a la causa y, por tanto, repudiables.

En La Habana, donde está siendo espléndidamente atendido por Osmany Cienfuegos y otros funcionarios cubanos, Elías Manuitt que ostentaba ahora la presidencia de las FLN-FLAN asumía la responsabilidad de la muerte de Iribarren Borges[168].

Los campos habían quedado deslindados. El PCV se enfrentaba a la FLN-FALN que antes había auspiciado. Desde La Habana, Castro daba todo su respaldo a las organizaciones guerrilleras.

---

[168] Granma, Marzo 6, 1967.

Es el mismo distanciamiento que se había producido en Guatemala entre las FARC que había dirigido Turcios Lima y ahora estaba comandada por César Montes y el Partido Comunista (PGT) que seguía dócilmente la línea de Moscú. Con una mayor verticalidad Yon Sosa, duramente acusado de troskista por Castro en la Conferencia Tricontinental celebrada en La Habana el año anterior, continuaba fustigando al PGT que tantos elogios había recibido de Castro. En Perú los residuos de los grupos subversivos que habían sido aplastados en los tres años anteriores, como el ELN y el MIR, se mantenían distanciados del ya casi inoperante

Partido Comunista durante lo que serían los últimos meses del agobiado gobierno del Ing. Belaúnde Terry[169].

Fue en esa etapa, la que transcurre de 1966 a 1968, que se intensifica el respaldo de Castro a la lucha armada en América Latina. Respaldo que se exterioriza enfáticamente en su discurso del 13 de marzo, en el que vilifica al PCV y en las declaraciones formuladas durante la conferencia de OLAS (Organización Latinoamericana de Solidaridad) que se celebra en La Habana en julio y agosto de aquel año. Respaldo que no se materializa en favor de Ernesto Guevara aislado, y abandonado por Castro, en el altiplano boliviano.

Cuando Castro, en La Habana, habla de revolución aquel 13 de marzo, Guevara, decepcionado, escribe en su diario:

> *"La gente está cansada y un poco desmoralizada nuevamente. Queda una sola comida. Caminanos unos seis kilómetros, pero poco de provecho".*

Expulsado Douglas Bravo del PCV. Castro lo defiende

El PCV declaraba que había expulsado a Douglas Bravo "no por dirigir un movimiento de guerrilla sino por rebelarse contra la disciplina del partido".

---

[169] El Gral. Juan Velasco Alvarado depone al gobierno de Belaúnde en un golpe de estado el 3 de octubre de 1968.

Ante los ataques a que Douglas Bravo es sometido por el PCV, Fidel Castro asume beligerante defensa del dirigente venezolano:

> "¿Cómo nosotros vamos a considerar a Douglas Bravo un vulgar fraccionalista, un vulgar aventurero, un vulgar ambicioso, si Douglas Bravo ha hecho –en el sector del movimiento revolucionario que surge del partido– una especie de Protesta de Baraguá contra la Paz del Zanjón que esta dirección derrotista ha querido imponer al Partido?".

El Partido Comunista, para distanciarse de las guerrillas que operan en la montaña, consideraba que las fuerzas principales estaban en la ciudad, "en una línea insurreccional que tiene que tomar en cuenta a las fuerzas armadas". Lo afirmaba Pompeyo Márquez, que pronto acusará a Fidel Castro de pretender que su experiencia debía ser transplantada "en forma mecánica, dogmática, ciega, a todos nuestros países, en especial a Venezuela".

Para Pompeyo Márquez "la lucha guerrillera es una forma auxiliar de la lucha revolucionaria en general y de la lucha armada en particular".

Refutaba Márquez a Castro defendiendo la posición del PCV:

> "Aquí existe partido comunista desde hace 35 años. Aquí ha sido el Partido Comunista quien ha encabezado la resistencia armada contra las tropelías, la violencia sanguinaria del gobierno. Aquí ha sido el Partido Comunista el abanderado de toda la lucha antiimperialista y por la libertad nacional. Afirmar que el germen del Partido en Cuba fue el Ejército Rebelde de la Sierra Maestra es contrariar la verdad histórica"[170].

Se va alejando Castro del partido comunista venezolano.

---

[170] Declaraciones de Pompeyo Márquez. "Hablan 5 jefes".

El PCV y Castro

El respaldo de Castro a los integrantes de las FALN era cada vez más visible. Los miembros del Buró Político del Partido Comunista Venezolano extremaban su cautela para evitar que se hiciese público el distanciamiento dirigiendo su contraataque a los disidentes y no al líder cubano.

Primero, el Buró Político del PCV apeló a "las normas de conducta estipuladas para la fraternal intercomunicación entre los varios partidos comunistas latinoamericanos"[171] que fueron establecidas en la Conferencia de La Habana de Noviembre de 1964. Castro no respondió a este "llamado fraternal".

Tres semanas después el PCV acusaba a Castro (y a las FALN) de "infantilismo político" denunciando la recién celebrada Conferencia Tricontinental de una "farsa"[172]. Lo acusaba también de reconocer a "los elementos antipartidos desconociendo en la Tricontinental a los legítimos representantes del PCV"[173].

La carta pública del PCV a Castro es tan agresiva como clara. Lo acusa de aprovechar la cómoda ventaja de su posición y agredir al Partido Comunista de Venezuela, echándole en cara que "utilizando una tribuna de audiencia mundial no ha vacilado en injuriar a un partido que, debido a la represión, apenas está en condición de responderle".

No escatiman los comunistas venezolanos calificativos para censurar la conducta de Castro:

"Así pues, la acción de Fidel Castro es innoble, ventajista y alevosa".

Los partidos comunistas tradicionales mostraron preocupación por el brutal ataque de Castro al PCV y su identifi-

---

[171] Revista "La República", Caracas. Septiembre 3, 1966.

[172] Revista "¿Qué?", Caracas. Septiembre 23, 1966.

[173] "División Tácita del PCV y Castro", La República, Caracas, Septiembre 3, 1966, mencionada por T. Bruce Jackson en "Castro, the Kremlin, and Communism in Latin America", obra citada.

cación con la FALN comandada por Douglas Bravo. Era comprensible.

Estos partidos, que aspiraban a llegar o a compartir el poder por vía política, temían que los grupos guerreristas de extrema izquierda relacionados con su propia organización, llegasen a asumir –con el respaldo de Castro– la dirección de sus respectivos partidos políticos. La preocupación crecía ante la próxima celebracion, precisamente en La Habana, de la Conferencia Latinoamericana de Solidaridad (OLAS).

Los partidos comunistas de México, Guatemala y Bolivia fueron los primeros, por supuesto junto con el de Venezuela, en hacer pública su condena a la identificación de Castro con "los fraccionalistas" surgidos dentro del seno de los partidos comunistas.

Los cubanos y el MIR venezolano

Fué con el Movimiento de Izquierda Revolucionaria (MIR) que el régimen de Castro inició su contacto con los grupos de extrema izquierda en Venezuela.

El MIR tenía dos grupos guerrilleros; uno operando en El Bachiller (Estado Miranda) con Américo Martín y Fernando Soto Rojas como jefes y otro que actuaba en Oriente, comandando por Carlos Betancourt y Gabriel Puertas. Sus representantes en La Habana eran Héctor Pérez Marcano y Moisés Moleiro, con muy estrechas relaciones con los jerarcas cubanos.

La aceptación de Moleiro y Pérez Marcano de una invitación del Gobierno de China a visitar aquella nación enfrió las relaciones del MIR y sus guerrillas con el régimen de Castro y le puso fin, momentáneamente, al entrenamiento que estaban recibiendo de los comandantes Ulisés Rosales del Toro y Raúl Menéndez Tomassevich y los Capitanes Silvio García Planas y Harley Borges.

Transcurren seis meses de continuas entrevistas de Moleiro y Pérez Marcano con Castro. Superan las diferencias y logran el respaldo necesario para otra expedición subversiva, a cuya preparación asigna a los mismos altos oficiales que habían entrenado al grupo.

Al igual que el Comandante Arnaldo Ochoa desembarca con Luben Petkoff en las costas de Falcón, el ahora General de División Ulises Rosales del Toro, "Jefe del Estado Mayor General, Miembro del Buró Político del Partido Comunista Cubano y del Consejo de Estado, Diputado a la Asamblea Nacional y Primer Sustituto del Ministro de las Fuerzas Armadas Revolucionarias", desembarcó, en mayo de 1967, con la guerrilla del MIR por Machurucuto, permaneciendo con ella durante 14 meses.

Llegó también otro comandante cubano, el hoy General de División Raúl Menéndez Tomassevich. Es la operación donde pierde la vida Antonio (Tony) Briones Montoto[174]. Eran ocho los que desembarcaron. Además de Ulises Rosales y Menéndez Tomassevich se encuentran Silvio García Planas y Harley Borges, con cuatro venezolanos: Moleiro, Pérez Marcano, Eduardo Ortiz Bucaram, todos dirigentes del MIR, y un campesino llamado Aurelio, que más tarde perdería la vida en la guerrilla.[175]

Venía también otra pequeña lancha con otros cuatro cubanos cuya misión era darle apoyo a los que desembarcaban si surgía cualquier emergencia pero que regresarían al barco madre con las dos lanchas una vez terminada la operación.[176]

Estos cuatro cubanos que venían en la lancha de protección al regresar a la embarcación mayor perdieron contacto con ella, uno murió ahogado y los otros tres quedaron aislados llevándolos la corriente hasta cerca de Machurucuto donde

---

[174] Tony Briones Montoto fue el primer jefe que tuvo la Dirección de Operaciones Especiales (DOE) creada el 25 de agosto de 1963 a la que años después se le une Liberación y se forma la Dirección General de Tropas Especiales. (Fuente: Entrevista del autor con Carlos Cajaraville, antiguo funcionario de la Contrainteligencia cubana).

[175] Entrevistas del General de División Raúl Menéndez Tomassevich en la obra "Secretos de Generales" ya citada.

[176] Declaraciones de Pérez Marcano a Eleazar Díaz Rangel, Periódico "El Mundo", Caracas, miércoles 18 de junio, 1997.

intentaron seguir, narra Pérez Marcano, al grupo que habían traído; como no lo consiguieron, decidieron ir a Caracas pero fueron detectados por una patrulla del ejército y en el encuentro murió Tony Briones, Jefe de la Operación de Desembarco y quedaron detenidos Manuel Gil Castellanos[177] y Pedro Cabrera Torres. Según el testimonio del guerrillero venezolano, Carrera Torres "se quebró en el interrogatorio a que fue sometido por el Servicio de Inteligencia, hizo una amplia confesión" y, después, "se suicidó".

El testimonio de Pérez Marcano coincide con la apreciación de Luben Petkoff:

> "Cuando el desembarco de Machurucuto cayeron presos dos cubanos: Manuel Gil, el que soltaron recientemente, el que estuvo casado con Raquel Reyes, y el otro que luego se suicidaría (Pedro Cabrera). Manuel Gil fue el que le dijo: tienes que matarte, a tí no te queda otro remedio que matarte".

¿Por qué Manolo Gil le dice eso a su compañero Cabrera? Así lo explica Luben:

> "Porque el hombre se quebró y dijo de todo y entonces se lo informó a Manolo Gil: Mira, me pasó esto, ¿qué hago? Y Manuel le dijo: mátate, tú no tienes otro camino que guindarte."[178].

---

[177] Luego de cumplir varios años de prisión regresa Manolo Gil a Cuba reincorporándose a las Fuerzas Armadas. Es ascendido e incorporado al Ministerio del Interior a las órdenes de José Abrantes. Junto a él caería en julio de 1989.

En la cuarta y última sesión del juicio oral seguido por la causa 2 de 1989 contra José Abrantes el fiscal pide ocho años de prisión para el teniente coronel Manuel Gil Castellanos por el delito de cohecho y que le sean confiscados los bienes malhabidos, prohibiéndosele el ejercicio de cargos de dirección (una vez que haya extinguido la sanción).

En la primera sesión se le imputa a Gil Castellanos, además de abuso en el cargo, el delito de cohecho y *el delito de portación y tenencia ilegal de armas de fuego*, aceptando éste en la segunda sesión la responsabilidad que le compete en los hechos imputados por el ministerio fiscal.

[178] Entrevista con Agustín Blanco. "La Lucha Armada. Hablan seis comandantes".

Los ocho que había desembarcado –cuatro cubanos y cuatro venezolanos– tienen que marchar con rapidez porque el ejército los está persiguiendo al quedar delatado el desembarco por habitantes de la región. Los pequeños ranchos estaban vacíos porque el ejército los mudaba para quitarle a la guerrilla cualquier apoyo. Fueron "días de hambre, agotadores". Decidieron dividirse en dos grupos; uno con Moleiro, mientras el otro se adelantaría y regresaría con comida. Tomassevich y Harley Borges se quedaron junto a Pérez Marcano; Ulises del Toro y Silvio García Planas, se fueron con Américo Silva. Estaban totalmente desmoralizados.

Menéndez Tomassevich se enfermó repentinamente y tuvo que regresar por Maiquetía a Río de Janeiro, luego a París y de allí a La Habana. No mal paseo para "un guerrillero enfermo".

En Washington el desembarco capta de inmediato la atención de los más altos funcionarios de la CIA, del Departamento de Estado y de la Casa Blanca, que analizan la forma de producir un "tranquilo liderazgo".[179]

La embajada norteamericana informó que "todos los partidos políticos importantes han condenado a los cubanos y piden "una respuesta vigorosa"[180] señalando que el incidente representa una embarazosa situación para el P.C.V. que estaba tratando de reasumir la línea de la "vía pacífica". Pero el "tranquilo liderazgo" norteamericano a nada conducía. El gobierno de Leoni se consumirá debatiendo si presenta el caso ante la OEA o ante las Naciones Unidas.

Días después encuentran a otros miembros de la guerrilla del MIR, pero ya no hay voluntad de lucha. Rafael Caldera recién ha ganado la presidencia de la República e inicia, como antes Leoni, su política de pacificación. La dirección del MIR

---

[179] Memorándum de W.F. Boudler a Walt Rostow, representante del Presidente Johnson ante el Consejo Nacional de Seguridad, de mayo 15, 1967. Desclasificado febrero 11, 1997.

[180] Ibid.

discute la decisión a tomar y, por fin, resuelven abandonar la lucha guerrillera. Poco habían combatido.

En esas condiciones el aparato clandestino del MIR organiza el regreso de Ulises Rosales del Toro, Silvio García Plana y Harley Borges por la misma vía que ya había utilizado Tomassevich. Como antes en el Congo y, después, en Bolivia, las guerrillas de Castro regresan derrotadas.

Tan descarnado fue el desembarco que a los pocos días de producirse ya Venezuela lo denunciaba en el Informe de la Comisión I de la Duodécima Reunión de Consulta de Ministros de Relaciones Exteriores, el 1o. de junio.

Dice así la denuncia de Venezuela:

> *"En los primeros días de mayo de 1967 partió de Santiago de Cuba una motonave tripulada por cubanos que transportó a la costa de Venezuela a 7 cubanos y a nueve guerrilleros venezolanos equipados y armados en Cuba en una operación debidamente preparada, apoyada y ensayada en Cuba.*
> *En las primeras horas del 8 de mayo, al llegar la motonave a las playas venezolanas frente a las playas de Machurucuto, Estado Miranda, la operación de desembarco se efectuó en dos lanchas "Zodiac" de fabricación francesa con capacidad para 15 personas cada una, tripuladas por los 7 cubanos mencionados".*

Luego continúa el informe detallando, con precisos pormenores, la muerte de Tony Briones y la captura de Manuel Gil Castellanos y Pedro Cabrera Torres identificando la Unidad Especial 20-2-70 de la Dirección General de Inteligencia (DGI) de Cuba como la unidad a la que pertenecía el personal cubano que realizó el transporte militar.

Continúa el informe denunciando "la táctica del gobierno de Cuba de llevar al país un gran número de personas de otras naciones del continente para adoctrinarlas y entrenarlas en las técnicas de la subversión y terrorismo".

Como de costumbre, Venezuela se limitaba a presentar denuncias pero no a tomar acción contra las agresiones foráneas.

En junio de 1966 habían desembarcado 14 cubanos al mando de Luben Petkoff, por las costas de Falcón, y un año después, en mayo de 1967, se había producido en Venezuela este nuevo desembarco dirigido por Pérez Marcano y Moisés Moleiro.

En el primero, el de Falcón, como ya mencionamos, había participado el entonces Comandante Arnaldo Ochoa junto con otros oficiales cubanos. Por eso, en el libro "Secreto de Generales", que La Habana recién ha publicado, no se entrevista a ninguno de los otros oficiales cubanos que tomaron parte en ese desembarco de julio de 1966. Sólo aparecen las narraciones del actual General de División Ulises Rosales del Toro y del General de División Raúl Menéndez Tomassevich que participaron, como hemos visto, en el segundo desembarco de mayo de 1967. Estos generales de Castro visten con bellos colores su actuación en aquellos duros días de la guerrilla. Los venezolanos que los acompañaron cuentan una historia distinta.

Habían desembarcado a las dos de la madrugada. Avanzaron presurosos hacia las montañas en busca de la guerrilla, pero les tomaría tres meses y diecisiete días encontrarla.[181]

"Pasamos mucha hambre. Días enteros sin ingerir ningún alimento. En una ocasión estuvimos más de una semana en esa situación; sólo a base de agua. Comíamos todo lo que pudiéramos agarrar. Aún una serpiente nos la comimos hervida con sal. Sabe a pescado".[182]

El gobierno de Castro no se ocultaba para hacer pública su participación en este desembarco. Así, el Comité Central del Partido Comunista Cubano declaraba el 18 de mayo de 1967 que:

"Nosotros estamos acusados de ayudar al movimiento revolucionario y, ciertamente estamos ofreciendo y continuaremos haciéndolo, ayuda a todos los movimientos revolucionarios que luchan contra el imperialismo en cualquier parte del mundo"[183].

---

[181] General de División Raúl Menéndez Tomassevich. "Secreto de Generales".

[182] Menéndez Tomassevich. Obra citada.

[183] Granma, La Habana, 31 de mayo de 1967.

La intervención de los militares cubanos en la subversión en Venezuela marca períodos bien definidos de aquella lucha.

De acuerdo a Luis Correa, miembro disidente del PCV, que fue con Luben Petkoff a La Habana en busca de respaldo a las guerrillas, hay que distinguir varias fases en la etapa que transcurre entre 1966 y 1967:

a) la salida de los cubanos originada por el éxito de la política de pacificación democrática

b) el rompimiento de la relación Luben-Douglas;

c) las diferencias entre los cubanos de La Habana con Douglas y

d) la nueva posición del gobierno cubano en relación al PCV y las guerrillas.

Esta última etapa corresponde al momento en que Castro rompe con Douglas Bravo y, después, se reconcilia con el PCV.[184]

Castro arreciaba su actividad subversiva. Pronto el ministro de gobierno venezolano, Reinaldo Leandro Mora, se ve obligado a "denunciar que el reciente resurgimiento del terrorismo en el territorio nacional tenía su origen en Cuba comunista".[185]

---

[184] Douglas Bravo se convierte en un acerbo crítico de Castro acusándolo de abandonar sus obligaciones revolucionarias internacionales y, en particular, con la guerrilla venezolana. El dirigente comunista Teodoro Petkoff, hermano de Luben pero políticamente distanciado de éste, considera que Castro vuelve con el PCV venezolano años después, cuando rompe con Douglas, y la política cubana se cuadra definitivamente con la soviética. Fuente: Teodoro Petkoff. "La Lucha Armada: hablan cinco jefes". Serie coediciones. Expediente, Testimonios recopilados por Agustín Blanco Muñoz.

A su vez, Luben y otros miembros de la guerrilla rompen con Douglas al perder fe –luego de la derrota de Guevara en Bolivia– en la lucha armada.

Douglas y Francisco Prada fueron de los primeros en formular serias críticas a Regis Debray y su libro ¿Revolución en la Revolución? por su defensa a la teoría del foco guerrillero, y su crítica a la guerrilla urbana. Fuente: Revista Punto Final, Santiago de Chile, Diciembre 31, 1968. (Citado por William E. Ratliff).

[185] Cable de UPI, de noviembre 30, Diario Las Américas, Diciembre 1o. 1966.

Continuaba afirmando el ministro venezolano que "tenemos pruebas concretas de que las actividades subversivas se originan directamente en los acuerdos alcanzados en la Conferencia Tricontinental que se realizó a comienzo del año en La Habana".

Cuando Luben sale para Venezuela deja a Lumar Márquez en La Habana con la idea de hacer una segunda operación como la que realizaba en aquel momento Luben Petkoff.

La Conferencia Nacional que llamaron Conferencia de la Montaña se había celebrado a fines de 1966. En enero del 67, cuando se acercaba la reunión de la OLAS en La Habana se planteó en las montañas de Venezuela la conveniencia o no de enviar un representante a esa Conferencia. Surge allí la primera diferencia entre Luben y Douglas.

Douglas consideraba que debía asistir él a esa Conferencia y Luben consideraba que no era apropiado porque Douglas era el comandante en jefe y que, en consecuencia, debía estar en la montaña. "No era correcto –explica Luben– que cuando estábamos hablando de dirigir la lucha y de estar al frente de ella, de repente se fuese a aparecer el máximo jefe en La Habana"[186].

De todas maneras, la opinión de Douglas prevaleció por lo que éste se separó de la columna "con una escuadra para su seguridad personal y se dedicó a hacer los contactos políticos con la retaguardia y buscar la manera de contactar con el exterior". En definitiva Douglas había bajado, había intentado salir a La Habana pero hubo problemas y no pudo hacerlo, apunta Luben. Por eso se envió al Flaco Prada, pero Douglas, "aunque alejado de la columna, recibía los contactos ya que él manejaba las relaciones y pretendió dar instrucciones a la columna pasando por encima de los dirigents que con ella se encontraban".

Comenzaba a resquebrajarse –o ya de hecho lo estaba– la unidad de la guerrilla.

---

[186] Declaraciones de Luben Petkoff a Agustín Blanco Muñoz. Obra citada.

Producto de aquella diferencia Luben Petkoff regresa a La Habana y con él los cubanos. Los venezolanos se quedaron allá al mando de Freddy Cárquez. La Habana seguía siendo, para estos revolucionarios, más prometedora y segura que las montañas venezolanas.

El mando de la guerrilla venezolana en manos de un cubano

Las diferencias entre Luben Petkoff y Freddy Cárquez se hicieron tirantes, profundas. Luben Petkoff acusa a Cárquez de ser "un elemento cobarde y débil que se dejó llevar de la mano por Douglas Bravo... que era muy impositivo, muy absorbente"; mientras que Cárquez consideraba que Luben y Rafael Farías "defendían una posición ultrafoquista"[187]. Se escindían los mandos.

Luben había desembarcado en las costas de Falcón acompañado, como antes apuntábamos, de los comandantes Arnaldo Ochoa y Orestes Guerra. Se unía este grupo al que ya comandaba Douglas Bravo. Pocos meses después, en mayo del 67, desembarcan por Machurucuto Ulises Rosales del Toro, Raúl Menéndez Tomassevich, Tony Briones (que muere en el encuentro que se produce el desembarcar), Silvio García Plana y Harley Borges; junto a ellos –lo mencionamos en páginas anteriores– vienen varios venezolanos: Moisés Moleiro, Héctor Pérez Marcano, Eduardo Ortiz y otros.

Las tensiones que se producen llevan a Luben, en medio de una situación muy confusa, a separarse.

Así lo explica el propio Luben:

"En lo personal yo tenía una situación muy difícil. Primero porque yo había hecho un compromiso personal con Fidel... me sentía responsable de unos compañeros, me sentía como si los hubiera embarcado, que los había traído a una empresa que no había resultado. Pensé: quedarme, sacar a los compañeros y quedarme solo, ha-

---

[187] Declaraciones a Agustín Blanco Muñoz, obra citada.

biendo roto con Luben; era estéril, quedarse aquí, no tenía sentido".

Pero la situación interna de la guerrilla en Venezuela era aún más crítica. Algunos resentían que el mando real estuviese en manos de un cubano. Otros guerrilleros se quejaban de "exceso por parte de un cubano que ejercía alguna autoridad" y hacen acusaciones más serias hablando "del caso de un ajusticiamiento en cuya decisión habían participado los cubanos. Una ejecución que no había sido realizada, por la vía usual del fusilamiento sino a través del ahorcamiento"[188].

Petkoff niega que la decisión del ajusticiamiento hubiera partido de un cubano, aunque "fue lamentable ese ajusticiamiento que se debió al problema interno que tuvimos nosotros con el grupo que se quedaba" cuando Luben se iba con los cubanos. Para Luben la decisión era clara, aunque niega haber participado en la misma:

"O el compañero se iba desmoralizado y, en consecuencia, todos los compañeros que iban a quedar debían correr las consecuencias de lo que podría suceder, o se le ajusticiaba...". La decisión en sí había que tomarla.

¿Por qué fue ajusticiado ese combatiente? Porque "ese compañero perdió la cabeza, se trastornó".

Luben Petkoff elude el tema: "En realidad, sobre esto nunca he querido hablar". Silencia, sobre todo, el nombre del ajusticiado. Y el de quien ordenó la ejecución.

Ya Luben[189] se ha distanciado también de Douglas Bravo.

Se produce primero la salida de los cubanos y el rompimiento de la relación Luben-Douglas[190].

---

[188] Agustín Blanco en entrevista con Luben Petkoff.

[189] Luben Petkoff siguió vinculado al gobierno de Castro. Es Luben el famoso "extranjero" que en el juicio de Arnaldo Ochoa se afirmó que éste le propone "Lavar dinero" en hoteles y centros turísticos. Ese extranjero, que es nuestro amigo, no aceptó, dijo Castro en el juicio. Fuente: Declaraciones de Jorge Masetti al autor.

[190] Luis Correa.

Esa es la fase de los años 65-67. Después empiezan los problemas de los cubanos con Douglas y, poco más tarde, la reconsideración cubana de su concepción hacia América Latina que está ligada al problema con el Ché. Según Correa ésta se debía a la injerencia soviética.

De Moscú llega una advertencia

Ya estaba convocado el Primer Congreso de Solidaridad con los Pueblos Latinoamericanos (OLAS) que se celebraría en julio y agosto en la capital cubana. Las relaciones con la Unión Soviética han vuelto a ser tensas. Castro está ofreciéndoles, abiertamente, respaldo a los grupos subversivos en distintas regiones del hemisferio mientras que la Unión Soviética quiere continuar su penetración por la vía política a través de los partidos comunistas tradicionales.

En esa tirante situación llega a La Habana, luego de haber conferenciado con Lyndon Johnson en Washington, Aleksei Kosygin el 26 de junio, 1967. Se comentaba que arribaba con una petición de Johnson de hablarle a Castro, en términos firmes, sobre su preocupante respaldo a la revolución en Latinoamérica. La recepción fue, evidentemente, fría y, luego de un saludo protocolar, Kosygin se retiró a la embajada soviética.

El premier soviético permaneció en la isla durante cuatro días y se reunió con Castro en dos ocasiones. La discusión de la primera conversación, de acuerdo a un cable de la TASS, fue "franca" que es el término utilizado por el Kremlin para calificar los desacuerdos acalorados.[191]

Kosygin le informó al dirigente cubano que su gobierno no podría respaldar las guerras de liberación que libraba en Latinoamérica. Luego la comunicación fue mejorando y las siguientes conversaciones se realizaron, según la agencia soviética, "en una atmósfera cordial y amistosa".

---

[191] Robert E. Quirk, "Fidel Castro".

Sólo en la superficie la situación había mejorado. Ya, pronto, arribaban a La Habana los delegados de la extrema izquierda que concurrían al Primer Congreso de la OLAS, el organismo que un año antes Castro había creado como su propio instrumento para contrarrestar la influencia que ejercían los soviéticos en el organismo similar, el Movimiento de Solidaridad de los Pueblos Afro Asiáticos.

Se está produciendo, entonces, el segundo y más intenso período de respaldo de Castro a la lucha armada en Latinoamérica que es expresado dramáticamente en el discurso del dirigente cubano del 13 de marzo de 1967.

Las tensiones entre los partidos comunistas prosoviéticos y Castro llegan, como hemos expuesto, a su más alto punto en ese momento. Aquel 13 de marzo Castro atacó duramente a los comunistas venezolanos y el PCV respondió condenando la arrogancia irresponsable de Castro. *"Nosotros rechazamos categóricamente la pretensión de Castro de que él, y nadie más, puede decidir qué es y no es revolucionario en Latinoamérica"*.

Las relaciones entre el PCV y la FALN (subversivo y procastrista) –es necesario volver a señalarlo– se habían tornado más hostiles durante 1966 y se habían hecho públicas temprano, en marzo de 1967, con el secuestro y asesinato de Julio Iribarren Borges, hermano del Ministro de Relaciones Exteriores de Venezuela. El 6 de marzo Granma publicó unas declaraciones de la FALN admitiendo que su organización era responsable de haberle aplicado al hermano del ministro la "justicia revolucionaria"; declaraciones que fueron condenadas por el PCV y por otros militantes de la FALN dirigido por Medina Silva.

Recordemos que fue la organización de Elías Manuitt, el "comandante" que había sido recibido y homenajeado por el Capitán Osmany Cienfuegos en noviembre de 1966, la que se acreditó el cobarde asesinato.

Fue Elías Manuitt quien en marzo 6 de 1967 afirmó en el Granma que él, como presidente del castrista FALN, admitía que su organización fue la responsable de aplicar la justicia revolucionaria al hermano del canciller venezolano.

Eso sucedió en marzo. En mayo un comando de cuatro cubanos y ocho guerrilleros venezolanos entrenados en Cuba desembarcaron en una playa a unas ochenta millas de Caracas. En junio fueron encarcelados diecinueve terroristas. En julio veintinueve extremistas eran sentenciados acusados de subversión.

Era demasiado para Pedro Medina Silva que se aleja de las FALN y de Bravo, para acercarse nuevamente al PCV (Pedro Medina Silva había sido nombrado en el triunvirato que dirigía las FALN, después de la muerte de Fabricio Ojeda).

Va triunfando la política de pacificación iniciada por Raúl Leoni y ahora continuada por Caldera.

Los ejércitos de liberación nacional y los partidos comunistas

Ya antes de que se iniciasen las sesiones de la Primera Conferencia de

OLAS se había producido el distanciamiento del FLN-FALN,[192] que tenía como voceros y dirigentes a Douglas Bravo

---

[192] Existían en Venezuela desde mediados de 1963 dos organizaciones de nombres y objetivos similares: las Fuerzas Armadas de Liberación Nacional (F.A.L.N.) y el Frente de Liberación Nacional (F.L.N.).
Las FALN agrupaban a un gran número de novimientos antigubernamentales, al frente de uno de los cuales se encontraba Douglas Bravo.
El FLN estaba compuesto sólo de tres grandes organizaciones: el Partido Comunista Venezolano (PCV), el Movimiento de Izquierda Revolucionaria (MIR) y sectores de dos partidos políticos (UDR y Acción Democrática). Para dirigir este FLN político militar se eligió al periodista Fabricio Ojeda, antiguo diputado. Detenido, y condenado a 18 años de cárcel Fabricio Ojeda logra fugarse de la prisión en Septiembre de 1963 y se convierte en jefe de las FALN.
En junio de 1966 Fabricio es capturado y días después se informa que se había suicidado en la cárcel. Para entonces las filas de las FALN están irremisiblemente divididas. Mientras que elementos del Partido Comunista proponen detener la lucha armada para intentar llegar al poder por medios democráticos otros dirigentes preferían la toma del poder por medio de la revolución armada.

y Fabricio Ojeda, y el pro-moscovita Partido Comunista Venezolano. Los dos primeros se habían opuesto, desde mediados de 1966, a que el FLN-FALN (que se nutría de fondos suministrados por Castro) continuase siendo un instrumento del PCV que perseguía soluciones políticas.[193]

Con este marcado distanciamiento de los grupos guerrilleros, algunos de ellos ya aplastados, y los partidos comunistas fieles a la línea de Moscú comienza la Primera Conferencia de la Organización Latinoamericana de Solidaridad (OLAS).

Ya están convocadas las elecciones generales. Los grupos subversivos —con el respaldo que les llega de Cuba— se esfuerzan durante los últimos seis meses del año (1968) en entorpecerlas.

Así, una guerrilla atacó a patrullas militares en la sierra del estado de Falcón; en San Felipe, capital del estado de Yaracuy se produjo otro encuentro en medio de la vasta operación antiguerrillera "con la participación de unos tres mil efectivos de unidades militares especializadas", destacaba el periódico "El Cable" en su edición del 13 de mayo[194]. Dos días después se producen un nuevo combate entre los guerrilleros del FLN-FALN y tropas gubernamentales, en el estado de Yaracuy[195].

En mayo 14 la aviación venezolana bombardeaba distintas zonas montañosas del país donde operan los grupos guerrilleros.

23 de mayo es puesto en libertad Gustavo Machado, "líder millonario y aristocrático del comunismo venezolano",

---

[193] En 1966 existían dos organizaciones FLN-FALN paralelas. Una, dirigida por Douglas Bravo, (quien fue separado del Politburó del PCV en mayo de 1966 "por haber usurpado los nombres de FALN y FLN", creando "una organización paralela", y expulsado del partido en abril de 1967), que era castrista y se enfrentaba abiertamente al PCV. La otra, leal al PCV, más pequeña y menos combativa, dirigida por Pedro Medina Silva que había participado prominentemente en la Conferencia Tricontinental en La Habana en enero de 1966.

[194] Cable de Prensa Latina, Caracas, mayo 9, Granma, mayo 10, 1968.

[195] Cable de Prensa Latina, mayo 13, 1968.

quien al salir de prisión reafirmó la posición de su partido opuesto a la política de las guerrillas preconizadas por Castro. Machado estaba detenido desde el 30 de septiembre de 1963[196].

El 10 de junio se da a conocer que un cubano de alta graduación militar había sido detenido en el campamento guerrillero "La Azulita", en el estado de Mérida y trasladado a Mérida junto con otros miembros del grupo armado (Cable UPI, junio 10, 1968).

El 10 de junio el grupo guerrillero, comandado por Fredy Carquez, tiene un encuentro con las fuerzas armadas en las cercanías de Sabana Larga, estado de Yaracuy. Cable UPI, junio 13, Maracaibo.

Para junio 24 otros siete guerrilleros morían en Palma Sola, en los límites de los estados Lara y Portuguesa.

En julio 2, con absoluta tranquilidad se cumplió el paro general decretado por la Convención Nacional de Trabajadores CNT.

Se multiplican los enfrentamientos con los ya dispersos y débiles focos. El 7 de diciembre, un grupo de guerrilleros entre ellos dos comandantes, fue capturado por el ejército en una región montañosa ubicada entre los estados Falcón y Yaracuy, a unos trescientos kilómetros de Caracas[197]. Las agencias cablegráficas informaban que las autoridades militares venezolanas estaban persiguiendo a un grupo de guerrilleros en el sector de Apure, al sur de Caracas[198].

Inconcebiblemente, el mismo día el recién electo presidente Rafael Caldera reitera su deseo de que Cuba retorne a la OEA.

Como sangrienta burla a la ingenua pretensión del dirigente copeyano el jueves 19 de diciembre, 1968 un grupo de

---

[196] Cable UPI, mayo 23, Caracas, Diario Las Américas.

[197] Cable AFP, diciembre 7, Caracas, Diario las Américas.

[198] Cable UPI, diciembre 11, Caracas, Diario Las Américas.

30 guerrilleros desembarcó en horas de la noche en la región de Taina, en el estado de Falcón procedente de Cuba (Cable UPI, Maracaibo, diciembre 9, 1968. Diario Las Américas).

Se producía el desembarco a las dos semanas de haberse celebrado las elecciones presidenciales en que salió electo Rafael Caldera[199].

El primero de mayo (1969) las Fuerzas Armadas de Liberación Nacional (FLN) rechazaron la política de pacificación sustentada por el Presidente Caldera.

En un documento firmado por Douglas Bravo, su comisario político Francisco Prada y otros dirigentes, se calificaban los esfuerzos del primer mandatario venezolano como una "campaña demagógica para servir a los imperialistas y a la oligarquía en detrimento del pueblo y de la nación venezolana[200].

A fines de aquel mes los guerrilleros que operaban en el Oriente Venezolano rompieron también las conversaciones de paz con el gobierno que se celebraban bajo el auspicio de la Comisión Mediadora presidida por el Cardenal José Humberto Quintero. El documento lo firmaba Moisés Moleiro, del Movimiento de Izquierda Revolucionario (MIR).

Ante la creciente hostilidad al anuncio de la visita de Nelson Rockefeller, gobernador de Nueva York, como enviado especial del Presidente Nixon, el Presidente Caldera se vio obligado a aplazar dicha visita. La medida fue respaldada por distintos sectores políticos de la nación. Después fue obligado a comunicar al gobierno de los Estados Unidos que sería "conveniente que se suspendiera la visita a Chile de Nelson

---

[199] Seis candidatos aspiraban a la presidencia: Rafael Caldera por el COPEI, Gonzalo Barrios por Acción Democrática, Luis Beltrán por el Movimiento Electoral del Pueblo y otros, Miguel Ángel Burelli por Unión Republicana Democrática, Alejandro Hernández por el Partido Socialista Democrático, y German Borregales por el Movimiento de Acción Nacional.

Marcos Pérez Jiménez, cumplida su reducida sentencia de 4 años, resultó electo senador. Fue a residir en España.

[200] Cable UPI, mayo 2, 1969, Diario Las Américas.

Rockefeller, emisario presidencial norteamericano"[201]. La escala chilena debía ser la cuarta y última etapa del recorrido que había ocasionado en varios países violentas demostraciones de rechazo y cancelación de algunas de las visitas programadas. El 6 de junio parlamentarios uruguayos piden al gobierno que posponga la visita del enviado norteamericano para evitar más desórdenes estudiantiles en el país. En Brasil más de 60 personas eran detenidas por desórdenes causados por la visita de Rockefeller[202], mientras la Universidad Católico de Río de Janeiro permanecía cerrada.

Para 1970 el movimiento guerrillero en Venezuela había perdido su ya poca fortaleza. Sus antiguos "comandantes" transitaban por prometedores caminos políticos.

---

[201] Cable UPI, junio 5, 1969.

[202] Cable UPI, junio 14, 1969.

CAPÍTULO VI

Guatemala

En su intervención, en enero 10, durante la primera Conferencia Tricontinental, el Comandante Luis Augusto Turcios Lima, que presidía la delegación de Guatemala, dio detalles sobre la formación de las Fuerzas Armadas Rebeldes:

> *"Ya el 6 de febrero de 1962, militares jóvenes y revolucionarios se alzaron en las montañas del oriente del país y dieron una serie de continuas batallas contra la dictadura Idigorista. Este movimiento, que llevó el nombre de Movimiento 13 de Noviembre[203], se integró posteriormente con otras fuerzas, incluyendo al Partido Guatemalteco del Trabajo, al Movimiento Revolucionario 12 de abril, que era constituido por compañeros de universidad que habían participado en las luchas violentas de 1962, y constituyeron entre sí un frente único que se denominó Fuerzas Armadas Rebeldes".*

Para muchos, el 6 de febrero de 1962 –fecha en que pierde la vida el jefe de la Policía Secreta que habían respon-

---

[203] El nombre de la organización recoge la fecha en la que, el 13 de noviembre de 1960, un grupo de oficiales del ejército guatemalteco se levantó en armas contra el gobierno del presidente Miguel Idígoras Fuentes tomando Puerto Barrios y Zacapa. Los golpistas incluían al Coronel Eduardo Llerena Muller, el Capitán Rafael Sessan Pereira, Mario Méndez Montenegro y dos jóvenes oficiales Luis Turcios Lima y Marco Antonio Yon Sosa. También al Teniente Luis Trejo que encabezó la rebelión en la base de Zacapa.

Con la cooperación del cuerpo de aviación de la Brigada 2506 que se estaba entrenando en Guatemala la rebelión fue prontamente sofocada. Los alzados, derrotados, buscaron refugio en Honduras y El Salvador. (Detalles de esta acción pueden encontrarlos en "Girón: la verdadera historia" del autor).

sabilizado con la muerte de Alejandro de León[204]– es considerado como el inicio del proceso de la lucha armada guerrillera en Guatemala. Para marzo de aquel año el MR-13 tenía ya organizada una guerrilla urbana con el nombre de Marco Antonio Gutiérrez[205].

Para mediados de 1964, tras serias derrotas sufridas por minúsculos grupos subversivos, funcionaban dos enclaves guerrilleros: el Frente Alejandro de León comandado por Yon Sosa, y el Frente Edgar Ibarra, dirigido por Luis Turcios.

En junio surge una pugna entre la dirección del MR-13 y el PGT (Partido Comunista de Guatemala) al publicar Yon Sosa, Comandante en Jefe de las FAR, un periódico y un programa político unilateral a nombre sólo de su organización MR-13. Los grupos revolucionarios se van distanciando del partido comunista tradicional cuando se produce la convocatoria a la Conferencia de Partidos Comunistas en La Habana.

El frente "Edgar Ibarra" continuaba actuando con gran efectividad. Sus hombres dieron muerte en julio de 1964 al agente del gobierno Juan Umana y en meses sucesivos fueron víctimas de atentados los coroneles Oliva Valdez y Delcid; el jefe de la Policía Especial, Runulfo González; el Jefe del Departamento Político de la Policía Judicial, Napoleón Córdoba López, y el Viceministro de Defensa Ernesto Molina Arriaga. El 16 de octubre tomaban la guarnición militar y el puerto fluvial de Panzos manteniéndolo durante varios días en su poder[206].

Un año antes, en junio de 1963 el Comité Central del Partido Comunista de Guatemala (Partido Guatemalteco del Trabajador) había aprobado una resolución expresando que la posición de ese partido en los problemas relacionados con el

---

[204] Alejandro de León, teniente instructor y jefe de la compañía de cadetes, estrechamente identificado con Turcios, había formado parte de la conspiración del 13 de noviembre. Pocos meses después, en agosto de 1961 muere en un encuentro con las fuerzas armadas.

[205] Marco Antonio Gutiérrez, miembro de la Juventud Guatemalteca del Trabajo (comunista) había muerto recientemente en un enfrentamiento con la policía frente a la Escuela de Comercio donde cursaba estudios.

[206] Carlos Saiz Cidoncha "Guerrillas en Cuba y otros países de Iberoamérica".

Movimiento Internacional Comunista "coincide con la posición del Partido Comunista de la Unión Soviética y, consecuentemente, nuestra actitud hacia esos problemas es idéntica".

Se separa el MR-13 del Partido Comunista

Como ya expresamos, luego de varios fracasos militares el Frente 13 de Noviembre dirigido por Yon Sosa pudo promover con éxito en 1964 la formación de una alianza política militar con el Partido Guatemalteco de Trabajo (PGT) y el Movimiento 12 de abril e integraron las Fuerzas Armadas Rebeldes (FAR) que tendrían a su cargo la coordinación de los varios frentes guerrilleros que estaban formándose. El MR-13, de Yon Sosa, era parte de la FAR pero ésta, a su vez, dependía del Frente Unido de Resistencia (FUR) en la que el MR-13 no tenía representación. Quien dominaba en el FUR era el Partido Guatemalteco del Trabajo (PGT). Es decir, el Partido Comunista. Esto llevó a Yon Sosa a separar su MR-13 de aquella organización.

Se terminaba la Conferencia de noviembre de partidos comunistas en La Habana cuando el minúsculo pero aguerrido MR-13 de Yon Sosa emite su "Primera Declaración de la Sierra de Minas"[207] en la que, por supuesto, culpaba al imperialismo norteamericano de todos los males ocurridos en la república.

El Manifiesto de Sierra de las Minas

En esta Declaración de la Sierra de las Minas, el MR-13 "con las armas en la mano, y una política revolucionaria marxista leninista" afirma que podrá "dirigir a las masas a la victoria" y que ellos, y la FAR en la capital, son los únicos movimientos que pueden combinar acciones militares con la lucha social y resalta sus diferencias con el Partido Comunista Guatemalteco afirmando que

---

[207] Diciembre de 1964.

"La lideratura del PGT ha respaldado la línea pacifista, revisionista y conciliatoria de Kruschev y la de la casta privilegiada de la Unión Soviética"

Declaran los beligerantes del MR-13 que el PGT ha "atacado y calumniado a los camaradas del Partido Comunista de China" y prometen un programa basado "en la experiencia de las masas del país", solidarizándose con la posición de China sobre la revolución mundial, condenando el pacifismo pequeño burgués y la política de conciliación, de existencia pacífica y métodos pacíficos.

Con este ataque a la "casta privilegiada" de la Unión Soviética y su solidaridad con la posición de China, entra Yon Sosa en conflicto con Fidel Castro que recién ha sido anfitrión de la Conferencia de Partidos Comunistas celebrada en La Habana pero organizada en Moscú. Castro le pasará la cuenta en la Conferencia Tricontinental que ya está convocada para celebrarse en 18 meses.

Meses después el PGT responde a aquel manifiesto de Sierra de las Minas con una nota conciliatoria:

"Nosotros sentimos profundamente que los combatientes honestos y gallardos del MR-13, dirigidos por el Comandante Yon Sosa, hayan, bajo la influencia troskista, tomado el camino de la división, que daña al movimiento revolucionario de Guatemala. No obstante, nosotros extendemos a ellos nuestras manos fraternales".

Al mismo tiempo les recordaba que la lucha armada en Guatemala había comenzado dos años antes, cuando bajo una bandera unitaria el Movimiento 13 de Noviembre, el Movimiento Revolucionario 12 de Abril y el Partido Comunista (PGT) había acordado trabajar coordinadamente bajo la bandera Fuerzas Armadas Insurgentes, y la reciente Declaración de Sierra de las Minas había sido rechazada por otras organizaciones y, en particular, por el Frente Guerrillero Edgar Ibarra.

Para el lunes 15 de abril de 1965 el periódico Granma, se hacía eco del anuncio de la "Unificación definitiva de los movimientos revolucionarios guatemaltecos".

El documento precisa que las Fuerzas Armadas Rebeldes (FAR) y el Movimiento Revolucionario 13 de noviembre (MR-13) seguirán adelante "con la misma línea político militar".

Firman el documentos los comandantes Antonio Yon Sosa y César Montes de las FAR y el MR-13.

Originalmente el documento aparecía en el periódico "Guerrillero" de la FAR correspondiente al número de febrero editado en Guatemala y se *refería* a la seria crisis surgida en los últimos tiempos en la dirección de los combatientes revolucionarios. Crisis que se achaca principalmente a la "sentencia aplicada a las concepciones actuales en métodos de trabajo político que en la larga tradición del comportamiento del órgano del Partido Comunista se han convertido en mecánicos y dogmáticos, lerdos y parlamentarios". En otras palabras, pretendían distanciarse del PGT.

Durante los primeros meses de 1965 se agudizó la violencia en Guatemala. Fue tiroteado el Coronel Harold Houser[208], jefe de la misión militar de los Estados Unidos, de cuyo atentado asumió el MR-13 responsabilidad. En mayo el Subsecretario de Defensa, Coronel Ernesto Molina Arriaga fue acribillado a balazos al dejar su auto frente a su casa. Se declara un estado de sitio, y poco después se celebran elecciones constituyentes. La nueva constitución declara ilegal al Partido Comunista y a otras agrupaciones totalitarias[209].

Las Guerrillas: Luis Turcios Lima y Yon Sosa

El grupo de Turcios Lima que había tomado el nombre de Frente Guerrillero Edgar Ibarra (GEI) se mantenía dentro de las FAR. Pronto dio a conocer sus diferencias, militares y políticas, con Yon Sosa.

Aunque Yon Sosa era más radical y abogaba por "la inmediata marcha hacia el socialismo" partiendo de una revolu-

---

[208] Febrero 9, 1965. El MR-13, de Yon Sosa, se acreditaba el atentado.

[209] Septiembre 15, 1965.

ción urbana que luego se extendiera a la montaña, Turcios Lima y su FAR que decían abogar "por una revolución democrática" eran más afines a Fidel Castro que Yon Sosa, ahora que el dirigente cubano se había reconciliado con Kruschev luego de la seria desavenencia ocasionada por la Crisis de los Cohetes en octubre de 1962. Meses antes Castro había viajado a Moscú prolongando su visita por más de siete semanas.

Pocos meses después el MR-13 de Yon Sosa se separa del PGT, manteniendo acciones de sabotaje contra empresas norteamericanas e instalaciones petroleras. Ese era el panorama cuando se iniciaba en La Habana la primera Conferencia Tricontinental a la que no fue invitado Yon Sosa, mientras Turcios Salinas recibía los más altos honores.

No era de extrañar, entonces, que fuese Turcios Lima y su segundo, César Montes, y las FAR los que fueran invitados a participar en la Tricontinental que se celebraría en La Habana en enero de 1966.

Se convoca a elecciones presidenciales. Surgen tres candidatos, dos militares y un civil. El civil es Mario Méndez Montenegro que, a los pocos días, aparece muerto en su hogar. Su partido Unión Revolucionaria Democrática (URD) escoge como candidato a su hermano Julio César Méndez Montenegro, en aquel momento decano de la Escuela de Derecho de la Universidad de San Carlos. Su nominación producirá una nueva división en los grupos de izquierda.

Turcios Lima se había opuesto a la nominación de Méndez Montenegro[210], pero la dirección de las FAR –con el respaldo del Partido Comunista PGT– apoya al candidato y al partido Unión Revolucionaria Democrática. La decisión de respaldar la candidatura de Méndez Montenegro había sido tomada por el Centro de Dirección Revolucionaria (CDR) a iniciativa del PGT. Turcios Lima aceptó aquella decisión[211].

---

[210] Se oponen también César Montes y Néstor Valle, y Yon Sosa y su organización MR-13.

[211] Luego se esforzó en rectificar su aceptación. La Habana siempre ha ignorado aquel inicial respaldo de Turcios a Méndez Montenegro.

Clandestinamente el dirigente de las FAR había viajado en enero a La Habana para asistir como presidente de la delegación guatemalteca a la Conferencia Tricontinental.

Castro en la Tricontinental criticó duramente a Yon Sosa, ausente por no haber sido invitado, acusándolo de troskista e instrumento de la Cuarta Internacional. "Yon Sosa fue, indudablemente un patriota... pero..." y descargó sobre el joven revolucionario su amplio vocabulario de diatribas.

Quien salvaba a la revolución guatemalteca "era este joven oficial, aquí presente... Luis Turcios Lima". Pagaba caro Yon Sosa su defensa, meses antes, de la posición china.

El 5 de marzo de 1966, semanas después de haber ingresado subrepticiamente al país, Turcios se reunió con un grupo de combatientes antes de subir nuevamente a las montañas. No eran muy eficaces los cuerpos de inteligencia del gobierno guatemalteco.

En las elecciones de marzo 6 el PGT, aunque planteando algunas diferencias con Méndez Montenegro, lo respaldó considerando que su Partido Revolucionario (PR) era una fuerza intermedia frente a la "candidatura reaccionaria".

Méndez Montenegro fue electo.

El nuevo presidente triunfó en reñidas elecciones sobre el candidato del régimen militar Coronel Juan de Dios Aguilar de León y el Coronel Miguel Angel Ponciano Samayoa. Al no obtener la necesaria mayoría la elección fue decidida por el nuevo congreso que declaró electo a Méndez Montenegro.

Guiado por La Habana, Turcios, con palabras, seguiría combatiendo al nuevo gobierno que aún no ha tomado posesión:

"Méndez Montenegro no cambiará, no modificará nada, o modificará muy poco. Y las causas por las cuales luchan y seguirán luchando las Fuerzas Armadas Rebeldes, es decir, una reforma agraria integral y la independencia económica, política y social del país, quedan en pie hoy más que nunca".

Así afirmaba a la prensa a la que tanto acceso tenía a pesar de la "violenta represión gubernamental" que a diario denunciaba.

A su regreso de la Tricontinental Turcios y su grupo llevan a cabo numerosos secuestros, uno de ellos el del Vicepresidente del recién electo Congreso[212]. Turcios parecía que se enfrentaría violentamente al gobierno de Méndez Montenegro que el primero de julio tomaría posesión de su cargo confrontado por dos fuertes movimientos guerrilleros: el de Turcios y César Montes de las FAR y el de Yon Sosa y su MR-13.

La violencia y el terrorismo iban a enturbiar la administración de Méndez Montenegro cuyo primer acto de gobierno había sido suspender el estado de sitio impuesto por el régimen militar de Peralta, tras el secuestro de altos funcionarios del gobierno. El restablecimiento de las garantías constitucionales decretado por el nuevo mandatario fue de inmediato respondido por Luis Turcios Lima afirmando que las Fuerzas Armadas Rebeldes (FAR) proseguirán su lucha[213]. Nada parecía haber conseguido Julio César Méndez con la rama de olivo que extendía a los movimientos guerrilleros. Aparentemente.

Turcios Lima en la Tricontinental

Estaba Turcios en La Habana participando de la Conferencia Tricontinental en Febrero de 1966 cuando sus Fuerzas Armadas Rebeldes (FAR) acordaron apoyar la candidatura presidencial de Julio César Méndez Montenegro, decisión que el partido comunista guatemalteco (PGT) anunció como prueba de la "flexibilidad táctica de la organización".

En julio, luego de la toma de posesión de Méndez Montenegro, el CDR[214] (del que las FAR de Turcios y el partido

---

[212] Héctor Méndez de la Vida fue secuestrado el 26 de mayo de 1966.

[213] PL. Granma, La Habana, Julio 2, 1966.

[214] Había sido Turcios quien tuvo la iniciativa de constituir el Centro de Dirección Revolucionaria (CDR) de las FAR.

comunista PGT formaban parte) aceptaba el "cese a las hostilidades" propuesto por el nuevo gobierno que retiró las tropas de la zona guerrillera como garantía de su tregua política y militar.

Turcios, tan ensalzado seis meses antes en la Tricontinental como guerrillero por excelencia, aceptaba el respaldo que las FAR y el Centro de Dirección Revolucionaria (CDR) ofrecían a Méndez Montenegro. En lugar de trasladarse a la zona montañosa del país donde el Frente Guerrillero Edgar Ibarra (FEI), de la que era dirigente, tenía una sólida base, Turcios aceptaba la decisión política del CDR y del PGT. Los que tratan de ensalzar la figura de Luis Turcios Lima quieren justificar su decisión presentándolo como víctima de una conjura tácita, impulsado por "falsos compañeros a una eufórica ceguera ante los éxitos logrados"[215].

Turcios respalda a Méndez Montenegro

Guarda hermético silencio la prensa cubana sobre el respaldo que al gobierno de Méndez Montenegro ofrecieron Turcios y su FAR a su regreso de la Tricontinental.

La Comisión Política del Partido Comunista PGT convocó a una conferencia nacional que tenía como propósito integrar un Comité Central que incluyera a los más destacados representativos de los grupos revolucionarios. En la nueva composición del Comité Central no aparecía Turcios Lima. Pero sí César Montes y otros miembros del GEI de Turcios.

Turcios inconforme con haber quedado fuera del Comité Central del partido comunista presentó su solicitud de ingreso aceptando expresamente "el cese de hostilidades" que había planteado el gobierno de Méndez Montenegro. Claudicaba Turcios. Sería, ahora, el viejo partido PGT el "grupo revolucionario" por excelencia.

---

[215] Orlando Fernández. "Turcios Lima" Colección Tricontinental.

Entre las FARC de Turcios Lima y el PGT moscovita surgían las mismas diferencias que se ventilaban entre el FLN-FALN venezolano y el PCV.

El 16 de agosto es asesinado el líder anticomunista Manuel Orellana Portillo quien en 1963 había presidido el congreso durante el gobierno del general Miguel Idígoras. Su automóvil fue interceptado y detenidos sus ocupantes. Los asaltantes se llevaron a Orellana hacia la maleza. La esposa declaró que "habrían caminado unos cien metros cuando escuché cinco disparos"[216].

A los tres días, las Fuerzas Armadas Rebeldes dan a conocer un comunicado haciendo constar que "habían fusilado a Manuel Orellana Portillo, Ex-Presidente del Congreso" después de someterlo a un juicio sumario por "haber atacado a una manifestación de respaldo y solidaridad con el pueblo cubano el 19 de Abril de 1961". (Diario Las Américas Sábado 20 de agosto de 1966). Evidentemente, el juicio y el fusilamiento no habían tomado siquiera cuatro minutos!.

Dos días después, en agosto 20, un cable de la UPI informa que el Coronel Pedro Cardona fué asesinado en una emboscada por cuatro desconocidos.

El 23 de ese mes eran dos tenientes del ejército guatemalteco y un estudiante de la Universidad de Guatemala quienes perecían en un tiroteo. El estudiante Roberto Lobo Dubon recién había regresado al país desde El Salvador luego de haber estado detenido durante varios días por la Policía Secreta del Gobierno del Coronel Peralta bajo la acusacion de activista subversivo. Ese día fueron arrestados los que habían cometido el asesinato del Coronel Cardona. También fué detenido un miembro del grupo clandestino derechista "Movimiento de Acción Nacionalista Organizado" (MANO).

Los comunistas tratan de justificar el alejamiento del M-13 producido meses antes y procuran atraerlo.

---

[216] Cable UPI agosto 16, Diario las Américas, 1966.

B. Alvarado Monzón, dirigente del PGT, en su trabajo "Algunos Problemas de la Revolución Guatemalteca"[217] manifiesta que fuera de su partido se crearon otras organizaciones que perseguían responder con la violencia "a la violencia de la reacción", siendo una de las organizaciones el Movimiento Revolucionario 13 de Noviembre. Afirmaba Alvarado que el Partido trabajó con esa organización compuesta de dos jóvenes oficiales hasta que "cayó en manos de un grupo de troskistas, divisionistas y provocadores". Cuando "los troskistas fueron expulsados de esa organización el PGT pudo volver a trabajar nuevamente con el Movimiento 13 de Noviembre".

Muere Luis Turcios Lima

En las primeras horas del 2 de octubre muere Luis Turcios Lima al volcarse *"el automóvil "Austin" que había sido sustraído de la propia ciudad de Guatemala desde hacía varios días*[218]*"*. Iba acompañado de dos mujeres jóvenes; una, Ivonne Flores perece en el accidente; la otra, una mujer conocida en los medios revolucionarios de Guatemala como Tita, sobrevive.

El Granma describe el hecho con tintes sombríos: "En el kilómetro once de la carretera Panamericana se produce una misteriosa explosión dentro del vehículo. Éste se incendia y se vuelca". El cadáver de Turcios es expuesto en una funeraria del barrio capitalino "La Reforma" a la que concurre, con entera libertad, gran número de personas.

No se supo con absoluta precisión si la muerte de Turcios fue un accidente o producto de una acción de la recién creada organización paramilitar "Movimiento Anticomunista Nacional Organizado (M.A.N.O.)" también conocida como la "mano blanca"; pero su muerte coincidió con la intensificación

---

[217] World Marxist Review, Volumen IX, #10, Octubre 1966.

[218] Periódico Granma, La Habana, martes 4 de octubre de 1966.

de una lucha urbana entre las guerrillas y esta organización paramilitar[219].

Para agosto de 1967 regresaba de La Habana César Montes que había sustituido como jefe de las FAR a Luis Turcios que trataba de resolver las diferencias de su organización con Yon Sosa. El 16 de enero quien moría en las calles de ciudad Guatemala era el agregado militar y jefe de la misión militar estadounidense, John Weber, y el Capitán Ernes Monroe, agregado naval de la embajada. Horas después eran dos dirigentes de izquierda Alejandro Silva Falla y Ricardo García Mayorga los que morían acribillados en la capital guatemalteca. En aquella guerra fratricida sin fin moría al día siguiente el hacendado Alfonso Alejos y, antes de un mes el ingeniero norteamericano Rigth Crowf.

En marzo era secuestrado el arzobispo Monseñor Mario Casariego que fue liberado cinco días después. En abril Raúl Lorenzana, que había sido herido en noviembre del año anterior moría acribillado a balazos. Siguen las muertes violentas en mayo, junio y julio. El 28 de agosto era nada menos que el embajador norteamericano, John Gordon Meier quien moría en un atentado en la misma ciudad.

Las FAR rompen con el Partido Comunista

César Montes asumiría la dirección del ya muy debilitado frente guerrillero Edgar Ibarra. Desacreditada la organización guerrillera por su temprano respaldo al gobierno de Méndez Montenegro, en medio de las disenciones que esto había producido, poco pudo hacer el nuevo comandante.

---

[219] En mayo 13 fue herido Raúl Lorenzana, terrateniente que era, junto con Roberto Alejos uno de los organizadores de la M.A.N.O. , y el 27 de junio moría Luis Perante Alfaro, otro de los organizadores de esa organización al ser atacado en el centro de la capital. El 2 de julio era atacado el Coronel Juan Martínez, gobernador de Zacapa, y cinco días después era asesinado el aviador Carlos Chessman que había sido piloto personal del Coronel Castillo Armas.

Se hizo evidente el distanciamiento entre las FAR que había dirigido Turcios Lima y ahora comandaba César Montes, y el partido comunista (PGT) que seguía dócilmente la línea de Moscú. Con una mayor verticalidad Yon Sosa, duramente acusado de troskista por Castro en la Conferencia Tricontinental, continuaba fustigando al PGT que tantos elogios había recibido de Castro. Mientras en Perú los residuos de los grupos subversivos aplastados en los tres años anteriores, como el ELN y el MIR, se mantenían alejados del ya casi inoperante Partido Comunista durante lo que serían los últimos meses del agobiado gobierno del Ingeniero Belaúnde Terry[220].

Al comenzar marzo (1967) las FAR guatemaltecas, al cumplirse ocho meses del gobierno de Julio César Méndez Montenegro, lo acusan de mantener una "violencia contrarrevolucionaria peor que en tiempo de la sangrienta dictadura de Enrique Peralta Azturia".

Por supuesto, el Granma en su edición del miércoles 8 de marzo recoge, destacándolas, tales denuncias. Mientras, el Frente Guerrillero "Edgar Ibarra" continúa siendo cercado por las fuerzas armadas.

Los ataques a Méndez Montenegro van en aumento. Diez días después, en la edición del 16 de marzo, se le imputa de proceder "de una estirpe de bandoleros". Méndez Montenegro es "un enemigo feroz al que hay que destruir" afirma un comunicado de las FAR[221].

Desde Guatemala las Fuerzas Armadas Rebeldes (FAR) expresan su solidaridad con el Frente de Liberación Nacional (FLN) y las Fuerzas Armadas de Liberación Nacional (FALN) de Venezuela y su total identificación con las palabras de Castro en su discurso del 13 de marzo en el que ataca violentamente al Partido Comunista Venezolano y al PGT.

El documento a nombre de las FAR de Guatemala lo firman sólo Gabriel Salazar, del Secretariado del Partido Guate-

---

[220] El Gral. Juan Velasco Alvarado depone al gobierno de Belaúnde en un golpe de estado el 3 de octubre de 1968.

[221] Comunicado de las FAR, Guatemala, febrero 17, 1967.

malteco del Trabajo (PGT) y José María Ortiz Vides, del Comité Central del mismo PGT; es decir del Partido Comunista de Guatemala, organización que era objeto de una feroz crítica por parte de Castro.

Con este marcado distanciamiento de los grupos guerrilleros, algunos de ellos ya diezmados, y los partidos comunistas fieles a la línea de Moscú, comienza la primera Conferencia de la Organización Latinoamericana de Solidaridad (OLAS).

Poco después que concluyen las sesiones de la Conferencia Latinoamericana de Solidaridad en La Habana se produce el rompimiento de las FARC, de Montes, con el partido comunista (PGT) que es acusado de mantener "una posición seudorevolucionaria y una visión submisiva, oportunista, débil y pasiva"[222].

Las Fuerzas Armadas Rebeldes (FAR) denunciaban en muy amplias declaraciones del 16 de enero de 1968 en Sierra de Minas que ante el surgimiento en Guatemala de las formas violentas de lucha el Partido Guatemalteco del Trabajo (PGT), por responsabilidades de su Comité Central, no había cumplido su papel de vanguardia. Afirmaban que las FAR estaban antes "bajo la dependencia de un partido y la dirección derechista, en la práctica nunca ha estado en guerra. Por eso, para distanciarse de los comunistas, las FAR planteaban la construcción de una comandancia única y la concentración de todos los efectivos de las Fuerzas Armadas Rebeldes para formar el Ejército Popular". Periódico Gramma, lunes 12 de febrero, 1968.

En enero de 1968 las Fuerzas Armadas Rebeldes se separaron del Partido Guatemalteco del Trabajo (PGT) afirmando en sus declaraciones públicas que el PGT, y en particular su liderazgo, no era ya un instrumento revolucionario. "Después de cuatro años de lucha, éste es el balance: 300 revolucionarios caídos en combate; 3000 hombres asesinados por el régimen de Julio César Méndez Montenegro. El PGT ofrece las ideas y la FAR, los muertos".

---

[222] Declaraciones de enero 10, 1968, Granma, La Habana, febrero 25, 1968.

El último día de febrero (1970) es secuestrado el Ministro de Relaciones Exteriores, Alberto Fuentes Morch por las "Fuerzas armadas Rebeldes (FAR)" amenazándolo con darle muerte si no liberaban a Girón Calvillo dirigente de esa organización. El secuestro se producía 36 horas antes de celebrarse las elecciones generales en Guatemala.

A las 48 horas Calvillo fue entregado a la embajada mexicana y quedaba en libertad el canciller guatemalteco. Se celebraron los comicios resultando electo el coronel Carlos Arana Osorio[223].

Una semana después era un Agregado Laboral de la Misión diplomática norteamericana en Guatemala quien resultaba secuestrado. Michael Holly sería ejecutado, amenazaban las Fuerzas Armadas Revolucionarias (FAR), si no quedaban en libertad cuatro presos políticos que deberían ser entregados, con sus respectivos salvoconductos, en la embajada de México[224]. Como de costumbre, a las 24 horas los presos eran entregados en la embajada mexicana y el diplomático norteamericano dejado en libertad.

El primero de abril era secuestrado el embajador de Alemania Occidental Karl Von Spretti. Al día siguiente llegaba la consabida exigencia de los secuestradores: la libertad de todos los guerrilleros presos en Guatemala.

Ante las continuas demandas de los grupos subversivos, el gobierno de Guatemala rechazó la exigencia, decretando en todo el país el estado de sitio. El 6 de abril era asesinado el embajador Von Spretti. Sus restos fueron descubiertos en una vivienda sin techo en las afueras de la capital. Las relaciones diplomáticas entre Alemania Occidental y Guatemala habían quedado congeladas. La viuda abandonó el salón funerario minutos antes de que llegase el Presidente Julio César Méndez Montenegro.

---

[223] Carlos Arana Osorio obtuvo 234,625 votos frente al abogado Mario Fuentes Pieruccini que alcanzó 194,196 y el economista Jorge Luque Caballero que obtuvo 116,865 sufragios.

[224] Cable UPI, marzo 7, 1970, Diario Las Américas.

El presidente electo, Coronel Arana Osorio, afirmaba que los extremistas culpables de la muerte del embajador habían sido adiestrados en Cuba.

Como antes Yon Sosa[225] y su M-13, se separaba ahora la FAR del Partido Comunista Guatemalteco. La misma posición que, en Venezuela, asumía la FALN en relación al PCV. Y en Bolivia el minúsculo ELN (constituido el año anterior por el Ché Guevara), que se distancia del no menos insignificante PCB, ahora, tras la renuncia de Mario Monje, dirigido por Jorge Kolle.

Poco después era asesinado en las calles de la ciudad de Guatemala Raúl Lorenzana; jefe de "La Mano", movimiento clandestino de acción nacionalista organizado para combatir al comunismo. Recientemente Lorenzana había reconocido que "La Mano había secuestrado a Monseñor Mario Casariego, Arzobispo de Guatemala[226]". Al frente de "La Mano" Lorenzana se había enfrentado a grupos guerrilleros de izquierda pero había recibido el rechazo popular al asesinar a la antigua Miss Guatemala[227]" acusada de simpatizante de los grupos de izquierda.

---

[225] El 18 de mayo de 1970 Yon Sosa fue muerto por fuerzas fronterizas mejicanas cerca de la frontera con aquel país.

[226] Liberado cuatro días después, Monseñor Casariego se negó a decir quienes lo habían secuestrado, pero jamás se hizo responsable de nada. (Cable UPI, Abril 20, 1968, Diario Las Américas).

[227] Rogelia Cruz Martínez.

CAPÍTULO VII

Bolivia

En la década de los 50 muchos dirigentes comunistas latinoamericanos mantenían cordiales relaciones con los líderes del Partido Comunista de la República Popular de China. Pero en los años 60 el conflicto chino-soviético forzó a los dirigentes latinoamericanos a escoger entre continuar con la amistad de los comunistas chinos o aceptar la línea soviética en la disputa internacional. Los más se alinearon con la Unión Soviética; otros, no[228].

Algunas organizaciones comunistas que mantenían la línea pro-china formaron y funcionaron en distintos países del continente. La primera en Brasil en 1962. Luego, Ecuador (1963), Chile y Perú en 1964, Bolivia y Colombia en 1965. Eran grupos menos numerosos que aquellos que se alineaban junto a Moscú[229].

De los partidos marxistas, tan numerosos en la larga historia de convulsiones políticas de Bolivia, el más antiguo era el Partido de la Izquierda Revolucionaria (PIR) fundado en junio de 1940. Precisamente diez años después algunos dirigentes que se separan de esa organización crean, en enero de 1950, el Partido Comunista Boliviano (PCB).

---

[228] William Ratliff. "Castroísmo, Comunismo en Latinoamérica, 1959-1976".

[229] Para Gott el primer partido comunista pro-chino se constituyó en Perú en enero de 1964 (Movimientos Guerrilleros en América Latina), pero luego admite que en Brasil se había creado un partido pro-Pekín en 1962.

Con el oportunismo político que lo va a distinguir, al producirse el golpe que depone a Paz Estenssoro dos años antes de la llegada de Guevara, el PIR respalda al gobierno del General René Barrientos ocupando posiciones en su gabinete. No es de extrañar, entonces, que al conocerse la presencia de guerrillas en el sureste del país el PIR dé a conocer un documento condenatorio de estas acciones guerrilleras:

> *"Bolivia, para vencer el subdesarrollo y la dependencia, necesita la unidad de las fuerzas progresivas y un ambiente de paz y trabajo. Las subversiones, los golpes de estado, las guerrillas, sólo aumentan la pobreza y agudizan la dependencia.*
>
> *Las guerrillas que operan en el país, buscan el retorno de fuerzas opuestas al interés nacional y que, en su oportunidad, traicionaron al pueblo y hundieron al país en el atraso, la inseguridad y la miseria".*

Divisiones internas en el partido comunista boliviano

Cuando llega la guerrilla a Bolivia actúan en el país dos partidos comunistas. Uno, que sigue la línea de Moscú, cuyo Primer Secretario es Mario Monje y, otro, pro-chino, cuyo Primer Secretario es Oscar Zamora Medinacelli, el joven intelectual que había permanecido meses atrás en La Habana.

El Partido Comunista Boliviano (PCB) bajo la dirección de Mario Monje, Jorge Kolle y Ramiro Otero, se había mantenido en la década anterior a la llegada de Guevara a Ñancahuazú, dentro de la línea ortodoxa fiel a Moscú.

La inacción de esta dirigencia pro-moscovita en dos acciones guerrilleras cercanas a sus fronteras agudizó una crisis interna que tal vez ya venía gestándose desde antes. La derrota de las guerrillas en Perú (Javier Heraud, de la Puente, Lobatón, Béjar y otras) y la eliminación de la guerrilla de Jorge Ricardo Masetti en Salta, Argentina, permitieron a los elementos más extremistas dentro del PCB de Bolivia responsabilizar a éste por no prestarles la debida ayuda. Estos extremistas asumieron una posición pro-china.

Como hemos visto, profundas y antiguas eran las diferencias que debilitaban –más bien, atomizaban– al Partido Comunista Boliviano. Algunas de ellas, tan notables, que fueron recogidas por las agencias de seguridad norteamericanas y transmitidas, para su conocimiento, al Departamento de Estado[230].

En agosto de 1964, cuatro dirigentes del partido –Alfredo Arratia, Secretario del Comité Central; Raúl Ruiz, Hilario Claude y Atilio Carrasco, todos miembros del Comité Central– hicieron público su ataque a "la camarilla de Mario Monje, líder del partido, Jorge Kolle y Ramiro Otero". Consideraban muy tibia la actuación de aquella dirigencia y consideraban que "El PCB debía unirse con todos los grupos, de derecha y de izquierda para destruir el gobierno de La Paz, símbolo del imperialismo"[231].

Ataques similares recibían Monje y Kolle de los grupos troskistas. Así, el periódico "Masas", órgano oficial del partido troskista (POR) atacaba a la dirigencia del PCB por considerarla débil, acusándola de mantener "muy estrechas relaciones con el MNR... negociando con ella la obtención de 3 diputados en las elecciones de mayo 30"[232].

Los troskistas del POR iban aún más lejos. En el periódico "Masas" afirmaban que la lucha interna en el Partido Comunista Boliviano se centraba en la competencia por "controlar el dinero que llegaba de La Habana y Moscú", acusando a "Monje, Kolle y Otero de maladministrar US$10,000 que llegaron de Cuba para promover la actividad guerrillera"[233]. Es bueno destacar que en esa fecha (noviembre 1964) recién ha sido aplastado el intento insurreccional de Ricardo Masetti en Salta que tuvo fuente de abastecimiento en Bolivia, y Ernesto Gue-

---

[230] Aerograma del Departamento de Estado A-201, Noviembre 27, 1964. Archivos Nacionales, Expediente Central RG59, Caja 1878.

[231] Ibid.

[232] Ibid.

[233] Aerograma del Departamento de Estado del Consulado de Cochabamba a través de la Embajada de Estados Unidos, Noviembre 27, 1964.

vara está organizando la fuerza expedicionaria que lo acompañará al Congo.

La ayuda económica mencionada en "Masas" está dirigida a otras actividades guerrilleras anteriores a la presencia del Ché en Bolivia.

El conflicto interno del PCB se hizo público en el congreso extraordinario celebrado en abril de 1965 en el distrito minero Siglo XX donde la línea pro-china fue planteada por Federico Escobar y el joven Oscar Zamora Medinacelli. Este último mantendrá luego una estrecha, pero muy breve, identificación con Ernesto Guevara y una áspera polémica con Fidel Castro. Por supuesto, a la muerte del Ché Guevara en octubre de 1967, las mutuas acusaciones entre las facciones pro-soviéticas y pro-china subirán de tono.

Funcionan también otras organizaciones políticas de izquierda. Entre ellas, el Partido Obrero Revolucionario (POR), de orientación troskista que, al igual que el comunista, está dividido. Una facción la dirige Guillermo Lora; la otra, denominada POR-Troskista IV Internacional, está liderada por Amadeo Vargas Arze.

El grupo de Lora consideraba que Guevara no representaba al pueblo boliviano:

"Las guerrillas que se levanten contra la voluntad popular y que busquen objetivos manifiestamente contrarios a los intereses de las mayorías, no tienen posibilidad de prosperar, de consolidarse y de sobrevivir".

Fue vidente el troskista Guillermo Lora.

El otro grupo "POR-IV Internacional" dirigido por Vargas Arze, para no comprometerse con la guerrilla planteaba que ésta era "una maniobra concebida o pretextada por el gobierno del General René Barrientos"[234].

Un tercer partido de extrema izquiera era el Partido Revolucionario de Izquierda Nacionalista (PRIN), fundado por Juan

---

[234] "Lucha Obrera", No. 210, Segunda Quincena de Julio de 1967.

Lechín Oquendo a principios de 1964 al separarse del Movimiento Nacionalista Revolucionario MNR del depuesto presidente Víctor Paz Estensoro.

Al producirse la escisión en el PCB asumirá la dirección del nuevo grupo Oscar Zamora, que había militado en la Juventud Comunista Boliviana[235] quien regresaba del Congreso que en Praga celebraba la Unión Internacional de Estudiantes.

La facción de Zamora trataba de mostrar que el PCB estaba siguiendo una línea derechista hacia el MNR. Pero al unirse a "la línea de Pekín" Zamora y su grupo internacionalizaban sus quejas, afirmaba Jorge Kolle, Secretario del Partido Comunista Boliviano en entrevista con Rubén Vásquez Díaz ("Bolivia a la Hora del Ché").

Al principio el llamado "Grupo de Pekín" de Zamora no era "pro-chino". Insistía en que era independiente. "Ni Moscú, ni Pekín, más bien La Habana". Esto fue en los primeros meses de 1963[236]. Zamora atacaba al PCB porque éste no seguía "el centralismo democrático" y denunciando que "no había un Comité Central sino una camarilla oportunista de derecha".

Afirmaba el dirigente estudiantil que en septiembre y octubre de 1964 un grupo de estudiantes jóvenes bolivianos residentes en Cuba y Europa acordaron iniciar "bajo la bandera del marxismo-leninismo, una lucha para construir una vanguardia revolucionaria" y que, con ese motivo fue a Cuba en busca de apoyo. "Allí el compañero Ernesto Guevara manifestó su respaldo a la lucha armada en Bolivia pero en ningún momento me manifestó su intención de dirigir él alguna acción armada en Bolivia o cualquier lugar del mundo"[237].

Vemos, pues, que cuando en noviembre de aquel 1964 se celebra en La Habana la muy silenciada Conferencia de

---

[235] La Juventud Comunista Boliviana se fundó en 1953, tres años después del establecimiento del propio Partido Comunista.

[236] Jorge Kolle en declaraciones al periodista Rubén Vásquez Díaz en agosto de 1967. "Bolivia a la Hora del Ché".

[237] Oscar Zamora. "Una Respuesta Necesaria".

Partidos Comunistas ya se estaban entrenando jóvenes para la creación de "uno, dos, muchos Vietnam" en el continente.

La prensa oficial de Cuba ha elevado, después de muerto, la figura de Jorge Vásquez-Viaña, de quien hablaremos en próximas páginas, pero silencia la de su hermano Humberto que amparado en el nombre de aquél participó en el aparato urbano de la guerrilla en La Paz. Posteriormente colabora Humberto en el reagrupamiento del ELN que realiza Inti Peredo cuando éste regresa a Bolivia después de escapar de la Quebrada del Yuro donde fue apresado Ernesto Guevara.

Humberto Vásquez Viaña, al cabo de un tiempo desertó del ELN aduciendo "discrepancias ideológicas" y, más tarde, desde su exilio voluntario en París se dedicó a escribir documentos revelando nombres y datos de militantes y colaboradores del ELN[238].

Humberto[239] ofrece varios antecedentes que considera necesarios para comprender el hecho histórico que representó la guerrilla del Ché Guevara en Bolivia. Éstos son:

> Primero: Las guerrillas del Ejército de Liberación Nacional (ELN), del Perú, dirigidas por Héctor Béjar; y del Ejército Guerrillero del Pueblo (EGP), dirigidas por Jorge Ricardo Masetti en la Argentina. Ambas, preparadas al mismo tiempo en Bolivia, en 1963, durante el gobierno de Paz Estenssoro (MNR).

---

[238] Gerardo Irusta Medrano "La Lucha Armada en Bolivia".

[239] Humberto Vásquez-Viaña había ingresado en el Ejército de Liberación Nacional (ELN) organizado en Bolivia por Ernesto Guevara, siguiendo los pasos de su hermano Jorge (conocido como Bigotes y Loro) que había sido detenido en abril de 1967 cuando, formando parte de la vanguardia de Ernesto Guevara comandada en aquel momento por el Capitán Eliseo Reyes Rodríguez (Rolando), se habían apropiado de un camión de Yacimientos Petrolíferos Fiscales Bolivianos (YPFB). Al asaltar la camioneta Jorge desaparece. Es herido y luego surgen distintos rumores sobre su muerte. (Ver detalles de las actividades políticas, detención y desaparición de Jorge Vásquez-Viaña en la obra "Cubanos Combatientes: peleando en distintos frentes" del autor).

Segundo: El Golpe de Estado del Gral. Barrientos, la caída de Paz Estenssoro, noviembre de 1964; el Pacto Militar-Campesino y "las masacres de obreros mineros en mayo y septiembre de 1965" (palabras textuales de Humberto Vásquez-Viaña).

Tercero: Las divergencias en el movimiento comunista internacional; la división de los partidos comunistas latinoamericanos; la Tricontinental de La Habana en 1966. Son éstas las razones que obligaron al Ché a entablar relaciones políticas y, sobre todo, organizativas, dice Vásquez Viaña, con el Partido Comunista de Bolivia, y no con otras fuerzas.

Cuarto: La necesaria salida del Ché del Congo en 1965 y de África en 1966.

Guevara: ajeno al dolor de América

Ernesto Guevara y Alberto Granado en la vieja moto, modelo 1939, que han llamado "La Poderosa" recorren en frecuentes y rápidas incursiones los pueblos aledaños a Córdoba, la ciudad natal de Granado en la que ha vivido Guevara los últimos siete años.

En diciembre de 1951 el médico Granado y el poco aplicado estudiante Guevara planean un largo viaje que los habrá de llevar en "La Poderosa" por varios países.

Llegan a Rosario el 31 de diciembre.

Ya el 5 de enero se encuentran en Villa Gesee, al norte del Mar del Plata; de allí, siempre en dirección sur, les toma todo el mes de enero recorrer, con total despreocupación, media docena de poblaciones. Para el 11 de febrero están en San Carlos de Bariloche para, desde allí, pasar a Chile donde "encontramos a varios médicos de gira... les dimos una conferencia sobre leprología... lo que provocó la admiración de los colegas transandinos" anota en su diario el estudiante Guevara que, en esa fecha, sólo tenía aprobadas seis materias de la carrera de medicina.

El primero de marzo están en Santiago de Chile y el 5 en Valparaíso. Han dejado la moto en Santiago y se meten, como polizones, en el barco San Antonio que los traslada hasta Antofagasta. De allí a Iquique y, luego, a Arica. En 38 días han recorrido 3,500 kilómetros.

En Chile se está desarrollando una intensa campaña presidencial. Son los últimos meses del gobierno de Gabriel González Videla que había sido electo con el apoyo de radicales y comunistas pero que ya había perdido el apoyo de este último grupo. En las elecciones que ahora se están celebrando van como candidatos el ex-presidente Carlos Ibáñez; Arturo Matte, con el apoyo de conservadores y liberales; el radical Pedro Enrique Alfonso y, el más débil, el socialista Salvador Allende con el respaldo de los comunistas. Indiferente fue también, para el joven Guevara, aquel proceso político.

En abril ya están en Perú visitando Cuzco y Machu Pichu. El primero de mayo llegan a Lima. Van, a pie, porque no hay transporte público por ser Día del Trabajo, al Callao. Por el Amazonas llegan hasta Iquitos el primero de junio. Continúan en balsa hasta llegar a Leticia.

Planean, ahora, su recorrido por Colombia y Venezuela.

Guevara le escribe a su padre:

"Desde que entramos en territorio extranjero no saqué el revólver ni para limpiarlo, y si no nos atacan los guerrilleros colombianos, no veo que haya necesidad de hacerlo. En vez de venirte para acá a seguirnos, sería bueno que bajaras para Venezuela cuanto antes,...en general se coincide en que Colombia y Venezuela son los dos países ideales para hacer plata en las condiciones actuales del continente".

¡Países ideales para hacer plata!

Evidentemente no le preocupaba al futuro redentor la situación de Colombia en los meses anteriores al golpe militar de Gustavo Rojas Pinilla.

Más preocupados por el deporte que por los problemas sociales los dos argentinos son contratados como entrenadores del equipo de fútbol, el Independiente Sporting. Celebran un campeonato que les toma las dos últimas semanas del mes de junio. El 2 de julio parten por avión hacia Bogotá, cortesía del equipo que habían entrenado. Allí pasan el tiempo conversando con Di Estefano y otros futbolistas argentinos.

El 17 de julio están en Caracas.

El 26 se separan, en la capital venezolana, Granado y Guevara. No hay en los diarios que respectivamente llevaban un solo comentario sobre la situación política de Venezuela gobernada por el General Marcos Pérez Jiménez.

Granado quedará en Caracas mientras Ernesto Guevara planea su regreso a Buenos Aires consiguiendo un trabajo en un avión de carga que llevará caballos de carrera hasta Miami y regresará luego a Buenos Aires. Al llegar a Miami se demorará varias semanas la salida del carguero. Y finalmente, arriba a Buenos Aires, cansado, agotado, el 31 de agosto de 1952.

Hasta ese día, 31 de agosto, existe una profusión de datos, bien minuciosos, sobre las diarias actividades del futuro guerrillero. 20, 30, 50 biografías detallan cada uno de sus pasos. Pero de pronto termina esa minuciosidad.

Guevara: médico "por la libre"

Sólo se sabe que este hombre –que ha permanecido durante ocho meses continuos fuera de Argentina, totalmente aislado, separado de la universidad, que en su recorrido por seis países no llevó con él un simple libro de texto y que, por su ausencia, no pudo haber asistido a un solo día de clases en la facultad de medicina– aprueba, 45 días después, el examen de Clínica Pediátrica, y, a los pocos días, ya en noviembre, el gran ausente aprueba tres materias: Clínica Oftalmológica, Clínica Urológica y Clínica Dermatosifilográfica[240].

---

[240] Estas tres por "promoción", sistema que requería la concurrencia a clase por 30 horas. (Resolución del Consejo Directivo de la Facultad de Ciencias Médicas, del 29 de marzo de 1950).

Eso es poco. En diciembre, en menos de 22 días lectivos, aprueba once materias: Patología General y Médica, Clínica Obstétrica (Fisiología), Patología y Clínica de la Tuberculosis, Medicina Legal, Higiene y Medicina Social, Ortopedia, Clínica Obstétrica Patológica, Clínica Médica, Patología y Clínica de las Enfermedades Infecciosas y Clínica Quirúrgica.

Once materias en 22 días lectivos. Quince –la mitad de los cursos necesarios para adquirir el doctorado– examinados y aprobados en apenas tres meses, sin haber asistido a clases ni a prácticas en todo el año con la probable excepción de las últimas semanas.

Horacio Daniel Rodríguez en su libro "Ché Guevara" afirma que en septiembre "se ha aprobado una resolución conforme a la cual los alumnos de la promoción siguiente a la de 1952 debían incorporar, como materia obligatoria para su graduación, la disciplina que eufemísticamente el régimen denominaba "formación ciudadana".... ante tal situación, Guevara resuelve concluir rápidamente su carrera e integrarse en el elenco de alumnos que podían graduarse sin la obligación referida". Como base para tal afirmación da, sencillamente, una nota de prensa publicada en el periódico "La Prensa" del 20 de febrero de 1958[241].

---

[241] Tal declaración no aparece en la Resolución del Consejo Universitario del 7 de abril de 1953 que reestructura el Plan de Estudios de la Escuela de Medicina. (Ver Anexo) ni en el posterior dictamen unánime de ese organismo que dictó la ordenanza que regulaba la inscripción, cursos académicos, exámenes y el plan de estudios.

Fecha de los "exámenes" de Ernesto Guevara

Asignaturas	Fecha
Anatomía Descriptiva	Abril 1948
Anatomía Topográfica	
Parasitología	Nov. 1948
Embriología e Histología	Agost. 1948
Fisiología Fís. y Quím. Biol.	Marzo 1949
Microbiología	Julio 1949
Anat. y Fisiol. Patológica	Nov. 1949
Semiol. y Clín. propedéutica	Abril 1950
Toxicología	Dic. 1950
Terapéutica y Farmacología	Dic. 1950
Clínica Ginecológica	Sept. 1951
Radiología y Fisioterapia	Sept. 1951
Patología Quirúrgica	Sept. 1951
Clínica Psiquiátrica	Oct. 1951
Clínica Otorrinolaringológica	Nov. 1951
Técnica Quirúrgica	Nov. 1951
Clínica Pediat. y Puericultura	Oct. 1952
Clínica Oftalmológica	Nov. 1952
Clínica Urológica	Nov. 1952
Clínica dermatosifilográfica	Nov. 1952
Medicina Legal	Dic. 1952
Clínica Obstét. (Fisiología)	Dic. 1952
Higiene y Medicina Social	Dic. 1952
Patología y Clínica de la Tuberculosis	Dic. 1952
Ortopedia	Dic. 1952
Clínica Obstét. Patológica	Dic. 1952
Patología General y Médica	Dic. 1952
Clínica Médica	Dic. 1952
Clínica Quirúrgica	Dic. 1952
Pat. Y Clín. de las Enfer. Inf.	Dic. 1952
Clínica Neurológica	Abril 1953

Rindió su última asignatura el día 11 de abril de 1953

"Meteórica" carrera: Quince cursos –la mitad de la carrera– en tres meses. Once materias –incluyendo "Clínica Quirúrgica"– en 22 días lectivos.

(CARATULA DEL LEGAJO)

1058

Registro 1116

año 1953

**MINISTERIO DE EDUCACIÓN
UNIVERSIDAD DE BUENOS AIRES**

División de planos y títulos

Facultad de Medicina

Diploma de médico a favor de Ernesto Guevara

Exp. 1058/53   Año 1953   Letra G

APELLIDO Y NOMBRE: Guevara, Ernesto.
NACIDO EN: Santa Fe.
FECHA: 14 de junio de 1928. EDAD: 24 años.
TÍTULO DE: MÉDICO EGRESADO: 11 de abril de 1953.
CÉDULA DE IDENTIDAD: Policial.
DOMICILIO: Araoz. 2180.

Hay un sello:
LIBRO DE GRADOS, núm. 29.
FOLIO: 153.
FECHA: 12/6/53.
REGISTRO: 1116.

Ministerio de Educación
Universidad de Buenos Aires

Al señor Rector de la Universidad
de Buenos Aires

FACULTAD DE CIENCIAS MÉDICAS

Doctor Carlos A. Bancalari

Decanato

B.M.

Cúmpleme comunicar al señor Rector que el alumno de Medicina don Ernesto Guevara ha sido aprobado en todos los exámenes requeridos para optar al diploma de MÉDICO que corresponde le sea expedido.

(Transcribo a continuación la planilla con los datos de identidad y clasificación obtenidas):

Nacido en Provincia de Santa Fe el 14 de junio de 1928. Libreta de Enrolamiento: matrícula núm. 6.460.503. Dist. Mil. Reg. 4.° Cédula de identidad n.° .... Policía de la Capital. Of. Enrol. Córdoba. Libreta Cívica n.° .... Ofic. .... Secc. ....

Asignaturas	Calificación	Oficial o libre	Fecha
Anatomía Descriptiva	Bueno	Libre	Abril 1948
Anatomía Topográfica			Agost. 1948[1]
Embriología e Histología	Aprobado	Oficial	Marzo 1949
Fisiología Fís. y Quím. Biol.	Aprobado	Oficial	Nov. 1948
Parasitología	Bueno	Oficial	Abril 1950
Semiol. y Clín. propedéutica	Bueno	Oficial	Nov. 1949
Anat. y Fisiol. Patológicas	Aprobado	Libre	Julio 1949
Microbiología	Aprobado	Oficial	Dic. 1952
Patología General y Médica	Aprobado	Oficial	Sept. 1951
Patología Quirúrgica	Aprobado	Oficial	Dic. 1950
Toxicología	Bueno	Oficial	Nov. 1951
Técnica Quirúrgica	Aprobado	Oficial	Dic. 1950
Terapéutica y Farmacología	Aprobado	Oficial	Nov. 1951
Clínica Otorrinolaringológica	Bueno	Promoción	Nov. 1952
Clínica Oftalmológica	Aprobado	Promoción	Nov. 1952
Clínica Urológica	Prom. Apr.	Promoción	Sept. 1951
Clínica Ginecológica	Aprobado	Promoción	Sept. 1951
Radiología y Fisioterapia	Distinguido	Promoción	Oct. 1951
Clínica Psiquiátrica	Bueno	Promoción	Abril 1953
Clínica Neurológica	Aprobado	Promoción	Oct. 1952
Clínica Pediát. y Puericultura	Bueno	Oficial	Dic. 1952
Clínica Obstétrica (Fisiología)	Distinguido	Oficial	Dic. 1952
Pat. y Clín. de la tuberculosis	Prom. Apr.	Promoción	Nov. 1952
Clínica dermatosifilográfica	Prom. Apr.	Promoción	Dic. 1952
Medicina Legal	Aprobado	Oficial	Dic. 1952
Higiene y Medicina Social	Bueno	Oficial	Dic. 1952
Ortopedia	Aprobado	Promoción	Dic. 1952
Clínica Obstét. Patológica	Aprobado	Oficial	Dic. 1952
Clínica Médica	Distinguido	Oficial	Dic. 1952
Clínica Quirúrgica	Aprobado	Oficial	Dic. 1952
Pat. y Clín. de las Enfer. Inf.	Distinguido	Oficial	Dic. 1952

Rindió su última asignatura el día 11 de abril de 1953.

Saludo al señor Rector muy atentamente.

Dr. FEDERICO D. PONTARELLI   Dr. JORGE A. TAIANA
Secretario   Decano

1. Anatomía Topográfica no se rinde por resolución del señor Delegado Interventor de fecha 13 de mayo de 1948.

Ese autor va, aún, un poco más lejos. Nos habla de que "realiza enseguida estudios de especialización en alergia bajo la dirección del Dr. Salvador Pisano" y afirma, sin ofrecer dato alguno específico, que "se publican algunas comunicaciones médicas de Guevara en colaboración e individual, entrevistas especializadas del país y de Chile". Interesante sería conocer en que período de tiempo se realizan esos "estudios de especialización en alergia" y cuándo y dónde se publican esas "comunicaciones médicas de Guevara".

No lucen nada serias estas afirmaciones. Si es con fecha 12 de junio de 1953 que se le "emite" el diploma de médico a Ernesto Guevara, y el 9 de julio, 27 días después, parte con su amigo Calica Ferrer en su largo viaje –sin regreso a la Argentina– que lo lleva a Bolivia, Perú, Ecuador, Guatemala, Costa Rica, México, y Cuba, ¿Cuándo realiza sus "estudios de especialización en alergia?". ¿Cuándo concede "las entrevistas especializadas"?

¿Recibió Ernesto Guevara el título de médico?

Para aclarar estas interrogantes nos dirigimos con fecha 3 de febrero del año 2000 al Rectorado de la Universidad de Buenos Aires y, posteriormente, a la Secretaria de Asuntos Académicos de aquella universidad solicitándoles me informaran sobre los requisitos exigidos por esa universidad en los años 1952 y 1953 para graduarse de médico.

Luego de distintas comunicaciones recibí de esta última funcionaria la Actuación No. 18.870/00 de fecha Junio 2 adjuntándome copia de los informes de Marzo 21 producidos por la Dirección General de Títulos y Planes y el Informe de la Facultad de Medicina, (Expediente 47669/50) así como la Resolución del Consejo Directivo de la Facultad de Medicina aprobada el 3 de mayo de 1950, sobre el ordenamiento de asignaturas y régimen de exámenes exigidos por esa universidad para graduarse de médico en los años 1952 y 53.

Al cotejar las exigencias de ese plan de estudios con las fechas en que Ernesto Guevara de la Serna aparecía aprobando distintas materias resultaba evidente que no habría podido recibir su título de médico.

Por obvias razones con ese plan de estudios la Facultad de Medicina de la Universidad de Buenos Aires no podía haberle otorgado a Guevara el título de médico.

Una somera revisión de su expediente académico revela suficientes pruebas para comprobar que la Facultad de Medicina de la Universidad de Buenos Aires no podría haberle concedido el Título de Médico del que tanto se ufanaban él y tantos de sus seguidores.

Hemos visto que en 22 días lectivos este ausente estudiante aprobó once materias. Su padre, Ernesto Guevara Lynch, menciona la existencia de un legajo del Ministerio de Educación en el que se hace constar que la Facultad de Medicina ha otorgado un "Diploma de Médico a favor de Ernesto Guevara el 12 de junio de 1953", en cuyo legajo se menciona que la última asignatura aprobada por Guevara fue la de Clínica Neurológica en abril 11 de 1953.

El plan de estudios y "lo referente al ordenamiento de asignaturas y régimen de exámenes y promociones" de la Facultad de Medicina está contenido en la Resolución del H Consejo Directivo de dicha facultad de fecha 29 de marzo de 1950. (Expediente U-5.113/50). (VER ANEXO A)

Hubiese sido en flagrante violación de las regulaciones de la propia Facultad de Medicina de la Universidad de Buenos Aires que se le hubiese conferido tal título ya que de acuerdo a la Resolución arriba mencionada ese otorgamiento estaría en total incumplimiento de lo dispuesto por varios de los artículos que regulan todo lo "referente al ordenamiento de asignaturas y régimen de exámenes y promociones de Medicina".

UNIVERSIDAD DE BUENOS AIRES

Actuación N° 13.870/00
Nota: 17697

Buenos Aires, 2 JUN 2000

Señor Enrique ROS:

    Tengo el agrado de dirigirme a usted con referencia a su nota del de febrero último, por la que solicita informes sobre los requisitos exigidos por es Universidad para graduarse de médico, existentes entre los años 1952 y 1953.

    Al respecto, cumplo en hacerle llegar copia de los inform producidos por la Dirección de Títulos y Planes y por la Facultad de Medicina.

    Saludo a usted atentamente.

lm

ALICIA R. W. de CAMILLONI
SECRETARIA DE ASUNTOS ACADEMICOS

Universidad de Buenos Aires
Facultad de Medicina

Expediente U-5.113/50, aprobando la resolución del
H. Consejo Directivo de esta Facultad del 29 de marzo ppdo., referente al ordenamiento de asignaturas
y régimen de exámenes y promociones de Medicina.

Buenos Aires, 3 de mayo del "Año del Libertador General San Martín" 1950.

El Consejo Universitario,

ha resuelto en su sesión del día de la fecha lo siguiente:

ARTICULO 1°.- Aprobar en la siguiente forma la resolución del Consejo Directivo de la Facultad de Ciencias Médicas del 29 de marzo último, referente al ordenamiento de asignaturas y régimen de exámenes y promociones para la Escuela de Medicina de dicha Casa de Estudios:

"A).- DISTRIBUCION DE ASIGNATURAS

"Art. 1°.- Los estudios médicos se realizarán a partir del año lectivo de 1950
"de acuerdo a la siguiente distribución de asignaturas, cuyos horarios
"de clases teóricas y prácticas, por estudiante y por semana, figuran a
"continuación:

	Clases teóricas	Trabajos prácticos
PRIMER AÑO		
Anatomía Normal	3	9
Histología y Embriología	3	6
	6	15
SEGUNDO AÑO		
Fisiología	3	7,5
Química Biológica	2	5
Física Biológica	2	5
	7	17,5
TERCER AÑO		
Anatomía Patológica	2	9
Técnica Quirúrgica	2	4
Farmacología	2	2,5
Bacteriología) Un examen	1	2
Parasitología) Una calificación	1	1
	8	18,5
CUARTO AÑO		
Semiología	2	9
Patología Médica	3	1
Patología Quirúrgica	3	1
Radiología y Fisioterapia	1	2
	9	13
QUINTO AÑO		
Clínica Médica (sin examen)	1	4
Clínica Quirúrgica (sin examen)	1	4
Pediatría	1	4

////

Requisitos de la Facultad de Medicina de la Universidad de Buenos Aires para otorgar el título de médico. Ernesto Guevara NO cumplió con estos requisitos.

Universidad de Buenos Aires
Facultad de Medicina

Clínica Enfermedades Infecciosas	1	4
Higiene	1	2
Psiquiatría	1	2
Neurología)		
Dermatología)		
Oftalmología)	Promoción	
Otorrinolaringología)		
	6	20

SEXTO AÑO

Clínica de la Nutrición (examen con Clínica Médica)	1	1
Clínica Médica	1	6
Clínica Quirúrgica	1	6
Clínica Obstétrica	1	6
Medicina Legal	1	1,5
Toxicología)		
Ginecología)	Promoción	
Urología)		
	5	20,5

SEPTIMO AÑO

"Se cumplirán las disposiciones del Art. 13°.

"B).- INSCRIPCION, EXAMENES Y PROMOCIONES

"Art. 2°.- La inscripción en 1er. año se efectuará luego de haber cumplido to-
"talmente las condiciones de admisibilidad establecidas en las ordenan-
"zas del Consejo Nacional Universitario y del Consejo Directivo, de fe-
"chas 15 y 14 de diciembre ppdo., respectivamente.

"Art. 3°.- Podrán inscribirse en 2do. año, los alumnos que hayan aprobado los
"trabajos prácticos de 1er. año y el examen de Anatomía Normal.

"Art. 4°.- La inscripción en 3er. año requiere la aprobación de las materias
"de 1er. año, los trabajos prácticos de 2do. y los exámenes de dos asig-
"naturas

"Art. 5°.- La inscripción en 4to. año requiere tener aprobadas todas las mate-
"rias de 2do., los trabajos prácticos de 3ro. y los exámenes de Anatomía
"Patológica y otra asignatura.

"Art. 6°.- La inscripción en 5to. año requiere tener aprobadas todas las mate-
"rias de 3ro., los trabajos prácticos de 4to. y los exámenes de Semiolo-
"gía y una Patología.

"Art. 7°.- La inscripción en 6to. año requiere tener aprobadas todas las mate-

Universidad de Buenos Aires
Facultad de Medicina

//// "rias de 4to., los trabajos prácticos de 5to., los exámenes de Clínica
"de Enfermedades Infecciosas o Higiene y las promociones de dos especia
"lidades. Para rendir examen de Clínica de Enfermedades Infecciosas, de
"berá presentar un certificado de concurrencia y aprovechamiento a seis
"(6) trabajos prácticos de Tisiología.

"Art. 8°.- Para rendir examen de Clínica Quirúrgica es necesario tener aproba
"das todas las materias, menos Clínica Médica y presentar un certifica-
"do del Profesor correspondiente, que acredite haber aprobado por lo me
"nos, tres (3) trabajos prácticos de Neurocirugía, tres (3) de Cirugía
"Torácica y tres (3) de Ortopedia.

"Art. 9°.- Para rendir examen de Clínica Médica es necesario tener aprobadas
"todas las materias del presente plan de estudios.

"Art.10°.- Son consideradas materias de promoción: Dermatosifilografía, Oftal-
"mología, Otorrinolaringología, Ginecología, Urología, Neurología y Toxi
"cología, que se aprobarán mediante la extensión de un certificado de
"promoción otorgado por el encargado del curso, en el caso de ser éste
"profesor titular o adjunto. En los organizados por docentes libres, se
"rán aprobados con el visto bueno del profesor titular. Para obtener di
"cho certificado, los alumnos deberán concurrir treinta horas al servi-
"cio o cátedra de la materia correspondiente.

"Art.11°.- Los trabajos prácticos caducarán dos años después de realizados;
"siendo igualmente necesario repetirlos, si el alumno ha obtenido tres
"insuficientes en dicha asignatura. Los alumnos que no hubieran aprobado
"los trabajos prácticos, rendirán examen en las siguientes condiciones
"(Art. 79° de la Ley Universitaria):
""La prueba teórica no podrá durar menos de media hora en caso de prueba
""práctica, se acreditará, a satisfacción del tribunal examinador, grado
""suficiente de preparación en la materia. Esta prueba es eliminatoria;
""el examen teórico se hará con el programa oficial íntegro de la asig-
""natura de que se trate, pudiendo el tribunal examinador elegir el tema
""o temas dentro del programa sobre el que deberá disertar el alumno".

"Art.12°.- Los exámenes serán teórico-prácticos y exclusivamente orales, califi
"cándose sus resultados en la forma determinada por la Ordenanza del Con
"sejo Superior del 28 de diciembre de 1939: aprobado, 4; bueno, 6; dis-
"tinguido, 8; sobresaliente, 10; e insuficiente, menos de 4.

"Art.13°.- Después de haber aprobado el examen de Clínica Médica, los alumnos
"completarán sus conocimientos prácticos durante un año, para lo cual
"concurrirán, obligatoriamente, durante tres meses, a un servicio de Clí-
"nica Médica; tres meses a Clínica Quirúrgica; tres meses a Cirugía de
"Urgencia y Traumatología y tres meses a Clínica Obstétrica, con un míni-
"mo de 24 horas semanales.

////

Universidad de Buenos Aires
Facultad de Medicina

////

"Art.14°.- Las asignaturas: Ortopedia y Traumatología y Tisiología, pasan a for
"mar parte del Departamento de Graduados.

"C).- TITULOS

"ART.15°.- Terminado ese período, documentado con los certificados pertinentes,
"la Facultad le otorgará el Título de Médico.

"Art.16°.- Para obtener el título de Doctor en Medicina, el Médico deberá apro
"bar un trabajo de investigación que se llamará tesis de doctorado (Art.
"98° de la Ley Universitaria).

"Art.17°.- En el término de sesenta días a contar de la fecha de aprobación de
"esta Ordenanza por el Consejo Universitario, los programas de enseñanza
"teórica, de trabajos prácticos y de examen, serán adaptados al presente
"plan de estudios, en un todo de acuerdo a la letra y al espíritu del mis
"mo.

"Art.18°.- Quedan derogadas todas las disposiciones que se opongan a las conteni
"nidas en la presente Ordenanza".

ARTICULO 2°.- Regístrese, comuníquese, publíquese, tome razón la Dirección
de Administración y la Oficina de Títulos y archívese.

                       Fdo.:   JULIO V. OTAOLA
                                Emilio Pasini Costadoat

ES COPIA

Veamos, tan sólo, tres o cuatro de esos artículos:

Artículo 13.- "Después de haber aprobado el examen de Clínica Médica[242], los alumnos completarán sus conocimientos prácticos *durante un año*, para lo cual concurrirán, *obligatoriamente*, durante tres meses a un servicio de Clínica Médica, tres meses a Clínica Quirúrgica, tres meses a Cirugía de Urgencia y Traumatología y tres meses a Clínica Obstétrica, con un mínimo de 24 horas semanales".

Es decir, que después de esa materia de Clínica Médica, aprobada por Guevara en diciembre de 1952, tenía él que concurrir, *obligatoriamente*, durante doce meses a un servicio en cada una de las cuatro materias aquí señaladas. Pero es sólo seis meses después de aquel examen que Guevara parte de su país natal sin jamás regresar.

Veamos otro artículo:

Artículo 8.- "Para rendir examen de Clínica Quirúrgica es necesario tener aprobadas *todas* las materias...".

La asignatura de Clínica Quirúrgica, según el legajo mencionado por su padre, fue aprobada por Guevara en diciembre de 1952. Ese Artículo Octavo de la Resolución del Consejo Directivo de la Facultad de Ciencias Médicas es bien claro.

Pero Ernesto Guevara no tenía, en diciembre de 1952, aprobadas *todas* las materias ya que Clínica Neurológica aparece siendo aprobada cuatro meses después: el 11 de abril de 1953. Una nueva irregularidad en su expediente.

Veamos otro artículo aún más definitorio:

Artículo 9.- "Para rendir examen de Clínica Médica es necesario tener aprobadas *todas* las materias del presente Plan de Estudios".

De nuevo observamos otra irregularidad. En el legajo mencionado aparece aprobando Clínica Médica en diciembre del 52 cuando aún le faltaban por aprobar otras materias.

---

[242] Ernesto Guevara aparece aprobando esa asignatura en diciembre de 1952.

Artículo 15.- "Terminado ese período, (de un año concurriendo obligatoriamente a clases prácticas) documentado con los certificados pertinentes, la Facultad le otorgará el Título de Médico".

Ernesto Guevara, después de diciembre de 1952, estaba obligado a concurrir a clases prácticas durante doce meses para que, al presentar "los certificados pertinentes", se le otorgue el "Título de Médico".

Pero para esa fecha, diciembre de 1953, Guevara ya lleva más de seis meses lejos de la universidad, fuera de la Argentina, viajando por Bolivia, Perú, Panamá, Costa Rica, Nicaragua, Honduras y Guatemala. ¿Cuándo, entonces, presentó Ernesto Guevara "los certificados pertinentes" que lo hacían acreedor a recibir su "Título de Médico"? En ningún momento.

En julio de 1953, sólo siete meses después de estar obligado a concurrir a clases prácticas durante doce meses, ya Guevara abandona Argentina para no regresar.

En esa fecha, a los tres meses de haber aprobado su última asignatura (Clínica Neurológica), Guevara parte hacia Bolivia. No volverá a la Argentina.

Una resolución anterior

Ante esta contradicción me dirigí nuevamente a la Secretaría de Asuntos Académicos y a la Dirección General de Títulos y Planes de la Universidad de Buenos Aires señalándoles estas inconsistencias.

Tras múltiples comunicaciones y gestiones personales en las que solicitaba la confirmación de que al estudiante Ernesto Guevara de la Serna se le hubiese otorgado el título de médico a pesar de estas evidentes discrepancias se me informó que el plan de estudios aprobado por la Facultad de Medicina el 3 de mayo de 1950 y que regía para los estudiantes que cursaban estudios en la Universidad de Buenos Aires en 1952 y 53 no se aplicaba a Ernesto Guevara porque éste se había matriculado en la Facultad de Medicina en el año 1948 cuando regía otro plan de estudios.

Desaparece el expediente académico de Ernesto Guevara

Al recibir esta nueva información solicitamos de la Secretaría de Asuntos Académicos y de la Directora de Alumnos el envío de este plan de estudios vigente cuando Ernesto Guevara ingresó en la Escuela de Medicina. Solicité, además, copia de su expediente académico.

Recibí lo primero; no lo segundo.

El plan de estudios vigente en 1948[243], cuando Guevara ingresa en la Escuela de Medicina de la Universidad de Buenos Aires, consistía en tres ciclos, el primero de los cuales estaba dividido en tres años; el segundo ciclo abarcaba otros dos años, y el tercer ciclo se cursaba en otros dos años adicionales. (Ver Anexo, página siguiente).

Este plan de estudios, como el antes mencionado de 1950, requería la previa aprobación de determinadas materias y haber completado trabajos prácticos de otras asignaturas para pasar al siguiente año y, luego, para recibir el título.

¿Cumplió Guevara con todos los requisitos académicos para obtener su título? Por el momento, no se sabrá. ¿Por qué?

Se me comunicó que la Facultad de Medicina no podía ofrecerme copia del expediente porque el expediente académico de Ernesto Guevara de la Serna había sido robado.

El expediente académico de Ernesto Guevara ha desaparecido. ¿Cuándo? ¿Cómo? ¿Quién lo sustrajo?

Sustraído el expediente académico de Ernesto Guevara de la Serna, y ante las claras discrepancias con los planes de estudios vigentes en aquella fecha no parece existir una prueba fehaciente de que Ernesto Guevara hubiese recibido, jamás, su título de médico.

---

[243] Plan de estudios de la Escuela de Medicina aprobado en 1937 por la Facultad de Ciencias Médicas.

Actuación 18.870/2000
ROS, Enrique - Solic.inf.sobre carrera de Medicina, años 1952/53.-

Buenos Aires, 21 de marzo de 2000.-

Señora Secretaria de Asuntos Académicos:

Visto lo solicitado cumple informar:

a) el plan de estudios que debían aprobar los alumnos que cursaron sus estudios en la época que se especifican en el punto a), años 1952 y 1953 específicamente, es el aprobado por resolución C.S.U. de fecha 3/5/50.-

b) Se transcriben las materias que componían el mismo;

c) y d) Respecto de lo requerido en estos puntos correspondería el informe de la Facultad de Medicina.-

DIRECCION DE TITULOS Y PLANES.-
Inf.164
ms

MARTA L. P. DE CASTRO
DIRECCION GENERAL DE TITULOS Y PLANES

Universidad de Buenos Aires
FACULTAD DE CIENCIAS MEDICAS.

Escuela de Medicina, plan de estudios

A partir del año escolar de 1937 para optar el grado de Doctor en Medicina regirá el siguiente plan de estudios, que consta de tres ciclos, el primero de los cuales está dividido en tres y el segundo y tercero en dos años cada uno:

PRIMER CICLO
Materias básicas

PRIMER AÑO:

Anatomía Descriptiva	1 año	1 examen	312 Horas

SEGUNDO AÑO:

Anatomía Topográfica	1 año	1 examen	312 Horas
Embriología e Histología	1 año	1 examen	234 Horas

TERCER AÑO:

(Fisiología)			286 Horas
Fisiología (Quím.Biológica)	1 año	1 examen	260 Horas
(Física Biológica)			182 Horas
Parasitología	1 año	1 examen	52 Horas

SEGUNDO CICLO
Materias Preclínicas

PRIMER AÑO:

Semiolog.y Cl.Propedéutica	1 año	1 examen	286 Horas
Anatomía y Fisiolog.Patológ.	1 año	1 examen	286 Horas
Microbiología	1 año	1 examen	78 Horas

SEGUNDO AÑO:

Patología Gral. y Medicina	1 año	1 examen	104 Horas
Patología Quirúrgica	1 año	1 examen	104 Horas
Técnica Quirúrgica	1 año	1 examen	156 Horas
Toxicología	1 año	1 examen	156 Horas
Farmacología y Terapéutica	1 año	1 examen	130 Horas

TERCER CICLO
Materias Clínicas

PRIMER AÑO:

Clínica Médica	1 año	examen con 2do. año	130 Horas
Clínica Quirúrgica	1 año	examen con 2do. año	130 Horas
Clínica Obstétrica (parto normal)	1 año	1 examen	182 Horas
Clínica Otorrinolaringológ.	1 año	Promoción	30 Horas
Clínica Psiquiátrica	1 año	Promoción	78 Horas
Clínica Oftalmológica	1 año	Promoción	30 Horas
Clínica Urológica	1 año	Promoción	30 Horas
Clínica Ginecológica	1 año	Promoción	130 Horas

SEGUNDO AÑO:

Clín. Dermatosifilog.	1 año	Promoción	30 Horas
Medicina Legal	1 año	1 examen	78 Horas
Clín. Obstétrica (parto patológico)	1 año	1 examen	182 Horas
Clínica Médica	1 año	1 examen	182 Horas
Clínica Quirúrgica	1 año	1 examen	182 Horas
Semiología Quirúrgica	1 año	Examen con Cl. Quirúrg.	
Higiene y M. Social	1 año	1 examen	78 Horas
Clínica de la Nutrición	1 año	Examen con Cl. Médica	52 Horas
Patología y Clínica de las Enfermedades Infecciosas	1 año	1 examen	130 Horas
Ortopedia	1 año	Promoción	30 Horas

CONDICIONES DE INSCRIPCION Y PROMOCION

1.- Para inscribirse en primer año de primer ciclo se requiere haber cumplido con los requisitos establecidos en la ordenanza respectiva.

2.- Para inscribirse en segundo año del primer ciclo se requiere tener aprobados los trabajos prácticos del primer año.

3.- Para inscribirse en el tercer año del primer ciclo es necesario tener aprobados los trabajos prácticos de las materias de primero y segundo año.

4.- Dentro del primer ciclo no se podrá rendir examen de las materias del segundo año sin haber aprobado las materias de primero, y no se podrá rendir examen de las de tercero sin haber aprobado las de segundo.

5.- Para inscribirse en primer año del segundo ciclo se requiere haber aprobado el 50 % de las asignaturas correspondientes al 3er. año del primer ciclo y los trabajos prácticos de la restante.

6.- Para inscribirse en segundo año del segundo ciclo se requiere tener aprobados los trabajos prácticos del primer año del mismo ciclo.

7.- Dentro del segundo ciclo no se podrá rendir examen de las materias de segundo año sin tener aprobadas todas las de primero.

8.- Para poder inscribirse en primer año del tercer ciclo se requiere tener aprobada una de las patologías, otra materia y los trabajos prácticos de las demás asignaturas del segundo año del segundo ciclo.

9.- Para inscribirse en segundo año del tercer ciclo, se requiere tener aprobado el 50 % de las asignaturas del primer año y los trabajos prácticos de las resvantes.

MODIFICACIONES AL REGIMEN DE PROMOCIONES, APROBADAS POR LA INTERVENCION PARA EL CORRIENTE AÑO

El Interventor Delegado

RESUELVE:

- Los alumnos del tercer año del primer ciclo de la Escuela de Medicina que tengan aprobados sus trabajos prácticos y la totalidad de las materias de los dos primeros años, podrán inscribirse en el primer año del segundo ciclo.

- Para poder rendir examen de las materias del primer año del segundo ciclo, será necesario tener aprobadas las dos del primer año del primer ciclo (Resolución aprobada por el Interventor Nacional el día 15 de abril de 1944).

Buenos Aires, abril 12 de 1944.

- Los alumnos del primer año del tercer ciclo de la Escuela de Medicina que tengan aprobados todos sus trabajos prácticos, podrán inscribirse en el segundo año del tercer ciclo. (Resolución aprobada por el Interventor Nacional el día 15 de abril de 1944).

Buenos Aires, 28 de abril de 1944

- 1º.- Los alumnos del segundo año del segundo ciclo de la Escuela de Medicina que tengan aprobada una Patología y los trabajos prácticos de las restantes podrán inscribirse, por el corriente año escolar, en el primer año del tercer ciclo.

- 2º.- Las inscripciones se harán a partir de la fecha, pero su validez queda supeditada a la aprobación de esta resolución por la Universidad.

CARLOS P. WALDORP
Luis de Prado

(Resolución aprobada por el Interventor Nacional en la Universidad con fecha 2 de mayo de 1944).

Ya hemos visto que de acuerdo al plan de estudios vigente en 1952 (Expediente U-5.113/50 de Mayo 3 de 1950) Ernesto Guevara no cumplía los requerimientos exigidos por aquel plan.

Veamos, ahora, si pudo haber cumplido con los requerimientos del plan de estudios de la Facultad de Ciencias Médicas que entraba en vigor en el año escolar de 1937 y vigente cuando Ernesto Guevara ingresa, en 1948, en la Escuela de Medicina de la Universidad de Buenos Aires.

Guevara acaba de llegar a Buenos Aires el primero de septiembre de 1952. Descansará unos días de su largo e incómodo viaje, se matriculará nuevamente en la universidad y pronto, presumiblemente, comenzará a asistir al alto centro docente. Veamos las horas de clases a las que debía asistir en los 66 días lectivos de octubre, noviembre y diciembre para cubrir las materias que, supuestamente, ha examinado en ese período de tiempo:

	HORAS
OCTUBRE:	
Clínica Pediátrica y Puericul.	130
NOVIEMBRE:	
Clínica Oftalmológica	30
Clínica Urológica	30
Clínica Dermatosifilógica	30
DICIEMBRE:	
Patología General	104
Clínica Médica	130
Clínica Quirúrgica	130
Clínica Obstétrica	182
Patología y Clínica de Tuberculosis	30
Medicina legal	78
Clínica Obstétrica (Parto)	182
Clínica Médica (Tercer ciclo, segundo año)	182
Clínica Quirúrgica	182
Higiene y Med. Social	78
Patología y Clínica Enf. Infec.	130
Ortopedia	30
Total de Horas de Clase	1658
Días lectivos	66
Horas diarias de clase en 66 días lectivos	25 Horas???

El estudiante Ernesto Guevara de la Serna tendría que haber asistido 25 horas diarias!!! en cada uno de los 66 días lectivos de octubre, noviembre y diciembre de 1952 para haber cumplido con los requisitos académicos del plan de estudios de 1937 vigente en 1948 cuando se matriculó en la Escuela de Medicina de la Universidad de Buenos Aires.

Luce comprensible que el expediente académico de este prodigioso estudiante haya desaparecido.

Guevara: su primer viaje a Bolivia

Ché Guevara había visitado el país andino en los primeros años de la Revolución Nacional de Bolivia.

Acompañado de su amigo Carlos (Calica) Ferrer llegó Guevara a La Paz en julio de 1953, donde conoció en la residencia de Isaías Nogués, el más acaudalado de los exiliados políticos argentinos que residían en La Paz, a otro compatriota suyo, Ricardo Rojo, un joven abogado que había participado en actividades antiperonistas como dirigente del Partido Unión Cívica Radical dirigido por Arturo Frondizi.

Llegaba Guevara a La Paz, semanas después de haber arribado allí Ricardo Rojo, cuando Bolivia vivía su Revolución Nacional. Celebraba el país, recuerda Rojo, "un evento largamente esperado, la aprobación de la Ley de la Reforma Agraria". Un poco antes, el gobierno había nacionalizado las minas de estaño, las mayores del mundo. Acontecimientos que le resultaron indiferentes al que pronto se sentiría redentor de aquella nación.

Ernesto Guevara llegaba a La Paz cuando jóvenes cubanos atacaban, aquel 26 de julio, un cuartel militar en Santiago de Cuba[244].

Permaneció, como simple turista, en la capital, indiferente a la transformación que la nación boliviana estaba experimen-

---

[244] Fidel Castro, junto a poco más de un centenar de jóvenes, atacó en la madrugada de ese domingo el Cuartel Moncada, sus barracas y el hospital.

tando con una reforma agraria que le había concedido, de hecho, la propiedad de la tierra al que la trabajaba. El campesino boliviano comenzaba a sentirse seguro cultivando su propio rancho. Pagará Guevara con su vida, dentro de quince años, la no aceptación de aquella realidad.

Luego de su estadía en La Paz continúa Guevara con su amigo Calica Ferrer su extenso recorrido por la América, esta vez sin regreso a la Argentina.

Han sido agasajados en La Paz por ricos exiliados argentinos. No ha mostrado, repetimos, interés alguno en los serios problemas sociales y políticos que conmueven a la nación boliviana.

Luego parten, como antes lo hiciera con Granado, hacia Cuzco y Machu Pichu. Gobernaba el Perú, con mano férrea, el General Manuel Odría. En Lima se encontraron nuevamente con el Gobo Nogues, el generoso anfitrión argentino que tan espléndidamente los atendió meses antes en La Paz:

> "Gobo nos ha introducido a la vida social. Hemos cenado dos veces en el Country Club, muy bueno, super caro; por supuesto, no nos permitieron pagar nada. Hemos estado muchas veces en el Gran Hotel Bolívar, el más costoso hotel de la ciudad".

Continúa el dilitante, y futuro revolucionario, su alegre recorrido por naciones gobernadas por regímenes autocráticos.

Antes, en el viaje con Alberto Granado, de Lima se había Guevara dirigido a Colombia y Venezuela. Ahora, con Gualo García, otro amigo argentino, decidió continuar hacia el norte, hacia Centro América.

En un barco de carga llegaron a Panamá, para continuar, por la misma vía, hasta Puntarenas en Costa Rica. En el carguero Río Grande de la United Fruit no la pasó el austero Guevara del todo mal a pesar del mar picado que tuvieron que enfrentar:

> "Casi todos los pasajeros, incluyendo Gualo, comenzaron a vomitar. Yo me mantuve fuera, con una negrita, Soco-

rro, que yo había levantado, más puta que una gallina y sólo tenía dieciseis años"[245].

En San José pasó un día conversando con Juan Bosch, exiliado allí, y con el dirigente del Partido Comunista de Costa Rica Manuel Mora Valverde. Ambos, escribe Ernesto en su Diario, lo impresionaron como hombres de claras ideas. Días después conoce a Rómulo Betancourt a quien consideró "un politiquero con algunas ideas sociales firmes en su cabeza"... que "se dedicó a hablar horrores de los comunistas".

A través de Nicaragua y Honduras arriban un 24 de diciembre[246] a la ciudad que querían alcanzar: Guatemala.

Un mes antes apareció en Guatemala otro amigo de Guevara, el abogado Ricardo Rojo, abogado antiperonista que recién se había escapado de una cárcel argentina y que en su patria había defendido al dirigente universitario peruano Juan Pablo Chang, antiguo aprista, como Hilda Gadea, pero ahora militante del partido comunista. Rojo —que luego será fustigado duramente por la prensa castrista— le presentó a Guevara a dos de las personas que mucho habrán de influir en su vida durante los próximos años: Hilda Gadea, su primera esposa, y Juan Pablo Chang que habrá de morir junto con él en La Higuera en 1967.

Ya antes, en septiembre, habían llegado a Guatemala cuatro combatientes del Moncada que se habían asilado en la embajada de aquel país en La Habana: Antonio (Ñico) López, Mario Dalmau, Armando Arencibia y Antonio Darío López, el Gallego. Pronto todos estarían estrechamente vinculados.

En Guatemala Guevara se relaciona no sólo con revolucionarios cubanos y peruanos sino, también, con altas figuras del gobierno de Jacobo Arbenz[247].

---

[245] Anotaciones de Ernesto Guevara en su "Notas de Viaje".

[246] Hilda Gadea, la primera esposa de Ernesto Guevara, ofrece una fecha ligeramente distinta para el arribo del futuro guerrillero: "el 20 de diciembre, me llamó Rojo para presentarme a los dos argentinos: el médico Ernesto Guevara y el abogado Eduardo García".

A mediados de 1954 aumentaba la intranquilidad política en Guatemala. Se conocía que en Honduras se estaba entrenando una fuerza de exiliados guatemaltecos para derrocar el gobierno de Arbenz que se encontraba grandemente influenciado por José Manuel Fortuny, Secretario General del Partido Comunista (PGT).

En mayo el carguero sueco Alfhem, cargado en un puerto polaco con armas checas llegaba a Puerto Barrios. La travesía del barco había sido monitoreada por la Agencia Central de Inteligencia. El Departamento de Estado dio a conocer una declaración denunciando la entrega de estas armas como el intento de consolidación de un régimen comunista en la América Central. El 20 de mayo se produjo una explosión que dañó las líneas del ferrocarril en las afueras de Puerto Barrios y un enfrentamiento con civiles armados. Al aumentar la tensión política Ernesto Guevara, precavido, optó por cruzar la frontera y pasar a El Salvador. Le interesaba más visitar las pirámides precolombinas de Tazumal que los problemas políticos de Guatemala. Días después, calmada la situación, regresaba Ernesto a Guatemala.

El 2 de junio fracasó un golpe militar contra Arbenz. El 18 comenzó la invasión del Coronel Carlos Castillo Armas; el 27 renunciaba Arbenz. El 3 de julio entraba en la ciudad de Guatemala, con banderas desplegadas, Castillo Armas.

Muchas personas vinculadas al régimen depuesto buscaron asilo en distintas embajadas. Arbenz en la embajada de México; días después, Guevara en la embajada de Argentina. Hilda Gadea había estado detenida por varios días. Fue liberada en los días en que Guevara abandonaba la embajada argentina. Los dos hicieron planes para trasladarse a México. Primero salió Hilda. Un mes después, en septiembre, llegaba Guevara a la ciudad de México.

Hilda Gadea se reúne en Ciudad México con exiliados de distintas nacionalidades que dirigían la revista Humanismo

---

[247] Se relaciona con Alfonso Bauer Paíz, Ministro de Economía; con Jaime Díaz Rozzoto, Secretario del Presidente Arbenz; y Marco Antonio Villamar.

(Raúl Roa, Juan Juarbe, el venezolano Ildegar Pérez Segnine). Con ellos conoció a Luis de la Puente Uceda, el antiguo aprista, como Hilda, que había de constituir, años después, el MIR en su patria y será de los primeros guerrilleros en morir en Perú. Se relaciona con otra peruana, casada con un puertorriqueño de nombre reconocido en la izquierda latinoamericana, Laura de Arbizu Campos.

Guevara se reeencontraba con los cubanos del "26 de Julio" que había conocido en Guatemala y que confiaban que Fidel Castro, condenado por el ataque al Cuartel Moncada, pronto pudiera ser indultado y llegar a México como exiliado político.

Meses después arribaban a México muchos de los asaltantes del Moncada que habían sido amnistiados. Fidel había enviado primero a su hermano Raúl. Entre los que, ansiosos, lo esperaban en Ciudad México se encontraba Ernesto Guevara. El 7 de julio llegaba Castro a ciudad México. Celebran en aquella ciudad el segundo aniversario del asalto al Cuartel Moncada[248].

Ernesto Guevara comienza a vincularse estrechamente con los cubanos participando en los planes que realizaban para llevar la revolución a la isla. Pero esa es otra historia.

Situación en Bolivia antes de llegar Guevara

Al triunfo de la revolución cubana, Guevara ha ocupado distintos cargos, emitido en Argel inoportunas críticas a la Unión Soviética; ha organizado su fracasada –piadosamente ignorada– expedición al Congo; ha "renunciado" a su posición de ministro, a su grado de comandante; a su ciudadanía cubana. Guevara, en todo, ha fracasado. Ahora, tras haber enviado al país andino a hombres de su confianza, Guevara parte

---

[248] Días después, el 18 de agosto, Ernesto Guevara e Hilda Gadea se casan. Fidel iba a ser el testigo pero para evitarse problemas con inmigración lo sería Raúl. Jesús Montaner firmó el acta de matrimonio (Fuente: Hilda Gadea. "Ché Guevara. Años Decisivos").

hacia su gran aventura de Bolivia. Será su último y postrer fracaso.

En las elecciones que se celebraron en julio de 1966[249] –cuando ya Inti y Coco Peredo, Rodolfo Saldaña, Jorge Vásquez Viaña y otros se encontraban recibiendo entrenamiento guerrillero en Cuba– René Barrientos ganaba con una muy amplia mayoría la contienda presidencial.

Luego del golpe militar que había depuesto 18 meses antes a Paz Estenssoro, Barrientos había constituido el Frente de la Revolución Boliviana (FRB) con antiguos pequeños partidos y algunos de reciente creación, prescindiendo completamente de los grupos de izquierda y del MNR[250].

Han presenciado aquellas elecciones, que dieron masivo respaldo al General René Barrientos, José María Martínez Tamayo (Ricardo), Harry Villegas (Pombo) y Carlos Coello (Tuma), los tres hombres que Ernesto Guevara había enviado para, a espaldas de Mario Monje, comenzar a crear su red clandestina. Ni una simple mención a la impresionante victoria y a esta nueva alineación de fuerzas políticas en aquel país aparece en el Diario que comenzó a llevar, días antes de llegar a La Paz.

---

[249] Temiendo que su Frente de la Revolución no era aún políticamente fuerte, Barrientos había demorado meses antes su regreso al país después de haber renunciado a su posición de co-presidente que compartía con el General Alfredo Ovando. Fuente. Aerograma A-316, marzo 2, 1966. Departamento de Estado. (Desclasificado septiembre 25, 1997).

[250] Las siguientes cifras pueden mostrar el amplísimo respaldo de Barrientos en estas elecciones:

PARTIDO	VOTOS
FRB (Partido de René Barrientos)	677,313
CDC	136,817
MNR*	87,601
MNR	61,309
FLIN (Frente de Liberación Nacional)**	33,018
AID	10,735

 * El MNR disidente,
 **Apoyado por el Partido Comunista de línea moscovita.

Como primeras medidas el nuevo congreso elimina la existencia de milicias populares e institucionalizó la nacionalización de las minas, la reforma agraria, el voto universal y la reforma educativa.

Uno de los más graves errores de Guevara al seleccionar Bolivia como el escenario de su lucha guerrillera fue su completo, e incomprensible, desconocimiento de la situación política y social de aquella nación en esos momentos.

Barrientos, al asumir el poder el 4 de noviembre, le dió nuevo vigor a las viejas reclamaciones de "acceso al mar", sumamente sensible para la nación boliviana. Planteó Barrientos condiciones para renovar las relaciones diplomáticas con Chile en busca de un acceso ilimitado al mar, al tiempo que buscaba igual acceso al Atlántico a través de nuevos acuerdos con Brasil y Argentina. Temas éstos de un alto contenido emocional para aquel pueblo. Perseguía el dirigente boliviano sus metas con una política firme pero no agresiva.

Esgrimía con frecuencia el presidente Barrientos la "mediterraneidad" conociendo el alto sentimiento nacionalista que ésta despertaba.

Con un natural sentido político el mandatario boliviano, que contaba con amplio respaldo popular, se había opuesto a la formación de un "partido único", prefiriendo descansar en el respaldo de varios pequeños partidos políticos, diversificando, así, su base de apoyo. Tras los muchos años de monopolio político ejercido por el MNR la posición de Barrientos le ganaba simpatía y respaldo en distintos sectores populares. Uno de ellos, el de los campesinos, principalmente aquellos de su nativa Cochabamba, tan cercana al área donde operaría la guerrilla.

Antes de las elecciones, cuando gobernaba como presidente de la Junta Militar, el General Alfredo Ovando esperaba que el nuevo gobierno de Barrientos no duraría en el poder más de seis meses y que él (Ovando) lo sustituiría como presidente de otra junta militar o como un presidente constitucionalmente electo[251].

---

[251] Departamento de Estado, de los Estados Unidos, Aerograma A-314, del Departamento de Estado, de abril 15, 1967.

Tampoco tiene Guevara una clara conciencia del descorazonador cuadro que, para él, muestra el movimiento guerrillero en la América cuando ha llegado, en noviembre de aquel tétrico 1966, a Ñancahuazú. En enero habían caído en Perú Luis de la Puente Uceda y Guillermo Lobatón; en febrero, Camilo Torres cae abatido en Colombia; un mes después será Fabricio Ojeda el otro dirigente guerrillero que muere en Venezuela; en octubre, perece Turcios Lima en Guatemala.

Debió haber entendido Guevara que su concepto de la guerrilla rural no había pasado la prueba; que el esquema del foco guerrillero había fracasado. No lo comprendió.

Bolivia en la Tricontinental

Da comienzo en La Habana la Conferencia Tricontinental. En representación de la izquierda boliviana viajan dos delegaciones:

Una, representando al Frente de Liberación Nacional (FLIN) que era el nombre tomado por el Partido Comunista (pro-soviético) y estaba compuesta por:

Mario Monje, Primer Secretario del PCB
Mario Miranda Pacheco, candidato a la vicepresidencia por el FLIN
Juan Carlos Lazcano, representante del Grupo Espartaco
Gabriel Porcel Salazar, dirigente sindical minero.

La otra delegación, representada por miembros del Comité Revolucionario del Pueblo (CODEP) integrado por distintos grupos de izquierda, estaba formada por:

Lidia Gueiller, sub-jefe del PRIN[252].
Guillermo Lora, dirigente del POR[253]
Raúl Ruiz González, del partido Comunista Boliviano Marxista-Leninista (PCML) pro-chino.

---

[252] Lidia Gueiller llegaría en 1969 a la presidencia de la República de Bolivia.

[253] Humberto Vásquez Viaña. "Antecedentes de la Guerrilla del Ché en Bolivia", Instituto de Estudios Latinoamericanos. Estocolmo, septiembre, 1987.

A la conferencia sólo fue admitida la delegación del FLIN.

Lora, Secretario General del Partido Obrero Revolucionario de Bolivia (POR) cuestionó, poco antes de iniciarse las sesiones de la Conferencia Tricontinental, la falta de asistencia militar y de todo tipo a Ernesto Guevara y la infiltración en el MR-13 guatemalteco de agentes cubanos con el propósito de manipular dicha organización. Castro, en sesión pública, hizo una acerba crítica a la línea extremista del POR sin responder las afirmaciones de Lora[254].

Lora y Zamora de la Tricontinental en La Habana, donde sus delegaciones no fueron aceptadas, volaron a Pekín en busca de apoyo.

En medio de este conflicto interno dentro del PCB se produce una de las tantas conversaciones entre Fidel Castro y Mario Monje. Se están entrenando en Cuba para la lucha guerrillera continental varios jóvenes bolivianos.

En esta entrevista (Mayo de 1966) le pide Castro a Monje que elija "personalmente a cuatro compañeros de confianza para que protejan a un compañero que conocían los dos y de quien nadie podía poner en duda sus condiciones de revolucionario, para que lo protejan a su paso y, si es posible, lo acompañen después a seguir a su país"[255].

Para esa tarea fueron seleccionados Roberto (Coco) Peredo, Julio (Ñato) Méndez, Jorge (Loro) Vásquez Viaña y Rodolfo Saldaña[256].

Roberto (Coco) Peredo era director de la Juventud Comunista de Bolivia y director del Comité Regional de La Paz. Había viajado a la Unión Soviética y a Cuba en 1962 y 1965;

---

[254] Luis M. González-Mata "Las muertes del Ché Guevara".

[255] Carta del 15 de julio de 1968 de Mario Monje dirigida al Comité Central del PCB. Revista "Presencia" y, publicada también, en la revista "Marxismo Militante" en La Paz.

[256] La entrevista y los nombres mencionados fueron confirmados en declaraciones posteriores por Jorge Kolle. En próximas páginas ampliaremos estos detalles.

en la isla recibió entrenamiento de guerrilla. A la llegada de Guevara a Bolivia se convertirá en uno de sus más valiosos colaboradores. Morirá en Higuera en septiembre 27, 1967.

Julio Luis Méndez, "el Ñato", militante del Partido Comunista, fue de los primeros cuatro bolivianos que se integraron a las guerrillas comandadas por Guevara, siendo uno de los dos bolivianos -el otro era Inti- que formaron parte del Estado Mayor del Destacamento Internacionalista[257]. Experto tirador, machetero y carpintero, tuvo el Ñato a su cargo la construcción de la "Casa de Calamina" que sirvió de base en los primeros días de la preparación del foco guerrillero. Cae combatiendo el 15 de noviembre de 1967 en la zona de el Mataral.

Jorge (Loro/Bigotes) Vásquez Viaña será uno de los que exploran el sitio en que se asentará la granja que servirá de base a la guerrilla. Está ya en contacto con Martínez Tamayo (Ricardo) y Harry Villegas (Pombo) cuatro meses antes de la llegada de Guevara a Bolivia. Entregado o capturado morirá el 27 de mayo de 1967 en la forma enigmática en que siempre vivió.

Rodolfo Saldaña, miembro de la Juventud Comunista de Bolivia, es otro de los que viajan a Cuba a recibir entrenamiento de guerrilla. Fue comisionado por Guevara para la localización (junto con Debray y el minero Moisés Guevara) de la finca en Alto Beni. Saldaña fue el único de los cuatro (Coco, Ñato, Loro, Saldaña) que sobrevivió la aventura guerrillera[258].

A fines de junio volvían a Cuba, antes ya habían estado, los cuatro miembros del PCB asignados por el Partido para recibir entrenamiento militar en Cuba y regresar a Bolivia a colaborar en el traslado hacia la Argentina de Ernesto Guevara cuando éste llegase a la nación del altiplano. Llegaban también a La Paz el capitán Harry Villegas Tamayo (Pombo) y el

---

[257] Granma, octubre 6, 1969.

[258] Vivió sus últimos años en Cuba. Morirá en La Habana el 29 de junio del 2000.

teniente Carlos Coello (Tuma). Ya Ricardo (Martínez Tamayo) se encontraba desde antes en la capital boliviana[259].

Desconoce Monje que Castro y Guevara están sosteniendo conversacioens, y trazando planes, con elementos disidentes de su partido. Ya han hablado con el joven Oscar Zamora. Luego Castro hablará con otros.

En el verano ya están en Bolivia Martínez Tamayo, Pombo y Coello. Mantienen –a espaldas de Mario Monje– contactos con los disidentes del PCB, no con su Primer Secretario.

Guevara actúa a espaldas del PCB

A principios de marzo (1966) llega nuevamente a Bolivia –había estado en el país en distintas ocasiones antes de acompañar a Guevara en el Congo– José María Martínez Tamayo (Ricardo). Actuaría en la sombra, sin que Monje conociese de sus actividades, contactando a antiguos militantes comunistas hostiles a Monje. Es la etapa, mediados de 1966, en la que los partidos comunistas del continente se debaten entre intentar llegar al poder por la lucha armada –como lo demandan los más jóvenes militantes– o por el más tranquilo camino de los frentes populares como alienta Moscú.

En mayo de 1966 se convoca por el PCB a un Congreso Regional cuyo informe político es elaborado por Inti Peredo, cuyo hermano Roberto (Coco) se encontraba en Cuba recibiendo entrenamiento para la lucha guerrillera. El mismo camino que recorrerá Inti al concluir el Congreso Regional[260], cuyo congreso concluyó que "la única vía capaz de conducir a la liberación del pueblo, en otros términos, a la toma del poder,

---

[259] En julio de 1963 José María Martínez Tamayo (Ricardo) había llegado a La Paz con un pasaporte colombiano.

[260] El 25 de julio de 1966 Inti Peredo, junto con nueve compatriotas suyos, viajaba a La Habana, vía Argentina, para iniciar su entrenamiento militar.

era la armada" y planteaba la "necesidad inmediata e impostergable de prepararla e iniciarla"[261].

Ahora hay prisa en completar el entrenamiento de estos futuros guerrilleros. Ernesto Guevara, derrotado en Fizi-Baraka, cerca del lago Tanganika, luego de permanecer rumiando su derrota en Dar-Es-Salaam[262], el Congo Brazzaville y otros países vecinos del teatro de guerra en que fue humillado, ya se ha recuperado sicológicamente en Praga.

En julio 19, (1966), con falso pasaporte uruguayo, se desplazó hacia Viena, luego a otras ciudades y, finalmente, a Moscú desde donde, con nuevo pasaporte, vuela hacia La Habana.

Al llegar, silencioso y sombrío, a La Habana se mantiene informado, a distancia, del intensivo entrenamiento a que someten a los hombres que lo habrán de acompañar en una nueva aventura cuya ubicación y detalles pocos conocerán de antemano. Permanecerá en Cuba cerca de tres meses hasta partir hacia su destino final en Bolivia.

Ya, antes de salir de Praga, había dado instrucciones a Martínez Tamayo (Ricardo) de adquirir una hacienda que le sirviese a la guerrilla de centro de operaciones. La compra se hace a través de Roberto (Coco) Peredo.

Ordena, aún sin llegar a la nación sudamericana, que se realizase un estudio sobre la más conveniente ubicación –para los secretos fines que ya él tenía en mente– de la finca que serviría de centro de operaciones porque la que habían adquirido (en Ñancahuazú) no era adecuada para los planes que a muy pocos les había confiado. Correspondió a Regis Debray el estudio para la localización de la nueva finca que se adquirió a nombre de otro disidente del PCB, Rodolfo Saldaña[263].

---

[261] Gerardo Irusta Medrano. "La Lucha Armada en Bolivia".

[262] Es visitado por su esposa Leyda y Ulises Estrada (Jefe de la Sección de África y Asia del Departamento de Seguridad que dirige Manuel Piñeiro).

[263] Detalles pormenorizados sobre la llegada, selección y adquisición de ambas haciendas pueden encontrarlos en "La Guerrilla del Ché", de Regis Debray.

Todo sin contar con Mario Monje.

Antes y después de la Conferencia de Partidos Comunistas celebrada en La Habana en noviembre de 1964 y de la Tricontinental de enero de 1966 Mario Monje afirma haber manifestado su oposición al concepto del foco guerrillero.

En carta de Mario Monje al autor[264] expresaba el Primer Secretario del Partido Comunista de Bolivia:

"Mi criterio adverso a la teoría del foco guerrillero la expuse en Bolivia en 1961. Lo repetí en Cuba en 1962. Y después pensé y dije en Bolivia en noviembre de 1965 que este país podía ser envuelto en la lucha guerrillera por el Ché. En febrero de 1966 alerté a los bolivianos sobre este peligro. No tenía por qué informar a la dirigencia soviética conociendo su pragmatismo político".

Por eso los emisarios del Ché han decidido –las órdenes les llegan de La Habana- "cortar prácticamente nuestras relaciones con el Partido" (Diario de Pombo, septiembre 6, 1966). "Van a organizar las cosas con (el minero Moisés) Guevara". Alertado Mario Monje, se produce un fuerte careo del dirigente del PCB con Harry Villegas (Pombo) y José Martínez Tamayo (Ricardo)[265].

Les recrimina Monje ese 28 de septiembre, las conversaciones que han tenido a sus espaldas y la participación de Regis Debray que ha sido un crítico de la política de los partidos comunistas latinoamericanos, como el de Bolivia, que siguen la orientación de Moscú. Impugna el nuevo plan que ha conocido a través de otras personas.

Monje confirma este enfrentamiento:

---

[264] Carta fechada en Moscú el 22 de febrero del año 2000 de Mario Monje a Enrique Ros.

[265] Amplia información sobre los miembros de la guerrilla de Guevara en Bolivia, las dificultates que encontraron, los errores cometidos y los distintos encuentros con las fuerzas armadas en los que perecieron 13 de los 16 cubanos que lo acompañaron y varios de los peruanos y bolivianos enrolados en el ELN, puede encontrarse en "Cubanos Combatientes: peleando en distintos frentes" del autor.

"En junio volvieron mis recelos. En julio y agosto reuní pruebas. En septiembre, sin dudar, exigí a los representantes cubanos cesar toda actividad en Bolivia. En octubre informé detalladamente a la Comisión Política del PCB sobre lo que podía ocurrir[266].

En octubre de 1966 Monje viaja al Congreso de Bulgaria pero ya se siente intranquilo porque observa "que hay algunas cosas que no están dentro de lo que se había hablado". Entonces decide partir y de Bulgaria pasa a La Habana[267].

En noviembre llega Monje a La Habana y sostiene una nueva entrevista con Castro. En ella –esta es la versión de Monje– expresó sus preocupaciones sobre las conversaciones que, sin su conocimiento, se estaban realizando en su país. Castro "reiteró su completo acuerdo conmigo sobre que la revolución boliviana debería ser dirigida por los propios bolivianos. Le expresé mi firme intención de encararla y la urgencia de una nueva conferencia de partidos comunistas y obreros. Entonces, me invitó a celebrar una entrevista con el compañero Ernesto Ché Guevara, indicándome que se encontraba en un país próximo a Bolivia y que la entrevista tendría lugar en un punto fronterizo que me sería comunicado después. Acepté entusiasta la invitación".

Lo que confirma el propio Monje al autor:

"En noviembre viajé a Cuba calculando que el Ché trataría de llegar a Bolivia a despecho de la prevención. En diciembre hablé con Fidel seguro de que el Ché ya estaba en Bolivia, aunque él no lo reconocía"[268].

En relación a la conferencia de partidos propuesta por Monje, Castro indicó que "ello dependería de los acuerdos a los que podríamos llegar con el compañero Guevara".

Al regresar Monje a La Paz, poco antes de la navidad, convoca a una reunión de la Comisión Nacional de la Organi-

---

[266] Carta de Mario Monje a Enrique Ros antes citada.

[267] Declaraciones de Loyola Guzmán. Obra citada.

[268] Carta de Mario Monje antecitada.

zación del Partido, donde se invitó a la juventud. Se habló de que "el partido había pasado una etapa de la división de las posiciones chinas y soviéticas, y que ahora había una tercera posición". Fue Jorge Kolle el encargado del informe político y dejó traslucir, afirma Loyola Guzmán[269], que esa tercera posición era la cubana.

Una semana después Monje parte para la crucial entrevista que sólo ha sido recogida, por distintos autores, expresando la versión de Guevara. La versión de Castro.

El 8 de enero de 1967 Monje informa al Comité Central de su conversación con Ernesto Guevara el 31 de diciembre[270].

La guerrilla: improvisación e imcompetencia

Del diario del Ché Guevara se han publicado millones de ejemplares en distintos idiomas. Muchos, los más, sin siquiera haberlo leído, lo comentan favorablemente cuando, en realidad, el diario muestra las fallas y errores que marcarán la dirección de Ernesto Ché Guevara en el altiplano boliviano: improvisación e incompetencia.

Lo importante para el Ché era escoger una zona de operaciones en la que la columna guerrillera pudiera mantenerse y crecer. Por esto, la elección del terreno era esencial.

---

[269] Loyola Guzmán Lara formaba parte, hasta febrero de 1967, del Comité Ejecutivo Nacional de la Juventud Comunista de Bolivia (JCB). En diciembre de 1966, luego de la llegada a aquella región de Ernesto Guevara, Loyola Guzmán se incorporó al aparato urbano del naciente Ejército de Liberación Nacional (ELN).

A mediados de septiembre de 1967 fue detenida –siendo Ministro del Interior Antonio Arguedas– al ser encontradas sus fotos en las cuevas de la guerrilla. Juzgada y sentenciada, permaneció presa hasta que fue liberada, junto con otros presos del ELN, en julio de 1970.

[270] Asisten a esa reunión tres miembros de la Juventud Comunista: Carlos Soria Galvarra, Loyola Guzmán y Ramiro Barrenechea. No se les permitió tomar apuntes. Monje no reveló la presencia de Guevara en Bolivia. Era ése el compromiso contraído con Guevara.

Nada está planeado. Ni siquiera la ubicación de la finca o hacienda que servirá de centro de operaciones para la guerrilla. Consideró Guevara conveniente que ese terreno estuviese próximo a la frontera argentina.

Improvisación. *"Una investigación más minuciosa hubiera servido precisamente para revelar la peligrosa aridez de las condiciones locales de la zona de Ñancahuazú"* afirmaba Regis Debray[271].

En la parte tropical del país, admite Debray, la "cuestión campesina" no es una "cuestión agraria". Allí existían "demasiadas tierras cultivables o rotulables para muy pocos agricultores. El potencial revolucionario del campesinado estaba capitidisminuido por la superabundancia de tierras".

Improvisación. *Ante esa realidad "era muy poco probable que el campesinado se inclinase a respaldar un foco guerrillero dirigido por extranjeros que poco le ofrecían". (Fuente: Regis Debray).*

En cuanto estuvo claro para él que Bolivia era realmente su lugar de destino como guerrillero, centró su atención en el Alto Beni, la región llamada de los Yungas, al noreste de La Paz. Por eso se compró allí una granja de lo cual se encargó a Papi (Ricardo).

Improvisación. *Posteriormente se comprobó que estaba mal situada, muy cerca de un campamento militar*[272].

Pombo llegó con instrucciones de Ramón (el Ché) para Ricardo de comprar una finca "más al norte". Siguiendo, aunque perplejos, esas instrucciones se comisiona a tres hombres, uno de ellos Bigotes (Vásquez Viaña) marchar hacia el norte en busca de una finca. Los tres enviados regresarán el 15 de agosto. Para entonces las armas y el avituallamiento se encontraban en una casa que habían comprado en Santa Cruz. Ahora "debido al plan de Mongo (Ché) nos vemos forzados a llevar el material escondido a La Paz, para allí poderlo

---

[271] Regis Debray. "La Guerrilla del Ché".

[272] Regis Debray. Obra citada.

llevar a Beni". Por temor a represalias, no se opusieron abiertamente ni objetaron las instrucciones de Guevara.

> **Improvisación.** *Días después el Ché dió instrucciones de que comprasen la nueva finca pero que no transfirieran a ella, todavía, las armas.*

Se consideró la conveniencia de comprar una gran concesión de tierra, en la misma región pero más dentro del monte. El Ché comisionó a Pacho (Capitán Alberto Fernández) para adquirirla. Al mismo tiempo encargó a Debray realizar un estudio geopolítico de aquella zona así como la del Chapare, al norte de Cochabamba.

> **Improvisación.** *Era la tercera localización de la finca que servía de campamento a la guerrilla.*

En octubre envía Debray al Ché el resultado de su trabajo: "investigaciones bastante minuciosas y documentación detallada (mapas, fotos, planos, etc.) no sólo de índole física y militar sino, ante todo y sobre todo, social y política, comprendida una lista nominativa, aldea por aldea, pueblo por pueblo, de los simpatizantes y colaboradores eventuales".

> **Improvisación.** *Ya Pombo (Harry Villegas) había enviado el 10 de septiembre a La Habana un "comunicado informando que había dispuesto la compra por Coco Peredo de una nueva hacienda al sur de Santa Cruz, cerca del río Ñancanhuazú, sin que por ello se abandonara la granja de Alto Beni".*

En el área escogida de Ñancahuazú la fauna era escasa; poca o ninguna caza; sólo había "una decena de pájaros tísicos y algunas gacelas sorprendidas por el Ñato, el mejor cazador del grupo; los famosos tapires no aparecieron jamás. El cuadro no era brillante"[273].

> **Improvisación.** *Esto llevó a la guerrilla a agotar, muy pronto, sus reservas alimenticias, acumuladas en los meses anteriores y –apunta Debray- a salir de sus posiciones para ir a comprar víveres a los campesinos. "Actividades*

---

[273] Regis Debray. Obra citada.

estas conocidas con el nombre de "góndolas", que ponían cada vez en peligro su seguridad y que, repetidas, desgastaron a la larga a los combatientes, ya que el transporte de los víveres se hacía a cuestas a lo largo del Ñancahuazú, terreno accidentado y lleno de emboscadas".

Para poder establecer un útil contacto con algunos residentes del área en que se va a operar Ché "requiere la presencia de guerrilleros de la región... ya que sólo ellos pueden aportar todos los conocimientos elementales del medio... sin los cuales cualquiera en una región remota y atrasada se ve fatalmente tratado como extraño, como extranjero y como sospechoso".

Improvisación. *Tan sólo un boliviano de la guerrilla hablaba unas cuantas palabras de guaraní, la lengua más común entre los peones indios de las haciendas en esta región que linda con el Paraguay. Ni el quechua ni el aymara, que conocían algunos se hablaban en aquella región.*

Absurdamente, en un área no conocida por ellos, lejos de apresurarse a familiarizarse con ella los más instruidos, "puntalmente, de las cuatro a las seis de la tarde,...daban cursos de gramática, de economía política, de historia boliviana, a las que el Ché añadía, por la noche, a título optativo, cursos de francés. Recíprocamente, algunos camaradas bolivianos daban a los otros cursos de quechua"[274].

Improvisación. *Esa despreocupación que predominó durante los meses de febrero y marzo condujo a un abandono de las medidas de seguridad y al aislamiento en que, súbitamente, se encontraron Alejandro*[275]*, Rolando y Joaquín cuando, separados del grueso de la guerrilla se inició la repentina ofensiva del ejército boliviano. Ofensiva que "transformó ese campo de entrenamiento y preparación en teatro de operaciones"*[276].

---

[274] Regis Debray. "La guerrilla del Ché".

[275] Alejandro, (Gustavo Machín) era el jefe de las operaciones del centro.

[276] Regis Debray, "La guerrilla del Ché".

Guerrilleros sin respaldo obrero ni campesino

Mineros y guerrilleros permanecían ajenos los unos a los otros, clara demostración de que muchos meses antes de ser diezmada, la guerrilla había fracasado como instrumento de reivindicación popular.

Guevara se mantuvo siempre totalmente ajeno, marginado de la realidad boliviana. A pesar de tener en sus filas a Moisés Guevara, dirigente minero, no hizo el Ché esfuerzo alguno para contactar a miembros o dirigentes de ese vital sector del movimiento obrero boliviano. Ni antes ni después de la concentración obrera en Siglo XX, a fines de junio de 1967, que culminó en la muerte de medio centenar de trabajadores, en lo que se denominó "la masacre de San Juan", el Ché Guevara intentó relacionarse con aquellos obreros.

¿Qué juicio le merece a Guevara la "Masacre de los mineros de "Siglo XX"? Total indiferencia. Veamos sus notas manuscritas en su Diario:

"Junio 25. La radio argentina da la noticia de 87 víctimas. Los bolivianos callan el número (Siglo XX). Mi asma sigue en aumento y ahora no me deja dormir bien".

Total insensibilidad hacia casi el centenar de obreros que han perdido su vida en lo que la historia recogerá como la "masacre de San Juan".

El congreso obrero convocado para celebrarse en las minas del Siglo XX era lo que se conocía como "ampliado minero"; es decir, un congreso que se extendía a los trabajadores de la industria, a los maestros y a los estudiantes universitarios[277].

El propio Regis Debray reconocía que más de 26 mil obreros de las grandes minas de estaño nacionalizadas estaban distribuidos por casi todo el altiplano y que la principal fortaleza minera estaba concentrada en la estrecha faja de terre-

---

[277] Regis Debray. "La Guerrilla del Ché".

no de 15 kilómetros de largo por 10 de ancho donde se encontraban las minas "Siglo XX", "Huanane" y "Cadavis".

Ningún contacto trata de establecer Guevara con aquellos mineros a pesar de que su homólogo Moisés había sido un dirigente de ese sector obrero.

La guerrilla, nadie conoce aún que está maltrecha, sigue, en la creencia de muchos, activa en las selvas bolivianas.

Guillermo Lora, Secretario General del POR, acaba de regresar de Pekín, después de haber cumplido meses de prisión. Su partido, ilegalizado y disperso. Se ha producido "la masacre de San Juan" con la muerte de cerca de un centenar de mineros. En medio de aquella crítica situación se hacen más tirantes las relaciones de los partidos de extrema izquierda y la guerrilla sobre la que aquellos hablan pero, de hecho, no respaldan. La guerrilla, a la que los dirigentes políticos de izquierda le atribuyen, con temor, una mayor fortaleza, produce preocupación.

Lora, el viejo dirigente del POR, comenta a su regreso:

"Políticamente temo que la guerrilla quiera reemplazar al Partido con una solución militar –la línea política con el fusil– esto no funcionará nunca. La guerrilla necesita un partido. Siempre ha sido así. Siempre será así. Cuba nos ha demostrado esto"[278].

Lora resiente a Regis Debray considerándolo responsable de que Castro hubiera expresado una acerba crítica contra la Cuarta Internacional del POR:

"Yo pienso que Regis Debray ha sido intelectualmente deshonesto. Nos ha traicionado exponiéndonos como los vulgares seguidores de este infeliz Posada, por quien no tenemos absolutamente ninguna simpatía y con cuya línea no estamos de acuerdo"[279].

---

[278] Declaraciones de Guillermo Lora a Rubén Vásquez. "Bolivia a la Hora del Ché".

[279] Conversación con Rubén Vásquez Díaz. Obra citada.

No era sólo Guillermo Lora quien llegaba de Pekín. De allá llega también, en la misma época, Oscar Zamora, el Secretario General del Partido Comunista Marxista Leninista pro chino, liberado del campo de confinamiento cercano a Pekín donde se encontraba aislado por sus actividades políticas. Llegaba enfermo pero con grandes ilusiones quiméricas. Una de ellas, su intención de abrir su propio frente guerrillero "dentro de los próximos meses". No para competir con el ELN sino, más bien, con el fin de apoyarlo y de colaborar con él. No pasó de ser una ilusoria intención.

Paz Estenssoro, exiliado en Lima, declara a la prensa que las guerrillas que luchan en Bolivia no recibirán el respaldo del pueblo boliviano, tan nacionalista, por ser comunistas. Era abril de 1967.

Juan Lechín guardó un apreciable silencio cuando se hizo pública la aparición de las guerrillas en Bolivia. Será poco después que el extremista Lechín expresa su respaldo a los grupos guerrilleros:

"Los guerrilleros luchan por la liberación de la Patria del funesto yugo extranjero que nos ha sido impuesto por los traidores que se hallan en el Palacio de Gobierno"[280]

Es conveniente aclarar que "el revolucionario Lechín" se encontraba, en esos momentos, confortablemente establecido en el exterior, primero en Europa y luego en Chile.

Se constituye el Ejército de Liberación Nacional (ELN)

Pero aquella guerrilla que no conoce el terreno donde opera, a la que voluntariamente no se le ha incorporado un solo hombre, a la que el Chino Chang, en quien tantas esperanzas puso el Ché, exige, como un mercenario, cinco mil dólares mensuales durante diez meses[281], toma aquel 25 de marzo el nombre de Ejército de Liberación Nacional de Bolivia.

---

[280] Mensaje de Juan Lechín a los trabajadores, primero de mayo de 1967.

[281] Diario del Ché Guevara, marzo 20.

El documento en el que se da por constituido el Ejército de Liberación Nacional (ELN) es necesario divulgarlo. Hay que darlo a conocer a la prensa nacional para que ésta lo envíe también al exterior. ¿Se le asigna esta responsabilidad a un miembro de la red clandestina urbana? No. Será un alto oficial de las Fuerzas Armadas quien, gustosamente, servirá de mensajero a los elementos subversivos que combate la institución a la que él pertenece.

Todo había comenzado cuando un oficial de las Fuerzas Armadas, el Comandante Rubén Sánchez, al intentar recoger el 10 de abril los cadáveres de los militares caídos en la emboscada de marzo 23, es hecho prisionero por la guerrilla. Inti Peredo lo reconoce, explica a todos y a Guevara, que el Comandante Rubén Sánchez "se condujo con altura y dignidad como un varón, y no habló más de la cuenta". Anota Inti en su diario que el Comandante Sánchez "contrajo con la guerrilla un compromiso muy importante y supo cumplirlo aún a riesgo de su vida".

¿Cuál era esa obligación contraída? La menciona el Ché Guevara en su Diario el 11 de abril: "Se le dieron dos Partes Número Uno al Mayor con el compromiso de hacerla llegar a los periodistas". Sale el día siguiente hacia La Paz el Comandante Rubén Sánchez con aquel Comunicado No. 1 que contenía el "Manifiesto del Ejército de Liberación Nacional al Pueblo Boliviano".

A partir de aquel momento el Comandante Sánchez mantendrá estrechas relaciones con los gobiernos de extrema izquierda de aquella nación.

En dos gobiernos posteriores a la derrota de la guerrilla de Guevara ocupa el Comandante Sánchez posiciones elevadas. Coincidentalmente, en dos gobiernos que cuentan con el entusiasta respaldo de la extrema izquierda. Está junto al General Juan José Torres cuando éste derroca por un golpe militar, en octubre de 1970, al General Alfredo Ovando. La primera manifestación del General Torres, que tiene a su lado al Comandante Sánchez, es definitoria: Una declaración pública de que su gobierno reconocerá al gobierno de Castro.

Tomará después, este gobierno que tiene el total respaldo de Sánchez, otras medidas: confiscaciones de empresas nacionales y extranjeras, entre ellas la industria azucarera. En el campo político convoca una Asamblea del Pueblo, que será encabezada por un dirigente obrero cuya posición comunista es conocida en todo el continente: Juan Lechín Oviedo.

Por fortuna para Bolivia, el gobierno del General Torres fue de corta duración. Tras un sangriento choque entre elementos de la izquierda y fuerzas del ejército es derrocado. Es el 21 de agosto de 1971. Antes ya habían renunciado los miembros de su gabinete y había perdido todo respaldo militar al separarse de su gobierno la totalidad de los regimientos. Sólo se mantiene junto a Juan José Torres, el Comandante Rubén Sánchez. Ambos se asilan en la embajada del Perú y partirán para un destierro que, en el caso del Comandante Sánchez, no tendrá una extensa duración. Algunos lo habían acusado de pertenecer a las filas del Ejército de Liberación Nacional (ELN) del cual se convirtió en útil mensajero cuando fue capturado por la guerrilla de Ernesto Guevara.

Luego de permanecer clandestinamente en su patria durante el gobierno del General Hugo Banzer, se reincorpora Sánchez al ejército bajo las órdenes de otro general golpista. En junio de 1980 el General Luis García Meza derroca en una asonada militar a la presidenta Lydia Gueiler que había sido democráticamente electa a la primera magistratura. Encabezaron un gobierno usurpador y corrupto que cayó, un año después, en agosto de 1981 envuelto en escándalo de tráfico de drogas.

Jubilado del ejército, el antiguo Comandante Rubén Sánchez, tan elogiado por el Ché y su guerrilla, se incorporó a la vida política de Bolivia.

Renán Montero. Insumergible oficial de inteligencia

Renán Montero[282], alto oficial de inteligencia de Tropas Especiales, cuyo verdadero apellido es Moleón, participa acti-

---

[282] Renán Moleón no participa en la lucha contra el gobierno de Fulgencio Batista por encontrarse en México. Regresa a Cuba al triunfo de la Revolución.

vamente en la organización de la red clandestina urbana del ELN que, entre otras funciones, tendría la responsabilidad de facilitar el avituallamiento a la guerrilla de Ernesto Guevara en Ñancahuazú.

Muestra Renán una larga historia de participación en actividades revolucionarias organizadas desde La Habana. Toma parte, junto a Abelardo Colomé Ibarra (Furry), en 1964, en la preparación del foco guerrillero de Ricardo Masetti en Salta. Antes había intervenido junto a Carlos Fonseca Amador en una de las primeras intentonas de derrocar al gobierno de Anastasio Somoza en Nicaragua. Heridos ambos, Fonseca huye a Cuba y Renán a Guatemala[283].

Cuando en marzo de 1964 Ernesto Guevara, en sus oficinas del Ministerio de Industria en La Habana, da instrucciones a Tamara Bunke (Tania) antes de que ésta parta para Bolivia, se encuentra presente en esa reunión quien será el contacto con el gobierno cubano de la guerrilla que Masetti ya ha organizado para operar en Salta, Argentina: José Montero (Moleón) que muchos conocerán como Renán y otros, los menos, como Iván.

Dos años después, fracasada la operación de Masetti en Salta, Tania, Renán Montero y Ricardo (Martínez Tamayo) se reunirán en La Paz (mayo, 1966) para coordinar la llegada a Bolivia de los que formarán la guerrilla de Ernesto Guevara. Renán sería también el contacto de Tania con la guerrilla.

En La Paz, Ricardo (José María Martínez Tamayo) se mantiene en frecuente contacto con Renán aunque algunos de los que integran la guerrilla de Guevara observan profundas diferencias en el carácter de ambos. "Renán Montero es un sádico. Un tipo de sangre fría. Ricardo, por el contrario, fue un

---

[283] Carlos Fonseca Amador tendrá a su cargo, posteriormente, en febrero de 1961 la organización del Movimiento Nueva Nicaragüa (MNN) y el 23 de junio de aquel año funda, junto con Tomás Borge y Silvio Mayorga, el Frente de Liberación Nacional. Es Fonseca quien propone y logra la aprobación del adjetivo "sandinista" al moivimiento. Carlos Fonseca muere combatiendo el 8 de noviembre de 1976.

gran oficial; un oficial de inteligencia pero muy bueno"[284]. También en su formación. "Renán es un hombre de la contrainteligencia con un alto nivel cultural, muy superior al de Ricardo y ha estado en contacto con los grupos revolucionarios en el continente"[285].

Antes de llegar Guevara a Bolivia Renán participa en los estudios que se realizan para la mejor localización de la hacienda que servirá de cuartel de operaciones a la guerrilla, al tiempo que, también, era responsable de viabilizar la salida de Praga a Bolivia de los que formarían la guerrilla.

Como oficial de inteligencia del Ministerio del Interior tenía la responsabilidad de mantener la comunicación entre La Habana, La Paz y la guerrilla. Este hombre confiable, diligente, de cuya eficiencia depende el futuro de la guerrilla, sale de Bolivia, sin informar a sus contactos locales, al producirse el primer enfrentamiento militar poco antes de que llegasen a La Paz Ciro Bustos, Regis Debray y Juan Pablo Chang.

Renán a cargo de la red clandestina

Que es Renán Montero el que tiene la responsabilidad de mantener funcionando la red clandestina que habrá de servir de fuente de abastecimiento a la guerrilla deja clara constancia Harry Villegas (Pombo) en la anotación de su diario de octubre 4 al transcribir un mensaje llegado de La Habana

> *"La red de abastecimiento propuesta debe continuar trabajándose sobre la forma en que trabajará Renán, no te preocupes por eso. Cumplan instrucciones al pie de la letra".*

En el párrafo anterior le explicaba La Habana a Ricardo y Pombo como Renán los contactaría en La Paz:

> *"A partir de octubre 10, debes hacer tú solo (Ricardo) el siguiente recorrido: diariamente, a las 21 horas, a pie,*

---

[284] Dariel Alarcón (Benigno) en entrevista con el autor.

[285] Dariel Alarcón (Benigno)., entrevista con Ros.

empezando en la Plaza del Estudiante (principios del Prado) subir por México hasta Almirante Grau. Renán te interceptará en este recorrido, lleva órdenes de hacer un solo contacto contigo".

Ernesto Guevara ya parte para Bolivia el sábado 22 de octubre "para encontrarse con Renán en el lugar citado en el mensaje". Una semana después ya está el eficiente oficial de inteligencia nuevamente en La Paz pendiente de la llegada de Guevara (octubre 28). Se reúnen primero Ché Guevara y Renán. Después éste y Ricardo. Los contactos están compartamentalizados aquel noviembre 4. El nombre de Renán desaparece, en esa fecha, del Diario de Harry Villegas (Pombo). Tan pronto se inicien las actividades militares, desaparecerá Renán también de Bolivia.

Será Alberto Fernández Montes de Oca (Pacho), que recién ha arribado a La Paz junto con Ernesto Guevara, quien concerta una entrevista del Ché con Renán; ya éste, desde el 10 de octubre, había estado en contacto con Harry Villegas y Carlos Coello (Tuma).

La primera reunión de Ernesto Guevara con el sinuoso oficial se produce en el Hotel Copacabana en el centro de La Paz. Estuvieron aquel 3 de noviembre en la reunión Ricardo, Pombo y Tuma. Con la imprudencia que lo caracterizaría se tomó Guevara una foto antes de partir hacia Ñancahuazú.

Transcurre un mes. El 11 de diciembre Ché Guevara da instrucciones a Ricardo para que traiga a Renán hasta Ñancahuazú junto con Tania[286].

El 19 llega Renán (Iván) "para tratar toda una serie de asuntos", tantos que discutirlos les toma a los dos toda la noche. Guevara observa que el falso pasaporte de Iván es chapucero (chueco) y debe ser mejorado enseguida por La Habana (Manila). No lo harán.

Comienzan, muy pronto, los conflictos con Renán. El seis de enero Ricardo cuenta al Ché "un incidente que había tenido

---

[286] Diario del Ché Guevara, diciembre 11, 1966.

con Iván, en presencia de Tania donde se carajearon mutuamente y Ricardo le ordenó a Iván abandonar el jeep".

Días después (el 21) le llega a Guevara una nota de Tania sobre "la enfermedad de Iván" y otra del propio Iván. El 25 le envía Guevara a éste una carta con instrucciones. No se conoce que haya recibido respuesta.

Iván no gana amigos. Jozami "se refiere a Iván con bastante desprecio", anota el Ché en su Diario el 21 de marzo. Dos días después descifran un mensaje de La Habana explicando por qué "no escriben a Iván".

Desde fines de febrero Ernesto Guevara sólo podía recibir mensajes de La Habana pero ya no tenía los medios para transmitirlos. En pocos días, con la salida de Renán, quedaría Guevara sin contacto alguno[287].

Aislado Guevara: Renán sale de Bolivia

En marzo Ernesto Guevara conocía que quedaba totalmente aislado y desconectado de la red urbana de abastecimiento: Renán había recibido instrucciones de salir de Bolivia "porque su visa había caducado". Al iniciarse la acción militar de la guerrilla de Guevara en Bolivia, Renán abandona La Paz dejando sin contacto urbano a la guerrilla. La Habana nunca ha dado una explicación comprensible sobre esa decisión limitándose, tan sólo, a manifestar que se le había vencido la visa.

Recién se había producido la prematura acción del 23 de marzo donde, imprudentemente, el Capitán Eliseo Reyes Rodríguez (Rolando) ataca a una patrulla del ejército boliviano descubriendo, así, la presencia de la guerrilla. Es entonces que por razones que otros explorarán más profundamente en el futuro, Renán, el único contacto de la guerrilla con La Paz y

---

[287] "Iván que era el responsable de establecer los contactos de la guerrilla con la red urbana, realmente lo que hacía era obstaculizarlos", Jorge Masetti en entrevista con el autor.

con La Habana, es retirado abruptamente. Castro abandonaba, aquel día de marzo de 1967, a Ernesto (Ché) Guevara[288].

Al salir de Bolivia[289] Renán viajó a París regresando a La Habana a fines de abril.

Durante su larga estadía en la nación del altiplano el oficial cubano había establecido amplias relaciones en aquella sociedad. Tan amplias y profundas que tenía planeado casarse con la hija de un alto funcionario del gobierno de Barrientos. Con la misma facilidad conque se había obtenido a nombre de Adolfo Mena credenciales para Ernesto Guevara se pudo haber conseguido la extensión de la visa de Renán Montero que aparecía a los efectos públicos como un próspero empresario.

Nuevas misiones de Renán Montero

Aparece luego Renán Montero con el nombre de Barahona en un cargo diplomático en Costa Rica desde donde le ofrecía apoyo al movimiento sandinista que ya se estaba gestando en Nicaragua.

"Desde el punto de inteligencia, hace un trabajo muy bueno porque llega a convertirse en el amante de la hermana de un muy alto funcionario de Costa Rica. Logra, así, un nivel enorme de penetración en el gobierno de aquella nación"[290].

Pasa a Nicaragua a combatir en el Frente Sur. Regresa a Cuba y es designado Jefe de las Escuelas Especiales donde reciben instrucciones los que irán a integrar las Fuerzas Especiales.

Cuando triunfa el sandinismo, Renán recibe la nacionalidad nicaragüense para que pueda hacerse cargo, en aquel

---

[288] Renán Montero no ha permitido ser entrevistado, jamás, sobre su actuación en Bolivia. Permitió una entrevista a Jorge Castañeda con la condición de que no fuese grabada ni con presencia de testigo alguno.

[289] Regis Debray afirma, sin aportar prueba alguna concluyente, que Renán Montero ya había partido de Bolivia antes de los primeros días de marzo.

[290] Jorge Masetti en entrevista con el autor identifica al funcionario.

país, del aparato de inteligencia, que luego se denominará la Quinta Dirección estructurada igual que la que se había creado inicialmente en Cuba con una rama que mantendría los vínculos con el movimiento revolucionario y que también se utilizaría para operar en el exterior.

En Nicaragua, desde aquella alta posición, es Renán figura clave en tres hechos de grandes repercusiones. Es él quien, desde Nicaragua, organiza y dirige el atentado en Paraguay que le cuesta la vida a Anastasio Somoza, acción realizada por Gorriarán Merlo[291] y otros cinco argentinos.

Tres de las acciones organizadas por Renán

El miércoles 17 de septiembre (1980) Anastasio Somoza era asesinado en Asunción, Paraguay, por seis hombres que con una bazuka destruyeron su carro blindado Mercedes Benz y "acribillaron luego su cuerpo con ametralladoras"[292].

Somoza hacía su habitual recorrido, seguido de unos escoltas policíacos. Los oficiales de la escolta dispararon sobre los terroristas hiriendo a uno de ellos.

De inmediato la policía anunció que dos de los sospechosos, un hombre y una mujer, eran miembros del Ejército Revolucionario del Pueblo (ERP) un grupo ya poco activo en Argentina. El hombre fue identificado como Hugo Alfredo Irurzún, conocido como el Capitán Santiago, la otra funcionaba como Silvia Mercedes Hodger.

Junto a Somoza morían otras dos personas, su chofer y un asesor. Todas las armas encontradas en el carro abandonado –rifles automáticos y bazukas–, eran de manufactura nor-

---

[291] Enrique Gorriarán Merlo, comandante del Ejército Revolucionario del Pueblo (ERP) argentino, participó en distintas actividades revolucionarias junto con agentes castristas. Se separa posteriormente (1979) del Partido Revolucionario de los Trabajadores (PRT) argentino. Al fracasar en su asalto al cuartel de La Tablada (1989) y ser condenado perdió el respaldo de Castro.

[292] Cable del Miami Herald, septiembre 18, 1980.

teamericana. El gobierno paraguayo cerró de inmediato las fronteras con Bolivia, Argentina y Brasil y todo el movimiento en el Aeropuerto de Asunción.

Horas después se informaba que la muerte de Hugo Alfredo Irurzún se había producido cerca de la frontera de Argentina[293].

Ya para el viernes 19 el atentado empezaba a asociarse a las antiguas guerrillas sandinistas. Se supo que Irurzún –que llevaba en su bolsillo dos pasaportes: uno argentino y otro uruguayo; uno de ellos cuya visa indicaba reciente viaje a Panamá y Costa Rica[294]–, había llegado de Nicaragua utilizando sus identificaciones falsas para comprar un pick up Chevrolet. El dinero no era problema. Si le encontraron US$10,000 dólares en sus bolsillos.

Una atractiva joven argentina con el nombre de Alejandra Renata Colombo en su pasaporte había alquilado la casa. El nombre real de la atractiva joven era Silvia Mercedes Hodger. Apenas un año viviría Somoza en Paraguay[295].

El atentado planeado desde la lejana Nicaragua por Renán Montero director, allá, del aparato de inteligencia o Quinta Dirección, tuvo como principal ejecutor a Enrique Gorriarán Merlo que logró evadirse[296].

Tres años y medio después Renán, el activo agente de la inteligencia cubana planea, esta vez con éxito parcial, un nuevo atentado.

---

[293] El carro utilizado para el atentado había sido alquilado por Irurzún a nombre de José Vicente González, utilizando a otro argentino, Jorge Domínguez, como intermediario. El apartamento donde colocaron la bazuka fue alquilado por Hodger, alias "Luisa", un mes antes.

[294] Informe de Pastor M. Coronel, Jefe de la Policía de Paraguay.

[295] Somoza había arribado a Paraguay el 19 de agosto de 1979 al serle demorada su admisión a los Estados Unidos por la Administración del Presidente Jimmy Carter.

[296] Ver amplios detalles de esta operación en el capítulo sobre Argentina.

Es Renán quien dirige, también, el atentado a Edén Pastora donde mueren varios periodistas, uno de ellos norteamericano. Hecho que se realizó en La Penca en la frontera con Costa Rica y por el que, durante muchos años, fue culpada la Agencia Central de Inteligencia (CIA).

Edén Pastora es herido seriamente el miércoles 30 de mayo (1984) en ese atentado donde murieron una periodista norteamericana, dos reporteros costarricenses y dos miembros de ARDE y resultaron heridas 20 personas, entre ellas, periodistas extranjeros. La bomba le fue lanzada en un rústico salón cerca de La Penca, al sur de Nicaragua.

La explosion se produjo al día siguiente de darse a conocer una profunda división en la organización Alianza Revolucionaria Democrática (ARDE), con base en Costa Rica, dirigida por Pastora. Crisis que motivó a un número creciente de periodistas entrevistarse con Pastora (el Comandante Cero) quien había servido como Subsecretario de Defensa en el gobierno sandinista.

Pastora culpó "al régimen totalitario de Nicaragua" de la agresión. Los soviéticos culpaban a la CIA por la explosión en el campamento La Penca que se produjo cuando Pastora discutía con Alfonso Robelo, el líder de la otra facción de ARDE, las diferencias entre ambos grupos.

Dos días después del atentado, antes de partir hacia Venezuela, Pastora responsabilizaba también a la Agencia Central de Inteligencia: "Este fue el castigo de la CIA por no someterme a su presión y no unirme con las fuerzas somocistas"[297].

Tiene luego Renán fricciones con Tomás Borge a mediados de los ochenta y pasa a ser asesor de Humberto Ortega a cargo del Departamento de Relaciones Internacionales del Ejército Popular Sandinista teniendo a su cargo la entrega de armas a los grupos subversivos de El Salvador, Guatemala y otros países del istmo.

---

[297] Miami Herald, sábado, junio 2, 1984.

Después Renán Montero "nuevamente se enferma –desde que yo lo conozco se está muriendo– y se retira a La Habana donde vive con todos los lujos y comodidades"[298].

Renán y el terrorista Gorriarán Merlo

Enrique Gorriarán Merlo (El Pelado Gorriarán), uno de los más connotados dirigentes del Ejército Revolucionario del Pueblo (ERP), había militado durante años en el izquierdista Partido Revolucionario de los Trabajadores (PRT). Detenido en 1970 por actos subversivos pudo fugarse junto con Mario Roberto Santucho, dirigente del PRT, de la cárcel de Rawson en agosto de 1972, trasladándose a Cuba y, luego, regresando subrepticiamente a Argentina.

1972 fue un año de intensa actividad de las guerrillas urbanas en Argentina. En abril fue secuestrado y asesinado por el grupo troskista del ERP un ejecutivo de la FIAT, el mismo día en que era ametrallado en la ciudad de Rosario el Gral. Juan Carlos Sánchez, Comandante del Segundo Cuerpo del Ejército y líder de la lucha contra la guerrilla. En agosto varios guerrilleros murieron "tratando de escapar" de la base militar de Trelew. El día anterior otros diez guerrilleros, (agosto 15) escaparon a Chile secuestrando un avión. (Ver detalles más amplios en el capítulo bajo el epígrafe "Argentina"). Perón, luego de diecisiete años de exilio, regresaba para participar –lo que le fue impedido– en las elecciones presidenciales.

Durante seis años (1970-1976) Gorriarán viaja a Chile, luego a Cuba donde establece estrechas relaciones con el Departamento América (del Ministerio del Interior) que dirige el Comandante Manuel Piñeiro, y posteriormente, regresa a Argentina manteniendo contacto con sus antiguos camaradas del ERP.

En 1978 Gorriarán se encontraba en Colombia trabajando junto a las Fuerzas Armadas Revolucionarias Colombianas (FARC) donde permanece brevemente.

---

[298] Jorge Masetti en entrevista con el autor.

En la división que se produjo en 1979 en el PRT, Gorriarán, íntimamente ligado al régimen de Castro y al movimiento sandinista, ingresa a Nicaragua para integrar, al desplomarse el régimen de Somoza, la recién creada Seguridad del Estado nicaragüense.

En dos espectaculares atentados personales interviene, dirigiéndolos, el terrorista Gorriarán: el del Comandante Bravo, que había sido Jefe de las Operaciones de la Guardia Nacional de Nicaragua durante el gobierno de Somoza, y el que le costó la vida al propio Anastasio Somoza.

El Comandante Pablo Emilio Salazar, que estaba al frente del comando meridional durante el gobierno de Somoza, era conocido por todos como "el Comandante Bravo". A la caída de aquel régimen, Bravo escapa en una barcaza hasta El Salvador y, de allí, a Honduras.

Ajustician al Comandante Bravo

Recién había sido designado Renán como jefe del Servicio de Inteligencia de Nicaragua cuando planea, junto con el argentino Enrique Gorriarán, la ejecución del renombrado oficial de la Guardia Nacional durante el gobierno del depuesto Somoza.

Tramaron, desde Managua, la liquidación física del "Comandante Bravo", que había estudiado y recibido su entrenamiento militar en campamentos de las fuerzas armadas norteamericanas.

El Comandante Bravo dirigió las tropas de la disuelta Guardia Nacional en la frontera con Costa Rica durante la ofensiva final del Frente Sandinista, a mediados del año, período durante el cual la prensa norteamericana había cubierto en detalle la extensa lucha que se libraba en Nicaragua entre las fuerzas sandinistas y la Guardia Nacional.

Después del triunfo de la revolución sandinista Bravo concurrió al congreso norteamericano para denunciar el terror y las arbitrariedades impuestas por el nuevo gobierno y solicitar la ayuda en alimentos y medicamentos para asistir a los millares de nicaragüenses que habían buscado refugio en los países limítrofes.

Posteriormente, el 1o. de agosto (1979) participó, como testigo excepcional, en una conferencia de prensa celebrada en Washington que había sido convocada por el congresista John Murphy de Nueva York. Denunciaba en aquella conferencia el Comandante Bravo los atropellos cometidos por los sandinistas. Sus palabras fueron recogidas en las Actas del Congreso de los Estados Unidos[299].

Cuando no están disponibles otros medios para la entrega de esa ayuda, –sigue expresándose en los records del congreso- el Comandante Bravo se ofreció como voluntario para llevar ese suministro de alimentos y medicinas a las zonas fronterizas de Honduras distribuyéndolos entre los nicaragüenses que allí se encontraban. A los dos días de haber llegado a Honduras el Comandante Bravo era secuestrado y asesinado.

¿Quién fraguó la operación, la liquidación física de aquel oficial? ¿Quién la llevó a efecto? Un cubano, agente de Castro: Renán Montero. Un argentino, miembro del extremista Ejército Revolucionario del Pueblo (ERP): Enrique Gorriarán. Un nicaragüense, entrenado en Cuba, recién designado Ministro del Interior: Tomás Borge.

Bravo había ingresado en Honduras el 12 de octubre con el pasaporte nicaragüense #14621 bajo el nombre falso de Germán Toledo[300].

Según la prensa hondureña Pablo Emilio Salazar (Comandante Bravo) había llegado de Miami acompañado de Jorge Jarquín y Julio César Montealegre alojándose en el Hotel Istmania[301].

---

[299] Congressional Record, 26 de febrero, 1980, páginas H-123-1274.

[300] Periódico "Barricada", Managua, jueves 25 de octubre 1979, página 8.

[301] La versión que ofrece el ya ex-presidente Anastasio Somoza sobre la salida del país del Comandante Bravo es otra: "Después de la victoria revo-

Por delación de una mujer detenida conoce Enrique Gorriarán la confirmación de la presencia del Comandante Bravo en Honduras. *"La información del Pelado (Gorriarán) era realmente de primera calidad puesto que venía de la propia amante de Bravo, que había establecido a su vez contacto con el Pelado. Nos pusimos a organizar de inmediato el plan de ejecución"*[302].

El plan lo realizarían extranjeros para evitar que, de fallar, "se pudiera comprometer a los sandinistas que ya formaban gobierno". Se escogerían a dos de la media decena de argentinos del ERP que en las últimas semanas de la revolución se habían incorporado a la lucha contra Somoza.

Días después se daba a conocer por la prensa que el Comandante Bravo había encontrado la muerte por un disparo en la cabeza en una casa de las afueras de Tegucigalpa. A las pocas horas se fueron conociendo pormenores de la alevosa ejecución.

El 17 de octubre la policía de Tegucigalpa encontraba el cadáver. Su cuerpo acribillado a balazos fue descubierto en una casa de un suburbio de Tegucigalpa. La policía estimaba que Salazar (el Comandante Bravo) había muerto hacía seis días, posiblemente el mismo día de su llegada.

El cadáver con huellas de haber sufrido tortura tenía destrozados los órganos genitales. Informes de los médicos forenses confirmaban que había recibido cuatro balazos en la cabeza y que había sido torturado antes de ser ejecutado[303].

Había llegado a Honduras el miércoles para entregar 50 mil libras de alimentos a los campos de refugiados en El Salvador y Honduras. Jorge Jarquín y Julio Montealegre, habían acompañado al Comandante Bravo en el vuelo pero habían

---

lucionaria, Bravo y sus hombres se fueron en una barcaza hacia El Salvador. Desde El Salvador se fueron a Honduras". Fuente: Anastasio Somoza "Nicaragua Traicionada".

[302] Jorge Masetti. "El Furor y el Delirio".

[303] Miami Herald, octubre 18, 1979.

regresado a San Salvador[304]. Dos horas después de haber llegado al hotel al que no regresó.

El miércoles 17 de octubre llegaba a Managua una misión especial encabezada por el embajador soviético en México que informó que en pocos días se daría a conocer el nombre del nuevo embajador en Nicaragua.

El 19, coincidiendo con la eliminación física del Comandante Bravo, Nicaragua y la Unión Soviética normalizan sus relaciones diplomáticas.

Para el día 20 se prorroga por otro mes el estado de emergencia en Nicaragua. La Ley de Emergencia concedía poderes extraordinarios a la Junta de Gobierno.

La casa en que se encontró el cadáver había sido alquilada a un agente de bienes raíces dos semanas antes "por un hombre que presentó un pasaporte panameño".

Muy variada fue la reacción.

Tomás Borge, el Ministro del Interior, saltó de gozo afirmando que con la muerte del Comandante Bravo "se ha cortado la cabeza de la contrarrevolución en el sector que operaba en Honduras... Ese esbirro está hoy bajo siete cuartas de tierra".

Adelantó Borge en un acto promovido por la "Juventud Sandinista 19 de Julio" que "uno a uno los enemigos de Nicaragua irán cayendo y, tarde o temprano, le tocará el turno al asesino Anastasio Somoza". Lo sabía bien el Ministro del Interior que había planeado, con Renán y Gorriarán la muerte del Comandante Bravo y la del ex-presidente Somoza que llevarán a cabo un año después en Asunción, Paraguay.

Desde Asunción, el ex-presidente Somoza expresaba su pena por la muerte del Coronel Pablo Emilio Salazar al que calificó de haber sido "un guerrero de la libertad". Aprovechó Somoza para lanzar una fuerte andanada contra el presidente norteamericano: "Siento mucha tristeza ante la muerte de uno de los defensores de los damnificados por la cruenta guerra

---

[304] Información ofrecida por el Coronel Leonel Gutiérrez Minea, de la policía hondureña. Cable UPI, octubre 17, Tegucigalpa, 1979.

que asoló a Nicaragua mediante la agresión del gobierno terrorista del presidente Jimmy Carter"[305].

Ya han ajusticiado al Comandante Bravo. Ahora planean la liquidación de un enemigo de más alta jerarquía.

Comandos argentinos ejecutan a Somoza

Poco después de la invasión a las Islas Malvinas los sobrevivientes del comando que había asesinado a Anastasio Somoza Debayle en Asunción, Paraguay, comenzaron a narrar los pormenores de aquella operación[306]. Habían sido parte integrante del ERP argentino que a través de Mario Roberto Santucho y, luego, de Gorriarán establecieron, después del asalto al Palacio Nacional de agosto de 1978, relaciones con el Frente Sandinista de Liberación (FSLN).

La colaboración de ese grupo de argentinos con el Frente Sandinista comenzaría en mayo de 1979, fecha en la que ni uno solo de ellos había aún tocado tierra nicaragüense. Tan sólo al aeropuerto internacional de Panamá habían arribado. Los militantes argentinos llegaban a Panamá cuando los nicaragüenses que formaban el Frente Sur empezaban aquel 28 de mayo su ofensiva hacia el norte para tomar la ciudad de Rivas. Siete semanas después Somoza salía de Nicaragua para no regresar.

Negada su entrada a los Estados Unidos por el gobierno del presiente Jimmy Carter, Somoza se refugia en Asunción, Paraguay.

Apenas siete semanas habían transcurrido desde la llegada del comando argentino procedente de Panamá y del triunfo del Frente Sandinista.

El comando que apenas participó en Nicaragua en la lucha armada contra Somoza, traza ahora en la ya pacificada

---

[305] Cable EFE, octubre 18, 1979. Diario Las Américas.

[306] La acción se describe en "Somoza: expediente cerrado" de Claribel Alegría y D. J. Frakoll.

Managua planes para liquidar en Asunción al depuesto gobernante.

Viajan a la capital paraguaya, con nombres y pasaportes falsos, hombres y mujeres presentándose a veces como matrimonio para alquilar residencias, y como modestos empresarios para adquirir un puesto de venta de periódico en la calle por donde pasaría el carro de Somoza.

Las 150 páginas del libro "Somoza: expediente cerrado" –lleno de autoelogios– describe en detalle la minuciosa preparación que realiza el comando, los gastos en que incurre, la adquisición de la bazuka y de las otras armas, la compra de los carros, el detallado "plan de chequeo del objetivo", el sitio en que estuvo preparada la bazuka, el carro que utilizarán en el atentado y, sobre todo, la camioneta en que Hugo Irurzún (Santiago), el Flaco, se alejaría después de que disparase el proyectil. Más de tres meses empleó el comando argentino en todos estos detalles.

Tres meses para haber podido mantener –porque dinero les sobraba– en perfectas condiciones la camioneta en la que el bazukero Irurzún, el que más riesgo corría, debía alejarse con rapidez una vez perpetrado el atentado.

Veamos, en palabras de los sobrevivientes, la forma descuidada, chabacana, irresponsable, conque trataron la camioneta que el Flaco Irurzún tomaría.

Están ensayando con sumo cuidado todas las semanas cada uno de los pasos que deben tomar para el atentado. Esta es en palabras de los sobrevivientes la descripción textual de uno de aquellos ensayos:

> "*Armando corrió hacia el garage, abrió las puertas de par en par, se subió a la camioneta y empezó a maldecir en voz baja cuando el motor se resistía a arrancar.*
> *Esto es un desastre –dijo Ramón cuando entró al garage y cerró la puerta– ¿Qué pasa?*
> *Armando finalmente logró que el motor arrancara, lo aceleró y lo dejó descansar mientras escuchaba con oído crítico.*
> *–Probablemente son las válvulas que están gastada– dijo. No tiene compresión. Déjame que mire".*

Hugo Irurzún, morirá en el atentado a Somoza
Hugo Irurzún, junto con Enrique Gorriarán Merlo y otros, participa en el atentado
a Anastasio Somoza en Asunción, Paraguay, en que perdieron la vida
el ex-mandatario y el propio Irurzún.

Hay un nuevo ensayo; veamos como lo describen:

"Santiago entró al garage y sacó dos baterías del estuche de herramientas que estaba abierto sobre el ancho guardafango del Chevrolet.
¿Cómo va eso, Armando?
Armando se encogió de hombros.
-Estoy limpiando los platinos– -dijo- veremos si eso ayuda".

Hay un tercer ensayo:

"¿Cómo va la camioneta? –le preguntó Ramón.
"Hice lo que pude, pero es una mierda. La raíz del problema son las válvulas gastadas. Para tener un margen de seguridad tendremos que calentar cada hora el motor. Sólo así podremos estar seguros de que arranque cuando llegue el momento".

Muere un guerrillero por unas válvulas gastadas

A las 10:25 de la mañana[307] se acerca el Mercedes en que viene Somoza. Detrás, el carro de sus custodias. Irurzún disparó la bazuka pero falla. Dispara otra vez.

"La explosión fue impresionante. Pudimos ver el auto totalmente destrozado y la custodia escondida detrás de un murito de la casa de al lado".

Otro de los complotados sube a la camioneta y logra ponerla en marcha y ve que un guardaespaldas está tirándole a Irurzún.

Ya en marcha la camioneta *"el Flaco (Irurzún) se tira dentro de la parte de atrás. Salgo por la ruta de retirada y a los treinta metros, pa, pa, pa, se para la camioneta.*
"–Esta mierda no camina, hagámonos de otro auto".

Veamos el penúltimo acto de esta "operación comando":

---

[307] Miércoles 17 de septiembre de 1980.

"La inservible camioneta permaneció estacionada allí en medio de la ruta de escape, con las armas regadas adentro. Las matrículas las habíamos escondido para dificultar un poco la identificación, pero el número de serie del motor no pudo ser borrado. El plan inicial había sido el de llevar las armas en la retirada y luego esconderlas en un tercer buzón. No había sitio para ellas en el diminuto Mitsubishi y tuvieron que abandonarlas".

Los complotados se lamentan, no de sus propios errores sino "de la mala suerte".

"Cada vez se ponía la situación más difícil. Primero, la mala suerte de que a las diez horas de la operación ya tienen identificado a Santiago (Irurzún) al día siguiente sale su foto. Yo sabía que él estaba en peligro. Pese a todos los planes que hemos hecho, nunca se nos ocurrió que al otro día iba a estar él tan quemado".

En esa operación "tan bien planeada" pierde este comando argentino a uno de sus más valiosos integrantes por no reemplazar, en los tres meses que pasan en Asunción, "las válvulas gastadas".

Años después dirige Gorriarán una acción de mucha mayor envergadura.

El asalto a la base militar de La Tablada

En Argentina medio centenar de guerrilleros urbanos asaltan en enero de 1989 la base militar de La Tablada. En el ataque sorpresivo penetran en el cuartel.

El ejército, respaldado por tanques y artillería, volvió a controlar de inmediato el cuartel y las bases de infantería que habían sido asaltadas.

Más de 20 de los 50 comandos murieron o fueron heridos. Por lo menos dos de los comandos eran miembros del Ejército Revolucionario del Pueblo que había estado inactivo los diez años anteriores. Otro de los asaltantes pertenecía al grupo guerrillero los Montoneros. En el ataque de La Tablada[308] murieron 28 de los atacantes, siete soldados y un policía.

Muchos de aquéllos eran jóvenes que provenían de distintas vertientes revolucionarias. Algunos marxistas, otros peronistas, varios anarquistas. Algunos de ellos habían combatido junto a los sandinistas.

Así los recuerda Jorge Masetti que participó con varios de ellos en distintas acciones:

> *"Me impresioné cuando ví la lista de muertos. La mayoría eran amigos míos. Con ellos había compartido las mismas ilusiones, los mismos peligros, las mismas alegrías y las mismas penas. Allí estaban el Gordo Sánchez. Con él combatí en Nicaragua. El Galleguito Calbú, siempre sonriente, detrás de alguna pollera por las calles de México, de Managua o de donde se encontrara, el Caña, hablando siempre de fierros y de combates. Cecilia, con su entrega casi pastoral y tantos otros muertos estúpidamente en una operación insensata, ni siquiera comprendidos por el pueblo que tanto amaban"*[309].

Un mes antes del ataque a La Tablada se había producido un intento de levantamiento militar respaldado, según el gobierno, por el General Manuel Antonio Noriega a quien acusaban de haberle facilitado un avión militar a un antiguo coronel argentino que había sido agregado militar en Panamá. Se trataba del Coronel Mohamed Alí Sieneldin, hijo de familia libanesa, perteneciente a un grupo antinorteamericano de extrema derecha y que había sido enviado, "exilado diplomático", como agregado militar a Panamá.

Ante la creciente evidencia de la participación de Noriega en aquel fallido golpe militar el gobierno argentino retiró su embajador de Panamá.

Pronto se hizo evidente que el grupo que atacó la base militar estaba vinculado al gobierno sandinista de Nicaragua.

---

[308] El cuartel era la base del tercer regimiento mecanizado de infantería de La Tablada.

[309] Jorge Masetti. "El Furor y el Delirio".

Fue identificado Jorge Manuel Bañas, fundador del Movimiento Todo por la Patria (MTP) y que, antes, había pertenecido a otras organizaciones. Se señaló a Enrique Gorriarán Merlo como uno de los dirigentes del grupo y director de la organización MTP. Al menos 19 de los atacantes fueron hechos prisioneros[310].

Luego de la muerte de Mario Roberto Santucho, Gorriarán se convirtió en el más alto comandante militar del ERP.

Vuelve a Nicaragua, habiendo salido del país centroamericano en la década de los 90, es detenido en México y extraditado a Argentina, donde cumple prisión.

Volvamos a Bolivia y a Guevara.

Fricciones con Marcos (Pinares)

El 4 de marzo destituye el Ché a Marcos (Pinares) como jefe de la vanguardia. ¿Por qué? ¿Qué ha sucedido?

A Marcos (Antonio Sánchez Díaz) los más lo conocen como Pinares. Nacido en Pinar del Río, de familia campesina, trabajó por años como obrero de la construcción. Se incorporó al ejército rebelde.

Se encuentra Pinares en Oriente en la columna de Camilo Cienfuegos cuando el 29 de julio (1958) pasa a integrar las fuerzas que están junto a Fidel. Enfrentado a una columna del ejército constitucional entabla un combate en el que muere René Ramos Latour[311] (Daniel). Luego de aquel encuentro la Columna Dos de Camilo Cienfuegos avanzó hacia Las Villas, y Pinares es designado segundo jefe de operaciones en el Escambray, entrando en La Habana el 2 de enero de 1959. Al triunfo de la Revolución es nombrado Jefe de Cuerpo del Ejér-

---

[310] Entre los arrestados se encontraban Roberto Felicetti y su esposa, dirigentes de la organización MTP. Otros de los arrestados habían pertenecido antes al ERP.

[311] Trabajó con Frank País en Santiago de Cuba en el movimiento clandestino.

cito en la provincia de Camagüey y miembro del Comité Central de Partido Comunista.

Llega a Bolivia, junto con Eliseo Reyes Rodríguez (San Luis, Rolando) el 20 de noviembre.

Ya pronto comienzan las fricciones de Pinares con Ernesto Guevara cuando éste, luego de la reunión con Mario Monje, ante un grupo de guerrilleros analiza algunas debilidades de trabajo que hasta ese momento se ha desarrollado, criticando duramente a Marcos "por su forma de tratar a los bolivianos y explica por qué, aún cuando Marcos era el jefe del grupo al comienzo en San Andrés (centro de entrenamiento de los cubanos internacionalistas que irían a combatir a Bolivia) no es designado allí el segundo, posición que es ocupada ahora por Joaquín"[312].

El 20 de febrero, a los tres meses de estar en Bolivia hace Guevara la primera evaluación de Pinares y deja constancia de que no ha estado a la altura de lo que se esperaba de él. Afirma que Marcos (Pinares) "es indisciplinado, antiestudio, arbitrario y con poca autoridad". En los días anteriores y posteriores a esa fecha Marcos a veces con Braulio, otras con Tuma o Urbano, sale de exploración para buscar un lugar por donde puedan descender del sector montañoso en que se encuentran.

El 26 de aquel mes se produce un incidente entre Marcos y Pacho (Alberto Fernández Montes de Oca). Marcos había tratado de comunicarse con el Ché pero la comunicación era muy deficiente y se vió obligado a enviar a Pacho en busca de Guevara. Pacho, al llegar, se quejó de que Marcos lo había amenazado con un machete dándole con la empuñadura en la cara.

El Ché irritado anota en su diario: "ante la gravedad del hecho, llamé a Inti y a Rolando, quienes confirmaron el mal clima que existía en la vanguardia por el carácter de Marcos, pero también informaron de algunos desplantes de Pacho". Al día siguiente, el 26 de febrero, Guevara tuvo un careo con Marcos y Pacho y quedó convencido "de que existió por parte

---

[312] Harry Villegas (Pombo). Diario. Enero 6, 1967.

de Marcos la injuria y el maltrato y, quizás, la amenaza con el machete, pero no el golpe". Un mal augurio para el que había sido su segundo jefe en el Escambray.

¿Qué había sucedido?

Pastor y Rocabado han desertado de la guerrilla y ofrecen al ejército información sobre la ubicación del campamento. Es en ese momento que otro de los hombres del minero Moisés Guevara, Salustio, es enviado por Antonio a realizar una exploración, ocasión que aprovecha Salustio para presentarse al ejército y denunciar, también, a la guerrilla. Las dos delaciones llevan a Marcos a tomar dos decisiones. La primera, alejar de la zona a los visitantes extranjeros: Regis Debray y Alberto Bustos, y mantener distante de la Casa de Calamina al personal. Ambas decisiones fueron acremente censuradas por Ernesto Guevara cuando éste regresó al campamento días después gritándole que "era una guerrilla a la desbandada, que iba huyendo y se quedaba como derrotada sin haber librado el más mínimo combate"[313].

Convoca Guevara a toda la tropa y públicamente los amonesta incriminándolos por sus deficiencias, por los serios defectos del carácter de ambos. Refiriéndose a Marcos y a Pacho dice Guevara:

> *"Hombres que una vez se dieron íntegros por una causa se han acostumbrado a la vida de oficina, se han vuelto burócratas, acostumbrándose a dar órdenes, a tener todo solucionado en la oficina, a tener todo lo que llega hasta ellos completamente resuelto. Este es el caso de los compañeros Marcos y Pacho que no pueden adaptarse a esta vida; no me gusta pensar que ellos tienen constantes problemas con los otros compañeros porque no tienen el valor de decir que se quieren ir"*[314].

Destituye a Marcos. La democión toma lugar luego de una larga discusión entre Ernesto Guevara y Marcos. Miguel

---

[313] Dariel Alarcón. "Benigno. Memorias de un soldado cubano".

[314] Harry Villegas. Pombo, Diario de Campaña, de febrero 28, 1967.

(Manuel Hernández) sustituirá a Marcos (Pinares) como jefe de la vanguardia.

Para verguenza de Marcos es éste reprendido en la misma reunión en que lo fueron los que formaban "la escoria de la guerrilla".

La humillación a que es sometido el orgulloso, pero indisciplinado Pinares es aún mayor: Guevara lo envía a la retaguardia. Apunta el Ché el 26 de marzo en su diario:

"Hablé con Marcos y lo envié a la retaguardia. No creo que mejore mucho su conducta"[315].

A la retaguardia, con los enfermos y la escoria, la resaca: Pepe, Paco, Eusebio, Chingolo. Los que pronto van a desertar. Y a delatar.

Sólo vuelve a ser mencionado por el Ché el proscrito Pinares el 15 de abril cuando se le asigna la ametralladora 30 "teniendo de ayudantes a los de la resaca". Un nuevo insulto.

La segunda evaluación de Marcos (Pinares) no es más generosa que la primera. Escribe Guevara el 20 de mayo en sus notas manuscritas en las que, periódicamente, evalúa a la guerrilla:

"Seis meses. Indefinido. Está separado de nosotros. Siempre no mostró la mejor comprensión... Pidió la 30 como voluntario"[316].

Aumentaban las tensiones internas en la guerrilla.

El 24 de marzo es fecha importante en el diario quehacer de aquella guerrilla.

---

[315] Quedaba en el expediente de Marcos que lleva Guevara esta segunda amonestación. El 26 de marzo ante toda la tropa es destituido Pinares por "sus continuas irresponsabilidades. Pasa a ser soldado en la retaguardia". Evaluación de la guerrilla por Ernesto Guevara. Notas manuscritas.

[316] La ametralladora, la única conque cuenta la guerrilla, pasa luego al boliviano Pedro (Antonio Jiménez Tardío) hasta que éste muere en la acción del Iñao el 9 de agosto.

En esa fecha queda destituido Marcos como jefe de la vanguardia, licencia Guevara a Paco, Pepe, Chingoro y Eusebio que forman la lamentable resaca de la guerrilla, y amonesta a Walter[317] "por ablandarse durante el viaje, por su actitud en el combate y por el miedo que mostró a los aviones". Toma Guevara después, en horas de la noche, otra decisión: le da a ese grupo el nombre de Ejército de Liberación Nacional de Bolivia.

¿Quiénes componen este ejército *nacional* de Bolivia?

Expulsados en horas tempranas los cuatro bolivianos de la resaca la guerrilla del ejército *nacional* la componen veinte extranjeros y veinte bolivianos. Las jefaturas, todas, a cargo de hombres de confianza de Guevara; ninguno, boliviano. Diecisiete cubanos, incluyendo al Ché, y tres peruanos.

La vanguardia la forman tres cubanos Manuel Hernández Osorio (Miguel), Dariel Alarcón (Benigno), Alberto Fernández Montes de Oca (Pacho) y ocho bolivianos; el centro lo constituyen nueve cubanos (Gustavo Machín, Eliseo Reyes, Harry Villegas, Carlos Coello (Tuma), Leonardo Tamayo (Urbano), Octavio de la Concepción Pedraja (Moro), José María Martínez Tamayo (Ricardo), su hermano René (Arturo) y Orlando Pantoja (Antonio), además del Ché Guevara; seis bolivianos, dos peruanos y Haydee Tamara Bunke (Tania) la argentina; la retaguardia, dirigida por Juan Vitalio Acuña (Joaquín) la forman otros tres cubanos, Israel Reyes (Braulio), Jesús Suárez Gayol (Rubio) y Antonio Sánchez Díaz (Marcos-Pinares) y cinco bolivianos, eliminados ya los cuatro de la resaca antes mencionados.

El 31 de aquel mes el Ché Guevara se quejaba amargamente de la calidad de algunos de los hombres que el minero Moisés Guevara había aportado a la guerrilla y que "han resultado con un nivel general muy pobre (dos desertores, un prisionero y "hablador", tres rajados y dos flojos)".

---

[317] Walter Arancibia Ayala, boliviano.

Braulio (Israel Reyes Zayas) en su rústico diario, el único que se lleva en la retaguardia, hace, el dos de junio la siguiente anotación: "Marcos y Víctor desaparecieron durante una misión de exploración". ¿Qué había pasado?

El 31 de mayo Marcos y Víctor (el boliviano Enrique Hinojosa) van a la casa de un campesino en la zona de Bella Vista en busca de víveres. Dos días después regresaron a la misma casa y mueren al caer ambos en una emboscada. Regresar a la misma casa. El mismo error que en agosto le costará la vida a toda la retaguardia.

Eran bien pequeños, pero perentorios, los objetivos que perseguía la guerrilla en su errante recorrido por aquella zona que ninguno de sus integrantes conocía. Marchaba por cualquier camino, por cualquier atajo, en busca de alimentos, de agua. De medicina para el asma asfixiante que ahogaba a Ernesto Ché Guevara.

Lo dice con sencilla claridad Pombo en su Diario:

"Por la noche llegamos a la carretera y Ché mandó a Antonio a una casa donde vivía una ancianita para pedirle permiso para cocinar en su casa; pero ella se negó a abrir la puerta. Después la dueña de una pulpería se negó a atendernos, lo que nos obligó a comprar por la fuerza".

Lo que una pobre mujer no ofrece voluntariamente la guerrilla de Guevara, que fue a Bolivia a redimir a un pueblo, lo toma por la fuerza.

Nadie se le acercaba. Llegaron a un pequeño poblado.

"Todos los campesinos atemorizados abandonaron el lugar, esto no era extraño. Ocurría siempre que llegábamos a un caserío". Fuerzan la entrada en todas las casas. *"Caminamos hasta la casa de un campesino llamado Ramón, cuya suegra no quería que nos quedásemos"*[318].

---

[318] Pombo. Un Hombre de la Guerrilla del Ché.

La toma de un hospital

Como no recibían voluntaria ayuda, la obtenían por la fuerza. En una guerra hay serias razones estratégicas para atacar a un blanco determinado, a una guarnición militar, a un puente, a un cruce importante de carretera. Los ataques a esos puntos tienen como finalidad debilitar al enemigo o destruir un foco de resistencia. No para el autor del "Manual de Guerrillero".

El asma del Ché seguía en aumento. Para conseguir algún medicamento que lo aliviara "se concibió el plan de llegar al poblado de Samaipata. Por medio de algún vehículo que detuviéramos en la carretera y asaltar la farmacia y el hospital". Fuente: Harry Villegas. "Pombo".

Ni siquiera en este "combate" participa el Ché. Tomarán parte del mismo sólo seis guerrilleros: Ricardo, Coco, Pacho, Aniceto, Julio y Chino. Era el 6 de julio.

No se planea un ataque a un puesto militar, a un retén, a una patrulla. No. Se decide el asalto a una farmacia y a un hospital. Por supuesto, el valeroso ataque tiene éxito. Veamos la descripción que hace uno de sus participantes:

> "Ya en la carretera fueron detenidos varios vehículos... en una camioneta se trasladaron al pueblo, se dirigieron al paradero de ómnibus donde tomaron varios refrescos e invitaron a los allí presentes. Al punto llegaron dos carabineros; fueron desarmados e invitados también... aún se encontraban tomando refrescos cuando llegó el Teniente Juan Vacaflor; también lo detuvieron y le brindaron algo de tomar... al Teniente lo condujeron al cuartel, lo obligaron a dar la contraseña para que abrieran la puerta; al entreabrirse, la empujaron y penetraron Ricardo y Pacho disparando; detrás, Coco con el Teniente. Habían sorprendido al **ejército**; a los soldados no les dió tiempo de tirarse de la cama y repeler la agresión".

La guerrilla está eufórica. "El balance de la acción desde el punto de vista *militar* y *político* había sido un éxito... hecho que tendría una repercusión nacional e *internacional*"[319].

---

[319] Harry Villegas. "Pombo. Un hombre de la guerrilla del Ché".

Fue ésta la gloriosa "batalla" de Samaipata, librada para conseguirle un medicamento antiasmático a Ernesto Ché Guevara[320].

Hasta en esto fracasan. Veamos lo que anota el Ché en su diario el 6 de julio:

> "En el orden de los abastecimientos, la acción fue un fracaso; el Chino se dejó mangonear por Pacho y Julio y no se compró nada de provecho. En las medicinas, ninguna de las necesarias para mí, aunque sí las más imprescindibles para la guerrilla".

Para Guevara, son sus palabras textuales, un fracaso. No consiguieron "ninguna de las medicinas necesarias para mí".

En julio el Jefe de la Gendarmería Argentina, General Armando Aguirre partía como oficial del Estado Mayor a la frontera con Bolivia para evitar que los grupos guerrilleros que actuaban en el país andino se internasen en territorio argentino.

Desde Buenos Aires salía aquel 13 de julio hacia Camiri el abogado Ricardo Rojo que asumiría la defensa del también argentino Ciro Roberto Bustos.

El 27 de julio la compañía Trinidad de la División Octava que por cuatro días venía persiguiendo el grupo de 25 a 30 guerrilleros, choca con los rebeldes en la ribera norte del río Morocos. Tres días después vuelven a hacer contacto y se produce un encuentro en que mueren cuatro soldados bolivianos, cuatro son heridos, muriendo en el encuentro el Comandante José María Martínez Tamayo, "Ricardo".

El informe de las agencias de inteligencia norteamericanas en el área no identificaba, aún, a Martínez Tamayo[321].

---

[320] Era bien minúscula la estratégica razón para el asalto a la población de Samaipata, según lo confirma el hoy general de Brigada Harry Villegas (Pombo) uno de los grandes panegiristas de Ernesto Guevara:
> "El asalto al pueblo de Samaipata fue propuesto.... por la guerrilla como único medio de adquirir las medicinas para Ché".

[321] Informe A-35, ya citado.

En agosto ya Ernesto Ché Guevara se siente desmoralizado. Sabe –lo conoce desde meses antes– que está, peor que aislado, abandonado. Cuando finaliza el mes de agosto concluye con tres notas pesimistas, es decir, realistas, y otra bien engañosa. Veamos las cuatro:

Las realistas:

a) "Seguimos sin contacto de ninguna especie y sin razonable esperanza de establecerlo en fecha próxima".

b) "Seguimos sin incorporación campesina, cosa lógica además si se tiene en cuenta el poco tiempo que hemos tenido con éstos en los últimos tiempos".

c) "Hay un decaimiento, espero momentáneo, de la moral combativa".

La nota autoengañosa:

d) "El ejército no aumenta su efectividad ni acometividad".

Al terminar aquel mes Guevara se ve obligado a admitir que "estamos en un momento de baja de nuestra moral y de nuestra leyenda revolucionaria". Lo seguirá comprobando al ir transcurriendo los últimos 38 días de él y su guerrilla.

La crítica situación de la guerrilla es conocida por las más altas figuras de las Fuerzas Armadas norteamericanas. El 25 de agosto llega a Bolivia el Gral. Robert Porter, Comandante en Jefe del Comando Sur, acompañado del Mayor General Chester L. Johnson y del Brigadier General A. H. Smith, ambos también del Comando Sur. El propósito de la prolongada visita (cuatro días) es obvio y oficialmente se informa que la motiva discutir temas de interés común[322].

La guerrilla de Guevara sigue marchando sin rumbo. El 23 de septiembre se informa que "no se han visto ni se ha establecido contacto con los guerrilleros desde agosto 31, el más extenso intervalo de inactividad desde marzo 31". (Fuente: Informe A-97, Departamento de Estado, clasificado como confidencial en aquella fecha).

---

[322] Informe A-75 de septiembre 2, 1967.

Miguel (Manuel Hernández Osorio) a quien el Ché había designado jefe de la vanguardia en sustitución de Marcos muere en el poblado Higuera, al sur de Bayo Grande en un enfrentamiento con la compañía comandada por el Teniente Eduardo Galindo, de la Octava División, operación en las que caen también Coco Peredo y el estudiante boliviano Mario Gutiérrez Sardaya (Julio), miembro del Partido Comunista Boliviano que había sido entrenado en Cuba.

¿Quiénes componen la guerrilla?

¿Quiénes componen la guerrilla que está siendo diezmada? Veamos algunos nombres:

Alberto Fernández Montes de Oca, compañero de lucha de Frank País y Pepito Tey, participa en actividades urbanas en los primeros años de la lucha contra el gobierno de Batista. A principios de 1956 sale para los Estados Unidos. No siempre tiene trabajo. En el invierno de 1957 llega a México, mantiene contacto con Pedro Miret pero no viene con el Granma. En agosto de 1958 Alberto regresa a los Estados Unidos. Vuelve, sin dificultad alguna, a Cuba en la primera semana de noviembre. El 7 de aquel mes se incorpora a la lucha guerrillera. En menos de 30 días ya alcanza el grado de capitán. Su estadía en las montañas apenas supera las seis semanas.

El Capitán Orlando Pantoja Mirón ("Antonio", "Olo") nacido en el poblado de Maffo, término municipal de Jiguaní, se une al "Movimiento 26 de Julio" desde su creación, incorporándose a los alzados en la Sierra Maestra el 21 de octubre de 1957. Ernesto Guevara es su primer jefe; su primer combate, Pino del Agua. Junto con el Ché avanza con su columna hasta Las Villas, donde participa en la toma de Fomento. En octubre de 1958 se le otorga el grado de capitán. Al triunfo de la Revolución se le designa Jefe del Regimiento Tres de Las Villas. En junio de 1959 forma parte del Ministerio del Interior.

René Martínez Tamayo, "Arturo", tiene once años cuando se produce el golpe militar el 10 de marzo de 1952. Aunque nacido en Mayarí, Oriente, vivía en La Habana.

En noviembre de 1958 se traslada a Santiago de Cuba y hace contacto con su hermano José María que forma parte de la tropa comandada por Abelardo Colomé Ibarra (Furry). En los primeros meses del triunfo de la Revolución, luego de permanecer un tiempo en el campamento de Managua, cerca de La Habana, pasa a trabajar en el Ministerio del Interior. Es escogido para acompañar a Ernesto Guevara en la operación de Bolivia.

"Tras la dolorosa emboscada del 23 de septiembre de 1967, donde cayeron Coco, Miguel y Julio, Aniceto se convierte en uno de los hombres vitales de la vanguardia". Así comienza el bosquejo biográfico en el Granma[323] de Aniceto Reynaga, que había militado en la Juventud Comunista de Bolivia.

Está con el Ché el 8 de octubre cuando la guerrilla se encuentra cercada en la Quebrada del Yuro. Corre por el desfiladero junto al Ñato, para sustituir en el extremo opuesto a Pombo y Urbano, pero una bala lo mata. Es el primero en morir aquel día final de la guerrilla[324]. Se iniciaba el combate que marcó el fin de la aventura de Guevara en Bolivia.

Participa Octavio de la Concepción y de la Pedraja, "El Moro", en actos y manifestaciones estudiantiles en la escalinata de la Universidad de La Habana durante el año 1957. Luego se traslada a Oriente participando en el Segundo Frente Oriental "Frank País" como miembro del Departamento de Sanidad Militar Rebelde, tomando parte en las acciones de Río Frío, Santa Ana de Ausa y la toma de Sagua de Tánamo. Aún no era médico; en 1961 pasó a hacer su internado en el Hospital Militar Carlos J. Finlay.

Es Octavio uno de los que acompañan a Guevara al Congo en 1965 y, derrotados allá, se une nuevamente al Ché incorporándose a la guerrilla en Bolivia.

---

[323] Granma, La Habana, sábado 4 de octubre, 1969.

[324] El 20 de junio Guevara había sancionado a Aniceto a trabajos de cocina por haber abandonado la guardia y "haber sido hallado dormido en la posta". (Fuente: Diario del Ché Guevara).

Cuatro días después del combate de Higueras, en la confluencia de los ríos Mizque y Río Grande cae Octavio de la Pedraja junto con Eustaquio, el Chapaco y Pablito el 12 de octubre.

"Willy" es uno de los pocos reclutados por el minero Moisés Guevara que se mantiene leal a la guerrilla. Cae prisionero el 8 de octubre junto a Ernesto Guevara.

"Eustaquio", Lucio Galván Hidalgo, era peruano. Había formado parte del Ejército de Liberación Nacional del Perú participando en la acción de Puerto Maldonado donde, años atrás, había caído Javier Heraud. Acompaña a Juan Pablo Chang para integrarse a la guerrilla de Guevara donde asumió la responsabilidad de operar y tratar de mantener el funcionamiento de los equipos de radio para los que nunca recibieron repuestos.

Muerto, cubrirá el Granma de elogios al pobre Eustaquio. Con la insensibilidad que lo distingue veamos el mezquino comentario de Ernesto Guevara sobre el joven peruano que vino, desde su país, a combatir con la guerrilla:

"Mayo 14, 1967. Tres meses; regular. Su función de técnico puede cumplirla, aunque con limitaciones; pero no camina, no carga y no le gusta el combate. Nunca protesta".

"Chapaco", Jaime Arana Campero, boliviano, provenía de las filas de la Juventud del Movimiento Nacionalista Revolucionario (MNR). En 1963 partió hacia Cuba para estudiar Geología en la Facultad de Tecnología de la Universidad de La Habana. Al poco tiempo de su permanencia en La Habana ingresaba "Chapaco" en la Juventud Comunista de Bolivia e iniciaba su entrenamiento guerrillero para incorporarse a la lucha armada que se iba a desarrollar en su país de origen.

¿Qué piensa el Ché Guevara de Luis (Jaime Arana) el joven boliviano conocido como Chapaco nacido en Tarija, que había militado en la Juventud del Movimiento Nacionalista Revolucionario (MNR) y que, estudiando en Cuba recibió su entrenamiento militar para sumarse a la guerrilla de Guevara:

"Mayo 26, 1967. Tres meses. Regular. Es indisciplinado y atravesado. Tiene buen espíritu pero no está probado".

Su siguiente evaluación, es aún más negativa:

> "Agosto 26, 1967. Seis meses.-Deficiente. A su indisciplina une una poca disposición al sacrificio y bastante miedo a las balas, que lo colocan cerca de cero".

Pocos días después el joven boliviano es castigado: "Chapaco desobedeció una orden y fue sancionado a tres días de trabajo extra"[325]. Es ese el mismo día en que Guevara escucha en el maltrecho radio que aún conserva que las emisoras cubanas daban a conocer entusiastas e inventados informes de batallas que no se habían librado.

> "Radio Habana informó que OLAS había recibido un mensaje de respaldo emitido por el ELN; milagros de la telepatía!".

Por la noche Chapaco se acerca a Guevara y pide que lo pasen a la vanguardia "pues, según él no congeniaba con Antonio; me negué a ello".

Las diferencias entre el cubano Antonio (Orlando Pantoja Tamayo) y el boliviano Chapaco se van haciendo más serias sin que Guevara realice el más mínimo intento de resolverlas. Su parcialización es obvia. Un nuevo incidente se produce el 16 de septiembre:

> "Al final, cuando los dejamos solos, Antonio y Chapaco tuvieron otro incidente y Antonio le puso seis días de castigo a Chapaco por insultarlo; yo acepté esa decisión, aunque no estoy seguro de que sea justa".

Continúa el conflicto sin que Guevara ponga orden en su desmoralizada guerrilla. El 18 de septiembre anota:

> "Chapaco escenificó la infaltable escena acusando a Arturo (René Martínez Tamayo) de haberle robado 15 balas de su cargador; es siniestro y lo único bueno consiste en que, aunque sus broncas son con los cubanos, ningún boliviano le hace caso".

Francisco Huanca Flores "Pablito" es el más joven de la guerrilla. Ingresa en ella con el grupo de Moisés Guevara,

---

[325] Diario del Ché Guevara. Septiembre 12, 1967.

habiendo militado brevemente en el PCML, el partido comunista pro-chino de Zamora.

Guevara se siente perdido

Guevara sabe que le será difícil romper el cerco que le han tendido. Se siente perdido; peor, abandonado. Termina su última anotación del mes de septiembre con esta clara percepción de su situación: "La tarea más importante es escapar y buscar zonas más propicias". Se va a cumplir, el 7 de octubre, horas antes de caer prisionero, "los once meses de nuestra inauguración guerrillera"[326]. Y ese día, en que se cumplen once meses de su presencia en Bolivia, sufre el último rechazo del campesinado que quería liberar:

> *"Una vieja, pastoreando sus chivas, entró en el cañón en que habíamos acampado y hubo que apresarla. La mujer no ha dado ninguna noticia fidedigna sobre los soldados, contestando a todo que no sabe, que hace tiempo que no van por allí".*

La campesina, irredenta, le niega su ayuda al redentor.

Las Fuerzas Armadas sabían que la guerrilla estaba en desbandada. A la Octava División, el Coronel Joaquín Zenteno Anaya es su Comandante, le llega información de que "el grupo, formado por unos veinte rebeldes, está en situación precaria"[327]. Ese día, en el sector denominado Abra del Piñal, al suroeste de Valle Grande se produjo un breve encuentro; el Comando de Operaciones ordena estrechar aún más el cerco.

Para impedir que los guerrilleros acosados por las tropas de la Octava División pretendan salir por Yuquisaca, el Comando de Avanzada de la Cuarta División del Ejército fue trasladado a esa región. Al frente del Comando de esta División se encuentra el Coronel Luis Reque Terán. La coordinación de

---

[326] Nota del 7 de octubre en el "Diario del Ché Guevara".

[327] Periódico Presencia, octubre 2, 1967.

las operaciones de estas dos Divisiones de las Fuerzas Armadas resultará fatal para la guerrilla.

Al planear sus operaciones guerrilleras, el Ché usó una técnica que se ha vuelto común en muchos movimientos insurgentes: establecer su campamento base en un área controlada por una unidad militar, pero pelear en un área cercana controlada por otra unidad militar. El campamento base del Ché estaba al sur del Río Grande en la esfera de operaciones de la Cuarta División, mientras que la mayoría de sus incursiones se realizaba al norte del Río Grande, en la región patrullada por la Octava División[328]. Fue Félix I. Rodríguez factor importante en coordinar la labor de inteligencia de ambas divisiones.

Mientras, la atención de la prensa se centra en el proceso judicial que en Camiri se le sigue a Debray, Bustos y guerrilleros apresados, al tiempo que, en La Paz, parlamentarios de la oposición continúan en el congreso la interpelación a miembros del gabinete de Barrientos, en un ejemplar ejercicio democrático.

La evaluación de la guerrilla por el propio Ché Guevara

Millones de ejemplares del Diario del Ché Guevara se han editado, pero, por décadas, se ha mantenido en estricto secreto un documento igualmente importante para conocer la verdadera personalidad del Ché y su opinión sobre cada uno de los integrantes de su guerrilla. Se trata de la evaluación —manuscrita— que cada tres meses realizaba Guevara de quienes lo acompañaban en la aventura de Bolivia[329].

Son 44 fichas numeradas conteniendo el nombre de guerra del guerrillero, la fecha de su incorporación y el juicio o valoración que a Guevara le merecía.

Por estar escritas a mano la autenticidad de estas notas —una evaluación trimestral del combatiente— no está puesta en dudas.

---

[328] Félix I. Rodríguez. "Guerrero de las Sombras".

[329] Se dió a conocer, con mínima divulgación, el 9 de octubre de 1996.

Nueve guerrilleros permanecieron cerca del Ché en la Quebrada del Yuro aquella mañana del 8 de octubre. Morirán todos poco antes o después de él y, algunos, como Willy, junto a él.

¿Había sido Ernesto Guevara generoso o, al menos, justo al valorar el carácter y los atributos personales de estos nueve hombres que, hasta el último momento, permanecieron junto a él cuando los otros seis, que se encontraban en la parte superior del angosto cañón, se alejaban de su antiguo jefe?

Veamos lo que en la evaluación trimestral que hacía de cada uno de los miembros de su guerrilla anotaba sobre ellos Ernesto Guevara en su libreta:

"René Martínez Tamayo (Arturo)
    11/3/67. Tres meses. Regular. Aunque no tengo noticias de su último comportamiento pues quedó en la base. Como técnico le falta experiencia y responsabilidad, ha tratado de adaptarse y puede mejorar sus actos.
    11/6/67. Seis meses. Bueno. Aunque como técnico es deficiente y descuidado, ha resultado un buen combatiente y es bastante disciplinado. Recibe la influencia negativa de Ricardo.
    11/9/67. Nueve meses. Bueno, como técnico no sirve y es un irresponsable, queda su lealtad y su combatividad y firmeza. Sobrelleva bien la muerte de Ricardo.

Octavio de la Concepción de la Pedraja (Moro).
    11/3/67. Tres meses. Muy bueno. Es difícil conseguir un buen cirujano que sea capaz de mantener el carácter a través de pruebas duras para los de su oficio. Su único defecto es cierta tendencia al "rollo" minúsculo.
    11/6/67. Seis meses. Muy bueno. Mantiene sus características.
    11/9/67. Nueve meses. Bueno. Ha caído totalmente su espíritu debido a una enfermedad que lleva ahora 20 días cuyo diagnóstico no podemos hacer.

Orlando Pantoja Tamayo (Antonio).
    19/3/67. Tres meses. En razón de quedarse a cargo del campamento, no ha sido probado en el sacrificio pero lu-

ce que ha hecho un buen trabajo en el campamento hasta el momento. Es encargado de la información.

19/6/67. Seis meses. Como combatiente, bueno; como jefe de información, regular. Es valiente y decidido en combate, pero no un buen dirigente y tiene muy poca iniciativa en la organización de la información.

19/9/67. Nueve meses. Deficiente. A su poca imaginación y falta de don de mando sumó una creciente mediocridad que hizo fracasar una emboscada y vio fantasmas en una posta.

Francisco Huanca Flores (Pablo).

13/2/67. Tres meses. Bueno en su tipo campesino, dispuesto, valiente y gallardo, hace lo que se le ordena y lo hace bien.

13/8/67. Seis meses. Bueno, ha tenido algunas caídas pero reacciona bien.

Lucio Edilberto Galván Igaldo (Eustaquio).

14/5/67. Tres meses. Regular. Su función de técnico puede cumplirla, aunque con limitaciones pero no camina, no carga y no le gusta el combate. Nunca protesta.

14/8/67. Seis meses. Bueno. Ha demostrado firmeza y disposición para mejorar corrigiendo errores. Todavía no se puede hablar de todo lo que hará en combate.

Simón Cuba Sanabria (Willy).

14/5/67. Tres meses. Bueno, callado, disciplinado y trabajador; hay que probarlo en un buen combate.

14/8/67. Seis meses. Bueno. No es un combatiente aguerrido y quizás no lo sea nunca, pero sus características arriba mencionadas y su firmeza lo hacen un hombre seguro.

Jaime Arana Campero (Chapaco o Luis).

26/5/67. Tres meses. Regular. Es indisciplinado y atravesado. Tiene buen espíritu pero no está probado.

26/8/67. Seis meses. Deficiente. A su indisciplina une una poca disposición al sacrificio y bastante miedo a las balas, que lo colocan cerca de cero. En su descargo hay que puntualizar que le falta un pulmón y que al ofrecerle yo la oportunidad de irse, se negó terminantemente a hacerlo, pidiendo que le dieran sólo una esperanza para cuando la guerrilla esté en mejores condiciones.

Alberto Fernández Montes de Oca (Pacho).
7/2/67. Tres meses, conversó con mucho desgano diciendo que lamentaba la decisión que lo trajo aquí pero ha mejorado mucho en los últimos tiempos y ya camina y carga al nivel de la vanguardia.

26/2/67. Sometido a amonestación pública por incidente con Marcos y advertido de que la reincidencia ocasionará la expulsión deshonrosa.

7/5/67. Seis meses. Deficiente. Su carácter indisciplinado y su poco entusiasmo general no compensan su valor probado en el combate. Herido en combate el 30/7/67 cuando rescataba a Ricardo Morales.

7/8/67. Nueve meses. Cambio fundamental, luego del cambio de mando se vuelve trabajador entusiasta y mantiene su carácter aguerrido. Ahora sí se trata de un guerrillero".

Los últimos 38 días de Ernesto Guevara

Veamos como la prensa, sin censura alguna, con total libertad, va recogiendo en las páginas de los periódicos locales los pasos preagónicos de aquella aventura.

El sábado 2 de septiembre el periódico "El Diario" destaca en un cintillo de primera plana que "el grupo más importante de los guerrilleros fue exterminado ayer" citando el despacho que desde Santa Cruz de la Sierra le ha enviado su corresponsal. Detalla el periódico la pérdida sufrida por la guerrilla en Vado del Yeso donde "fue exterminado el grupo guerrillero del sur al mando del cubano Joaquín".

En esa semana la prensa toda recoge la declaración del Presidente Barrientos que asegura que "las fuerzas armadas tienen el pleno respaldo del campesinado". El apoyo que a Guevara le faltaba.

El 10 de ese mes muere en un encuentro con las fuerzas armadas uno de los sobrevivientes de la emboscada de Vado del Yeso. El periódico "Presencia" de La Paz, muestra en primera plana el cadáver de "el Negro"[330] con esta nota: "Lo reconoció Ciro Roberto Bustos. Fue enterrado en Chorete". Mientras Bustos ofrece tan eficientes servicios a las Fuerzas Armadas bolivianas, continúa celebrándose en Camiri su juicio y el de Regis Debray. Al día siguiente son los rotativos el Diario y "Presencia", de La Paz, los que destacan que ha sido encontrado el cadáver de Tania.

Bustos sigue prestándole valiosos servicios al gobierno boliviano. El miércoles 13 de septiembre en un largo escrito aparece la precisa información que sobre Guevara ha ofrecido el hábil dibujante argentino que ha hecho, a creyón, el retrato de "Ramón". Espera el obsequioso Bustos que el tribunal reunido en Camiri tenga en cuenta su valiosa colaboración.

Con los datos aportados por Ciro Roberto, y en gran medida por Debray, y las películas que fueron encontradas, algunas de ellas aún sin revelar "en uno de los varios depósitos de los guerrilleros en Ñancahuazú", ya el gobierno conoce –lo destaca el periódico Última Hora– que "las guerrillas en Bolivia están dirigidas por los más destacados cerebros de la Sierra Maestra". El periódico "Jornada Diaria" de La Paz, destaca en su primera plana, que "son los propios comandantes de la Sierra Maestra los de Ñancahuazú"[331].

A Debray la prensa internacional y los abogados de las organizaciones de derechos humanos le ofrecen un trato preferencial. El lunes 18 de septiembre dos representantes de la Liga de Derechos Humanos, los abogados belgas Lallemand y Alain Badio, visitaron a los seis acusados guerrilleros, que son procesados en Camiri. Veamos como el enviado especial del periódico Presencia reportó aquella visita:

"Ambos abogados, que retornaron hoy a La Paz, en principio solicitaron permiso para ver al francés Regis De-

---

[330] Restituto José Cabrera Flores, peruano, se incorporó a la guerrilla en marzo. Había militado en el ELN del Perú. Formaba parte de la retaguardia de la guerrilla. "No parece tener mucho apego al combate" escribió Ché Guevara en su evaluación de mayo 14.

[331] Viernes 22 de septiembre 1967.

bray. *El Comandante de la Cuarta División, Coronel Luis Reque Terán les objetó tal petición preguntándoles: "¿Por qué piden sólo autorización para ver a Debray? ¿Acaso los bolivianos y Bustos no son también dignos de atención de la Liga de Derechos Humanos?".*

Lallemand y Badio pidieron disculpas "por la omisión" y solicitaron la autorización para visitar a los seis guerrilleros. La autorización fue obtenida y se entrevistaron el lunes por la noche[332].

En La Paz se celebra otro juicio que pasaba, en esa fecha, a la justicia ordinaria. Era el caso de Loyola Guzmán quien a pesar del gran número de documentos y pruebas irrefutables que la comprometían como una de las principales componentes del enlace urbano de la guerrilla, se mantiene firme y declara:

"Estoy absolutamente consciente de la situación en que me encuentro. Mis ideas y convicciones no han cambiado. Lamentablemente, he cometido errores y ahora estoy dispuesta a atenerme a cualquier fallo de la justicia.[333]

Ya para el 23 de septiembre la prensa boliviana ofrecía amplísima información en páginas completas de los distintos diarios. Se divulgaba ampliamente las actividades previas de los que integraban la guerrilla. La localización de ésta, su marcha sin rumbo, las acciones realizadas, su situación actual. Aparecía, igualmente, la relación de los guerrilleros muertos en diferentes acciones; todos, perfectamente identificables. Publica las fotos irresponsablemente tomadas en Ñancahuazú y los retratos a creyón realizados por Bustos.

El Capitán Mario Vargas que tuvo a su cargo la preparación de la emboscada que en Vado del Yeso liquidó a la retaguardia de la guerrilla describe, por enésima vez, pero ahora públicamente, aquella acción facilitada por la traición del campesino Honorato Rojas y que tantas veces ha sido relatada:

---

[332] Periódico Presencia, La Paz, jueves, 21 de septiembre de 1967. Presencia, órgano conservador de orientación católica.

[333] Periódico Presencia, La Paz, Jueves 21 de septiembre 1967.

> "Dos guerrilleros entran en la casa del campesino Honorato Rojas. El hijo de éste le avisa a un soldado mientras éste pescaba para mejorar su ración. El soldado avisa a la compañía de la agrupación táctica que manda Vargas. Ésta se moviliza de inmediato. Contacta a la esposa de Honorato y conocen que el grupo rebelde volverá al día siguiente para que el campesino los conduzca a un punto donde puedan vadear el río".

El capitán Vargas dispone a su gente en la maleza de ambas riberas del Río Grande. Esperan. Por fin se divisa el grupo de guerrilleros. Delante, "Joaquín"; detrás, "Tania", rezagada".

> "El campesino, con camisa blanca para ser identificado por la tropa, señala a los rebeldes el paso de la corriente. Se mojan los pies. Joaquín se inclina a beber agua. Llega el primero a la ribera sur. Se acerca al bosque. Los demás están pasando el río. Llegó el momento preciso en que el Capitán Vargas dispara los primeros tiros de la carabina automática. Un tiroteo intenso de los dos lados y empiezan a caer guerrilleros. Su jefe "Joaquín" está delante de un soldadito. Éste se incorpora para disparar mejor. Joaquín se mueve rápido y descarga su metralleta sobre el soldado. Pero éste había apretado el gatillo al mismo tiempo. Mueren los dos, simultáneamente.
>
> En el río los guerrilleros se deshacen de sus mochilas para facilitar sus movimientos. Pronto no se ven más que unos bultos que son llevados por la corriente. Hay que disparar contra ellos. Tanto si son mochilas, como si son guerrilleros. Ha terminado la emboscada. Esta vez la tendió el ejército"[334].

Consejo de guerra a Regis Debray

El 26 de septiembre se iniciaba la fase plenaria que el Consejo de Guerra, presidido por el Coronel Efraín Huachalla, seguía a los guerrilleros detenidos en Camiri. Se informó con antelación que "sería irrestricta la libertad periodística y que los corresponsales, tanto extranjeros como bolivianos, podrían enviar sus despachos sin censura.

---

[334] Periódico El Diario, domingo 24 de septiembre, 1967. El Diario era una publicación centrista.

Regis Debray

El 14 de abril Regis Debray es arrestado. En su interrogatorio «parece que está revelando más de lo necesario», escribe Guevara en su diario.

Ciro Roberto Bustos

Su habilidad como dibujante y su locuacidad, permitió al ejército boliviano identificar a los integrantes de la guerrilla.

Las disposiciones legales descansarían en la Constitución Política del Estado, el Código Penal Militar, la Ley de Organización y Competencia Militar, la jurisprudencia castrense y otras disposiciones que rigen en la materia[335]. El juicio colocaba a Regis Debray, el ideólogo francés, en figura de primera plana para la prensa mundial[336].

En el proceso judicial se muestra muy activo el Ministro de Gobierno Antonio Arguedas aportando documentos que prueban la participación de muchos ciudadanos en la guerrilla. Entre ellos, de Paquita Leytón a quien acusa de ser la principal enlace de los guerrilleros en esa ciudad.

El lunes 25 de septiembre había comenzado "el plenario contra dos extranjeros y cuatro nacionales acusados de complicidad con guerrilleros castro comunistas que operan en el sudeste del país" informaba el matutino El Diario que daba a conocer, una vez más, el nombre de los acusados y de sus respectivos defensores.

Regis Debray sería defendido por el abogado de oficio Raúl Novillo; Ciro Roberto Bustos, por el letrado Jaime Mendizábal Moya; a Ciro Alagarañaz lo defenderá Nicolás Peña Patiño, y el abogado Arturo La Fuente era designado defensor de los desertores Vicente Choque Choque, Pastor Barrera y Vicente Rocabado. El penalista Raúl Novillo reiteró su petición de que Lallemand fuese reconocido como defensor de Debray.

Todos los periódicos muestran en su primera plana las fotos de los acusados y detalles del juicio que va a iniciarse.

---

[335] Declaraciones del Presidente del Consejo de Guerra Coronel Efraín Huachalla.

[336] El 20 de abril habían sido detenidos Debray, Bustos y el periodista chileno-inglés George Andrew Roth. El 22 de mayo dió comienzo el Consejo de Guerra. Es visitado por amigos, conocidos, abogados y sacerdotes. El 29 de julio terminó la instrucción militar y es designado el Consejo de Guerra que quedó instalado el 15 de agosto en Camiri. Se le permite a Regis Debray convocar conferencias de prensa y entrevistas para la radio y la televisión. El 26 de agosto Roth que había sido puesto en libertad provisional en julio, es autorizado para salir de Bolivia. El 26 de septiembre se dará comienzo el proceso en Camiri.

La fase pública del proceso, que tantas veces fue aplazada, se inicia con el pedido de pena máximo –30 años de cárcel- para Regis Debray y Ciro Roberto Bustos. Los diez minutos anteriores al inicio del proceso los emplea Debray en "diálogo con representantes franceses de la Liga de Derechos Humanos, que se le aproximaron".

Se encuentra ya en Camiri el abogado Ricardo Rojo, amigo de Ernesto Guevara.

El defensor Novillo cuenta con el asesoramiento de los juristas franceses Lallemand y George Debray, padre de Regis. Lo destaca el periódico Última Hora[337], de La Paz. Ese día se da a conocer la muerte de tres guerrilleros en un choque producido el día anterior en Higueras.

El Ministro de Gobierno, Antonio Arguedas, en el juicio que por la Justicia Ordinaria se le sigue a Loyola Guzmán, y a trece sindicados de ser miembros de la red de enlace de los guerrilleros, vuelve a afirmar que de acuerdo a las declaraciones de Loyola Guzmán la señora Paca de Leytón era el principal contacto de los guerrilleros.

Ya para el miércoles 27 se da a conocer que Roberto (Coco) Peredo es uno de los tres guerrilleros que murieron en el encuentro de Higueras. Horas después todos los periódicos, Presencia, Hoy, Última Hora, Jornada[338], La Nación, ofrecen profusión de fotos de Peredo y datos sobre él.

También cubren estos eventos dos periodistas de Cochabamba: Luis J. González, Jefe de Corresponsales de "El Diario" y Gustavo Sánchez Salazar que trabajó para ese periódico en los meses que duró la acción guerrillera de Guevara. Posteriormente escribieron "El Gran Rebelde", una extensa y documentada, aunque prejuiciada, obra sobre Ernesto Guevara.

En el enfrentamiento con la compañía comandada por el Teniente Eduardo Galindo había caído Coco Peredo, el dirigente del PCB, entrenado en Cuba, que había asistido en La

---

[337] El periódico Última Hora era un órgano de opinión conservadora.

[338] Jornada era un periódico de la izquierda.

Habana a conferencias internacionales. El segundo cadáver identificado es el de Mario Gutiérrez Ardaya (Julio), estudiante boliviano, también militante del Partido Comunista de aquel país, entrenado en Cuba, donde había permanecido como becado. Se produce, en aquel momento, confusión sobre la tercera baja. Se le identifica como "el cubano Antonio" (Capitán Orlando Pantoja); pero se trata de otro de los antiguos oficiales de la Sierra Maestra: el Capitán Manuel Hernández Osorio (Miguel) a quien el Ché había designado jefe de la vanguardia en sustitución del indisciplinado Marcos (Comandante Antonio Sánchez Díaz).

El periódico Los Tiempos, de Cochabamba, recoge, como lo hacen otros diarios, la manifestación tumultuosa de la que formaban parte familiares de oficiales y soldados caídos en los encuentros con los guerrilleros, que trataban de entrar por la fuerza al local donde se celebraba el juicio. Mientras continúa el juicio el periódico Jornada, de la capital boliviana, ha venido presentando capítulos del libro de Regis Debray "El Castrismo: La Gran Marcha de América Latina".

Ese miércoles el abogado Mendizábal Moya interpuso una apelación contra la resolución del tribunal militar que rechazaba su pedido de declinatoria de jurisdicción. Dicha apelación obliga a la posposición durante varios días del juicio que se tramita en Camiri.

Termina el mes de septiembre con la detención, o entrega, de varios guerrilleros; entre ellos, de Orlando Jiménez Bazán (Camba) que había recibido entrenamiento en Cuba, y de Antonio Domínguez Flores (León) quien, de acuerdo a Harry Villegas (Pombo) "entregó al ejército y aportó valiosas informaciones al servicio de inteligencia, además de un informe detallado de todo lo sucedido en la etapa guerrillera".

René Barrientos, el Primer Mandatario, expresó ese día lo que sería una frase premonitoria: "El Ché encontrará su tumba en Bolivia"[339].

Guevara resume así aquel mes:

---

[339] Periódico Presencia, La Paz, Bolivia, domingo 1o. de octubre de 1967.

"Debiera ser un mes de recuperación y estuvo a punto de serlo pero la emboscada en que cayeron Miguel, Coco y Julio malogró todo, y luego hemos quedado en una posición peligrosa perdiendo, además a León; lo de Camba es ganancia neta". Pésimo error de apreciación de Ernesto Guevara. Ya lo veremos.

Termina el resumen de septiembre manifestando que "la tarea más importante es zafar y buscar zonas más propicias". Guevara sabe que debe alejarse de aquella zona, pero no sabe como salir de ella. Termina la anotación de ese mes con esta abismal injusticia:

"Sólo me quedan dudas de Willy, que tal vez aproveche algún zafarrancho para tratar de escapar".

Willy (Simón Cuba), el único que está a su lado cuando, herido Guevara y recostado sobre él, lo ayuda a tratar de salir del cerco en la Quebrada del Yuro donde fue prácticamente diezmada la guerrilla.

De los muchos injustos juicios emitidos por Ché sobre los hombres que lo acompañaban ninguno fue más inmerecido y cruel que éste que emite sobre el fiel militante que morirá con él, en la escuela de La Higuera, una semana después.

En el juicio que se le sigue a Loyola Guzmán distintos abogados consideran que debe ser juzgada ante los tribunales militares.

Orlando Jiménez Bazán (Camba), como Loyola Guzmán, se mantiene firme afirmando haber estado luchando por convicción propia y haber sido entrenado para la lucha guerrillera en Cuba durante ocho meses.

El Ché: cercado y abandonado

Ya terminando el mes de septiembre Ernesto Guevara y su guerrilla están cercados. El día 30 se dan a conocer las declaraciones del Coronel Luis Reque Terán, Comandante de la

Cuarta División afirmando que dos de sus compañías tienen acorralado al Ché Guevara[340].

Guevara se siente perdido. Lo anota en su diario ese mismo día: "La tarea más importante es escapar y buscar zonas más propicias".

El 7 de octubre –dentro de pocas horas habrá de morir– el guerrillero argentino recibe el último rechazo del campesinado que quería liberar: el de la vieja "pastoreando sus chivas" que se negó a darle informes sobre los soldados que se concentraban en el área.

Ese día escribe su última anotación. Veinticuatro horas después caería herido y prisionero[341].

La guerrilla lo abandona

La guerrilla la componen ya sólo 17 hombres. Se encuentran sentados al centro en ambos lados de una quebrada. Corre Aniseto a reemplazar a Pombo y Urbano que se encuentran en el lado opuesto del desfiladero que está rodeado por tropas bolivianas. Muere acribillado a balazos. La batalla, lo recuerda Inti en su diario, había comenzado. En la parte superior de la quebrada se encuentran Pombo y Urbano, Benigno y Darío, junto con Inti y el Ñato. Al centro, abajo, el Ché con el resto de los combatientes.

Los que están arriba, y estas son las palabras textuales de uno de los supervivientes, sincronizaban sus disparos para que el ejército creyera

"que los disparos nuestros sólo partían de abajo, o sea, desde la posición en que se encontraba el Ché" [342].

---

[340] Periódico Presencia, La Paz, Bolivia, septiembre 30, 1967.

[341] Amplios detalles sobre los últimos días de Guevara pueden encontrarlos en "Cubanos Combatientes: peleando en distintos frentes" del autor.

[342] Inti Peredo, "Mi campaña con el Ché".

Ellos, los seis que se encuentran en la parte superior se van retirando. Dejan en el centro, abandonado, al Ché Guevara.

Ernesto Guevara, herido en una pierna, trata de evadir el cerco, recostado a Willy (boliviano Simón Cuba). Lo detienen dos soldados del Capitán Gary Prado Salmón. Al llegar al Puesto de Comando el oficial Prado envía un mensaje a Valle Grande, donde se encuentra el Comando de la Octava División:

"Tengo a Papá y Willy. Papá herido en el combate. Capitán Prado".

Al día siguiente, temprano en la mañana, llega un helicóptero trayendo al Coronel Centeno Anaya y "al agente de la CIA, conocido por nosotros como Félix Ramos"[343]. Era éste, Félix I. Rodríguez, combatiente cubano que había participado en las operaciones que condujeron a Bahía de Cochinos[344].

Distintas versiones indican que en las primeras horas del día 9 el General Ovando llegó al cuartel de Miraflores pasando al Departamento Tercero de Operaciones en el segundo piso a donde arribaron, en pocos minutos, el General León Kolle Cueto[345], Comandante de la Fuerza Aérea, Horacio Hugarteche, de la fuerza naval, el General Juan José Torres[346] y el

---

[343] General Gary Prado Salmón: "Cómo capturé al Ché".

[344] Ver Félix I. Rodríguez, "Guerrero de las sombras".

[345] El General León Kolle Cueto es hermano de Jorge Kolle, que es quien sustituye a Mario Monje en 1968 como Primer Secretario del Partido Comunista Boliviano.

[346] El General Juan José Torres González llegó al poder en Bolivia el 7 de octubre de 1970 en un contragolpe militar. El día anterior el General Rogelio Miranda había dado un golpe de estado al Presidente Alfredo Ovando Gandía, pero a las 24 horas Miranda había perdido el control de la subversión y el poder. La primera medida del General Torres fue establecer relaciones con Cuba (Bolivia tuvo tres presidentes en menos de 72 horas). Torres se convertía en el 183 presidente en los 145 años de independencia de Bolivia.

General René Barrientos. Ellos, todos, tomaron la decisión que fue comunicada, de inmediato[347].

Ovando partió en avión hacia Valle Grande junto con el contralmirante Hugarteche y los coroneles Fernando Sattori y David la Fuente y cuatro otros oficiales.

Horas después llegaba a La Higuera una orden del Supremo Comando Boliviano. El sargento Mario Terán cumplía el mandato que llegaba de Valle Grande. Sonaron varios disparos. Ernesto Guevara, el Ché, estaba muerto[348].

El 27 de octubre se dio a conocer un gran escándalo. El Ex-Director de Información, Gonzálo López sirvió de enlace a los guerrilleros y firmó documentos oficiales en blanco para ser utilizados sin control alguno. La acusación la formulaba, con profunda indignación y presentando las pruebas, el Ministro de Gobierno Antonio Arguedas Mendieta. Pedía el indignado Arguedas que a López Muñoz lo juzgara un Tribunal Militar.

Se sentía Arguedas ofendido porque "este ciudadano, no obstante ser un alto funcionario público, se brindó para

---

[347] El orden de la llegada de los oficiales en La Paz para decidir la suerte de Guevara es tomado del informe de Froylán González y Adis Cupull, investigadores cubanos que de 1983 a 1986 estuvieron en Bolivia consultando hemerotecas y recogiendo testimonios. Estos datos aparecen en la obra de distintos autores "La CIA contra el Ché".

[348] Tres jefes militares que participaban en la campaña antiguerrillera publicaron en 1987 varios libros en los que, independientemente unos de otros, detallan pormenores de la lucha, particularmente el combate de la Quebrada del Yuro y la muerte de Guevara: "No disparen... soy el Ché" del Comandante Arnaldo Saucedo Parada: "La Guerrilla Inmolada" y "Como Capturé al Ché" del entonces Capitán Gary Prado Salmón y "La Campaña Ñancahuazú" del oficial Luis Reque Terán.
A su vez, tres supervivientes de la guerrilla del Ché han escrito sobre estas últimas y reveladoras horas en la Quebrada del Yuro: "Mi Campaña con el Ché", de Inti Peredo; "Pombo: un hombre de la guerrila del Ché", del ahora General Harry Villegas, y "Benigno", de Dariel Alarcón que desertó en la década de los 90.
Nuestra obra analiza y contrasta las versiones expresadas por estos seis combatientes.

colaborar con la banda castrista que operaba en el sureste del país"[349].

El 28 de noviembre de 1967 se dicta sentencia en el proceso militar seguido en Camiri contra varios implicados en la guerrilla.

El Diario del Ché Guevara

El 30 de Junio de 1968 el Diario del Ché Guevara fue impreso en Bolivia con un prólogo, "Introducción Necesaria", escrito por el propio Castro.

Tres días más tarde Castro afirmaba por televisión que las copias que había recibido eran auténticas y que no había ninguna compensación financiera para "el amigo que las había suministrado".

¿Quién era ese amigo? Se conoció, por el escándalo producido, que se trataba de Antonio Arguedas Mendieta, Ministro del Interior y Jefe de la Policía del gobierno del presidente René Barrientos. La divulgación de la noticia motivó la momentánea salida del país del Ministro Arguedas.

Durante días la atención en Cuba se fija en las palabras de Fidel Castro respondiendo "a los gorilas bolivianos sobre la autencidad del Diario del Ché en Bolivia". El martes 23 de junio el gobierno cubano le brinda asilo político a Antonio Arguedas que recién abandonaba Chile con destino a La Habana[350], pero ya Chile se había adelantado concediéndole asilo político al ex-ministro boliviano.

---

[349] Declaraciones de Antonio Arguedas a la prensa, recogidas por los periódicos Última Hora, Presencia y otros el 27 de octubre de 1967.

[350] Granma, Cable de Prensa Latina, junio 23, 1968.

Acusaciones y descargos

Se han expuesto gran número de razones para justificar el fracaso de la guerrilla en Bolivia. Muchas de ellas, comprensiblemente, presentadas por el propio Partido Comunista Boliviano.

Para Jorge Kolle[351], la iniciativa "no era un proyecto boliviano, las masas estaban totalmente ausentes de ese proyecto y no se tomó en consideración ni las experiencias políticas, ni las especificidades sociales de nuestra historia, la coyuntura, la oportunidad y las circunstancias en que tuvo lugar la guerrilla"[352].

Kolle, que sustituyó a Mario Monje como Primer Secretario del PCB, aclara que:

"En la medida de lo posible el PCB cumplió su solidaridad internacionalista, aún sin ser parte de ningún compromiso, incluidas las flagrantes contradicciones ideológicas que lo enfrentaban a gran parte de la base social con la que, deliberadamente, se rodeó el Comandante Guevara"[353].

Afirmaba Jorge Kolle que el vínculo comprometido del PCB con la guerrilla estaba, simplemente, referido a la ayuda internacionalista que esa organización debía prestar en la cobertura del desplazamiento del Ché con destino a su propio país.

Como un ejemplo, por débil que fuese, de solidaridad del PCB con la guerrilla comentaba Jorge Kolle que Inti Peredo era miembro del Comité Central de Partido Comunista Boliviano cuando se incorporó a la guerrilla:

---

[351] Jorge Kolle compartía con Mario Monje la máxima dirección del Partido Comunista de Bolivia. Al renunciar Monje en enero de 1968, como Primer Secretario, Kolle lo sustituye en esa posición.

[352] Periódico Hoy, La Paz, Bolivia, 10 de junio, 1984.

[353] Unidad #596, segunda semana de 1984. Carlos Soria Galvarro, "El Ché en Bolivia".

"Y preste atención a esto: ¡Inti no fue expulsado cuando formó la guerrilla, y no lo será!. Nosotros no somos venezolanos".

Se refería Kolle a la expulsión de Douglas Bravo por el Partido Comunista Venezolano.

Todavía a mediados de 1967, cuando los hombres de Guevara marchaban sin rumbo por los montes afirmaba el dirigente que sustituiría a Mario Monje como Secretario del PCB:

"La guerrilla derrotará al ejército ahora y en los meses venideros. El ejército boliviano no tiene experiencia... la guerrilla, en cambio, demuestra espíritu de lucha y moral, y tiene una excelente actitud con respecto a la población".

El despistado Jorge Kolle, en su cómodo despacho de La Paz afirmaba sin sonrojo: "La guerrilla está ganando la simpatía de las masas rurales y ellas –y otros– constituirán el fundamento futuro de la guerrilla". Ignoraba el político citadino que ni un sólo campesino se le incorporó a aquella guerrilla que despertaba tanta "simpatía" en las masas rurales. No en balde Castro llamó "seso hueco" a Monje, el colega de Jorge Kolle.

Monje señala las dos opuestas concepciones:

"El compañero Guevara pretendía, pues, poner en práctica en nuestro país su teoría revolucionaria. Nosotros, por nuestra parte, le esbozamos una concepción diferente sobre la revolución boliviana"[354].

Mario Monje defiende su posición y la de su partido:

"No se puede acusar al Partido Comunista de Bolivia de haber desertado de la lucha, de haber delatado a la organización guerrillera o de haber abandonado al compañero Guevara. El Partido no inspiró, no planeó, no desencadenó la lucha, tampoco suscribió ningún compromiso con el compañero Guevara. Contrariamente, mantuvo el más absoluto secreto sobre las guerrillas e hizo nuevos es-

---

[354] Testimonio de Mario Monje, del 9 de diciembre de 1967 al presentar su renuncia formal ante la máxima dirección del PCB.

fuerzos para que éstas actuasen sobre la base del conocimiento objetivo de la realidad nacional"[355].

A su vez, los anti-partido se distancian también de la guerrilla.

"La guerrilla sin la clase trabajadora es nada... nosotros no creemos que la guerrilla es la única forma de combatir al régimen actual"[356].

"Políticamente, temo que la guerrilla quiera reemplazar al Partido con una solución militar –la línea política con el fusil–. Esto no funcionará nunca".

"Todavía recordamos con alguna amargura lo sucedido durante la Conferencia Tricontinental. El hecho de que fuimos excluidos –y mantenidos casi prisioneros– y luego, por supuesto, el violento e injusto ataque de Fidel en contra de nosotros".

"Yo creo que Regis Debray ha influido sobre Fidel Castro para que él exprese una cierta crítica contra la Cuarta Internacional y el POR. Yo pienso que Regis Debray ha sido intelectualmente deshonesto. Nos ha traicionado"[357].

Los panegiristas

Los panegiristas, idólatras, de Ernesto Guevara pretenden percibir rasgos geniales aún en las más simples decisiones, omisiones o ambigüedades del guerrillero argentino:

"Los verdaderos planes del Ché jamás fueron consignados por escrito, hasta donde sabemos, menos aún publicados. En ningún momento los formuló el Ché explícita o sistemáticamente, en Ñancahuazú, ante el grupo de guerrilleros. Esos planes estaban omnipresentes pero como sobrentendidos: adivinados por la mayoría, vislumbrados por algunos otros, conocidos por un pequeño nú-

---

[355] Testimonio de Mario Monje del 9 de diciembre de 1967.

[356] Guillermo Lora, Secretario General del POR.

[357] Declaraciones de Guillermo Lora.

mero. Sólo a su luz podrían explicarse y adquirir todo su sentido los primeros pasos de la guerrilla...,[358]

Los responsables son pronto liberados

Poco tiempo permanecerán encarcelados los condenados en Camiri.

Tras la muerte de René Barrientos en un accidente aéreo y las muy breves interinaturas de Siles Salinas y Alfredo Ovando[359] llega a la presidencia por un golpe militar el Gral. Juan José Torres una de cuyas primeras medidas será la de normalizar las relaciones con Cuba.

Quedan, así, constituidos dos gobiernos; uno formado por el General Rogelio Miranda, secundado por los generales Efraín Huachalla, (que había presidido el tribunal militar que juzgó a Regis Debray y Alberto Bustos), Fernando Sattori, comandante de la Fuerza Aérea y el Contra-almirante Alberto Albarracín, comandante de la inexistente Fuerza Naval. El otro gobierno lo representaba el General Juan José Torres (Prensa Latina, La Paz, octubre 6, 1970). A las pocas horas el General Sattori cambiaba de bando y respaldaba a los del gobierno del General Juan José Torres que comenzará a consolidarse en el poder usurpado.

A las 48 horas Juan José Torres estaba afianzado en el poder. Le durará poco.

Para el 10 de octubre, ya consolidado el movimiento del General Torres el Ejército de Liberación Nacional de Bolivia (ELN) volvía a emitir un largo comunicado. Por supuesto, le da el respaldo al General Torres y a los militares nacionalistas revolucionarios. El 25 de octubre los verbosos militantes del

---

[358] Regis Debray. "La Guerrilla del Ché".

[359] Luis Adolfo Siles Salinas en su carácter de vicepresidencia asume en 1969 la presidencia pero es depuesto el 26 de septiembre de ese mismo año por un golpe militar del Gral. Alfredo Ovando, quien sólo permanecerá un año en el poder al ser derrocado por el Gral. Juan José Torres el 6 de octubre de 1970.

ELN emitían una nueva declaración, ya bajo la sombra protectora del General Juan José Torres.

El Gral. Torres a las pocas semanas comenzó a liberar a los que habían estado con Ernesto Guevara. El 23 de diciembre, 1970, eran indultados Regis Debray y Ciro Roberto Bustos y enviados a Chile en un pequeño avión de transporte militar. Coincidentalmente, en la misma fecha, otros militares peruanos liberaban a más de una docena de antiguos guerrilleros. Quedaban libres Hugo Blanco, Héctor Béjar, Ricardo Gadea, Elio Portocarrero y otros.

El 7 de julio se informaba que el gobierno del General Juan José Torres, de Bolivia, tocaba a su fin.

CAPÍTULO VIII

Primera conferencia de OLAS

Para el verano de 1967 ya Castro se distanciaba del acuerdo a que había llegado en noviembre de 1964 con el Partido Comunista Soviético. En agosto, es convocada la primera conferencia de la Organización Latinoamericana de Solidaridad (OLAS)[360] en La Habana a la que invitó a delegados hostiles a los partidos comunistas ortodoxos de países como Argentina, Brazil y Chile.

La Conferencia, que se desarrolló del 31 de julio al 10 de agosto de 1967, estuvo dominada por elementos muy a la izquierda de los partidos comunistas tradicionales. Así como la delegación argentina excluía a representantes del partido comunista argentino, la de Bolivia no incluía miembro alguno del partido comunista de aquel país; la representación del Ecuador estaba compuesta enteramente de socialistas radicales; la delegación de Venezuela estaba formada por miembros del Frente de Liberación Nacional (FLN), las Fuerzas Armadas de Liberación (FALN), que habían roto con el partido comunista, y el Movimiento de Izquierda Revolucionaria (MIR), pero el Partido Comunista de Venezuela (PCV) no fue invitado.

Es Haydee Santamaría, Secretaria General del Organismo, quien informa que el Partido Comunista de Venezuela, dirigido por Jesús Faría, no integrará el Comité de Venezuela

---

[360] La Organización Latinoamericana de Solidaridad (OLAS) se había constituido en La Habana el 16 de enero de 1966 con la presencia de las 27 delegaciones que habían concurrido a la recién celebrada Conferencia Tricontinental.

"ya que dejó de pertenecer al Frente de Liberación Nacional de ese país" por lo que "el partido de Faría no vendrá a la conferencia"³⁶¹. Días después el Granma da a conocer que "la dirección derechista del Partido Comunista de Venezuela fue expulsada del Comité Nacional porque ha dejado de ser una fuerza anti-imperialista"³⁶².

Al segundo día de iniciarse las reuniones de la Primera Conferencia de OLAS se hará público el nombre de quienes presiden las distintas delegaciones:

Armando Hart, Cuba	Alvaro Montero, Costa Rica
Néstor Valle, Guatemala	Marie Jean Robo, Guayana
Lall Baha Dur, Guyana	André Feray, Haití
Floyd Britton, Panamá	Heberto Castillo, México
Slive Phill, Trinidad-Tobago	Rodney Arismendi, Uruguay
Eduardo Velepine, Martinica	Francisco Prada, Venezuela
Sharifk Jorge Handal, El Salvador	Fernando Martínez, Nicaragua
Francisco Méndez, Paraguay	Hendrik Herrember, Suriname
Alejandro Chang, Perú	

Como aún no había llegado a Cuba la totalidad de los miembros, se designan los presidentes provisionales de las otras delegaciones³⁶³.

La delegación chilena la encabeza el entonces senador Salvador Allende, Presidente del Partido Socialista que siempre mantuvo una posición más extremista que el tradicional Partido Comunista. El líder del PC chileno, Senador Velodia

---

[361] Periódico Granma, julio 31, 1967.

[362] Información ofrecida por la delegación del Frente de Liberación de Venezuela. Granma, agosto 2, 1967.

[363] Entre los presidentes provisionales se encontraban los siguientes:

Luis Vásquez, Puerto Rico	José Perera, Honduras
Henry Delagua, Guadalupe	Pedro Gutiérrez, Colombia
John William Cooke, Argentina	Aníbal Muñoz, Ecuador
Gerardo Sánchez, República Dominicana	Aluizio Palahano, Brasil
Aldo Flores, Bolivia.	

Deiterboim ocupó, en la conferencia, un segundo plano como vicepresidente de la delegación.

Convocando a los sectores más radicales de la extrema izquierda, el dirigente cubano ponía su máximo esfuerzo en convertir –como antes había anunciado- los Andes en una Sierra Maestra. Quería crear en la América hispana "uno,dos, muchos Vietnams". Castro estaba decidido a llevar la guerra por los caminos del mundo. Al menos por los de Latinoamérica y África. Pero ninguna asistencia le ofrecía al "guerrillero heroico" acorralado en el corazón de Bolivia.

Discursos y abandono

El 31 de julio se inaugura en La Habana, con muchos discursos, la conferencia de OLAS. El día anterior el Comandante José María Martínez Tamayo (Ricardo), allá en Bolivia, había sido herido "cruzando imprudentemente a través de un espacio abierto"[364], y muere horas después. La pérdida de este abnegado combatiente la recoge Ernesto Guevara en su diario, con su característico menosprecio a quienes junto a él combatían, con las siguientes palabras:

> *"Ricardo fue el más indisciplinado del grupo cubano y el que menos decisión tenía frente al sacrificio cotidiano".*

Luego, como avergonzado del mezquino comentario, agrega: "Pero era un extraordinario combatiente y un viejo compañero de aventuras en el primer fracaso de Segundo, en el Congo y ahora aquí".

En la guerrilla de Guevara "se mantienen los puntos negativos del mes anterior", "sigue la falta total de contacto" y, mientras en La Habana se prodigan los discursos en las sesiones de OLAS, Guevara considera como "las tareas más urgentes: restablecer los contactos, incorporar combatientes". Ni siquiera contactos se le ofrece. Castro no le pide a ninguno de los 7 centenares de delegados latinoamericanos ayuda para el

---

[364] Anotación de Ernesto (Ché) Guevara en su diario, julio 31, 1966.

guerrillero abandonado ni, por supuesto, realiza el mínimo esfuerzo por establecer comunicación con Guevara.

Con cuatro vicepresidentes contaba la OLAS; tres de ellos manteniendo la posición de que sólo la lucha armada podría conducir al poder: Francisco (El Flaco) Prada de Venezuela; Gerardo Sánchez, de la República Dominicana y Néstor Valle, del PGT de Guatemala. El cuarto vicepresidente, Rodney Arizmendi, Secretario General del Partido Comunista de Uruguay, aunque verbalmente expresaba respaldo a la lucha guerrillera, seguía la línea soviética de llegar al poder por la vía política a través de los frentes populares.

Los propósitos que perseguía la Organización Latinoamericana de Solidaridad que se reunía en La Habana cuando Castro hervía en fervor revolucionario, quedaron plasmados, como si fuese necesario, en el primer artículo de los estatutos aprobados en aquella conferencia:

1) Desarrollar y promover la unidad del movimiento antiimperialista y de las organizaciones en cada uno de los países latinoamericanos.

2) Desarrollar y promover la unidad del movimiento antiimperialista y de las organizaciones de todos los pueblos del continente.

3) Respaldar, por todos los medios, a los pueblos de Latinoamérica que luchan contra el imperialismo y el colonialismo, especialmente aquellos que están comprometidos en la lucha armada.

4) Coordinar la lucha contra el imperialismo norteamericano para lograr una respuesta unida de los pueblos latinoamericanos a su estrategia continental.

5) Promover la solidaridad de los pueblos de Latinoamérica con los movimientos de liberación nacional de Asia y África, y con los movimientos progresistas de todo el mundo.

Existiría un Comité Permanente que sería el cuerpo ejecutivo y de más alta autoridad entre las conferencias, y Comités Nacionales que representarían "los grupos más activos, antiimperialistas y más profundamente populares en cada uno de los países latinoamericanos".

¿Quiénes, entonces, podrían pertenecer a esos Comités Nacionales? La respuesta era obvia: Tenían que ser "antiimperialistas, representativos y unitarios, aceptar la Declaración General de la Conferencia Tricontinental y la Declaración General de la Primera Conferencia de OLAS, y aceptar los estatutos de la Organización Latinoamericana de Solidaridad".

El mensaje

¿Cuál es el mensaje de la Conferencia de la Organización Latinoamericana de Solidaridad? Queda expresado en su Declaración de Principios con manifestaciones altisonantes que, dos años después, incumplidas y traicionadas, serán olvidadas por aquellos que la expresaron:

> *"Nuestra misión, en la primera hora, es sobrevivir, después actuará de ejemplo perenne de la guerrilla realizando la propaganda armada en la sección vietnamita de la France, vale decir, la propaganda de los tiros, de los combates que se ganan o se pierden, de los que van, contra los enemigos. La gran enseñanza de la invencibilidad de la guerrilla prendiendo en la masa de los desposeídos".*

Esas frases altisonantes sobre "la invencibilidad de la guerrilla" se expresaban cuando, en esos precisos momentos, Guevara, que a tantos (Masetti entre otros) había abandonado, yacía olvidado en la selva boliviana.

La Conferencia de OLAS era un canto a la exaltación verbal del concepto del foquismo guerrillero del que Debray y Guevara habían sido sus principales voceros:

> *"Los combates no serán meras luchas callejeras de piedras contra gases lacrimógenos, ni de huelgas generales pacíficas; ni será la lucha de un pueblo enfurecido que destruya en dos o tres días el andamiaje represivo de las oligarquías gobernantes; será una lucha larga, cruenta, donde su frente estará en los refugios guerrilleros...".*

El abandono

Estamos en agosto de 1967. Se pronuncian innumerables discursos expresando "la solidaridad con los que luchan contra el imperialismo" pero allá, en Bolivia, Guevara, "el guerrillero heroico", sin recibir ayuda alguna de los revolucionarios reunidos en La Habana, usaba "su última inyección antiasmática" (agosto 2, Diario del Ché); estaba enfermo y adolorido y trató "la inyección intravenosa de novocaína sin resultado alguno" (agosto 3, Diario del Ché); su "asma estaba implacable" (agosto 5, Diario). El mismo día en que comenzaban a discutirse los veinte puntos en los que los delegados proclamaban su respaldo y solidaridad con la lucha armada en el continente, agosto 7, Ernesto Guevara concluía sus anotaciones en su Diario con estas afirmaciones:

"Hoy se cumplen nueve meses exactos de la constitución de la guerrilla con nuestra llegada. De los seis primeros, dos están muertos, uno desaparecido y dos heridos; yo, con asma que no sé como cortarla".

Mientras Guevara trataba de "cortar" su asma, Castro ya le había cortado toda ayuda al guerrillero argentino.

A ninguno, absolutamente a ninguno de los representantes de los grupos de extrema izquierda y de los partidos comunistas de Bolivia y de los países fronterizos con aquella nación, pidió Castro asistencia (equipos de comunicación, hombres, armas) para Guevara.

Por el maltrecho radio que aún mantiene escucha Guevara las huecas palabras de respaldo sin recibir, jamás, los medios que tanto necesita:

"El levantamiento guerrillero en Bolivia, símbolo del surgimiento de otra bandera de lucha por la libertad en el continente, ha recibido el saludo y la solidaridad del propio pueblo de Bolivia y de los restantes pueblos latinoamericanos"[365].

---

[365] Granma. La Habana. Agosto 5, 1967.

No era un saludo lo que Guevara, aislado, cercado, incomunicado, necesitaba recibir.

En los amplios, cómodos y seguros salones de conferencia los aguerridos oradores pronuncian belicosos discursos convocando a la guerra que otros hacen:

> *"Constituye un derecho y un deber de los pueblos Latinoamericanos hacer la revolución... la lucha armada constituye la línea fundamental de la revolución en Latinoamérica..."*[366].

> *"El Comité Organizador de las OLAS llama a los pueblos del mundo, y muy especialmente a los pueblos de este continente, a apoyar al pueblo boliviano en su lucha y a prestarle todo el concurso posible que le permita acelerar el desarrollo de la guerra revolucionaria hasta alcanzar la victoria total".*

Ya expresado, *verbalmente,* su solidaridad con la maltrecha guerrilla, la Organización Latinoamericana de Solidaridad (OLAS) dedica los 10 o 12 párrafos de su mensaje no a exigir y lograr ese respaldo sino a un "llamamiento a los pueblos latinoamericanos a prestar su más vigoroso apoyo a la celebración de la Primera Conferencia de Solidaridad de los Pueblos de América Latina". Tenía para Castro mayor importancia el éxito de aquella conferencia que el destino de la guerrilla de Guevara[367].

La clausura de la Conferencia de OLAS estuvo a cargo, por supuesto, de Fidel Castro que dedicó su momento estelar para atacar a los marxistas venezolanos. Luego de los consa-

---

[366] Declaración de OLAS, Cable AFB, Agosto 10, 1967.

[367] El 17 de abril (1967) Granma publica una "edición única" recogiendo el "mensaje a los pueblos del mundo del Comandante Ernesto Guevara a través de la Tricontinental".
La Dirección Nacional del Movimiento de Izquierda Revolucionaria (MIR) del Perú da a conocer, en abril 18, una extensísima declaración de apoyo a las guerrillas bolivianas. Palabras de ésta y de tantas otras organizaciones revolucionarias se emitían a diario. Pero ninguno de estos verbosos revolucionarios cruzaba la frontera, a tan pocos kilómetros de distancia, para ofrecerle una ayuda efectiva.

bidos ataques al imperialismo norteamericano, de las burlas a la Organización de Estados Americanos (OEA) y de críticas a gobiernos del continente que, "con excepción de México fueron cómplices confesos de los actos y bandidajes contra nuestro país", el gobernante cubano dirigió párrafos enteros a combatir al partido de Venezuela:

> *"El Movimiento Guerrillero de Venezuela está muy lejos de haber sido aplastado a pesar de la traición de la dirección del Partido Comunista Venezolano".*

No era la primera vez que en una tribuna Castro denunciaba a sus antiguos compañeros de la izquierda venezolana quienes, días atrás, habían hecho pública la respuesta del Partido Comunista de Venezuela al propio Castro en la que expresaban que *"la acción de Fidel Castro es innoble, ventajista y alevosa"* y, refiriédose al juicio emitido por el gobernante cubano, manifestaban que *"esta extraña manera de razonar demuestra una soberbia y una autosuficiencia irresponsable, impropia de un jefe de estado".*

La mayor parte de los delegados que concurrieron a esta Primera Conferencia eran, como hemos expresado, ultraizquierdistas y guerrilleros. El FALN de Venezuela estuvo representado por Francisco Prada. Sólo figuras poco conocidas en sus respectivos países participaron en la conferencia. Entre otras resoluciones se aprobó una, con varias abstenciones *"condenando la posición oportunista de la lideratura del Partido Comunista de Venezuela que, abandonando el camino de la lucha armada, traiciona los principios y sirve los intereses del imperialismo y la oligarquía".*

Ya antes de que se iniciasen las sesiones de la Primera Conferencia de OLAS se había producido el distanciamiento del FLN-FALN[368] que tenía como voceros y dirigentes a Douglas Bravo y Fabricio Ojeda, y el pro-moscovita Partido Comunista Venezolano. Los dos primeros se habían opuesto desde mediados de 1966 a que el FLN-FALN (que se nutría de fon-

---

[368] Cable de Prensa Latina de agosto 2, 1967. Granma, La Habana, Agosto 3, 1967.

dos suministrados por Castro) continuase siendo instrumento del PCV que perseguía soluciones políticas.

Más que un distanciamiento era un hostil rompimiento. La delegación del Frente de Liberación de Venezuela a la Conferencia de la OLAS informaba "a los delegados a dicha conferencia y a la opinión revolucionaria latinoamericana" que la "dirección derechista del Partido Comunista de Venezuela fue expulsada del Comité Nacional porque ha dejado de ser una fuerza antimperialista".

El Movimiento de Izquierda Revolucionaria (MIR) y el Comando Unificado FLN-FALN (CUFF) "integrantes reales y verdaderos del Frente de Liberación Nacional" expulsaban de ese frente al PCV que seguía las pautas trazadas por Moscú. Las mismas que, pronto, Castro y el P.C. cubano volverían a obedecer.

Las resoluciones y las buenas intenciones abundan. "La conferencia estudiará la marcha de la Revolución en América Latina.... y el papel de la lucha armada en el proceso". Pero no ofrece Castro, ni la solicita, ayuda para la lucha armada que libra en Bolivia el "guerrillero heroico". El abandono del dirigente cubano al combatiente argentino es total.

Están en La Habana, aquel agosto de 1967, los dirigentes de los movimientos de izquierda revolucionarios de Argentina, Perú, Brasil, Chile, países limítrofes a Bolivia. También se encuentra, vociferando arengas, la delegación de la República Dominicana: "Proclamamos las guerrillas de Venezuela, Colombia, Bolivia y Guatemala como las guerrillas de América Latina" pero no ofrece materializar ayuda alguna. Tampoco lo hacen los delegados de Ecuador, Colombia y demás naciones del continente.

La suerte de Guevara quedó sellada en aquella "revolucionaria conferencia de OLAS". En la hora crítica faltó la *solidaridad latinoamericana* en la conferencia convocada por la "Organización de Solidaridad Latinoamericana".

Los discursos

Con total desaprensión al abandono al que en todo el año 1967 había mantenido a Guevara, Castro, tres años después, en su discurso del primero de mayo de 1970, vuelve a alardear de su identificación con los movimientos guerrilleros:

"Cuba no ha negado y nunca negará respaldo al movimiento revolucionario... Revolucionarios como el Ché, revolucionarios como el Ché están dispuestos a pelear y morir, esta clase de revolucionarios puede contar siempre con recibir la ayuda de Cuba".

"Experimentamos una profunda satisfacción cuando en la resolución final de esta conferencia se proclama que el movimiento revolucionario en América Latina está orientado por las ideas marxistas-leninistas..."[369].

Esta afirmación es repetida el 18 de mayo de 1967 por el Comité Central de Partido Comunista Cubano:

"Nuestro Partido y nuestro pueblo no rehuyen su responsabilidad revolucionaria ante el mundo..." nos acusan de querer subvertir el orden de este Continente y nosotros, efectivamente, proclamamos la necesidad histórica de que los pueblos subviertan el orden establecido por el imperialismo en América Latina y en el resto del mundo".

Castro en los meses que siguieron a la Tricontinental y, luego, a la Conferencia de OLAS se consideraba omnipotente. Consideraba inagotable la inmensa subvención que recibía de la Unión Soviética y malgastaba aquel caudal fomentando la creación, y luego sosteniéndolos, de los grupos subversivos.

"Nos acusan de ayudar al movimiento revolucionario y nosotros, efectivamente, prestamos y prestaremos ayuda cuantas veces nos lo soliciten, a todos los movimientos revolucionarios que luchan contra el imperialismo en cualquier parte del mundo".

---

[369] Fidel Castro, Discurso de Clausura de la Conferencia de Olas.

Con el tipo de "respaldo" que Castro ofreció a Guevara era comprensible el fracaso del movimiento guerrillero en América Latina.

En pocos años la solidaridad con los pueblos Castro se verá obligado a sustituirla por abyecta sumisión a la Unión Soviética.

Luego de intentar distanciarse de la jerarquía soviética – se había negado en 1967 a ir a Moscú a festejar el 50 Aniversario de la Revolución Rusa; proclamó en 1968 una "revolución cultural" al estilo de la execrada Revolución China; aplastó la "microfacción" del pro-soviético Aníbal Escalante- Castro tuvo que enfrentarse a la realidad.

Al asumir personalmente la planeación y puesta en práctica de la política económica se encontró con la decisión de Moscú de no aumentarle el suministro de petróleo en el momento en que el Huracán Inés y la sequía de 1968 habían deteriorado aún más la muy endeble economía de la isla, agravada por una zafra de sólo 5.3 millones, muy inferior a la de 8 millones planeada.

Douglas Bravo rompe con Castro

Primero Douglas Bravo se va alejando de sus compañeros de las FALN, comenzando con su distanciamiento de Luben Petkoff. Luego se convierte en un severo crítico de Castro acusándolo de haber abandonado sus obligaciones revolucionarias con los movimientos guerrilleros de Latinoamérica. Fue Douglas Bravo de los primeros en señalar la gran diferencia entre la Revolución Cubana y la que había surgido en el resto de los países latinoamericanos.

La Revolución Cubana, afirmaba certeramente Bravo, fue, fundamentalmente, una lucha antidictatorial en su primera etapa. Por ese motivo el movimiento cubano fue capaz de atraer a un inmenso número de hombres de la burguesía, de la clase trabajadora, estudiantes y campesinos. En su segunda etapa, comenzando en 1960, la Revolución Cubana tomó un nuevo carácter, su carácter socialista. Es decir, su matiz socialista comenzó después que la revolución había tomado el poder. No fue así en el resto de América Latina cuyos "movimientos de liberación" asumieron un carácter socialista al iniciar su lucha.

Douglas Bravo, ya alejado del PCV, se distanciaba aún más de Fidel Castro. A fines de la década Bravo es objeto de una apasionada y severa crítica por parte del dictador cubano luego de un nuevo viaje de Douglas a La Habana en julio de 1969 cuando Castro ha vuelto a alinearse junto a la Unión Soviética posición duramente criticada por el guerrillero. Seis meses después, en enero de 1970 Castro acusará públicamente a Douglas de "pseudorrevolucionario" indigno de recibir asistencia de la revolución cubana. Muy poco habían durado las buenas relaciones del guerrillero venezolano con Castro.

Un evento internacional le permitió a Castro volver a disfrutar de la largueza soviética, pero a cambio de su prestigio revolucionario.

Presionado económicamente, Castro cambia su posición

Alexander Dubcek, funcionario poco conocido hasta ese momento, es designado en enero de 1968 Primer Secretario del Partido Comunista de Checoeslovaquia, la más alta posición ejecutiva en la nación[370]. Pronto inició una política de libración ofreciendo un "socialismo con rostro humano" que fue conocido, internacionalmente como "la primavera de Praga".

El 20 de agosto, cuando el Presidium del Partido Comunista celebraba una reunión de rutina, tanques y tropas soviéticas penetraron las fronteras y tomaron el control del país, arrestando a Dubcek y otros líderes que fueron llevados a Moscú[371]

---

[370] El 5 de enero sustituía Dubcek a Antony Novoltny, viejo y recio stalinista que –con el respaldo soviético- mantenía esa posición desde 1954.

[371] Ante la fuerte oposición popular por el arresto y repatriación de Dubcek los soviéticos se vieron forzados a regresarlo a Checoslovaquia.

La invasión soviética conmovió e indignó al mundo. No a Castro.

Un año atrás, en enero de 1968 el Comité Central del Partido Comunista de Cuba cuando juzgaba al prosoviético Aníbal Escalante, había acordado que el Partido Comunista de Cuba no participaría en la conferencia mundial de los partidos comunistas que se celebraría en la Unión Soviética. Ahora para reafirmar su solidaridad con la Unión Soviética tras la invasión de Checoeslovaquia, Castro deja sin efecto aquella decisión y envía a Carlos Rafael Rodríguez a Moscú. Su abyecto discurso concluye con este párrafo:

> "Declaramos en esta tribuna que en cualquier confrontación decisiva, ya bien sea por una acción de la Unión Soviética para evitar amenazas o riesgos de dislocación o provocación al sistema socialista, o un acto de agresión de cualquiera contra el pueblo soviético, Cuba se mantendrá sin vacilación al lado de la Unión Soviética"[372].

La aceptación, y público respaldo de Castro a la invasión soviética a Checoeslovaquia afectó negativamente, aunque por un breve período, la reputación del gobernante cubano ante los grupos de izquierda de Latinoamérica. Pero su solidaridad con los invasores soviéticos tuvo para Castro una compensación económica.

En julio de 1972 Cuba era admitida como miembro del Consejo de Mutua Asistencia Económica (COMECON)lo que integraba a la isla en el bloque económico soviético. Abandonaría por un tiempo su abierto respaldo a las guerrillas y mejoraría apreciablemente sus relaciones con los partidos comunistas del continente que seguían la línea de Moscú. Se reconciliaba con el PC de Venezuela, con el PC de Bolivia, el de Uruguay y, por supuesto, el de Chile con el que nunca se había mostrado distante.

Viene un período de total sumisión a la Unión Soviética. Tras el colapso norteamericano en Indochina los soviéticos se esfuerzan en extender su influencia en África. Proveerán las

---

[372] Edición en inglés de Granma, junio 15, 1969.

armas y el equipo militar necesario; Castro ofrecerá los hombres. Así se inicia la participación de ambas naciones en Angola, región sin vinculación histórica ni comercial con Cuba pero que representaba para la Unión Soviética una avanzada hacia el África del Sur y una muy conveniente inversión financiera ya que Angola se convertiría en uno de los principales compradores de armas soviéticas (recibiría de Moscú el 90% de los $4.5 billones en armas adquiridas por Angola desde su "independencia"). Castro recibiría subsidios de las empresas petroleras norteamericanas por utilizar tropas cubanas para proteger las instalaciones de aquellas empresas.

La aventura en Angola[373] que se inicia con el Acuerdo de Alvor en enero de 1975 consolida las relaciones cubano-soviéticas cobijándose Castro bajo la sombra protectora de la Doctrina Brezhnev[374].

Ya, desde diciembre de 1972 Castro había formalizado en acuerdos económicos el precio de su sumisión.

a) Prórroga en el pago de las deudas incurridas con la Unión Soviética.

b) Extensión por 25 años de los créditos comerciales sin pago de interés.

c) Préstamo de $300 millones de dólares para distintos proyectos.

Ya Castro ha vuelto al redil; nunca estuvo muy lejos.

Primer Congreso del Partido Comunista de Cuba

Al Primer Congreso del Partido Comunista Cubano (diciembre 16, 1975) asistían las más altas figuras del mundo comunista, entre ellas, Janos Kadar, Primer Secretario del Comité Central del Partido de los Obreros Socialistas de Hun-

---

[373] Ver "La Aventura Africana de Fidel Castro" del autor.
[374] Idem.

gría, Mikhail A. Suslov[375], miembro del Buró Político y Secretario del Comité Central del Partido Comunista de la Unión Soviética. Desde Angola Agostino Neto enviaba un mensaje de solidaridad.

Delegaciones latinoamericanas: la delegación del Partido Comunista de la Argentina la presidía Gerónimo Amadeo Álvarez, Secretario General; la de Colombia, Filiberto Vieira, la de Ecuador Pedro Saad; la delegación chilena estaba representada por Carlos Altamirano, Secretario General del Partido Socialista; la de Costa Rica estaba encabezada por Manuel Mora Valverde, Secretario General del Partido de Vanguardia; Aurelio Amaral, miembro del Secretariado del Comité Central encabezaba a delegación paraguaya; mientras que la delegación del Partido Comunista de Venezuela la encabezaba Jesús Farías.

Simultáneamente, en Colombia se celebraba el XII Congreso del Partido Comunista de aquel país a la que concurría una delegación cubana que presidía Felipe Carneaga.

El Congreso del Partido Comunista Cubano se celebró en el Teatro Carlos Marx. El discurso central a cargo, por supuesto, de Fidel Castro, consumió ocho páginas completas del periódico Granma. Llegaba a Cuba para asistir al Congreso el Primer Secretario del Comité Central de Bulgaria Todor Zhidkov. La Delegación del Partido Comunista Uruguayo estaba encabezada por Rodney Arizmendi, y la de Chile por el Senador Volodia Teitelboim; Rubén Darío Souza encabezaba la del Partido del Pueblo de Panamá, y Luis Carlos Prestes llegaba en representación del Partido Comunista de Brasil.

La de Puerto Rico la encabezaba Juan Mari Bras, Secretario General del Partido Socialista; el Partido Comunista Dominicano estaba representado por Carlos Dori, miembro del Buró Político. La delegación del Partido Comunista Peruano la encabezaba Jorge del Prada, su Secretario General. La Delegación del Partido Comunista de México venía presidida por Arnoldo Martínez Verdugo.

---

[375] Mikhail Suslov era uno de los dirigentes más poderosos de la Unión Soviética. Fue un factor decisivo en la destitución de Nikita Kruschev y en la elección de L. Brezhnev.

Pero ya Castro persigue objetivos más amplios y más lejanos. Tras el golpe militar que depone en Etiopía al viejo emperador Haile Selassie y lleva al poder al Coronel Mengistu Haile Mariam –que pronto se adherirá a la línea de Moscú– Castro, bajo la sombra de Breznev, ofrecerá su respaldo, militar y humano, al dictador etíope.

Comenzarán a morir cubanos en Ogadén y en Masawa. Pronto, simultáneamente, en Angola. Malgastará Castro en estos sueños imperiales la masiva ayuda financiera que recibe de la Unión Soviética.

CAPÍTULO IX

República Dominicana

Primeras acciones de Castro

En la tarde del 14 de junio de 1959, antes de los seis meses de haber Fidel Castro ascendido al poder, ochenta hombres con uniforme verde olivo partían del pequeño aeropuerto de Antilla, en la provincia de Oriente, con los jarretes y escudos mostrando las siglas UPD de la Unión Patriótica Dominicana. Llevaban víveres, municiones rifles belgas, garands, M-1, bazookas, ametralladoras. Al frente de ellos Enrique Jiménez Moya, el dominicano que con grado de capitán había servido en las guerrillas de Castro.

A las dos horas aterrizaba el C-46 en un aerodromo en las afueras de Constanza. En ese momento desembarcaban otros 200 hombres que habían zarpado de Cuba el día 13. A los pocos días ambos grupos, el que llegaba por vía aérea y el que llegó por mar, habían sido aniquilados. Trujillo triunfaba sobre Castro.

Apenas transcurridos dos años Rafael Leónidas Trujillo era emboscado y asesinado en la ciudad a la que le había dado su nombre.

El 20 de diciembre de 1962 es electo Juan Bosch presidente de la república por el Partido Revolucionario Dominicano (PRD)[376]. Poco duró Bosch en la presidencia. Habiendo toma-

---

[376] Triunfaba sobre el Partido Unión Cívica Nacional que había postulado al Dr. Viriato Fiallo.

do posesión el 27 de febrero de 1963 es depuesto, tras una prolongada huelga, por un golpe de estado el 25 de septiembre del propio año. Una de las figuras del golpe era el Gral. Elías Wessin Wessin.

Al ser derrocado el Presidente Bosch, el gobierno lo asumen, por muy breve tiempo, tres civiles: Emilio de los Santos, Manuel Távarez Espaillat y Ramón Tapia Espinal. Este gobierno provisional tiene el respaldo de la más alta oficialidad del Ejército, la Marina, la Aviación y la Policía. Dos de estos oficiales son los generales Antonio Imbert y Luis Amiama, los dos sobrevivientes del atentado que le costó la vida a Rafael Leónidas Trujillo. Como Ministro de Relaciones Exteriores es designado Donald Reid Cabral, presidente de la Agrupación de Fuerzas Vivas Dominicanas (AFVD) que agrupaba sectores empresariales, comerciales e industriales.

Poco después el Triunvirato lo preside Reid quien facilitaría a cubanos anticastristas operar desde bases en aquel país[377].

Contra aquel gobierno, débil e inestable, Castro dirigió un nuevo ataque. Para eso utilizaría a jóvenes de la organización castrista Agrupación Política 14 de Junio –que había tomado el nombre de la expedición de 1959– que habían recibido entrenamiento guerrillero en el campamento Minas de Frío en la Sierra Maestra. Fracasaron.

Volverá Reid a enfrentar nuevas amenazas.

Reid Cabral no contaba con la lealtad de las fuerzas armadas ni con el respaldo de la población que, en su mayoría, habían antes depositado su confianza y sus votos en el depuesto Juan Bosch[378]. Pero no son los sectores populares los

---

[377] Los contactos con Reid Cabral se harían a través de Rafael García Toledo y Frank Díaz Pou, ambos militantes del MRR. Amplia información sobre las actividades que allí se realizan pueden encontrarse en "Años Críticos: del camino de la acción al camino del entendimiento" del autor.

[378] En las elecciones del 20 de diciembre de 1962 Juan Bosch había obtenido más del 60% de los votos emitidos de un total de 1.050,867 sufragios emitidos en las primeras elecciones presidenciales, libres, que se habían celebrado en aquella nación en más de 30 años:

que se movilizan y se enfrentan a Reid Cabral. Es un grupo de militares, del que forma parte el Coronel Francisco Caamaño, el que irrumpe, el 24 de abril, en el Palacio Nacional, sede del gobierno y fuerza la renuncia del presidente Donald Reid Cabral. Aquellos militares planteaban el regreso al poder del expresidente Bosch.

Los golpistas no tienen el apoyo de la cúpula militar pero ésta no actúa con la necesaria rapidez para aplastar la revuelta.

Los militares rebeldes pedían el regreso al poder del expresidente. La misma consigna que esgrimían los comunistas dominicanos agrupados en el Partido Socialista Popular Dominicano. La misma posición que sostenía el gobierno cubano. Se lanzaban manifiestos demandando el regreso de Bosch:

"El retorno de Bosch a la presidencia legítima de la república significa la victoria de la voluntad popular".

Planteaban ese regreso no por medios pacíficos sino por la violencia:

"Sin embargo, esa victoria sólo puede ser alcanzada por la movilización y la lucha activa de todos los sectores patrióticos del país".

Los golpistas, que se llamaban a sí mismos "constitucionalistas", controlaban Radio Santo Domingo, la poderosa estación del gobierno que había sido creada por Trujillo. Desde ella los voceros de Caamaño y su grupo transmitían propaganda comunista incitando a una revuelta popular.

Desde San Juan, Puerto Rico, Bosch arengaba al pueblo dominicano pidiéndole el acatamiento a Molina Ureña como Presidente Provisional, hata el regreso al país del propio Bosch.

PRD (Juan Bosch) 628,495 votos
UCN (Viriato Fiallo) 315,877 votos
Partido Social Cristiano (A. Moreno Martínez) 53,096
Partido Nacionalista Revolucionario (Virgilio Mainardi) 35,610
Alianza Social Demócrata (J.I. Jiménez Grullón) 17,789.
Bosch era, por supuesto, el candidato respaldado por Castro.

El retorno de Bosch era sólo el pretexto. Así lo manifestaban públicamente las fuerzas que se autodenominaban "constitucionalistas":

> "Es necesario enarbolar la consigna del retorno del Presidente Juan Bosch al frente del Gobierno Constitucional de la República".

En ese manifiesto, emitido muchos días antes de iniciarse el brote insurreccional, los comunistas del PSP Dominicano planteaban con claridad que:

> "El retorno de Bosch no significa la solución de los problemas nacionales, pues éstos se resolverán únicamente con la eliminación del dominio económico del imperialismo norteamericano y el establecimiento de democracias socialistas".

Es decir, el regreso de Bosch era la consigna. La implantación de un régimen comunista era el objetivo[379].

A los tres días de la deposición de Donald Reid se asilaba en la embajada de Colombia Rafael Molina Ureña[380] que había sido designado por los militares golpistas para sustituir a Reid.

Se agudiza la crisis. Los militares sublevados que habían depuesto a Reid comienzan a repartir armas a la población. En aquel caos Francisco Caamaño Deñó con el respaldo del PSP dominicano, aboga por el regreso del ex-presidente. El General Elías Wessin, Jefe del Centro de Enseñanza de las Fuerzas Armadas (CEFA) se enfrenta a las milicias golpistas respaldando a la Junta de Gobierno recién constituida, presidida por el General Antonio Imbert, el antiguo protector de Caamaño. Ahora Wessin e Imbert se enfrentan a Caamaño.

---

[379] Ver "Años Críticos: del camino de la acción al camino del entendimiento" del autor.

[380] Rafael Molina Ureña había sido Presidente de la Cámara de Estado bajo la presidencia de Juan Bosch y, junto con Francisco Peña Gómez, Manuel Espinal, Lembert Reguero y Antonio Guzmán, habían encabezado un movimiento que luchaba por el regreso de Bosch.

Francisco Caamaño. Su rápido ascenso

Francisco Caamaño Deñó formó parte de todas las ramas de las Fuerzas Armadas Dominicanas: Había ingresado como cadete en la Escuela Naval de la Marina de Guerra, graduándose como Alférez de Navío. A mediados de 1950 pasó al Cuerpo de Infantería y, años después, a la Fuerza Aérea. ¿Quién era este hombre, hasta ayer un oscuro militar, que alcanza tanta prominencia durante la forzada renuncia del presidente Donald Reid Cabral?

Francisco Caamaño, sus amigos lo conocían por Francis, había estudiado en la Riverside Academy, en la Florida, de donde fue expulsado por "conducta impropia"[381]. Regresa a República Dominicana y estando su familia vinculada a la carrera militar ingresa Francis en el ejército.

Asesinado Trujillo el joven Caamaño se convierte en asistente del ahora General Imbert quien, junto a Luis Amiama Tio[382] forma parte del Consejo de Estado que preside el Dr. Joaquín Balaguer.

Francis era hijo del Teniente General Fausto Caamaño, antiguo Jefe de la Policía Secreta de Rafael Leónidas Trujillo y posteriormente, Jefe de la Fuerza Aérea hasta que fue reemplazado por Ramfis Trujillo.

En 1959 Francisco Caamaño participó en la exterminación de los invasores castristas del 14 de junio, siendo condecorado por Trujillo. Fuente: Ray Mathin, "Crisis del Caribe".

Convoca Balaguer a las elecciones generales en las que, como ya mencionamos, resultó electo presidente Juan Bosch, candidato del Partido Revolucionario Democrático.

---

[381] Entrevista de Rafael García-Toledo con Enrique Ros. García-Toledo estaba estrechamente vinculado a Donald Reid mucho antes de éste asumir la presidencia de la República Dominicana.

[382] Antonio Imbert Barrera y Luis Amiama Tio fueron los dos sobrevivientes de los que participaron en el ajusticiamiento de Rafael Leonidas Trujillo el 30 de mayo de 1961.

Durante la breve presidencia de Bosch, Francis comandaba los Cascos Blancos, guardia élite de la Policía Nacional, bajo la fejatura del Gral. Belisario Peguero. Desde esa posición participa en el golpe militar que en septiembre de 1963 depone a Bosch.

Donald Reid asume el poder en diciembre. Junto a Reid se encuentra el Gral. Antonio Imbert, el antiguo protector de Caamaño. Éste no se siente satisfecho con ser sólo jefe de los Cascos Blancos; ahora ambiciona el mando del cuerpo policial. Por eso conspira para deponer al Gral. Peguero y asumir él la jefatura de esa rama de las Fuerzas Armadas. Reunido con un grupo de oficiales de la policía el Coronel Caamaño dirige en enero de 1965, lo que se conoce como el alzamiento de Radio Atuya cuyo objetivo era el desplazamiento del General Belisario Peguero Guerrero como jefe de aquella institución.

Fracasa en ese intento –Caamaño será siempre un fracasado en sus intentos conspirativos– y, junto con el Coronel José Morillo, es separado de su cargo y nombrado cónsul de Montego Bay, Jamaica[383].

Será por pocos meses.

Cuando regresa se le asigna, por influencia de Imbert, al Comando de Fuerzas Especiales. Pero seguirá conspirando.

Su nueva conjura cristaliza el 24 de abril cuando, con otros militares, entra al Palacio Nacional a deponer a Donald Reid.

El enfrentamiento entre el General Elías Wessin que defendía al gobierno de Donald Reid recién depuesto, y el Coronel Francisco Caamaño que dirigía las fuerzas "constitucionalistas" que habían producido el golpe con el pretexto de exigir el regreso al poder del ex-presidente Bosch, tiene su momento culminante en la batalla del Puente Duarte que controlaba la entrada a la capital.

---

[383] El General Belisario Peguero, Jefe de la Policía Nacional, separó de su cargo al Coronel Francisco Caamaño y al Coronel José Morillo quienes fueron puestos en retiro por el Presidente Donald Reid nombrándolos al primero Cónsul de Montego Bay y a Morillo Cónsul en Kingston. Fuente: Antonio Llano Montes, "Barricadas de Odio".

El 27 de abril comienza aquella fiera batalla que produce pérdida de vidas humanas y la destrucción física de viviendas, comercios e industrias.

Los ciudadanos norteamericanos han sido reunidos en el Hotel Embajador, en las afueras de Santo Domingo. El embajador estadounidense envía un cable al Presidente Johnson informándole que consideraba que "ha llegado el momento de desembarcar los Marines". El mensaje del Embajador W. Tapley Bennett describía a "agitadores barbudos gritando consignas comunistas".

La invasión

El cable del Embajador Bennett llegó a la Casa Blanca a las 5:14P.M. del miércoles 28. Pedía Bennett el inmediato envío de los Marines porque "vidas americanas están en peligro". Dos días antes, el lunes 26 de abril, el Departamento de Estado lo había llamado a Washington[384], para informarle de la gran preocupación del gobierno sobre un posible golpe comunista. De regreso a Santo Domingo aquella misma tarde Bennett se encontró que ya, ciertamente, la sangre corría por las calles de aquella capital. Fue para Johnson la más crítica decisión que había tomado en sus dieciocho meses de gobierno.

Después de haber ordenado el envío de los marines Johnson reunió a los líderes del Congreso. El Senador Everett Dirksen, el líder Republicano del Senado respaldó al presidente: "Estamos con usted un cien por ciento. No podemos permitir tener otro gobierno comunista en el Caribe". El Senador Mike Mansfield, líder Demócrata del Senado, sugirió incluir una referencia a la OEA en el discurso que dirigiría Johnson a la nación en horas de la noche[385].

Por supuesto, no podía faltar la crítica. Consideraba el pusilánime Adlai Stevenson que era prematuro, sin que la CIA

---

[384] Se encontraba en el estado de Georgia.

[385] Rowland Evans: "The Exercise Power".

y la embajada norteamericana en Santo Domingo pudieran completar su investigación, desembarcar los marines. Stevenson, siempre vacilante, siempre temeroso.

En sus dos primeras declaraciones públicas el Presidente Johnson sólo hizo mención al peligro que corrían las vidas norteamericanas como la razón que lo había impelido a ordenar el desembarco de marines. El viernes en la noche volvió Johnson a la televisión para informar a la nación que "personas entrenadas fuera de la República Dominicana están tratando de tomar el control de aquella república".

Era muy claro a qué personas se refería y dónde habían sido entrenadas.

Lo que originalmente había sido un intento de restablecer el gobierno constitucional de Juan Bosch se había convertido en un movimiento dominado por elementos de la extrema izquierda. Para despejar cualquier duda, el Presidente Johnson volvió a la televisión el domingo mayo 2:

*"El movimiento revolucionario en la República Dominicana ha dado una vuelta trágica. Líderes comunistas, **muchos de ellos entrenados en Cuba**, viendo la oportunidad de aumentar el desorden para obtener una ventaja, se han unido a la revolución... lo que comenzó como una revolución popular democrática, comprometida con la democracia y la justicia social, muy pronto ha caído en manos de una banda de conspiradores comunistas".*

La crítica situación no permite vacilaciones. Johnson pide a su Secretario de Estado, Dean Rusk, que contacte a los embajadores de los países latinoamericanos solicitando de ellos que la OEA convoque a una reunión inmediata. El Presidente norteamericano toma otras dos decisiones: ordena a McNamara que coloque un alerta a las fuerzas militares y, en horas de la noche, se reúne con líderes del Congreso, el vicepresidente, el Embajador Stevenson, el Asesor McGeorge Bundy, el Almirante Raborn[386] que ese mismo día había jurado el cargo de

---

[386] El Vicealmirante William (Red) Raborn era un oficial naval retirado que no tenía experiencia alguna en inteligencia pero había tenido éxito en dirigir para la Marina el programa de introducir el submarino Polaris. Apenas transcurrido

Director de la CIA; los senadores William Fulbright, Presidente del Comité de Relaciones Exteriores del Senado; y los senadores Mansfield y Dirksen; el Presidente de la Cámara McCormack y otros.

Aquella misma noche el Presidente Johnson le habla al pueblo norteamericano[387]. Horas después desembarcan los primeros 400 marines en el momento en que turbas asaltan cinco embajadas latinoamericanas[388].

Dos embajadores norteamericanos permanecen, simultáneamente, en Santo Domingo en aquellas horas trágicas. El embajador residente Taprey Bennett y el embajador Ellsworth Bunker, el más antiguo diplomático norteamericano en la OEA que era, también, representante personal del Presidente Johnson.

Coincidía el intento golpista con la designación como Jefe de la Agencia Central de Inteligencia (COS) en Santo Domingo de David Atlee Phillips, figura muy vinculada al caso cubano en el proceso que culminó en Girón y, antes, en el desarrollo de los planes que dieron al traste con el gobierno de Jacobo Arbenz en Guatemala[389].

David Phillips, cuando Richard Bissel era Jefe de Operaciones Encubiertas de la Agencia Central, actuaba como Jefe de Propaganda teniendo a su cargo coordinar la programación de lo que, antes de Girón, se transmitía hacia Cuba. Luego había pasado a México para ocupar la posición que dejaba

---

un año de su designación renunció, en junio de 1966 como Director de la CIA.

[387] En septiembre 15, 1965, William Fulbright afirmó en el hemiciclo del Senado que la decisión de Johnson de intervenir se había basado en una información inadecuada, falsa.

[388] Cable de la UPI de abril 29.

[389] David Phillips había estado bajo el cargo de la potente estación de radio instalada en la isla Swan, frente a las costas de Honduras desde donde se transmitía hacia Guatemala en la operación destinada al derrocamiento del gobierno de Jacobo Arbenz. Había sido otra figura muy ligada a la lucha contra Castro en los años siguientes, el entonces Coronel Edward Lansdale, quien había construido la estación de radio.

Howard Hunt (Eduardo), otra figura que había intervenido muy estrechamente –y lo seguiría siendo por mucho más tiempo– en el caso cubano.

Su función principal sería la de monitorear la embajada cubana en ciudad México y determinar los nexos que ella podría tener con los grupos pro-castristas en el hemisferio. Tres años después sería el Jefe de Estación de la CIA en Santo Domingo[390].

La Batalla del Puente Duarte

El 27 de abril comenzó una fiera batalla para dominar la capital. Los tanques del Cuartel de San Isidro, controlado por el General Wessin, cruzaron el Puente Duarte, sobre el Río Ozama, y entraron en la ciudad. Los líderes rebeldes decidieron detener el fuego y solicitar la mediación de la embajada norteamericana. No hubo acuerdo. La frustrada mediación, es bueno dejarlo aclarado, no la solicitó la misión diplomática foránea; fue pedida por los grupos rebeldes.

La prensa cubana destacaba que "civiles armados patrullaban las calles de Santo Domingo en compañía de tropas rebeldes". El 29 de abril, informaba la UPI, cinco embajadas latinoamericanas habían sido atacadas por las turbas.

Tras breve vacilación la aviación respalda al Gral. Wessin y ametralla el Palacio Nacional tomado por los rebeldes "constitucionalistas", y las torres de Radio Santo Domingo Televisión y Radio Comercial que estaban transmitiendo consignas y arengas de los golpistas.

El próximo objetivo de la aviación sería la Fortaleza Ozama, cuartel general de los Cascos Blancos, la fuerza represiva de la Policía Nacional que Caamaño pretendió comandar.

La lucha armada continuaba en las calles de Santo Domingo. Tan seria era la situación que el Consejo de Seguridad

---

[390] Coincidía la designación de David Phillips como Jefe de Estación con el nombramiento del Almirante William Raborn como nuevo Director de la CIA tras la renuncia de John McCone.

de las Naciones Unidas acordó pedir que se implantara un riguroso alto al fuego e invitar al Secretario General U Thant a que enviara a la República Dominicana un representante suyo. Fue designado José Antonio Mayobre.

El Presidente Johnson envía, por su cuenta, una "misión de alto nivel" compuesta por los funcionarios que habían sido sus principales asesores desde que estalló la crisis el 24 de abril: Thomas C. Mann, Subsecretario de Estado; McGeorge Bundy, Asesor Presidencial para Asuntos de Seguridad Nacional; Cyrus R. Vance, Subsecretario de Defensa y Jack Vaughn, Subsecretario de Estado para Asuntos Interamericanos[391].

Días después continuaba la lucha en la zona norte de la ciudad.

Para fines de mayo las hostilidades habían cesado luego de que McGeorge Bundy, Asesor del Presidente Johnson, se reuniera por cuatro horas, con el Coronel Caamaño, cuyas fuerzas "constitucionalistas" se debilitaban por días. Poco después estas fuerzas, derrotadas, y Caamaño, se internaban en los montes.

Había sido vencida la intentona golpista de Caamaño y se hacen gestiones, con éxito, para constituir un gobierno de Reconstrucción Nacional cuya presidencia ocupa Héctor García-Godoy, luego de quedar disuelta la Junta Cívica Militar que había presidido Antonio Imbert. Caamaño, ante la llamada hecha por el nuevo mandatario, luego de estar alejado en los montes, se entrevista con García-Godoy y, días después, sus fuerzas entregan las armas. La maniobra ingerencista de Castro ha fracasado.

Expatriado el General Wessin

El General Wessin es designado, en contra de su expresa voluntad[392], cónsul general de Miami y enviado a esta ciu-

---

[391] Cable AP, mayo 18, 1965.

[392] David Adlee Phillips, Director (Chief of Station) de la CIA en Santo Domingo en esa etapa, afirma que a petición del embajador Bennett fue a ver a Wessin para convencerlo "en una forma u otra" de salir del país antes del

dad donde, al llegar, hace enérgicas declaraciones renunciando a un cargo que no deseaba ni había solicitado. Se deshace también el gobierno de García-Godoy del otro militar que había dirigido las "fuerzas institucionalistas": Caamaño es enviado a Inglaterra como Agregado Militar de la Embajada Dominicana en Londres.

Caamaño pretendía ser candidato a la presidencia en las elecciones señaladas para ese año (1966). Era pretensión del ex-presidente Juan Bosch llevar en la vicepresidencia al militar dominicano, pero el presidente García Godoy señaló que había para eso impedimento constitucional[393].

Desde Londres respondía Caamaño al planteamiento de Bosch: "Soy militar y lo seguiré siendo". Eran las primeras declaraciones de Caamaño desde que llegó a la capital londinense. Con la misma fecha quedaba legalizado el partido MN-14 de Junio.

A los pocos meses Juan Bosch, derrotada su aspiración electoral en las elecciones del primero de junio de 1966, se traslada a España donde reside, cómodamente, en la ciudad Benidom estableciendo estrecho contacto con el Coronel Caamaño que viajaba desde Londres a visitarlo con cierta periodicidad. Allí ambos comienzan a dar los primeros pasos de la invasión que encabezaría Caamaño, como figura militar, y llevaría nuevamente a Bosch a la presidencia de la República. Se consideró que Cuba sería el sitio ideal de donde debería partir la invasión planeada. De planes, por irrealizables que fuesen, nunca carecían ni Bosch ni Caamaño.

Luego que el General Elías Wessin fue expulsado del país en septiembre quedó Francisco J. Rivero Caminero como

---

mediodía del día siguiente. Conversó con el general dice David Phillips, por más de una hora. Wessin se negó a salir del país (Fuente: David Adlee Phillips "The Night Watch"). Luego otros contactos convencieron al General Wessin.

[393] El Presidente Héctor García Godoy señaló que el Artículo 183 de la Ley de las Fuerzas Armadas estipulaba que los militares en servicio activo no podían pertenecer a partidos o agrupaciones de carácter político (Cable AFP, Diario Las Américas, abril 7, 1966).

Ministro de las Fuerzas Armadas. El 4 de enero, treinta dirigentes militares fueron obligados a marchar al exilio[394]. La expulsión la provocó el enfrentamiento que se produjo en Santiago de los Caballeros el 18 de diciembre entre "constitucionalistas" y la fuerza aérea dominicana.

Tres días después se agudizaba una grave crisis político militar en Santo Domingo sin que García-Godoy tomase medidas contra militares que desde "Radio Santo Domingo" transmitieran un comunicado atribuido a las Fuerzas Armadas y a la Policía Nacional oponiéndose a los cambios en el mando militar decretados por el presidente. Tan aguda era la situación que García Godoy pedía a la OEA que sus tropas protegiesen el Palacio Nacional y ocuparan la emisora desde donde los militares insubordinados transmitían las comunicaciones[395].

La decisión del gobierno de enviar al exterior a los 34 altos oficiales provocó una huelga general convocada por las organizaciones de izquierda. En pocas horas terminaba dicha huelga (enero 10, 1966).

La agrupación "14 de Junio" de tendencia castrista, planteaba en esos momentos que se derogase la ley que mantenía ilegalizada a esa agrupación política y que había sido promulgada por el triunvirato que sucedió al gobierno de Bosch a raíz del golpe de estado de 1963.

En diciembre de aquel año se inició una acción de guerrillas en varias zonas del país que fue sofocada por las fuerzas militares en la que perdió la vida el líder castrista José Manuel Tabares Justo.

Sale Caamaño

El Comodoro Francisco Rivero Caminero, ya no como Ministro de Defensa sino como simple Agregado Militar en la embajada dominicana en Washington a donde había sido

---

[394] Cable UPI, enero 4, 1966, Diario Las Américas.

[395] Cable AFP, enero 8, 1966.

nombrado luego de ser destituido de su cargo anterior, acusó al presidente provisional de haber violado el Acta Institucional y la ley orgánica de las Fuerzas Armadas al introducir cambios en los altos mandos militares.

A pesar de esas terminantes declaraciones afirmaba el Comodoro Rivero Caminero que los "cuerpos armados no están en rebeldía contra el presidente García Godoy sino que están ejerciendo la facultad que les confiere el Acta Institucional que sirve de Constitución a la república"[396].

Para enero 13 quedaba confirmado el nombramiento de Caamaño como Agregado Militar en la embajada de Londres. El 21 García-Godoy se reunía con los jefes del Estado Mayor de las Fuerzas Armadas removidos y que se negaban a asumir sus nuevas funciones. Un grupo de oficiales rebeldes ya había salido del país hacia Europa y otros países de América Latina a ocupar los cargos a que habían sido designados. Pero los militares regulares de las fuerzas armadas se negaban a marchar.

Aislado de unos y de otros se mantenía Caamaño. Para el 24 de enero ya la crisis política se resolvía al aceptar cinco oficiales de alta jerarquía las posiciones ofrecidas y su salida del país. El 28 llegaba Caamaño al aeropuerto de Londres.

Permanecerá en esa capital manteniendo los contactos iniciales con Bosch que antes mencionamos y que pronto quedarán interrumpidos. En una ocasión vuela a La Haya.

Planes de Castro con Caamaño

Caamaño desapareció de La Haya, donde se encontraba de visita la noche del 24 de octubre de 1967. Llegó a París entrevistándose con Julián López Díaz, el oficial militar de la DGI cubana asignado a la República Dominicana, que era conocido

---

[396] Cable AFP, Santo Domingo, enero 2, 1966.

entre los dominicanos con el nombre de "Jesús"[397]. Regresa el coronel dominicano a Inglaterra.

De Londres sigue Francis hacia Cuba, alentado por agentes de la DGI cubana, para "discutir con Fidel Castro y el Buró Político Cubano sobre la Revolución Dominicana"[398]. Era el otoño de 1967.

Los planes iniciales Caamaño los había elaborado, estando en Europa, con el depuesto presidente Juan Bosch quien, estando ya Caamaño en La Habana, se distancia de éste rompiendo, abruptamente, sus relaciones con el militar.

En Bolivia, caía Ernesto Guevara. Caamaño sería la figura que, gozando de prestigio continental, podía servir a Castro y la dirigencia cubana en su continuada pretensión de crear un, dos, tres, muchos Vietnams. Los planes ya se han discutido antes de que el coronel dominicano llegue a La Habana. Se ha considerado una fuerza que habrá de fluctuar entre 150 y 300 hombres. No más, no menos. "Los cubanos aprueban totalmente el plan que se somete. En todo momento, Cuba ofrece total apoyo y todo tipo de ayuda. Francis manejaba ya una cantidad enorme de recursos aportados por Cuba"[399].

Se le asigna a Dariel Alarcón (Benigno), uno de los tres sobrevivientes cubanos de la guerrilla del Ché que recién había llegado a la isla, la responsabilidad de entrenar a Caamaño y a sus hombres para la nueva acción guerrillera que se planeaba. El entrenamiento se habituaría en la zona de Soroa, donde se encontraba una unidad de las PETI. Se le dió a Caamaño el nombre de Román. Caamaño quería llevar la re-

---

[397] Julián López Díaz había sido nombrado en la embajada cubana de México, delegado de prensa y cultura cargo que desempeño de diciembre de 1964 a diciembre de 1966. López tenía a su cargo apoyar el envío de armas a las guerrillas guatemaltecas a través de la frontera de México. Fuente: Testimonio de Orlando Castro Hidalgo ante el Subcomité de Seguridad Interna del Senado de los Estados Unidos, octubre 16, 1969.

[398] Claudio Caamaño, documento publicado en el vespertino El Nacional el 14 de mayo de 1982. Fuente: Operación Estrella, Melvin Mañón.

[399] Claudio Caamaño, documento mencionado.

volución a su patria pero, en esos momentos, no era un plan alentado por los cubanos.

No mucha colaboración recibió el oficial dominicano poco después de encontrarse en Cuba. La entrevista con Castro, que tanto Caamaño deseaba, no se concretaba. Castro halagó y cultivó a Caamaño cuando éste se encontraba al frente de la rebelión de abril de 1965 y mientras había permanecido en Europa. Ahora, en la isla, su comportamiento hacia Caamaño ha cambiado. ¿Qué había sucedido?

Un acontecimiento en la Europa Central que tendría repercusión mundial convertiría a Caamaño –hasta ese momento tan halagado por los dirigentes cubanos– en un huésped indeseado. En un estorbo. En un verdadero obstáculo para la nueva posición política que Castro se ve obligado a tomar.

Castro, que había respaldado la invasión soviética a Checoeslovaquia (agosto 1968) se estaba distanciando, temporalmente, de las guerrillas y mejorando sus relaciones con los partidos comunistas del continente que seguían la línea de Moscú. No pudo, el abandonado Caamaño, reclutar el número de hombres que había planeado. En Cuba, el militar dominicano había perdido contacto con toda "la oficialidad constitucionalista" junto a la que había combatido en abril de 1965. Ahora, en la gran Antilla, se sentía solo, preterido.

Los cubanos habían reducido prácticamente a cero la ayuda económica a Caamaño y a los comandos de la resistencia.

Caamaño no sería el único. Castro abandonaba a muchos de los que en él confiaban. Así en la primera semana de enero de 1972 morían en una refriega con la fuerza pública media docena de hombres que habían sido entrenados en Cuba y recibían de allá armas y dinero. Abandonados por Castro, Plinio Matos Mosquete y Harry Jiménez Castillo[400] busca-

---

[400] Uno de los perseguidos, Harry Jiménez Castillo se refugió en la misión azteca solicitando asilo político. El otro prófugo, el abogado Plinio Matos Mosquete, se mantuvo por más tiempo fugitivo.

ban refugio en el monte luego de que cuatro de sus compañeros había perecido.

Tras el enfrentamiento, abandonados, habían decidido efectuar acciones por su cuenta cuando Castro descontinuó su respaldo. Tras la refriega se encontraron documentos en los allanamientos practicados a las antiguas residencias de los prófugos y de los que habían perecido. Los documentos probaban su vinculación con el régimen cubano[401].

Al amanecer del 13 de enero las fuerzas de seguridad dominicanas tenían cercada a la guerrilla. El encuentro del día anterior había dejado un saldo de trece muertos: nueve soldados y cuatro subversivos entre ellos Amaury Germán.

Cuba respondió a la muerte de los cuatro subversivos instando al pueblo dominicano a rebelarse contra el gobierno de Joaquín Balaguer: "El pueblo dominicano castigará duramente a los responsables de la muerte de estos cuatro hombres. Esta es una nueva página de horror y heroísmo en la historia de la República Dominicana".

El testamento político de Amaury –representado por una carta manuscrita dirigida a compañeros suyos en Cuba–, expresaba su rechazo a la decisión del régimen de Fidel Castro de suspender su apoyo financiero al comando "Los Palmeros" que él dirigió. El grupo comunista formaba la guerrilla en Los Palmeros. Abandonados por Castro, denunciaba Amaury German, el comando "Los Palmeros" optó por asaltos a centros financieros en Puerto Rico para costear los actos subversivos en Santo Domingo.

Silenciando ese abandono, un año después, el 12 de enero (1973), el Gramma destacaba el cable de Prensa Latina sobre la prohibición de la policía dominicana de permitir la conmemoración del primer aniversario de la caída del joven Amaury y sus otros tres compañeros[402].

---

[401] Cable UPI, enero 17, 1972, Diario Las Américas.

[402] Amaury German había sido acusado de haber participado en el asalto a una sucursal del "Royal Bank del Canadá" de donde sustrajeron $62,000

Operación Estrella

Francisco Caamaño había dirigido la insurrección de abril de 1965. Cientos de hombres, civiles y militares, combatieron bajo sus órdenes, pero sólo nueve hombres le acompañaban cuando, ocho años después, sintiéndose abandonado y traicionado por Castro desembarcaba, para inmolarse, en Playa Caracoles.

El 3 de febrero de 1973 regresaba a su patria, en esta fútil invasión, con sólo un puñado de hombres. El diario "El Caribe" y las estaciones de radio informaron el 5 de febrero del "supuesto brote subversivo que se había producido en el sur del país"[403]. De inmediato el presidente Joaquín Balaguer convocó a sus jefes militares al tiempo que se confirmaba por el gobierno el desembarco. La profusión de cables mencionaba, una y otra vez, al expresidente Bosch; el nombre de Caamaño no aparecía en las informaciones cablegráficas de los primeros días. Juan Bosch, estrechamente vigilado en Santo Domingo, estableció contacto con José Figueres, Presidente de Costa Rica para asegurar, si fuese necesario, su asilo en la embajada de ese país[404].

El martes 6 de febrero, 1973 el Gramma destaca, en su página internacional, los rumores del regreso de Caamaño a Santo Domingo. Cubre la noticia difundida por la agencia cablegráfica UPI y de la AP de que centenares de efectivos militares habían sido despachados a la costa sur de Barahona para rastrear a los guerrilleros. De inmediato, siempre precavido, el ex-presidente Juan Bosch aclaraba que "ningún dirigente de su partido tenía la más remota idea de que se preparaba un hecho semejante (un desembarco de insurgentes) o, siquiera, "que alguien estuviera pensando en preparar".

---

dólares para financiar actividades revolucionarias. Amauriy murió en un enfrentamiento con la fuerza pública.

[403] Cable UPI, febrero 5, 1973, Diario Las Américas.

[404] Cable EFE, San José, Costa Rica, febrero 10, 1973.

Durante varios días la prensa cubana se abstiene de hacer comentarios o editorializar sobre el desembarco. Se limita a transmitir cables no de Prensa Latina, que ella controla, sino de la UPI. No quiere Castro comprometerse con la "aventura de Caamaño".

Castro abandona a Caamaño

Será el viernes 16 de febrero que aparece en las páginas de Gramma, el periódico oficial cubano, un cable de la propia Prensa Latina sobre el desembarco. Ni siquiera menciona a Caamaño. Sólo informa de la posible clausura del curso escolar en la República Dominicana. Evidentemente Castro quiere mantener muy prudente distancia con el desventurado militar dominicano.

El miércoles 7 Balaguer anunció la adopción de medidas de emergencia para afrontar la grave situación creada con el desembarco de guerrilleros, acusando al expresidente Juan Bosch, líder del Partido Revolucionario Dominicano (PRD), de haber alentado la invasión (Cable UPI, febrero 8, 1973).

Ya para el martes 13 se tomaban medidas de seguridad en la República Dominicana. La intensa niebla, el frío y la lluvia dificultaban las operaciones antiguerrillas en la Cordillera Central y el gobierno se aprestaba a aumentar la seguridad ante el anuncio de que el ex-Presidente Juan Bosch había pasado su Partido Revolucionario Dominicano a la lucha clandestina[405].

Durante 4 ó 5 días no había aparecido información cablegráfica alguna sobre los sucesos de República Dominicana hasta el 16 de febrero en que se dió a conocer que "se continuaba la emergencia en República Dominicana" informándose que las fuerzas militares enviadas a la Cordillera Central, por los alrededores de San José de Ocoa, mantenían un estrecho

---

[405] Cable UPI, febrero 13, Diario Las Américas. Para el 10 de febrero las tropas antiguerrilleras de la República Dominicana habían localizado el campamento abandonado de los que habían desembarcado.

cerco alrededor de los insurgentes que estaban virtualmente acorralados.

La prensa había informado sobre el desembarco en la costa sur del país. A los pocos días se conocería que era Caamaño quien estaba al frente de aquellos hombres pero ni un solo dirigente de los grupos de izquierda realizó una acción o pronunció una palabra de respaldo al oficial que ocho años antes había encabezado el "gobierno constitucionalista". En Cuba había sido abandonado por Castro. En su nación nadie lo respaldó.

El viernes 16, a las dos semanas exactas de haber desembarcado en Playa Caracoles, moría el Coronel Francisco Caamaño Deñó.

Ya el 17 se anuncia la muerte al antiguo oficial dominicano. El comunicado emitido por los militares dice que junto a Caamaño cayeron los guerrilleros Wellington Azcaño Peterson y Erberto Geordano Lalane José. El martes 20 continuaba la persecución del resto de los guerrilleros.

Bosch se había ocultado al día siguiente del desembarco de las guerrillas. La total ausencia de respaldo popular provocó el fracaso de Caamaño.

La prensa cubana, que en 1965 tanto lo ensalzó, se limitó en estos días finales de Caamaño a publicar los cables de agencias internacionales de noticias. No expresó esa prensa controlada por el gobierno una sola nota de simpatía hacia el coronel que, desengañado, fue a morir a su tierra natal[406].

Así describe Dariel Alarcón la salida de Caamaño de Cuba:

> *"En febrero, los oficiales cubanos: el General Pascual Martínez Gil, los hermanos Tony y Patricio de la Guardia, los compañeros Estebanel, Benjido y yo mismo, acompa-*

---

[406] Aún hoy en día cuando la prensa cubana habla de Caamaño se limita a relacionarlo con la revolución de 1965 guardando absoluto silencio sobre la acción de 1973.

ñamos hasta las proximidades de Santo Domingo al Coronel Francisco Caamaño Deñó y sus hombres"[407].

"Los dejamos a ocho kilómetros de la costa, frente al punto señalado donde debían desembarcar y de allí continuaron hacia la costa en otro barquito".

"Según la información que se tenía de Piñeiro y sus oficiales, no había ningún militar en esa zona, exclusivamente poblada por campesinos bastante politizados pero, cuando desembarcamos, resulta que la población en realidad estaba formada por dos tropas especiales dominicanas, a unos ocho kilómetros una de la otra".

Según Benigno de los nueve que desembarcaron con Caamaño uno, primo hermano de Román, Claudio Caamaño, se extravió. De los ocho restantes, siete murieron en el enfrentamiento que se produjo salvándose sólo uno: Hamlet Helmann, conocido por Freddy[408].

Moría Caamaño abandonado por Castro.

---

[407] Benigno (Dariel Alarcón Ramírez), Memorias de un Soldado Cubano.

[408] El Ingeniero Hamlet Hermann había participado junto a Caamaño en la Revolución de Abril de 1965 y, luego, junto al coronel golpista, pasó a Cuba.

CAPÍTULO X

Uruguay

La Revolución Cubana influye grandemente, desde sus inicios, en los partidos comunistas del continente. Uruguay no sería una excepción.

Tan temprano como abril de 1959 el periódico oficial del Partido Comunista del Uruguay, "El Popular", había afirmado que: "la Revolución Cubana es la de los pueblos de América Latina". Consecuentemente con esa afirmación, el XVIII Congreso del PCU, celebrado en Montevideo en julio de 1962 con la asistencia de delegados de otros países comunistas continentales y extracontinentales, hizo de esa identificación uno de sus temas y conclusiones fundamentales[409].

De regreso de su viaje a Cuba Ariel Collazo, joven dirigente de la federación estudiantil universitaria de Uruguay, recién graduado de abogado, funda junto con Armando Cuervo, uruguayo pero de origen colombiano, el Movimiento Revolucionario Oriental (MRO) que, son sus palabras textuales, "surge de la explosión producida por la Revolución Cubana y ha seguido siempre en esa misma línea". Este grupo se integra en 1962 con el Frente Izquierdo de Liberación (FIDEL). Su tarea, y seguimos copiando textualmente sus documentos, es "en primer lugar, mantener contacto permanente entre el Partido Comunista de Uruguay y Cuba".

Collazo en su larga estadía en la isla del Caribe se somete a un entrenamiento de guerrilla en el centro Minas de

---

[409] "La Subversión en Uruguay. Las fuerzas armadas al pueblo oriental".

Frío. Ya preparado, regresa a su país para iniciar acciones subversivas.

Otra organización política, de larga y prolongada vigencia, se siente, también, bajo la influencia de la revolución castrista, convencida de la "inutilidad de los medios pacíficos". Es el Partido Socialista (PS) cuyo dirigente Raúl Sendic se convierte en su coordinador cuando opta por una solución de violencia constituyendo la Unidad Popular (UP) junto con las Fuerzas Armadas Revolucionarias (FAR), de cuyas filas surgirá el MLN.

Para agrupar a muchas de esas organizaciones se funda en 1962 el Frente Izquierdo de Liberación (FI de L) con la intención de aglutinar en un frente popular a distintos grupos izquierdistas y marxistas. Algunas de estas organizaciones van creando –como lo hizo el Partido Comunista de Venezuela con la FAR, y el Partido Comunista de Guatemala (PGT) con la FAR y el ML-13– su brazo militar.

Así la Federación Anarquista Uruguaya (FAU) forma la Organización Popular Revolucionaria 33 Oriental (OPR-33), mientras que el Movimiento Revolucionario Oriental (MRO) crea como su brazo armado las Fuerzas Armadas Revolucionarias Orientales (FARO). Más tarde disidentes del MLN-T, a mediados de 1970 constituyen el Frente Revolucionario de Trabajadores que se dedicará a asaltar armerías y establecimientos de otro tipo. Será el Movimiento de Liberación Nacional-Tupamaro (MLN-T) el grupo sedicioso de mayor importancia[410].

Uruguay se convertía en punto de interés para el bloque soviético. En enero de 1961, el entonces embajador en Montevideo, fue expulsado del país junto con el Primer Secretario de la Embajada Soviética por intervenir en asuntos del país.

Para 1962 los Comités de Apoyo a la Revolución Cubana se multiplicaban en Uruguay. Habían convocado a una marcha como protesta por la VII Reunión de Consulta de los Cancilleres de América Latina que se realizaba en Punta del Este. Los

---

[410] Estas organizaciones serían luego disueltas por el decreto 1026-73 del 28 de noviembre de 1973.

grupos extremistas –comunistas, socialistas, anarquistas– alentados por las consignas, y medios económicos, que de Cuba llegaban, enarbolaban el tema, en aquel año electoral, de la unidad.

Era una demanda necesaria con un objetivo casi imposible de lograr. Los socialistas eran partidarios de un frente, siempre y cuando en él no estuviera el partido comunista. A su vez, el partido comunista era partidario de un frente sin exclusiones[411]. El movimiento obrero uruguayo estaba también dividido. Por un lado la CTU que reunía a los sindicatos aceptados por el partido comunista. En la otra vertiente, los Sindicatos Autónomos; y un tercer grupo, la CSU, que los extremistas de izquierda acusaban de estar influida por las centrales sindicales norteamericanas AFL-CIO y, por supuesto, no podía faltar, por la CIA.

Primer movimiento guerrillero

A mediados de 1963 surge en Uruguay el primer movimiento guerrillero. Toma el nombre de Movimiento de Liberación Nacional (MLN), y estará dirigido por Raúl Sendic, que pronto será conocido como Movimiento Tupamaro, nombre derivado de Tupac Amaru, considerado como descendiente del último emperador inca del Perú.

El surgimiento de los Tupamaros como una organización se produjo sin duda alguna en ese 1963 cuando aparecía como el brazo armado del Partido Socialista. Sus primeras acciones se limitaron a esporádicos asaltos en busca de armas y explosivos y asaltos a camiones transportando alimentos.

Los Tupamaros crearon una nueva táctica subversiva descartando la guerrilla rural, o foco guerrillero, optando por la guerrilla urbana que realiza atentados personales, sabotajes y secuestros en las principales ciudades del país.

---

[411] E. Fernández Huidobro. "Historia de los Tupamaros".

La proliferación de estos grupos subversivos que afectan la estabilidad de las naciones del Cono Sur preocupan a los organismos de inteligencia norteamericanos.

Al comenzar el año de 1964 la Agencia Central de Inteligencia transfiere a Philip Agee[412] de su posición en Guayaquil a una de mayor jerarquía en Montevideo.

Agee, un antiguo operativo, había comenzado a trabajar con la CIA en 1958 cuando estudiaba filosofía en la Universidad de Notre Dame, en Indiana. Estaría a cargo del bureau de Cuba en Guayaquil y, ahora, en Uruguay.

Su nueva posición era importante porque Uruguay era una de las únicas cinco naciones que aún mantenían relaciones diplomáticas con Cuba. El principal objetivo de la agencia en aquel momento ea propiciar, según expresaba Agee, el rompimiento de relaciones con ese país utilizando el caso que Venezuela presentó contra Cuba por intervención y agresión basado en la captura de armas en las costa de Venezuela en noviembre del año anterior.

Facilitarán la tarea –de nuevo, citamos a Agee– tres diplomáticos de la embajada de Uruguay en Cuba: Zuleik Ayala Cadela; Hamlet Goncalves, Primer Secretario y German Oosen, Segundo Secretario quienes, individualmente, trabajaban para la CIA sin que los otros lo supieran.

> *"Muerto un exilado cubano en la embajada uruguaya cuando trató de huir de La Habana. Tiroteo con la policía comunista".*

Así describía la prensa internacional la muerte, a manos de la policía del régimen de Castro, de cuatro cubanos asilados en la embajada uruguaya en La Habana que habían secuestrado al Encargado de Negocios de esa representación diplomática en una frustrada tentativa de huir del país según informaba el gobierno cubano.

---

[412] Philip Agee mantuvo un diario donde dejaba constancia de las actividades realizadas. A fines de 1969 renunció a su posición denunciando en su libro "La CIA: dentro de la compañía" las acciones en que había participado.

Se consideraba a Earre Pérez Freeman, de dudosa lealtad al gobierno de la isla[413], como el jefe de inteligencia cubana en Montevideo. Luego de una repentina y frustrada intención de acogerse a asilo político Pérez Freeman finalmente se asiló en la embajada uruguaya en La Habana donde, como apuntamos, tres de los diplomáticos que lo atendieron tenían relaciones con la Agencia Central de Inteligencia norteamericana[414]. Por cinco meses Pérez Freeman permaneció en la embajada de Uruguay. El 25 de octubre (1964) trató de escapar en La Habana de la sede diplomática uruguaya luego de apoderarse, junto con cuatro asilados, del Encargado de Negocios de la embajada. La policía cubana persiguió el carro en que escapaban muriendo Pérez Freeman en el intercambio de disparos.

El gobierno de Uruguay recién había roto relaciones con Cuba el mes anterior en cumplimiento de una resolución aprobada por la Organización de Estados Americanos, mientras el Encargado de Negocios, Juan Carlos Navarra Jaume, cumplía una misión en Cuba para tratar de resolver la situación de los asilados[415].

A los pocos meses se celebra en La Habana la Primera Conferencia Tricontinental.

Uruguay en la Tricontinental y en OLAS

La delegación uruguaya está compuesta por Luis Pedro Bonavita, Rodney Arizmendi, Eduardo Soares Netto, Blanca Silvia Collazo, Luis Echave y César Reyes Baeli. Todos, de la

---

[413] Luego de servir tres años en Montevideo, en un vuelo de regreso a La Habana que hizo escala en ciudad México solicitó asilo en la embajada norteamericana pero, horas después, retiró la petición sin que, aparentemente, trascendiera la noticia. Fuente: Phillips Agee. "Dentro de la Compañía".

[414] Mayo 29, 1964.

[415] Cable UPI, octubre 26, 1964.

organización que habían denominado FIDEL[416]. Habían quedado excluidos los otros grupos de izquierda. La marginación provocó una enérgica crítica de los "excluídos". Así el Partido Socialista denunciaba como farsantes a los miembros del FIDEL; y la Federación Anarquista Uruguaya (FAU) atacaba a los comunistas cubanos recordando que en julio de 1953 habían condenado el ataque al Cuartel Moncada como "un método putchista" y una "acción aventurera"[417].

Arizmendi ocupará en la Conferencia de OLAS la vicepresidencia de la nueva organización.

Fueron estos los primeros representantes de los Tupamaros que viajaban a Cuba. Será el propio Castro quien, luego, en el aniversario del 26 de Julio en 1970 dará a conocer, públicamente, los militantes de esa organización que fueron entrenados en Cuba para sus labores subversivas en Uruguay.

La representación de Uruguay en la Tricontinental produjo un serio distanciamiento entre los grupos de izquierda que se vieron excluidos de participar en la misma y cuya representación la había asumido, sólo, el F.I. de L. El distanciamiento devino en división fraccionándose el Partido Socialista, mientras que el Partido Comunista, que abogaba "por la unidad", se oponía al ingreso del MIR y la Federación Anarquista Uruguaya (FAU) en la Mesa por la Unidad convocada a ese efecto.

El gobierno todavía colegiado de Uruguay, ante los continuos actos de violencia perpetrados por extremistas, aprueba una resolución demandando de la embajada soviética en Montevideo una explicación a las declaraciones del delegado soviético a la Conferencia Tricontinental en la que aquel expresaba su apoyo al plan de suversión en la América Latina[418].

---

[416] Luis Pedro Bonavita, que forma parte de la delegación uruguaya, es el presidente del FIDEL; Carlos Monjes es integrante del MLN-T y Arizmendi, es Primer Secretario del Partido Comunista de Uruguay y miembro del FIDEL.

[417] E. Fernández Huidobro. "Historia de los Tupamaros".

[418] Cable UPI, Montevideo, enero 28, 1966. Diario Las Américas.

La resolución condenaba los "propósitos subversivos y de intervención en los asuntos internos de otros países americanos.

En 1966 Uruguay volvería al sistema presidencialista, con un Poder Ejecutivo unipersonal fuerte (desde 1952 existía un Poder Ejecutivo Colegiado, compuesto por nueve presidentes rotativos anualmente).

Convocadas las elecciones que eliminaría el inefectivo sistema de una presidencia colegiada fue electo el General Oscar Diego Gestido quien falleció a los nueve meses de su toma de posesión, sustituyéndolo el Vicepresidente Jorge Pacheco Areco bajo cuyo gobierno se habrán de multiplicar las acciones subversivas.

El MLN fue considerado como el brazo armado del Partido Socialista que participaba, con muy poco éxito en el proceso electoral de Uruguay. Ya para 1967 se separará el MLN de toda organización política; la misma desvinculación que se producía en Venezuela entre la FAR y el PCV.

El secuestro en agosto de 1968 de Ulises Pereira Reverbel[419], destacado colaborador del gobierno de Pacheco Areco dió a conocer la existencia de la nueva y eficiente organización de guerra de guerrilla urbana: los Tupamaros que al secuestrar en la mañana de agosto 7 a Pereira Reverbel, acusado de ser el mentor de la "línea dura" del Presidente Pacheco Areco y de haber sido quien había iniciado la campaña reeleccionista del mandatario uruguayo, divulgaron un comunicado denunciando recientes medidas tomadas por el poder ejecutivo. La nueva organización se hará sentir en los meses y años venideros.

El Movimiento de Liberación Nacional (MLN), dirigido por Sendic descartaba, como antes expresamos, la modalidad de las guerrillas rurales por considerarla poco apropiada por la topografía del país carente de montañas. La lucha sería para el MLN exclusivamente urbana, centrándose en atentados,

---

[419] Ulises Pereira Reverbel era el presidente de la empresa Usinas y Teléfonos del Estado (UTE). Los tupamaros lo consideraban un "enemigo declarado de los trabajadores del país". Sendic, recordemos, era un muy influyente dirigente sindical. Pereira fue dejado en libertad una semana después.

sabotajes y secuestros de rehenes. Su primera acción se realizó en julio de 1968.

Cinco años antes, en julio de 1963, un grupo de militantes izquierdistas dirigidos por el propio Sendic, había asaltado la Asociación Club de Tiro Suizo llevándose una docena de armas automáticas. Fue aquella la primera acción de lo que llegaría a ser el Movimiento de Liberación Nacional Tupamaro que para esa acción había tomado como modelo el asalto de Castro al Cuartel Moncada[420].

Los Tupamaros. Raúl Sendic

Raúl Sendic, uno de los fundadores del MLN-T que, antes, había militado en el Partido Socialista, fue detenido en mayo de 1962 y al recobrar su libertad publica en el periódico pro-chino "Época", de Montevideo, varios artículos abogando por la utilización de las armas y la violencia revolucionaria como medio de alcanzar reivindicaciones obreras.

Dirige el asalto al Club de Tiro Suizo para sustraer armas; luego participa en otro robo de armas en la aduana de Bella Unión y, posteriormente, en los asaltos al Casino de San Rafael y al Centro de Instrucción de la Armada. Sendic, conocido dentro de su organización como "el Bebe", es detenido pero logra fugarse de la cárcel. Antes había viajado a Cuba en 1960 y, otra vez, en 1967 para asistir a la Conferencia de OLAS e integra el Comité Ejecutivo de aquella organización. Seguirá los mismos pasos –y utilizará los mismos recursos propagandísticos– que su héroe del Caribe. Consciente de la incalculable imortancia de crearse una atractiva imagen pública encuentra en el escritor Mario Benedetti un hombre muy útil como agente publicitario. Benedetti le sirve a Sendic como Hebert Mathew sirvió a Castro en la Sierra Maestra.

En los primeros meses de 1964 el MLN realiza distintos asaltos a bancos comerciales, industrias, empresas navieras; acciones que se realizan en distintos comercios. Conocidos ya

---

[420] Carlos Núñez. Los Tupamaros: Teoría y Práctica.

como "Tupamaros" y en busca de publicidad más que de armas, asaltan un teatro en enero de 1966.

El 21 de abril de 1967 se reúnen en Montevideo distintas organizaciones del Cono Sur solidarizándose con el planteamiento del venezolano Douglas Bravo de realizar una asamblea continental y respaldan las palabras de Castro en su discurso del 13 de marzo. Eran los días en que se iniciaba la "Marcha de la Dignidad" hacia Punta del Este convocada por grupos de izquierda, en protesta por la Conferencia de Presidentes Americanos; marcha que culmina con un paro general convocado por la Confederación General de Trabajadores[421]. El 8 de agosto (1968), en un encuentro en las calles de Montevideo, entre estudiantes y fuerzas de la policía, murieron varios estudiantes; entre ellos Liber Arce, dirigente universitario cuyo nombre recibirá luego una de las guerrillas urbanas.

En octubre, otro paro general. En diciembre, tras el fallecimiento del presidente Gestido asume el mando del país su vicepresidente Jorge Pacheco Areco.

---

[421] Presidentes asistentes a la Conferencia de Presidentes:

Argentina: General Juan Carlos Onganía	República Dominicana: Joaquín Balaguer
Brasil: General Arthur Da Costa e Silva	Chile: Eduardo Frei
Paraguay: General Alfredo Stroessner	Guatemala: Julio César Méndez Montenegro
El Salvador: General Julio Adalberto Rivera	Ecuador: Otto Arosemena Gómez
Honduras: General Osvaldo López Arellano	Colombia: Carlos Lleras Restrepo
Uruguay: General Oscar Diego Gestido	Nicaragua: No asiste, por enfermedad.
Haití: Francois Duvalier	Anastasio Somoza, lo representa su canciller.
Venezuela: Raúl Leon	Estados Unidos: Lyndon B. Johnson
Perú: Fernando Belaúnde Terry	No asisten Canadá y Bolivia.
México: Gustavo Díaz Ordaz	

Era, como la novela de Carlos Llovera una reunión de "generales y doctores".

Recién había tomado posesión cuando se produjeron varios atentados con cocteles molotov contra ómnibus de transporte público.

A las pocas horas, el día 12, el nuevo gobierno se vio forzado a clausurar el periódico Época y el semanario socialista El Sol y disolver los distintos grupos políticos que alentaban la subversión: el Partido Socialista, el Movimiento Revolucionario Oriental, el Movimiento de Acción Popular, la Federación Anarquista de Uruguay y el Movimiento de la Izquierda Revolucionaria (MIR) que sobre la clausura de la Conferencia de OLAS celebrada en La Habana había intensificado su posición de aliento a la subversión.

Se estrechan las relaciones de los Tupamaros con Castro

El establecimiento de relaciones más estrechas del grupo Tupamaros (MLN-T) con el gobierno castrista se produce a mediados de 1968 cuando el dirigente del Partido Socialista e integrante y co-fundador del MLN-T, Andrés Félix Cultelli Chiribao informa a los Tupamaros que "es portador de una invitación del gobierno cubano para que un integrante del MLN (Tupamaros) vaya a Cuba"[422].

La dirección del movimiento comisiona a Jorge Amílcar Manera Lluberas.

Realizará Jorge Amílcar el recorrido que todos toman para llegar a la Meca: con documentación uruguaya falsa viaja por vía aérea a París, luego se desplaza hacia Praga donde contacta a un funcionario cubano que conoce como "Armando"; allí con documentación falsa cubana a nombre de Demetrio Reynaga se embarca por vía aérea con destino a La Habana donde es recibido por "Veitias" que era el agente de recepción y enlace entre los sediciosos uruguayos y las autoridades cubanas.

---

[422] "La Subversión en Uruguay. Las Fuerzas Armadas al pueblo oriental". Montevideo.

Días después ya está el agente tupamaro recibiendo un curso de explosivos, granadas, espoletas y tiros en "Punto Cero". Todos los gastos, por supuesto, por cuenta del gobierno cubano.

Cuando llega Jorge Amílcar a Cuba se encuentra allí a Jessie Arlette Machi Torres que en Uruguay tenía responsabilidades de comando en el interior del país, y que se hallaba en La Habana desde el mes de marzo[423].

El resultado de estos entrenamientos pronto se hace evidente. En Uruguay aumenta la actividad subversiva del MLN-T.

En agosto (1968) el MLN secuestra a Pereira Reverbel. En el propio mes en un encuentro en las calles de Montevideo, entre estudiantes y fuerzas de la policía, murieron varios estudiantes; entre ellos Liber Arce, dirigente universitario cuyo nombre recibirá luego una de las guerrillas urbanas.

El 20 de septiembre cundía en las calles de Montevideo la violencia estudiantil cuando más de un centenar de jóvenes incendiaron buses del servicio de transporte público. Seis paros generales se habían producido en Montevideo en los meses transcurridos de junio a septiembre 1968.

Más de una veintena de bancos fueron asaltados por los Tupamaros en la segunda mitad de aquel año y otros tantos en 1969.

En enero (1969) el MLN roba armas de un Juzgado de Instrucción de Primera. Y en febrero asalta la financiera Monty[424] y ocupa la planta emisora de Radio Sarambí. El 3 de mar-

---

[423] Jessie Arlette Machi Torres, hija de un coronel del Ejército, será detenida en Montevideo meses después y se fugará de la cárcel junto con otra docena de presas en una espectacular operación realizada por los tupamaros el Día Internacional de la Mujer (marzo 8, 1970).

[424] Al darse a la publicidad documentos de transacciones económicas se produce una conmoción en la ciudadanía. Los documentos sustraídos de las empresas financieras por los Tupamaros y que, posteriormente, llegaron a manos de los altos mandos de las fuerzas armadas, produjeron lo que se dió a conocer como "ilícitos económicos"; transacción económica fraudulenta realizada por financistas y empresarios que dió origen a la CRIE (Comisión de Represión de los Ilícitos Económicos).

zo Daniel Pereyra Manelli, juez de Instrucción, dicta la prisión de Jorge Amílcar –el que había viajado a Cuba– por "asociación ilícita para delinquir". Un año después el juez Pereyra será secuestrado por los Tupamaros y "será juzgado por un tribunal revolucionario por irregularidades judiciales en los procesos contra varios miembros del MLN-T". (Comunicado del MLN-T de julio 29, 1970). En junio realiza el MLN la voladura de las instalaciones de la "General Motors".

En medio de una gran tensión llega Rockefeller a Uruguay el 21 de junio. Había sido aclamado en Asunción, anunciando que "tan pronto como sea conveniente viajará a Venezuela, Perú y Chile".

Para julio los líderes sindicales en la clandestinidad declaraban una guerra total al gobierno del Presidente Onganía exhortando a las organizaciones populares y a la iglesia a luchar contra el derrocamiento del régimen (Cable UPI, julio 7, 1969). La prensa destacaba los disturbios ocurridos en Buenos Aires con motivo de la visita de Rockefeller, pero en ninguno de esos despachos cablegráficos se hacía mención de la participación de los agentes de Castro en los disturbios promovidos con motivo de ese viaje[425].

Por días se hacen más osadas las operaciones de los tupamaros. El 8 de octubre el "Comando Ernesto Ché Guevara" ocupa por varias horas la ciudad de Pando (35,000 habitantes) a 30 kilómetros de Montevideo apoderándose de la comisaría, el cuartel de bomberos y la central telefónica.

La década de los 70: secuestros y contactos cubanos

En mayo (1970) un comando del MLN ocupa un Centro de Instrucción de la Marina (CIM) llevándose armas y municio-

---

En octubre de 1972 el presidente Bordaberry se reunió con los mandos militares. Un mes antes, el viernes 1o. de septiembre de 1972 Raúl Sendic ingresaba en el hospital militar.

[425] Guillermo Martínez Márquez, "La Prensa", mayo 12, Diario Las Américas, 9 de julio 1969.

nes. En la madrugada del día 29 de mayo, un comando del MLN tomó, sin una gota de sangre derramada, el centro de instrucción de la Marina, y después de reducir a los 60 ocupantes del Centro, se llevaron todo el armamento. El 12 de junio asaltan, con fines propagandistas, la embajada suiza.

Días después, en julio 9 los Tupamaros enviaban a los diarios copias de las fotos tomadas en la captura de armas que ocuparon en el centro de instrucción de la marina, al tiempo que, en acción propagandística, allanaban la casa de cuatro funcionarios policiales en Montevideo.

Los secuestros de diplomáticos y empresarios extranjeros era ya práctica común como el medio más efectivo para lograr la liberación de extremistas apresados. Así el Gral. Alfredo Ovando liberaba a los "presos políticos bolivianos" cuya libertad exigió el Ejército de Liberación Nacional de Bolivia (ELN) en canje por dos altos funcionarios alemanes de una empresa norteamericana, que habían sido retenidos la semana anterior en una acción guerrillera en la población de Teaponte, al norte de La Paz. Los guerrilleros liberados fueron enviados en un avión de la Fuerza Aérea de Bolivia hasta Arica en Chile.

Haití no podía ser ajeno al clima de secuestros y sus respectivos canjes por presos políticos. El martes 23 de enero de 1973 el embajador de Estados Unidos en Puerto Príncipe, Clinton E. Knox fue secuestrado a punta de pistola y liberado a las 24 horas a cambio de la libertad de dos ex-presos políticos y el pago de $70,000 dólares de rescate. El miércoles ya estaban volando hacia ciudad México los doce presos políticos haitianos. Era la culminación de un regateo económico ya que los secuestradores habían exigido originalmente la liberación de 31 prisioneros y el pago de $500,000 dólares.

El 12 de marzo (1970) era el cónsul japonés en Sao Paulo quien era secuestrado[426]. El diplomático sería canjeado por

---

[426] Seis meses antes el embajador de Estados Unidos C. Burke Elbrick había sido secuestrado por la agrupación terrorista Alianza de Renovación Nacional.

cinco guerrilleros. Los cinco presos políticos fueron llevados en avión a México y el cónsul recobró su libertad[427].

El 24 de aquel mes era el Agregado Aéreo de la Embajada de los Estados Unidos en la República Dominicana quien perdía su libertad. De inmediato comenzaron los trámites para el tradicional canje de presos políticos por el diplomático norteamericano Teniente Coronel Donald Crowley. El Presidente Joaquín Balaguer ofrecía canjearlo por la libertad de 21 prisioneros políticos. A los dos días viajaban hacia México.

En el vecino país se realizan también secuestros de figuras de gran estatura política. El 12 de junio (1970) es secuestrado en Río de Janeiro el embajador de Alemania Ehrenefried Von Holleben aunque estaba protegido por tres guardaespaldas uno de los cuales resultó muerto y los otros dos gravemente heridos[428].

El embajador había sido Jefe de Protocolo del Ministerio de Relaciones en Bonn durante los últimos seis años.

Los secuestradores dieron a conocer un manifiesto exigiendo la libertad de presos políticos a cambio de la vida del embajador alemán[429].

Las amenazas lograban, para ellos, los resultados deseados. En menos de 24 horas el gobierno brasileño aceptaba cambiar 40 prisioneros políticos por el embajador Von Holleben, dejando a decisión de los secuestradores la elección de los 40 prisioneros que serían liberados al tiempo que, sometiéndose a las condiciones de los secuestradores, el gobierno difundía por la prensa la proclama revolucionaria que aquellos habían emitido. Regresaba de Brasilia el Presidente Emilio Garrazpaz. La OEA, como de costumbre, respondía a estas agre-

---

[427] Desde Cuba llegan elogios a los actos subersivos en Brasil. "La unidad del movimiento revolucionario en Brasil se está forjando en la acción" afirmaba en La Habana Onofre Pinpo, uno de los 15 subversivos brasileños canjeado ese septiembre por el embajador norteamericano Elbrick.

[428] Cable UPI, junio 12, 1970.

[429] El manifiesto venía firmado por dos grupos: Vanguardia Popular Revolucionaria (VPR) y Acción Libertadora Nacional (ALN).

siones con simples declaraciones. El Presidente del Consejo de la Organización de Estados Americanos, el embajador argentino Raúl Quijano expresaba que era "deber de la comunidad americana" combatir los secuestros y asesinatos políticos. Pero nada hizo la organización continental para cumplir con lo que la propia organización consideraba "deber de la comunidad americana".

Recién había sido asesinado el ex-presidente de la Argentina General Pedro E. Aramburu y en Montevideo los guerrilleros asaltaban la sede diplomática suiza.

Para el domingo 14 ya el gobierno brasileño informaba por la emisora estatal Radio Nacional que había sido localizado el último de los 40 prisioneros reclamados en canje por la vida del diplomático.

Cuestiones "técnicas" retrasaron la liberación del embajador Von Hollembe según explicaba una nota remitida por los secuestradores. La radio nacional se veía obligada a emitir el "Comunicado Número Tres" como última condición para liberar al diplomático alemán. Ya para entonces se encontraban en Argel los 44 presos político liberados. Desde la capital de Argelia afirmaba Apolonio de Carvalho, vocero del grupo.

Antes de comenzar el mes de agosto (1970) era secuestrado en Montevideo el cónsul brasileño Aloysio Maers Díaz Gomide por cuya libertad exigían los Tupamaros la liberación de todos los presos políticos. El mismo día había sido liberado el juez Daniel Pereyra Manelli que había compartido una de las celdas de los guerrilleros junto con el cónsul brasileño. Era el propio Pereyra quien entregaba a la Suprema Corte de Justicia la demanda enviada por los Tupamaros.

Dan Mitrioni, "agente yanqui"

Poco antes habían secuestrado a Dan Mitrioni, un oficial de la policía de los Estados Unidos que asistía al gobierno de Uruguay en entrenamiento técnico. En el mismo carro se llevaban a Gomiede y Mitrioni.

La prensa cubana destaca el secuestro del "agente yanqui" y del cónsul brasileño. Granma afirmaba que "por primera vez en su historia, el Movimiento de Liberación Nacional (Tupamaros) propuso un canje "por los dos diplomáticos extranjeros secuestrados hoy por esa organización"[430].

Coincidía la acción de los tupamaros con la distribución de un manifiesto de Osvaldo "Chato" Peredo[431], comandante del Ejército de Liberación Nacional (ELN de Bolivia) donde afirmaba que estaban establecidas las relaciones con los tupamaros y que ya "esto empieza a ser una integración a nivel internacional". Coincidentemente, visitaba La Habana el Secretario General del Partido Comunista de Uruguay Rodney Arizmendi, que fue atendido por los comandantes Jesús Montané y Manuel Piñeiro, miembros del Comité Central del Partido Comunista de Cuba.

El lunes 3 de agosto se recibía la exigencia de liberar a todos los presos políticos de Uruguay planteada por los Tupamaros lo que destacaba la prensa oficial cubana, con una foto de Mitrioni, "principal asesor de las fuerzas represivas de Uruguay". La noticia del secuestro se mantuvo, bien destacada, en los días siguientes.

Es sometido Mitrioni a un extenso interrogatorio. Tratan infructuosamente de vincularlo a la Agencia Central de Inteligencia (CIA). Expresa, con firmeza, su confianza en el futuro de Latinoamérica y su preocupación por su esposa y sus nueve hijos[432].

Para el 6 de agosto la prensa cubana recogía el rechazo oficial a la propuesta de los tupamaros para el canje "del agente del FBI, Dan Mitrioni", y del cónsul de Brasil Díaz Gomídez, por todos los presos políticos en Uruguay.

---

[430] Cable de Prensa Latina, julio 31 de 1970.

[431] Osvaldo "Chato" Peredo era el hermano de Inti y Coco Peredo que dos años antes habían muerto en Bolivia como integrantes de la guerrilla de Ernesto Guevara.

[432] La cinta grabada del interrogatorio fue enviada a las autoridades uruguayas dos días antes de la ejecución de Mitrioni.

El 7 de ese mes es secuestrado el anciano Claude Fly.

El mismo día, agosto 7, era detenido Raúl Sendic, que operaba clandestinamente desde hacía ocho años. El 10 de agosto el Granma daba a conocer la ejecución por los Tupamaros del "agente de la CIA y el FBI, Dan Mitrioni". En su edición del día 12 el Granma publicaba el Comunicado No. 10 de los Tupamaros sobre Díaz Gomde y Fly. La Operación Rastrillo realizada por el gobierno era destacada. Más amplia cobertura y exposición mereció el Comunicado No. 11 denunciando "la penetración yanqui en Uruguay" en el que, con gran naturalidad, se manifestaba que "por colaborar directamente con las fuerzas represivas y torturadoras de la oligarquía, Mr. Dan A. Mitrioni fue juzgado y ejecutado aplicando de esa manera una medida de estricta justicia revolucionaria"[433].

El 9 de agosto el comunicado No. 8 de los Tupamaros[434] anuncia la muerte de Dan Anthony Mitrioni para las doce horas de ese domingo. Cumplido el plazo y ante la negativa del gobierno a tratar con el MLN, los comunicados 9 y 10 de aquella organización subversiva anuncian y confirman la ejecución de Mitrioni.

Ni un solo día durante el mes de agosto dejó el Granma de destacar con grandes cintillos la tensa situación que vivió Uruguay.

El 10 de octubre un diputado y un senador leen, en sus respectivas cámaras, una proclama antigubernamental del MLN, cuya lectura había sido una condición impuesta por los Tupamaros para liberar a Fly. Cuatro días después son suspendidas las garantías individuales por cuarenta días.

---

[433] Prensa Latina, Buenos Aires, agosto 13, 1970, Granma, viernes 14 de agosto, 1970.

[434] El texto de los comunicados del M.L.D. (Tupamaros) aparece en la obra "Tupamaros" de Ernesto Mayans, editada por el Centro Intercultural de Documentación (CIDOC).

Secuestran al embajador británico

El 8 de enero de 1971 un comando tupamaro secuestró, en las afueras de Montevideo, a Geoffrey Jackson, embajador británico en Uruguay.

Esa mañana, recordará el Embajador Jackson, un comando había secuestrado a Gordon Jones, un joven Segundo Secretario de la embajada de los Estados Unidos y otro comando había interceptado y retenido, meses antes, al oficial Dan Mitrioni.

Ya antes el norteamericano Dr. Claude Fly, experto en suelos, persona de avanzada edad, lo había sido.

El carro en que viajaba el embajador Jackson fue interceptado por un camión que intencionalmente lo chocó. Llevado a una casa de seguridad permaneció aislado durante varios días y luego interrogado, para un artículo, por un hombre que se identificó como Leopoldo Madruga[435]. El gobierno vacilaba en parlamentar con los violentadores del orden. El Primer Ministro de Gran Bretaña pidió en junio al presidente chileno Salvador Allende que intercediera para lograr la liberación del embajador Jackson secuestrado desde hacía seis meses. El 9 de septiembre de 1971 era dejado en libertad. Nunca se supo la razón por la que fue liberado. Sin embargo, poco antes 106 tupamaros prisioneros –incluyendo a Raúl Sendic– lograron "fugarse" de la cárcel. Pudo haber sido pura coincidencia.

Gordon Jones salía de su apartamento cuando fue interceptado por varios enmascarados. Su acompañante Natha Rosenfeld, también miembro del personal de la embajada norteamericana, aunque fuertemente golpeado pudo huir. Al detenerse el carro en que era conducido, el joven Jones pudo escapar.

---

[435] La entrevista que aparecía publicada en los primeros días de abril como escrito por un cubano apareció en Prensa Latina el 1o. de abril de 1971. Leopoldo Madruga menciona que en la celda número nueve se encontraba otro prisionero: el fiscal de la Corte del Uruguay, Dr. Guido Berro Olive.

Carro en que viajaba el embajador Geoffrey Jackson
El secuestro por los Tupamaros del embajador británico agudizó la crisis política en Uruguay ya agravada por el secuestro y ejecución de Dan Mitrioni y repetidos asaltos y secuestros.

Prolongado cautiverio

Por meses se prolongó el secuestro del embajador Kackson. Esta foto fue tomada por los Tupamaros.

El 11 de enero, a los pocos días de haber sido secuestrado el embajador en Uruguay, eran liberados por el gobierno de Brasil 70 guerrilleros en canje por el embajador suizo Giovanni Enriko Bucher que llevaba secuestrado cinco semanas. Los presos eran deportados a Santiago de Chile. Ese día, coincidentalmente, llegaba a la capital chilena el nuevo embajador cubano Mario García Incháustegui.

En Montevideo se iniciaban las operaciones de "rastrillo y pinza" para localizar el paradero del embajador inglés.

A mediados de febrero es liberado por los Tupamaros el cónsul brasileño Días Gomide que había permanecido en cautiverio en la misma casa de seguridad en que se encontraba el agrónomo norteamericano Fly. En febrero 27, 1971, Fly, enfermo, quedó libre. Por su delicado estado de salud tuvo que permanecer hospitalizado hasta el 5 de marzo[436].

En marzo era el fiscal general de Uruguay, Guido Berro Oribe quien es secuestrado, lo que motiva unas nuevas suspensiones de las garantías individuales en el país.

El comando "Carlos López" acusaba al Fiscal General de haber impartido instrucciones a los fiscales que endurecieran su posición en las causas de los presos por delitos políticos. Fuente: (Prensa Latina, 10 de marzo, 1971).

La prensa oficial cubana destacaba distintos comunicados emitidos por los Tupamaros sobre el secuestro del Procurador General de la Nación. Uno de ellos, el Comunicado No. 19 de marzo 15, ocupaba la mitad de una página del periódico Granma.

El 23 del propio mes liberan al fiscal Berro Olive quien afirma haber estado encarcelado junto al embajador Geoffrey Jackson.

El Movimiento de Liberación Nacional (Tupamaro) difunde un comunicado en que fija la posición de esa organización con relación a la formación de un frente amplio que proponen varios partidos políticos de oposición con vistas a las eleccio-

---

[436] Claude Fly "Dios es mi única esperanza".

nes generales de 1971: "No creemos, honestamente, que en el Uruguay, hoy, se pueda llegar a la solución con las elecciones... mantenemos nuestras diferencias de método con las organizaciones que forman un frente político; sin embargo, consideramos conveniente plantear nuestro apoyo al Frente Amplio".

Pero la lucha armada y clandestina de los Tupamaros no se detiene. Respaldan por igual a los subversivos que al acomodaticio Frente Amplio.

Aumentan a mediados de año las presiones políticas. Se hace evidente que transmitiendo algunas noticias infundadas, y distorsionando otras, un medio publicitario que responde al gobierno de Castro se ha convertido en un factor desestabilizador en el país. El 16 de junio el presidente Pacheco Areco decreta la clausura de la agencia de información cubana Prensa Latina y la expulsión de su corresponsal Rolando Contreras[437].

Será el primero de marzo que las radioemisoras de Montevideo dan a conocer que el técnico norteamericano Claude Fly había sido liberado[438].

Se agudiza el distanciamiento entre el poder ejecutivo y el legislativo. El 14 de julio, el congreso autoriza que se levanten las medidas de seguridad, se anule la censura de prensa y se disponga la libertad de los presos políticos. El presidente Pacheco Areco responde aprobando, en Consejo de Ministro, la reimplantación de las medidas de seguridad derogadas por el congreso. Esta decisión lleva a 52 legisladores del Partido Nacional a pedir se le inicie al presidente un "juicio político". El tema reviste particular importancia por estar señaladas para el mes de noviembre las elecciones presidenciales.

---

[437] En mayo de 1972 es expulsado de Ecuador, Luis Fernández Ojeda, director de Prensa Latina.

[438] En su comunicado Número 17 que han distribuido con fecha marzo 2, 1971 el Movimiento de Liberación Nacional (Tupamaro) informaba que Fly había sido "amnistiado".

El 30 de ese mes se fugan de la cárcel de mujeres 38 guerrilleras Tupamaras que, para lograr la evasión, habían excavado un túnel de 25 metros conectado con la red urbana del alcantarillado. Un mes después, el 6 de septiembre de 1971, 108 Tupamaros presos, entre los cuales se encontraba Raúl Sendic se fugaron del penal de Punta Carretas. El procedimiento utilizado no era muy original: habían cavado un túnel de unos 40 metros de largo ayudados desde dos casas cercanas al penal.

La crisis interna por el "juicio político" que se le seguía al presidente Pacheco se agudizaba cuando el congreso no pudo obtener las dos terceras partes de los votos necesarios para la separación del presidente. En noviembre 28 se celebraran las elecciones presidenciales que mostraron un total fracaso de los grupos de izquierda cobijados en el Frente Amplio que sólo pudo obtener el 19% de los votos emitidos. Fue electo Juan María Bordaberry, del Partido Colorado.

Uruguay buscaba salidas políticas a la crisis de terror impuesta por el MLN-T convocando a estas elecciones generales en las que los elementos secesionistas se agrupan en lo que fue conocido como Frente Amplio, otra versión de los frentes populares del marxismo internacional. En aquellas elecciones el pueblo uruguayo se ocupó de derrotar la coalición del Frente Amplio.

Confiaba el Partido Comunista obtener una victoria en las elecciones de noviembre. Formaban parte del Frente Izquierdo de Liberación (FIDEL) junto a pequeños grupos segregados de los partidos tradicionales. Aspiraban obtener dos actas senatoriales y seis diputados, doblando así la pequeña fuerza política conque contaban en aquel momento. No lo consiguieron.

En estos comicios definitorios para el MLN, el Frente Amplio que el MLN había respaldado perdía ampliamente frente a la candidatura de Bordaberry. En menos de un año la capacidad operacional de los tupamaros –que incursionaban también en el campo político– se había quebrado. Muchos, más de 400, encarcelados; otros, exiliados en el Chile de Allende y luego en la Argentina donde se identificaron con el

Ejército Revolucionario del Pueblo (ERP). Uno de los apresados, una vez más, era Raúl Sendic.

¿Recomendación de Castro ante la derrota infligida al Frente Amplio?: "... *La violencia es la única vía para conquistar el poder en Uruguay*[439].

Luego de la derrota del Frente Amplio en las elecciones nacionales, comprendiendo la imposibilidad de llegar al poder por caminos democráticos, el MLN-T decide tomar, sin desvíos políticos, –siguiendo las directrices trazadas por Castro–, la tortuosa senda de la guerrilla.

Se estrecha la vinculación de La Habana con los grupos subversivos que operaban en Uruguay. El MLN lanza en 1972 su "Declaración de Guerra" iniciándola con la ejecución de varias personas que se vinculan con el llamado Escuadrón de la Muerte, lo que fuerza al gobierno a decretar un "estado de guerra interno" por el que los delitos de sedición pasan a la órbita de la justicia militar.

Meses después voceros castristas en La Habana hacen mención, sin sonrojo, a la ayuda que Cuba está prestando a la subversión en Uruguay. En el anfiteatro de la Confederación de Trabajadores de Cuba, en La Habana, se celebra una asamblea en la que se manifiesta la identificación oficial con los terroristas uruguayos. Dos miembros del Comité Central del Partido Comunista de Cuba, ostentando la representación del gobierno, afirman que la ayuda a los Tupamaros, "héroes y mártires", estaba en camino[440].

En la conmemoración de 1970 al saludar a las distintas delegaciones de los países socialistas presentes, dijo Castro "... se encuentra en camino, aún cuando no haya sido posible llegar a tiempo, una delegación del movimiento revolucionario uruguayo los Tupamaros". Tan estrecha vinculación se produce entre los extremistas uruguayos y Castro que cuando éste

---

[439] Diciembre 3 de 1971.

[440] Los representantes cubanos eran Jesús Montaner, Ministro de Comunicaciones y Héctor Ramos Latour, Secretario General de la CTC.

viaja a Chile recibe allí la visita de su viejo camarada Rodney Arizmendi, Primer Secretario del Partido Comunista Uruguayo.

El 3 de diciembre el Movimiento de Liberación Nacional (Tupamaros) voló parte de los estudios centrales de la emisora de televisión "Saeta TV".

Las conexiones de "Prensa Latina"

Leopoldo Madruga es un periodista bien conectado. En los círculos de la extrema izquierda, supremamente bien relacionado.

Tanto –recordemos que sus credenciales están firmadas en Cuba– que en septiembre de 1970 mientras todas las fuerzas armadas de Uruguay buscan a los secuestrados Mitrioni, Días Gomide y Fly, se entrevista Madruga con "Urbano" quien –tras la prisión de Raúl Sendic y otros dirigentes de los Tupamaros– se ha convertido en el jefe máximo del Movimiento de Liberación Nacional (Tupamaro).

Leopoldo Madruga que, con la anuencia de Castro, escribe para rensa Latina, describe así al sujeto de esa entrevista:

> *"Este hombre tranquilo que habla conmigo en algún lugar de un Montevideo erizado de bayonetas, es una presa altamente codiciada por los miles de policías, soldados y marinos que revuelven la ciudad, casa por casa, en su búsqueda".*

Con las credenciales que le llegan de La Habana le resultaba fácil a Leopoldo Madruga entrevistar a ese hombre tranquilo que es buscado por millares de policías, soldados y marinos. Así, de sólida, de efectiva era la conexión de Castro con los Tupamaros[441].

Las fuerzas militares han golpeado duramente a la guerrilla urbana. Le pregunta el inquisitivo Madruga al líder máximo

---

[441] La entrevista salió publicada en Prensa Latina en septiembre de 1970.

de los Tupamaros: ¿En qué medida exactamente el movimiento ha sido golpeado? Responde Urbano:

"Hemos recibido un golpe... también Fidel desembarcó en el Granma con 82 hombres y quedó con una docena...".

Fidel, para los Tupamaros, era ejemplo y sostén. Un ejemplo a seguir para los grupos guerrilleros.

Vuelve Madruga a preguntarle al uruguayo Urbano: ¿Ha estado el movimiento en capacidad de reponer estos elementos de dirección con un similar nivel de eficacia?

"Le voy a responder brevemente y con palabras que no son mías, sino de Fidel: "El pueblo da muchos Camilos".

Como vemos, el máximo dirigente de los Tupamaros tiene a Fidel, siempre a Fidel, como faro y guía de sus movimientos.

No podía terminar aquella entrevista "en un lugar de un Montevideo erizado de bayonetas" sin rendirle el líder Tupamaro nueva pleitesía al líder caribeño. Responde así la última pregunta.

¿Si los Tupamaros estuviesen ya en el poder qué se proponen hacer del Uruguay?

"El movimiento no difiere en lo absoluto de los planteos programáticos de otros movimientos revolucionarios que están en el poder, como en Cuba, o que aspiran a él".

El máximo líder tupamaro le rinde tributo a Castro. Es Cuba, repetimos, faro y guía de aquel movimiento subversivo[442].

También para el Movimiento Revolucionario Oriental (MRO) Cuba es el ejemplo a seguir. Su fundador, Ariel Collazo, aquel joven dirigente universitario que en 1962 había sido de los

---

[442] En su edición del jueves 8 de octubre ahora era el Granma el que destacaba, en dos páginas completas, el artículo de Leopoldo Madruga a "un dirigente del Movimiento de Liberación Nacional (Tupamaros)". La entrevista concluía con esta declaración de identificación con el proceso cubano: "El movimiento no difiere en absoluto de los planteos programáticos de otros movimientos revolucionarios que están en el poder, como en Cuba".

primeros en recibir en Cuba entrenamiento guerrillero, sigue prendado de la Revolución Cubana. Ahora Collazo, abogado, diputado, es preguntado ¿Qué representa Cuba para usted?:

> *"Cuba es hoy una vanguardia del mundo explotado. Es vanguardia política del movimiento de liberación mundial y de la lucha antiimperialista... en Cuba, tal vez como en ningún otro lado, está naciendo el hombre nuevo, el hombre del siglo veintiuno que presintiera el Ché".*

Contactos de los Tupamaros con Cuba

Las relaciones de los Tupamaros con Cuba se fortalecen en 1971 cuando viajan a La Habana y Santiago de Chile dos de sus dirigentes y se entrevistan con Fidel Castro. El primero de esos viajes lo realiza Marcos Mauricio Rosenkoff Silberman, periodista que militó en la Unión de Jóvenes Comunistas (UJC) y luego se integra en los Montoneros[443]. Al llegar al aeropuerto José Martí lo recibe un funcionario del gobierno cubano y Luis Martirena, un uruguayo que era también militante de los Tupamaros[444].

Marcos Mauricio llega a La Habana con frescas credenciales como hábil negociador. Había servido de intermediario ante el gobierno de Salvador Allende para convenir las bases de la liberación del embajador británico Geofrey Jackson.

Lleva Rosenkoff en este viaje el exponer "la necesidad del MLN-T (Tupamaros) de una ayuda desinteresada". El planteamiento se lo hace al propio Castro. "En términos afirmativos, el Dr. Fidel Castro responde a la solicitud por nosotros elaborada... En días subsiguientes fui llevado a conocer... una zona conocida con el nombre de "Punto Cero" destinada a entrenamiento militar".

---

[443] Rosenkoff era el redactor de muchas de las comunicaciones, proclamas, cartas y documentos emitidos por los Tupamaros.

[444] Luis Martirena Fabregat ("Raúl") se había vinculado a Cuba por medio de la embajada cubana en Montevideo y de Prensa Latina en el Uruguay.

Pero "la ayuda desinteresada" a la que Castro había respondido "en términos afirmativos" no cristalizó con la premura requerida. Por eso Rosenkoff realiza su segundo viaje en abril/mayo de 1972 con el objeto de "acelerar los trámites para la concreción total de la ayuda prometida por los cubanos, que, por razones administrativas, se había enlentecido". Esta vez no se entrevista con Castro sino con otros funcionarios que le informan que "lo solicitado por nosotros va a ser enviado".

El segundo contacto de los Tupamaros con Castro se produce no en Cuba sino en Santiago de Chile donde Castro se encuentra en su muy larga estadía. Será Adolfo Wassen Alaniz quien viaja a Santiago en noviembre de 1971 pocos días antes de las elecciones nacionales del Uruguay. Afirma Wassen que a fines de febrero y principios de marzo de 1972 llegaba el primer cargamento de armas procedente de Chile[445].

Establecidos ya estos sólidos vínculos con Castro viaja a Cuba una docena de Tupamaros. Varios por vía aérea en la Compañía Cubana de Aviación y, otros, en el barco "Sierra Maestra" desde el puerto chileno de San Antonio con destino al puerto de Santiago de Cuba. A todos los recibirá "Veitías".

No obstante el apertrechamiento de armas y la preparación de estos militantes para acciones subversivas, el MLN-T es vencido militarmente por las fuerzas armadas, pero Castro continuará ofreciendo adiestramiento y preparando nuevos miembros de la organización en técnicas de guerrilla y subversión[446].

El 5 de septiembre de 1971 realizan las guerrillas del MLN uno de los más audaces golpes al asaltar la cárcel de Punta Carretas que estaba considerada la más segura del país. A través de un túnel construido antes desde una casa contigua logran que se escapen 125 presos entre ellos Raúl Sendic el dirigente de más renombre de la organización. Un golpe

---

[445] Las armas consistían en pistolas Walther P. 38, calibre 8mm y subametralladoras MP-40.

[446] La Subversión, las Fuerzas Armadas y el Pueblo Oriental. Obra citada.

similar lo realizan en abril de 1972 al lograr la fuga de más de 20 tupamaros que se encontraban en el mismo penal de Punta Carretas.

Los opositores consideraban que el Poder Ejecutivo se desbordaba hacia una verdadera "dictadura constitucional, que gobierna bajo "medidas de seguridad", desconociendo al congreso y marginando al Poder Judicial. Se ha creado en Uruguay un estado de guerra interna provocado por la acción guerrillera del MLN que tras serias fricciones entre las fuerzas armadas y el Presidente Bordaberry[447] culmina con la decisión, aceptada por éste, de ofrecerle a la institución militar una apreciable participación "en el quehacer nacional".

Pero ya la guerrilla urbana, sintiendo el rigor de la represión castrense, comienza a buscar caminos de avenencia.

Terminaba mayo (1972) cuando el General Libers Seregni, dirigente del Frente Amplio, proponía una tregua en la lucha entre el gobierno y los guerrilleros tupamaros "como medio para llegar a una pacificación". Más que a una pacificación, Seregni aspiraba a llegar a la presidencia de la república. Su candidatura había sido apoyada por los tupamaros en las elecciones recién celebradas en que había triunfado Bordaberry. Horas después de aquellas declaraciones de Seregni, luego de permanecer en una de las más secretas "cárceles del pueblo" de los tupamaros eran liberados el asesor presidencial Ulyses Pereira Reverbel y el ex-ministro de ganadería Carlos Flick Davie[448].

Para el primero de junio la Convención Nacional de Trabajadores CNT convocaba a una huelga general de 24 horas en Uruguay.

La necesidad de ponerle coto a la creciente ola de secuestros y acciones terroristas condujo a la creación de un or-

---

[447] La crisis la precipita el rechazo de las Fuerzas Armadas al Ministro de Defensa (Gral. Antonio Francese) designado por el Presidente Bordaberry el 7 de febrero 1973.

[448] Moría en Cuba, tras una prolongada huelga de hambre, el dirigente estudiantil Pedro Boitel (30 de mayo de 1972).

ganismo militar, el Consejo de Seguridad Nacional (COSENA), a través del cual las Fuerzas Armadas tendrían a su cargo la conducción de la lucha antisubversiva y, en palabras del Presidente Bordaberry, "la misión de dar seguridad al desarrollo nacional".

Se agudiza en los primeros días de febrero (1973) la crisis uruguaya. Para el día 11 se ignoraba si Bordaberry cedería a las exigencias de la cúpula militar, renunciaría o sería derrocado. El día anterior había renunciado el Ministro de Defensa General Antonio Francese, cuyo relevo había sido exigido por el ejército y la fuerza aérea en un virtual alzamiento militar que había tenido el respaldo del partido comunista, integrante del Frente Amplio[449]:

"Los comunistas, integrantes de la gran corriente del Frente Amplio, estamos de acuerdo en lo esencial con las medidas expuestas por las fuerzas armadas como salida inmediata para la situación que vive la república" expresaba el partido comunista en su diario "El Popular".

El martes 13 era sustituido el general Francese como Ministro de Defensa. El miércoles se aprobaba una nueva prórroga de la suspensión de las garantías, fecha en la que el partido comunista de Uruguay afirmaba que "las fuerzas armadas han pasado a jugar un importante papel, tomando conciencia plena de la problemática que afecta al país".

Para marzo de 1973 se acordaba, por séptima vez en un año, la suspensión de las garantías individuales. El 26 de junio el Presidente de la República firmaba un decreto por el que se imponía la disolución de las dos cámaras del parlamento y la creación de un Consejo de Estado. Se iniciaba un régimen cívico-militar que tras desmantelar los "aparatos ideológicos de la sedición" se ocuparía de la desarticulación de la guerrilla urbana. Se clausuran los periódicos "El Popular" y "Crónica" del Partido Comunista y la ilegalización de distintas organizaciones marxistas (el Partido Comunista Uruguayo (PCU), el Partido Socialista (PS), la Unión Popular (UP), el Movimiento

---

[449] Cable de Prensa Latina, 11 de febrero, 1973:

Revolucionario Oriental (MRO), el Partido Comunista Revolucionario (PCR), la Unión de la Juventud Comunista (UJC), el Partido Obrero Revolucionario (POR).

Los mandos militares asumen un mayor poder con la declaración del "estado de guerra interna" que condujo al arresto de más de dos mil miembros de la guerrilla urbana.

Culmina esta etapa con un golpe militar.

El estado caótico provocado por el movimiento guerrillero terminó con el golpe de estado militar en febrero de 1973 aunque se mantuvo al presidente Bordaberry en el poder.

El repliegue de los Tupamaros

Al igual que lo había hecho el Partido Comunista de Venezuela en los últimos años de la década del 60, el MLN-T comenzaba a fines de 72 un repliegue. Su barco se iba a pique[450].

Habiendo sido aniquilados por las fuerzas armadas pretendieron poner condiciones a lo que era una rendición. El memorando que el 5 de julio[451] enviaron a las fuerzas armadas, fue respondido por éstas exigiendo que viniese Raúl Sendic personalmente a conocer las condiciones impuestas por el ejército[452]. Sería la reunión en el Batallón Florida, "la vanguardia en la lucha contra el MLN", donde se encontraban presos los principales dirigentes de la organización.

---

[450] Eleuterio Fernández Huidrobo "La Tregua Armada". (Fernández Huidrobo había sido militante y fundador del MLN-T).

[451] El 5 de julio de 1972 el Comité Ejecutivo del MLN (Tupamaros) en un memorando dirigido a las Fuerzas Armadas rechaza la propuesta de rendición incondicional pero ofrece su cooperación "incondicional" a "iniciar un camino de Reconstrucción Nacional". La misma rendición expresada en una forma más elegante.

[452] Meses después el primero de septiembre era gravemente herido Raúl Sendic e ingresa en el hospital militar.

Los tupamaros inician continuas conversaciones con los militares. Se esfuerzan en pintar con tintes heroicos sus múltiples conversaciones con los altos oficiales de las Fuerzas Armadas:

> "Varias veces nos reunimos la comisión de presos con los jefes militares... pasamos a ser intermediarios de una ardua negociación".

Un día los dirigentes tupamaros se han citado en un lugar conocido como Chircal. Le llamaron el Congreso de Chircal. Así lo describe uno de sus más conocidos dirigentes:

> "Ese heroico congreso del MLN, de los más gloriosos que haya hecho aceptó –en parte- el consejo de los presos: organizarse a un repliegue parcial... primero el retiro de los compañeros de base y, luego, el de los dirigentes y el de los cuadros. Todos insistieron a Raúl (Sendic) que él debía replegarse urgentemente. Raúl aceptó hacerlo pero hacia el interior. De ninguna manera al exterior"[453].

La misma "heroicidad" del Partido Comunista de Venezuela ante el gobierno de Leoni.

Mario Benedetti sigue ensalzando la figura de Sendic. En su edición de septiembre 15 de 1976 la revista Bohemia publica en La Habana un extenso y elogioso artículo del escritor uruguayo sobre Sendic.

Así describe Benedetti, embelleciéndola, la caída de Raúl Sendic:

> "Hace cuatro años, un primero de septiembre, el cable anunciaba que Raúl Sendic, jefe revolucionario, había caído prisionero. La casa de la ciudad vieja en que se hallaba había sido rodeada por efectivos militares que después de nutridos tiroteos le intimidaron a la rendición. "Soy Rufo y no me entrego vivo. Vengan a buscarme" fue su respuesta. Sólo al caer gravemente herido –la cara destrozada por un balazo- fue posible detenerlo. El hombre más buscado del Uruguay desde la fuga del penal de Punta Carreta, un año antes, con veinte mil integrantes

---

[453] Eleuterio Fernández Huidrobo. "La Tregua Armada".

de las Fuerzas Conjuntas rastreando su paso, había caído en manos de sus enemigos".

Se producen aún actos de violencia. Ante los continuados asaltos a bancos y entidades comerciales realizados por los tupamaros el Poder Ejecutivo encomienda a las fuerzas armadas la conducción de un proceso antisubversivo[454]; en ese momento las fuerzas armadas adquieren autonomía en la necesaria acción represiva. En pocos meses se verán los resultados. La subversión había sido liquidada.

Las diferencias entre el Presidente Bordaberry y las Fuerzas Armadas aumentaban. En junio (1973) los militares reducen las facultades de Bordaberry a funciones meramente representativas y se crea un Consejo de Estado que sustituye al Congreso.

La nación es gobernada por la "Orden Institucional Transitoria" hasta la deposición del presidente Bordaberry[455]. Lo sustituía el vice Alberto Demichelli por un breve interinato que duraría hasta septiembre en el que el nuevo Consejo de la Nación designó, tras numerosas consultas, a Aparicio Méndez como presidente por un período de cinco años.

El General Liber Seregni, candidato presidencial de la coalición de izquierda Frente Amplio en las elecciones de 1973 se mantenía detenido.

Coincidían estos cambios con la elección de Jimmy Carter a la presidencia de los Estados Unidos y la decisión de este país de reducir su ayuda militar al Uruguay "por las extensas violaciones de los derechos humanos del régimen"[456]. Medida tomada por el presidente norteamericano cuando ya, tras una sangrienta década, los grupos subversivos habían sido aplastados.

---

[454] 9 de septiembre de 1972.

[455] El 12 de junio de 1976 Bordaberry se ve obligado a renunciar.

[456] Tras reducir otras ayudas económicas al país el Presidente Carter anunció la designación de L.A. Pezzullo como nuevo embajador en Montevideo.

CAPÍTULO XI

Argentina II

Las primeras organizaciones guerrilleras

La primera organización guerrillera en la Argentina[457] se formó en 1962 tomando el nombre de Fuerzas Armadas de Liberación (FAL) con una orientación marxista pero abogando por el regreso al poder del general Juan Domingo Perón[458].

Poco después se constituía por Jorge Ricardo Masetti el Ejército Guerrillero del Pueblo (E.G.P.), liquidado a los pocos meses tras la muerte o prisión de sus integrantes.

Surgen el 29 de junio de 1966 las Fuerzas Armadas Revolucionarias (FAR) integradas por marxistas que, al igual que las FAL, abogaban por el retorno de Perón. Las FAR hipotéticamente se formaron para respaldar las acciones del Ché Guevara en Bolivia siendo su fundador Carlos Alberto Caride que, antes, había organizado el Movimiento Juvenil Peronista. La FAR que tuvo en su principio una orientación marxista fue, gradualmente, recibiendo una creciente influencia peronista después de la muerte de Guevara en 1967.

---

[457] En septiembre de 1959 (a los nueve meses del triunfo de la revolución cubana) un pequeño grupo, autodenominado "Los Usuruncos" (tigres en Quechua), se alzó en las montañas de Tucumán durante la presidencia de Arturo Frondizi (1958-62). Fracasaron, pero dieron origen, tres años después a las FAL.

[458] Juan Domingo Perón, electo a la presidencia en 1946 y reelecto en 1952, fue depuesto por un golpe militar en septiembre de 1955 que, tras un breve período del Gral. Eduardo Lonardi, llevó a la presidencia al Gral. Eugenio Aramburu.

Otra guerrilla la constituyen las Fuerzas Armadas Peronistas (FAP), dirigidas por Envar El Kadri con la participación de Caride.

Éstas, carentes de contenido ideológico, se organizan sobre un trípode: *el socialismo como objetivo, el peronismo como identidad política y la lucha armada como metodología*"[459].

Todas se habían formado basándose en la estrategia de la guerrilla rural que había tenido éxito en Cuba. Sin embargo, su pronto fracaso en Taco Ralo, Tucumán, las hizo adoptar la lucha urbana pero ésta les fracasa también en el intento subversivo de Córdoba los últimos días de mayo de 1969 donde se había producido un levantamiento popular en el que participan jóvenes estudiantes y obreros militantes de distintos grupos: las propias Fuerzas Armadas Peronistas (FAP), las Fuerzas Armadas Revolucionarias (FAR) y la entonces incipiente organización de los Montoneros.

Arturo Illía, quien inesperadamente había llegado a la presidencia en 1963, fue depuesto en junio de 1966 por un golpe militar –con respaldo peronista– que designó como jefe de gobierno al Gral. Juan Carlos Onganía.

Funcionaban, desde antes, los Montoneros integrados, como otros, por peronistas y marxistas. Eran más peronistas que "izquierdistas". Una serie de cinco comunicados redactados por Emilio Maza y Norma Arrostito, ofreciendo informes sobre la organización, dio a conocer su existencia[460].

Poco antes se había constituido una organización de tendencia troskista que habrá de tener marcada presencia política por un corto, pero agitado, período de tiempo. El Partido Revolucionario de los Trabajadores (PRT) se funda en Buenos Aires el 25 de mayo de 1965, aprobando su incorporación a la

---

[459] Roberto Cirilo Perdía. "La Otra Historia"

[460] Richard Gillespie "Soldados de Perón. Los Montoneros de Argentina".

Cuarta Internacional, eligiendo a Nahuel Moreno como su Secretario General[461].

Había transcurrido apenas un año de la liquidación de la guerrilla de Guevara en la Quebrada del Yuro cuando el presidente Onganía (1966-1970) convocaba a una reunión del Consejo Nacional de Seguridad (CONASE). ¿Razón?: Los grupos guerrilleros se extendían a cinco provincias y se producían en las calles nuevas manifestaciones de agitación política y obrera[462].

El 19 de septiembre (1968) eran capturados nueve guerrilleros en la provincia noroccidental de Tucumán. Uno de ellos, una mujer. Los guerrilleros habían sido sorprendidos en su campamento situado a 150 kilómetros de San Miguel, la capital de Tucumán.

Eran éstos, realmente, los estertores de los grupos subversivos rurales en la nación suramericana.

El fracaso de los primeros intentos de crear focos guerrilleros en las áreas rurales de Argentina –Juan Carlos Díaz (en Tucumán) –enero de 1960–; Ricardo Masetti (Salta) –marzo de 1964–; y Raúl Verdinelli, "Comandante Sabino", Envar El Kadri (región de Taco Ralo) –19 de septiembre, 1968–, dio fin al propósito de organizar guerrillas rurales en la Argentina, optando los grupos de acción por actuar en las ciudades constituyendo guerrillas urbanas, para enfrentarse al gobierno del General Juan Carlos Onganía que había asumido el poder dos años antes, manteniendo una política marcadamente anticomunista[463].

El Ejército Revolucionario del Pueblo (ERP) fue la última de las guerrillas urbanas al surgir como un desprendimiento del Partido Revolucionario de los Trabajadores (PRT) del que se

---

[461] El PRT tuvo su origen en el Partido Obrero Troskista que editaba la publicación Palabra Obrera; el POT estuvo dirigido por Nahuel Moreno (Hugo Bressano, profesor universitario).

[462] Cable UPI, septiembre 26, 1968.

[463] En agosto de 1967 el gobierno de Onganía aprobó una ley imponiendo la inscripción obligatoria de toda persona considerada como comunista.

convirtió en su rama armada[464]. Su jefe político fue Roberto Santucho siendo Fernández Palmeiro el jefe de operaciones militares. Ambos se convertirán en temidos hombres de acción.

Ya antes, la severa represión policial de los disturbios estudiantiles en la ciudad de Corrientes en uno de los cuales murió un alumno y varios otros resultaron heridos despertaba una ola de protestas en diferentes sectores de la población. Frente a la tensa situación –el primer grave brote de violencia estudiantil ocurrido en cerca de tres años– el gobierno de Onganía tomaba extremas medidas "para reprimir toda alteración de la normalidad de las aulas universitarias del país"[465]. La caótica situación forzó al gobierno a clausurar cuatro de las universidades nacionales[466].

Posteriormente fueron clausuradas otras dos universidades nacionales.

Ya el 24 de aquel mes el ejército decretaba la pena de muerte en Rosario, segunda ciudad del país[467]. Rosario, que se encontraba bajo administración militar, era el foco de la agitación antigubernamental fomentada por estudiantes y obreros.

El 17 de junio hace crisis la tensa situación de Córdoba. El Presidente Onganía implantaba el control militar en aquella ciudad, la tercera en importancia del país, a fin de mantener el orden en la víspera de una anunciada huelga general. Se realiza la huelga y se producen choques de la policía con estudiantes y trabajadores.

Para julio los líderes sindicales en la clandestinidad declaraban una guerra total al gobierno de Onganía exhortando a las organizaciones populares y a la iglesia a luchar contra el derrocamiento del régimen (Cable UPI, julio 7, 1969).

---

[464] La fusión se produjo en el V Congreso del PRT celebrado la semana del 29 de Julio de 1970 en Buenos Aires.

[465] Cable UPI, mayo 20, 1969. Diario Las Américas.

[466] Las de Corrientes, Rosario, Santa Fé y La Plata.

[467] La pena de muerte estaba abolida en Argentina desde 1916.

En 1968 Santucho, recién designado Jefe Máximo del Comité Militar del Partido Revolucionario de los Trabajadores (PRT)[468], viajó a La Habana para recibir entrenamiento en guerra de guerrillas. Sus ideas y sus planes chocaron con las que prevalecían en la isla. Permaneció allí menos de dos semanas. Desencantado se dirigió a París para tomar contacto con la Cuarta Internacional y la Liga Comunista Francesa (LCE).

A mediados de 1969, se hace notable la preferencia de los grupos subversivos por los métodos de la lucha directa contra el régimen. Para analizarla, Prensa Latina establece contacto con cuatro organizaciones: Montoneros, las Fuerzas Argentinas de Liberación, las Fuerzas Armadas Peronistas y las Fuerzas Armadas Revolucionarias. Para ellas, el enemigo es el mismo: La oligarquía argentina, y el imperialismo norteamericano. La FAP y los Montoneros se declaran abiertamente peronistas. Para las FAR "el peronismo fue el escalón más alto alcanzado por el proceso revolucionario en el país".

Estas organizaciones revolucionarias, –las Fuerzas Armadas Revolucionarias (FAR), Fuerzas Armadas Peronistas (FAP), el Ejército Revolucionario del Pueblo (ERP) y las Fuerzas Armadas de Liberación (FAL)– unas de tendencias marxistas y, otras, peronistas, perpetraron durante fines de 1969 y principios de la década del 70 numerosas acciones contra figuras públicas, instituciones y recintos de las fuerzas armadas.

La tendencia revolucionaria (LTR)

Poco después los grupos peronistas más radicales formaron La Tendencia Revolucionaria (LTR) que buscaba ampliar la base de sustentación y el respaldo político para los Montoneros.

---

[468] Al abogar Mario Roberto Santucho por la lucha armada se produce su rompimiento con el PRT de Moreno (enero de 1968). Será en julio de 1970 que al celebrarse el Quinto Congreso del PRT, en la clandestinidad, se separa Santucho para constituir el Ejército Revolucionario del Pueblo (ERP).

Los Montoneros se constituyeron como el brazo militar de La Tendencia Revolucionaria (LTR), uniéndose a otros grupos radicales peronistas como la Juventud Peronista, la Juventud Trabajadora Peronista y la Juventud Universitaria Peronista, luego de una reunión del General Perón que fue ampliamente narrada en las ediciones del periódico La Nación, de Buenos, Aires, en enero 31 y febrero 3.

Los Montoneros[469], en abierta y sangrienta lucha con dirigentes sindicales de la Confederación General de Trabajadores (CGT), se unieron a las Fuerzas Armadas Revolucionarias reteniendo el nombre de Montoneros[470].

En marzo de 1970 la FAL secuestró al cónsul de Paraguay Waldemar Sánchez[471].

La FAL de inmediato, exigió la libertad de dos subversivos encarcelados. El volante afirmaba que el Cónsul Sánchez era "conocido agente de la CIA y representante de la sangrienta dictadura de Stroessner". El comando de la FAL llevaba el nombre de Emilio Jáuregui, el estudiante de Derecho que murió en los disturbios ocurridos en las manifestaciones realizadas en contra de la visita del entonces gobernador de Nueva York, Nelson Rockefeller[472].

Al día siguiente la FAL exigía la presentación por televisión de los "dos prisioneros políticos y su posterior traslado a México, antes de liberar al cónsul paraguayo". La presión iba en aumento. Para el jueves 26 el "Frente Argentino de Liberación (FAL)" informaba que se había constituido un tribunal revolucionario que daría a conocer en 24 horas la sentencia sobre el cónsul paraguayo si no eran liberados y enviados a

---

[469] En esa etapa, octubre 1973, bajo la dirigencia de Mario Firmenich. En marzo del siguiente año Firmenich será arrestado acusado de haber participado en la ejecución del expresidente Aramburu.

[470] Posteriormente Carlos Caride fue arrestado acusado de planear el asesinato de Perón, su esposa y el Ministro de Bienestar Social José López Rega. Caride había constituido un grupo peronista de izquierda denominado YA.

[471] ANSA, News Service, Buenos Aires, Marzo 26, 1970.

[472] Cable de Prensa Latina, de Buenos Aires, Marzo 25, Granma Internacional.

México los dos insurgentes cuya libertad exigían en canje. (Cable Prensa Latina, marzo 26, 1970).

Los secuestradores dieron un nuevo plazo de 24 horas para que el gobierno argentino pusiese en libertad a los dos presos políticos, pero el cónsul paraguayo fue dejado en libertad sin que liberaran a los presos políticos. Era Argentina el primer país latinoamericano que adoptaba una posición de rígida negativa a las exigencias terroristas que habían desatado una ola internacional de secuestros a diplomáticos y personalidades prominentes a cambio de la libertad de presos políticos[473].

Horas después se informaba que uno de los dos revolucionarios cuya libertad se exigía, Alejandro Vale, "había sido asesinado por el régimen militar" según afirmaba en su último comunicado el Frente Argentino de Liberación que exigía conocer en donde se encontraba el cadáver y la liberación del otro preso Carlos Dellanave.

El 29 de marzo el cónsul paraguayo ofrecía una conferencia de prensa en la embajada de su país en Buenos Aires.

A los pocos días, en abril 5, atacaba la FAL al cuartel general del Regimiento de Infantería de Patricio, en el Campo de Mayo de Buenos Aires[474]. En septiembre era el tren de Buenos Aires a Rosario el blanco del ataque de las Fuerzas Armadas de Liberación que, en menos de 30 días, asaltarían a industriales chilenos y asesinaban al segundo jefe de la policía de Buenos Aires, Osvaldo Sandoval.

Durante ese mismo período el Ejército Revolucionario del Pueblo (ERP) robaba una gran número de armas en la sección Luján de Buenos Aires, incluyendo carros pintados con colores militares, uniformes e insignias[475] y en septiembre atacaba la estación de policía de Rosario mientras el primero de junio los

---

[473] Cable UPI, Buenos Aires, marzo 28, 1970.

[474] Análisis, Buenos Aires, Agosto 4 al 10, 1970.

[475] ANSA, New Service, marzo 24, 1970.

Montoneros indignaban a toda la nación con el asesinato del ex-presidente Pedro Aramburu[476].

Se pacta desde La Habana la integración de las Fuerzas Argentinas de Liberación (FAL) que habían surgido, como movimiento, en 1968. Se definió a las FAL como "el marxismo en la cartuchera". "A nuestros militantes los formamos en el marxismo-leninismo. El socialismo es la única salida real que nosotros le vemos al país". Firman el documento Héctor Víctor Suárez y tres dirigentes de la FAL. (Fuente: Granma, miércoles 9 de diciembre de 1970).

La primera operación terrorista que recibió amplia publicidad fue la realizada por el ERP en septiembre 18, 1970 al atacar a la Estación de Policía de Rosario.

Secuestro del ex-presidente Aramburu. Deposición de Onganía

El 29 de mayo –segundo aniversario del Cordobazo– era secuestrado en Buenos Aires el ex-presidente Teniente General Pedro Eugenio Aramburu que fue comandante de infantería de la Tercera División del Ejército durante el gobierno de Juan Domingo Perón y, posteriormente, Agregado Militar en Brasil. Aramburu había participado en el golpe militar que derrocó a Perón en 1955 dirigiendo, a su vez, la sublevación militar que derribó aquel mismo año al General Eduardo Leonardi que había encabezado el golpe.

Se realiza intensa búsqueda del expresidente secuestrado por cuya libertad los subversivos exigen los restos de Eva Perón. El documento de uno de los comandos que se atribuía el secuestro ("Juan José Valle – Montoneros" del "Comando Cabral de la FAP") establecía un plazo de 48 horas anunciando que en caso de no efectuarse el canje Aramburu sería ejecutado.

---

[476] Será el 17 de julio que el gobierno argentino confirmaba la ejecución por los Montoneros del ex-presidente Pedro E. Aramburu.

A las 24 horas los Tupamaros realizaron cuatro acciones contra agentes policiales en la capital uruguaya.

En Buenos Aires el Comando Peronista "Juan José Valle" daba a conocer que había condenado a muerte al secuestrado ex-presidente Aramburu"[477]. A las siete de la mañana, lunes primero de junio era ejecutado el ex-mandatario argentino[478].

Onganía era un militar que pretendía gobernar con la participación de dos vertientes[479]: La de los Liberales y la de los Nacionalistas. Con estos últimos –revueltos y confundidos– se encontraban los peronistas y los comunistas.

Era muy tensa la situación. Tanto que Onganía era depuesto el 8 de junio por una junta militar encabezada por los mandos de las tres armas: el Ejército, la Marina y la Fuerza Aérea[480]. Ya antes se había desmentido la noticia sobre la ejecución del ex-presidente Aramburu. El 10 de junio era secuestrado el embajador de la República Alemana en Río de Janeiro, exigiéndose el canje de presos políticos para su liberación.

Era ese el cuadro que mostraba la Argentina en la primera mitad del año 71 y a lo largo del año 1972.

La confrontación violenta entre las Fuerzas Armadas Revolucionarias (FAR) y el gobierno argentino comenzó en julio de 1970 cuando las unidades de la FAR ocuparon la ciudad de

---

[477] Cable Prensa Latina, Buenos Aires, junio 1o., 1970, Granma Internacional.

[478] Acusados del asesinato del ex-presidente Aramburu aparecían Mario Eduardo Firmenich, Abal Medina, y Carlos Gustavo Ramos, fundadores los tres de los Montoneros. Los dos últimos murieron en un encuentro con la policía luego de asaltar una sucursal del "Banco de Galicia y Buenos Aires" el primero de septiembre de 1973.

[479] Guillermo Martínez Márquez, "Argentina, 1968" Diario Las Américas, Julio 6, 1968. Vaticinó el periodista Martínez Márquez que de aquel enfrentamiento surgiría "un día cualquiera la crisis".

[480] La Junta Militar estaría compuesta por el Teniente General Alejandro Lanusse; el Brigadier General Carlos Rey y el Almirante Pedro Gnave.

Garin a poco más de veinte millas de Buenos Aires[481]. En diciembre atacaban la sucursal de la Fuerza Aérea del Banco de Córdoba[482]. Exactamente un mes antes las Fuerzas Armadas Peronistas (FAP) habían dinamitado la casa del Ataché Agrícola de la embajada norteamericana y asaltado residencias de miembros de la Misión Aérea estadounidense en la Argentina[483].

En Abril, doce terroristas asaltaron y controlaron la estación de policía cerca de La Plata mientras el 29 del mismo mes la FAR en la población de Pilar en la provincia de Buenos Aires, interceptaba una columna del ejército dándole muerte a uno de sus oficiales y sustrayendo numerosas armas[484]. En mayo el Ejército Revolucionario del Pueblo (ERP) secuestraba al cónsul honorario de Inglaterra en Rosario que era, además, un ejecutivo de una empresa británica, y dos meses después las Fuerzas Armadas Revolucionarias asesinan en julio al director de la prisión de Córdoba[485].

Castro quería atraerse a Roberto Santucho, el antiguo troskista de la IV Internacional que, al frente del ERP, era la más sobresaliente figura de los terroristas argentinos; para lograrlo lo invita –durante el gobierno militar de Onganía– a los festejos de un nuevo aniversario del Asalto al Cuartel Moncada en julio de 1971[486].

---

[481] Manteniendo en su poder la ciudad por más de una hora, los miembros de la FAR robaron bancos, controlaron la empresa nacional de telecomunicaciones y dominaron la estación de policía. (Latin American Research Review, 1974).

[482] Diciembre 29 de 1970.

[483] Noviembre 20, 1970.

[484] Anuario de Poder y Conflicto. 1971, Londres. Instituto para el Estudio de Conflictos.

[485] El 28 de julio es asesinado el Comandante del Ejército Julio R. Sanmartino que era el director de las prisiones en Córdoba.

[486] Diez años antes, en 1961, Mario Roberto Santucho había viajado a Cuba poco después de la invasión de Playa Girón (Fuente: Julio Santucho "Los últimos guevaristas").

En La Habana Santucho no se entrevista con Castro pero sí con Arnaldo Ochoa con quien debate sobre estrategia militar[487]. Hace contacto, también, con los Tupamaros de Uruguay, con el MIR de Chile y con lo poco que quedaba del ELN de Bolivia[488].

En el verano de 1972 Santucho fue apresado y conducido a la prisión de Rawson, al sur del país. Se organiza su fuga en la que Enrique Gorriarán participa. De Rawson, junto con Santucho, logró escapar más de una veintena de guerrilleros de distintas tendencias y organizaciones que fueron llevados por los comandos al aeropuerto de Trelew donde se apropiaron de un par de aviones para trasladarse, todos, a Chile. El primer grupo, que incluía a Santucho y a Palmeiro, logró tomar un aparato y volar hacia Chile. De allí voló a los dos días a Cuba[489].

Tres abogados argentinos, de distintas organizaciones revolucionarias, volaron a Santiago de Chile y sirvieron de intermediaros con el Presidente Allende y Clodomiro Almeyda y Fidel Castro.

Sobre el segundo grupo, en el que se encontraba la esposa de Santucho, hay dos versiones. La prensa oficial afirma que al ser sorprendido el intento de fuga se produjo un tiroteo en que murieron los guerrilleros que pretendían fugarse. La versión de los grupos subversivos es que este segundo grupo compuesto de diecinueve guerrilleros fue detenido en el aeropuerto, arrestado y trasladado a la base naval de Trelew y que, sin conocerse de donde llegó la orden, fue sacado a los pasillos de la prisión y ametrallado por los guardianes.

---

[487] María Seoane "Todo o Nada".

[488] Santucho volvería a Cuba como uno de los fugados de la prisión de Rawson.

[489] Uno de los muchos Montoneros entrenados en Cuba, Roberto Quieto había participado en la fuga de la prisión de Rawson y fue uno de los que volaron a Cuba en 1972. Tres años antes había recibido como regalo, de manos del propio Fidel Castro, una pistola. Apresado por las Fuerzas Armadas en 1975, Quieto, aparentemente, delató a muchos de sus compañeros Montoneros por lo que fue sometido por esa organización a juicio ante un Tribunal Revolucionario. Quieto, marxista desde su juventud, había militado en los principios de 1960 en los partidos comunistas argentinos.

El fracaso de la fuga provocó una seria diferencia entre Santucho y Fernández Palmeiro que mutuamente se culpaban del revés. Santucho permaneció en Cuba pero Fernández Palmeiro regresó clandestinamente a la Argentina donde creó, como un desprendimiento del ERP, el "Comando 22 de Agosto" cuya primera acción fue el secuestro del periodista Héctor Ricardo García.

Su segunda acción fue mucho más dramática. El contralmirante Hermes Quijada era, a los ojos de los subversivos, el responsable de la muerte de aquellos diecinueve guerrilleros fugitivos.

El 30 de abril (1973) el propio Palmeiro sentado tras el conductor de una motocicleta ametralló el carro en que viajaba Quijada cuando estaba detenido frente a un semáforo. El contralmirante murió pero su ayudante de un disparo alcanzó a Palmeiro que murió a las pocas horas[490].

El alto oficial había sido el encargado de presentar el informe sobre los extremistas muertos en la base del sur de la Argentina, hecho que fue oficialmente calificado de intento de fuga.

Hermes Quijada había sido Jefe del Estado Mayor Conjunto.

Comentando el ajusticiamiento de Hermes Quijada, Cámpora declaraba desde Madrid, donde se entrevistaba con Perón, que la responsabilidad recaía sobre el gobierno militar:

> *"Este hecho, afirmó, es producto de la violencia desatada hace tiempo por la dictadura militar argentina. El justicialismo enjuiciará los hechos que se produzcan a partir del 25 de mayo. Estos de ahora competen a la dictadura militar"*[491].

---

[490] Así lo recoge la información cablegráfica: Abril 30, 1973: "Un comando terrorista dió muerte a tiros al contralmirante retirado Hermes Quijada que había tenido destacada participación en los sangrientos sucesos del 22 de Agosto del año anterior en la base aeronaval de Trelew en que murieron 16 extremistas".

[491] Revista Bohemia, La habana, mayo 11, 1973.

Más de 20 de los 50 comandos que asaltaron la base militar de La Tablada murieron en el encuentro. En la foto un oficial de las fuerzas armadas responde al sorpresivo ataque.

Una veintena de asaltantes de La Tablada, algunos vinculados al gobierno sandinista de Nicaragua, se rinde luego de varias horas de intenso combate.

La junta de comandantes en jefe, presidida por el Gral. Alejandro Lanusse, decretó de inmediato la ley marcial por el asesinato de Quijada. El comando "22 de Agosto" del ERP se atribuyó el atentado en que había resultado herido también Víctor José Fernández Palmeiro que, como expresamos, murió poco después. El atentado obligó al Presidente Lanusse[492] a solicitar al presidente electo, Héctor J. Cámpora, su pronto regreso de España[493].

Casi simultáneamente se produce el estallido en Córdoba que fue elevándose en intensidad hasta el 29 de aquel mes. El 28 habían quedado deshechos por bombas numerosos supermercados. Dos días después era asesinado uno de los máximos dirigentes de la Confederación General de los Trabajadores (CGT)[494] y detenidos los principales dirigentes de la otra organización central sindical.

El escenario político

Desde su exilio[495] en España el Gral. Juan Domingo Perón, electo dos veces presidente, dominaba el cuadro político de la Argentina. Habiendo llegado al poder en 1946 organi-

---

[492] El General Alejandro A. Lanusse distinguía diferencias entre los Montoneros y el ERP. Para quien llegase a la presidencia del país tras el breve interinato del General Levingstone, los militantes del ERP "profesaban ideas leninistas en su variante insurreccional y pensaban ir creando focos a los que llamaban territorios liberados" mientras que los Montoneros "intentaron, desde el principio, otro camino: captar a los militares o influir sobre ellos". (Alejandro A. Lanusse "Confesiones de un General").

[493] En su discurso del primero de mayo Fidel Castro reiteraba su apoyo a la subversión en Iberoamérica aunque se refirió favorablemente al nuevo gobierno peronista en Argentina que acababa de asumir el poder.

[494] El 30 de junio había sido asesinado Augusto Timoteo Mendor de la CGT Moderada.

[495] Depuesto en septiembre de 1955 por el golpe encabezado por el Gral. Eduardo Leonardi, Perón toma el camino del exilio y se prohibe "en todo el territorio nacional" (Decreto 4161 de marzo 5 del 56) la utilización de "propaganda peronista" y las expresiones "peronismo", "peronista", "justicialismo".... Crece, así, en sectores populares, la imagen de Juan Domingo Perón.

zando el Partido del Trabajo amplió pronto su base constituyento, ya en el destierro, el Frente Justicialista de Liberación.

Luego de su reelección, en 1952, y tras la muerte de su esposa Eva Perón, sufrió fuerte oposición de diversos sectores que facilitaron su deposición por los militares dirigidos por el General Eduardo Leonardi a quien, a su vez, lo sustituye otro militar, el General Pedro Eugenio Aramburu. Tras un breve período democrático –Arturo Frondizi (1958) y Arturo Illía (1963)– se produjo un nuevo cuartelazo que llevó al poder al General Juan Carlos Onganía.

Desde Madrid el líder justicialista se esfuerza en halagar al amplio sector de la extrema izquierda.

Para Perón, en 1968, los guerrilleros en Sur América "luchaban por la liberación de sus países siguiendo el ejemplo del Comandante Ernesto Ché Guevara" que "es un héroe americano". En carta dirigida a la Juventud Revolucionaria Peronista (JRP) Perón expresaba su punto de vista sobre la lucha guerrillera en el continente americano... "su lucha romántica y heroica ha sido, es y será reconocida; y, a pesar de todo lo que se diga, el Dr. Ernesto Guevara es un héroe americano del sur". (Gramma, miércoles 7 de febrero, 1968).

La presidencia del General Onganía que había comenzado el 29 de junio de 1966 terminó, como había comenzado, por un golpe militar[496] que coloca en la presidencia a otro general de efímero mandato, Roberto M. Levingstone[497] que en menos de un año es sustituido, también, por otro líder castrense el General Alejandro Lanusse quien a los dos años entregará el mando a un presidente, Héctor J. Cámpora, electo en comicios libres y abiertos[498].

---

[496] El 8 de junio de 1970.

[497] El General Roberto Marcelo Levingstone era el representante argentino ante la Junta Interamericana de Defensa, Agregado Militar de la Embajada de Argentina en Washington y, durante el gobierno de Arturo Frondizi, Subsecretario de Guerra en 1959.

[498] En las elecciones del 11 de marzo de 1973 Héctor J. Cámpora, candidato del Frente Justicialista de Liberación obtuvo 29.6% de los votos, mientras Ri-

En esa etapa Perón permanecía en Europa. Los comunistas se oponían al regreso del político que llevaba tres lustros de exilio. El 21 de julio el órgano del Partido Comunista Italiano L'Unita se hacía eco de ese sentimiento:

> *"El precio del retorno sería la renuncia de Perón a cualquier voluntad o veleidad realmente renovadora y su transformación en dócil bombero dispuesto a echar agua sobre el fuego de las revueltas populares... en tanto permanezca en Madrid, Perón es un héroe. Si regresa puede terminar como un viejo politicastro, despreciado por las mismas masas que hoy todavía lo aman".*

Regresó y tras una muy breve, brevísima, luna de miel terminaría abucheado por aquellas masas.

Regresa Perón

La prensa cubana cubría con entusiasmo el triunfo electoral de la corriente peronista destacando que los rotativos de los países colindantes, ante la victoria del justicialismo, "se alimentaban con nuevas llamaradas de histeria anti-argentina, violentamente encendida por la victoria electoral peronista"[499]. Castro quería tomar como propio, engañandose a sí mismo, el triunfo de Perón.

El resultado de los comicios fue considerado por Castro como "la más abrumadora derrota del gobierno militar de Alejandro Lanusse"[500]. Identificaba la derrota de Lanusse con la deposición del General Roberto Marcelo Levingstone tras el levantamiento popular ocurrido en la ciudad de Córdoba, y cuya presidencia apenas llegó a los nueve meses.

---

cardo Balbín, de la Unión Cívica Radical (UCR) recibía el 21.6%. Había triunfado el peronismo, con Perón ausente en Italia, quien regresa el 20 de junio. La situación la definía así la guerrilla: "Cámpora al gobierno, Perón al poder".

[499] Revista Bohemia, La Habana, mayo 4, 1973.

[500] Cable Prensa Latina, 13 de mayo, 1973.

Cámpora al gobierno, Perón al poder
El recién electo presidente Héctor J. Cámpora visita en Madrid al líder justicialista Juan Domingo Perón. En la foto con sus respectivas esposas al regresar a Argentina. Antes de dos meses Cámpora había renunciado. En nuevas elecciones Perón asumiría, por tercera vez, la presidencia.

En estas elecciones nueve partidos presentaron candidatos a la presidencia:

El FREJULI (Frente Justicialista de Liberación), UCR (Unión Cívica Radical), APF (Alianza Popular Federalista), APR (Alianza Popular Revolucionaria), ARF (Alianza Republicana Federal), NF (Nueva Fuerza), PSD (Partido Socialista Democrático), FIP (Frente Izquierda Popular) y PST (Partido Socialista de los Trabajadores).

Las guerrillas, siempre respaldadas por el dictador cubano, continuaban su violencia. La revista Bohemia destacaba que en medio del proceso electoral se había producido la toma simultánea de tres estaciones ferroviarias en el perímetro de Buenos Aires, acciones atribuidas al Ejército Revolucionario del Pueblo (ERP) y a las Fuerzas Armadas Revolucionarias (FAR). Después se había realizado el secuestro del General Jacobo Nasiff, Jefe de la Gendarmería de la Región Nordeste que iría a compartir una de las "cárceles del pueblo" junto al Contralmirante retirado Francisco Alemán, ex-jefe del Servicio de Inteligencia Naval.

Cámpora, en su interés de suavizar sus relaciones con el régimen de La Habana envía a su hijo a invitar personalmente a Castro a la toma de posesión pero éste designa al no electo presidente Osvaldo Dorticós para que asista en representación de su gobierno[501].

En Buenos Aires se encuentran como huéspedes de honor, entre otros, Salvador Allende y Osvaldo Dorticós. La claque de la extrema izquierda está adoctrinada y, al paso de los dos altos funcionarios grita: "Chile, Cuba, el pueblo los saluda...".

Los periódicos cubanos quieren hacer ver que el pueblo argentino se desborda de entusiasmo ante la presencia del no electo presidente cubano al grito de: "Dorticós, Dorticós, el pueblo está con vos" y "Cuba, Cuba, Argentina te saluda"[502].

---

[501] Mayo 26 de 1973. Sólo dos presidentes asisten a la toma de posesión de Cámpora: Allende y Dorticós. Los dos, presidentes de los gobiernos de extrema izquierda del continente.

[502] Revista Bohemia, La Habana, junio 3, 1973.

Es notable el esfuerzo de los medios noticiosos de la isla por identificar el triunfo electoral del Frente Justicialista de Liberación con la Revolución Cubana y sus dirigentes. Pronto terminará la ilusa luna de miel.

Las acciones terroristas, fomentadas y alentadas desde Cuba, no cesaban. En Buenos Aires continuaban los asaltos a las comisarías de policía, bancos y estaciones de correo.

Se agrieta el distanciamiento de los extremistas con el jefe del justicialismo aún antes de que Cámpora asuma la presidencia.

Roberto Santucho, jefe del ERP, representaba ya una fuerza en el escenario político argentino.

Para junio Héctor Cámpora restablecía relaciones diplomáticas con Cuba al tiempo que decretaba una amnistía para todos los presos políticos. En la amplia amnistía quedan beneficiados Héctor Jouve y Federico Méndez, los dos guerrilleros del EGP de Jorge Ricardo Masetti que aún cumplían cadena perpetua. Los otros guerrilleros ya habían cumplido sus sentencias.

La hostilidad del ERP se mantiene contra el recién inaugurado gobierno de Cámpora como antes frente el gobierno militar. La televisión da a conocer una declaración de Santucho:

El gobierno del Dr. Cámpora se coloca cada vez más claramente al lado de los explotadores y de los opresores, junto a los enemigos del pueblo y de la nación argentina y se apresta a reprimirla".

El 4 de abril se informaba del ajusticiamiento por los Montoneros del Coronel Héctor Alberto Iribarren, jefe de Inteligencia del Tercer Cuerpo, en Córdoba, cuya acción se acreditaban los Montoneros, mientras el contra-almirante retirado Francisco Alemán[503] permanecía preso en una de las "cárceles del pueblo" por el mismo grupo guerrillero.

---

[503] Un sobrino del contra-almirante Alemán (Oscar Ciarloti) confirmaba a la prensa, en una comunicación clandestina, su voluntaria participación en el secuestro. Cable AFP, Buenos Aires, 4 de abril, 1973.

Santucho y otros dirigentes del ERP
En junio de 1973, al regreso de Perón, el PRT-ERP celebra una conferencia de prensa en Buenos Aires. De izquierda a derecha Mario Roberto Santucho, Benito Urteaga, Enrique Gorriarán Merlo y Jorge Carlos Medina.

Los militares, pasando por encima de las mismas prohibiciones que han impuesto, dan a conocer ampliamente el comunicado de la organización peronista. Perón se irrita ante el atentado que los jefes montoneros tratan de justificar considerando que Iribarren era un "conocido torturador"[504].

Cámpora sanciona a las estaciones de televisión que dieron a conocer las palabras de Santucho pero ya era evidente el creciente distanciamiento de los montoneros con el recién electo Cámpora que respondía a los intereses de Perón.

Antes de 30 días Cámpora renunciaba y en las elecciones convocadas de inmediato por su sucesor, Raúl Lastiri[505], Perón llegaba al poder con una arrolladora votación. Argentina había tenido aquel año de 1973 cuatro presidentes: Lanusse, Cámpora, Lastiri y Perón, y dos fuerzas irreconciliables: las fuerzas armadas y el ERP, declarado ilegal en el breve interinato de Lastiri.

En su brevísimo período presidencial, Lastiri concurre en Argelia a la cumbre de los Países No Alineados. En ella afirmaba que "han caducado los dos sistemas capitalistas que hasta ayer regían el mundo: el comunismo individualista y el capitalismo de estado".

Su declaración no coincidía plenamente con uno de los discursos centrales de la Cumbre, pronunciado por Castro, en que éste afirmaba que "Cuba es un país socialista, marxista y leninista, cuya meta final es el comunismo"[506].

La fortaleza de los Montoneros iba en aumento hasta el regreso de Perón el 20 de junio de 1973. A partir de esa fecha comienzan a perder influencia hasta disolverse en la nada.

Sería el PRT-ERP quien, oponiéndose al programa de gobierno del líder justicialista, asumiría la dirección de la lucha

---

[504] Miguel Bonasso. "El presidente que no fue".

[505] Raúl Lastiri, presidente de la Cámara de Diputados, era yerno de José López Rega, hombre de confianza de Perón y de su esposa Isabel.

[506] Informe de la Agencia EFE, Argelia, septiembre 8, 1973. Diario Las Américas.

clandestina y violenta. El momento culminante se había producido en los alrededores del aeropuerto de Ezeiza donde cerca de dos millones de argentinos se habían congregado para recibir, el 20 de junio, a Perón que regresaba de España. Pero, para sorpresa de todos, el avión desvió su rumbo para aterrizar en el muy distante aeropuerto de Morón. La multitud cambió su entusiasmo en frustrante desencanto. Se oyeron algunos disparos. La inmensa ilusión por el regreso de Perón se hacía añicos en el aeropuerto de Ezeiza. Comenzaba, también, el descenso en declive de los Montoneros.

En Chile Allende es depuesto

En Chile, el país vecino, crece también la intranquilidad en amplios sectores de la población por la ascendencia que los grupos de extrema izquierda disfrutan en el gobierno de Salvador Allende.

La Habana conoce de esas tensiones. Ya estaban, desde su toma de posesión, en la capital chilena Tony de la Guardia y otros militares cubanos integrando lo que se conocía como el GAP (Grupo de Amigos del Presidente), encargados de la protección personal de Allende.

Ahora, en julio, Castro le envía a Allende a otros dos muy altos funcionarios –Carlos Rafael Rodríguez y Manuel Piñeiro– para conocer la situación y confirmarle al mandatario que podrá contar con el respaldo cubano "frente a las dificultades y peligros que obstaculizan y amenazan el proceso" (ver carta manuscrita de Fidel Castro a Salvador Allende de julio 29 de 1973).

Cuando 45 días después se escuchan los primeros disparos sobre La Moneda, el palacio presidencial, en la acción que le costará la vida al presidente, los integrantes del Grupo de Amigos del Presidente se apresuran no a tratar de proteger a Allende sino a buscar pronto refugio en la Embajada Cubana.

En la Argentina continuará la intranquilidad.

Para septiembre de 1974 los Montoneros volvían a la clandestinidad para, exponían en un manifiesto, "reasumir las formas armadas de lucha". Lo firmaban Firmenich y otros dirigentes de la Juventud Peronista (JP), la JPP, la JUP y la Agrupación Evita. Comenzaba una nueva etapa de violencia.

Perón había regresado a la Argentina en junio asumiendo la presidencia apenas a los cinco meses.

El presidente electo recibe de inmediato la visita de miembros del Comité Ejecutivo del Partido Comunista. La conversación cubre varios temas; el más importante, la política exterior. Se sentían los visitantes halagados con la medida de Perón de restablecer las relaciones diplomáticas y comerciales con Cuba y con su posición antinorteamericana, pero objetaron "el error de la tesis justicialista de los dos imperialismos, y su correlación de la Tercera Posición"[507].

Sin vacilar, como pretendiendo mostrar su distanciamiento de la política económica norteamericana, una de sus primeras decisiones fue firmar un Acuerdo de Venta de Autos y Repuestos a Cuba que, por supuesto, no le sería pagada por el gobierno de Castro.

El 12 de octubre tomaba posesión. Aquel 12 de octubre 100 mil personas se reunieron en la plaza pública (el 20 de junio, a su llegada del largo exilio, se había reunido más de un millón) para escuchar al hombre que por tercera vez era electo presidente de la república. Ese día los montoneros informaban que se unían a las Fuerzas Armadas Revolucionarias (FAR), el grupo más radical.

El retorno de Perón al poder habrá de polarizar en pocos días la atención del pueblo argentino. Las Fuerzas Armadas Revolucionarias y los "Montoneros" consolidaban su fusión y el Ejército Revolucionario del Pueblo (ERP) fijaba sus posiciones tácticas reiterando que mantendrían la línea de guerra integral y apuntando como enemigos "al imperialismo, las empresas monopolistas, las oligarquías nativas, los gorilas activos, los traidores al Frente Justicialista de Liberación y al Movimiento

---

[507] Enrique Pavón Pereyra. "Diario Secreto de Perón".

Nacional Peronista, los restos de la camarilla militar y todos aquellos que conspiren contra el cumplimiento del programa de liberación inicial". Firmaban estas declaraciones Roberto Prieto, de las FAR y Mario Firmenich de la Juventud Peronista.

Pero ya comenzaban a agrietarse las relaciones con otros grupos extremistas.

Otras decisiones agudizaron las ya existentes divisiones dentro del Movimiento Justicialista. De un lado quedaban los grupos radicales que se agruparon en La Tendencia Revolucionaria (LTR) y, del otro lado, la vieja burocracia sindical del Movimiento Obrero Organizado. Aquel distanciamiento se fue haciendo profundo e hizo crisis en marzo de 1974 cuando Perón puso en marcha la Operación Rastrillo arrestando a más de 120 dirigentes de la LTR y del ERP descabezando el liderazgo de los grupos de acción en el área metropolitana de Buenos Aires y en otras ciudades.

Los Montoneros y las FAR rechazaban toda vinculación con "los supuestos comandos que diciéndose peronistas han creado cierto clima de incertidumbre y traición con una serie de comunicados y declaraciones de corte truculento anunciando el exterminio en masa de militantes de izquierda". Mientras tanto el ERP formulaba una invitación para discutir públicamente sus diferencias sobre la naturaleza y etapas del proceso revolucionario. Se distanciaban de algunas dirigencias sindicales del justicialismo. Diferencias que harán crisis antes de pocos meses.

Ya para agosto el partido comunista argentino se sentía marginado. Por eso su órgano oficial "Nuestra Palabra" publicaba un editorial bajo el título "Perón y los comunistas" fijando su posición frente a algunos conceptos expresados por el líder justicialista.

Impugnaba la afirmación de Perón de que el Movimiento Justicialista era un movimiento revolucionario de izquierda aunque no comunista. Tal afirmación la rechazaban afirmando que "ningún movimiento auténtico de izquierda puede contraponerse al Partido Comunista". Resiente, con cierta violencia, que el líder justicialista hablara de su interés en conversar con esa organización política "siempre que el Partido Comunista actúe dentro de la ley".

El 5 de marzo se producen continuos atentados con bombas y se cruzan disparos entre la gendarmería y grupos subversivos en la ciudad de Córdoba durante la más aguda crisis institucional sufrida por la policía. En medio de la confrontación jóvenes armados robaron el Banco de Córdoba, mientras otros grupos civiles ocupaban los principales canales y emisoras de radio. A las pocas horas volvía la tranquilidad a Córdoba.

La compañía petrolera norteamericana ESSO aceptaba, en un anuncio publicado en la prensa, el pago del mayor rescate en la historia mundial de los secuestros: US$14.2 millones de dólares demandados por el grupo guerrillero marxista Ejército Revolucionario del Pueblo (ERP) para dejar en libertad al ejecutivo de aquella empresa Victori Samuelson, cautivo desde el mes de diciembre[508].

Para fines de marzo aumentaba la ola de violencia en Buenos Aires, pero el gobierno se preparaba para concretar la proyectada venta a Cuba de vehículos fabricados por empresas norteamericanas en Argentina[509]; al tiempo que el Secretario del Tesoro George Schultz afirmaba que "estaba estudiando la conveniencia de extender permisos especiales a las empresas automotrices estadounidenses radicadas en Argentina para que exporten automóviles a Cuba".

El miércoles 6 de febrero de 1974 el Granma destacaba que en el mensaje que el presidente de la Argentina había dirigido al país, el mandatario había destacado "como logros de su política exterior los importantes acuerdos comerciales" firmados por Cuba, Rumania y otros países[510].

---

[508] El anuncio fue publicado el 18 de marzo de 1974.

[509] Buenos Aires, Cable UPI, marzo 29, 1974. Diario las Américas.

[510] Buenos Aires, Prensa Latina, 5 de febrero 1974.

Habana, julio 29 de 1973.

Querido Salvador:
Con el pretexto de discutir contigo cuestiones referentes a la reunión de países no alineados, Carlos y Piñeiro realizan un viaje a ésa. El objetivo real es informarse contigo sobre la situación y ofrecerte como siempre nuestra disposición a cooperar frente a las dificultades y peligros que obstaculizan y amenazan el proceso. La estancia de ellos será muy breve por cuanto tienen aquí muchas obligaciones pendientes y, no sin sacrificio de sus trabajos, decidimos que hicieran el viaje.

Veo que están ahora en la delicada cuestión del diálogo con la D. C. en medio de acontecimientos graves como el brutal asesinato de tu edecán naval y la nueva huelga de los dueños de camiones. Imagino por ello la gran tensión existente y tus deseos de ganar tiempo, mejorar la correlación de fuerzas para caso de que estalle la lucha y, de ser posible, hallar un cauce que permita seguir adelante el proceso revolucionario sin contienda civil, a la vez que salvar tu responsabilidad histórica por lo que pueda ocurrir. Estos son propósitos loables. Pero en caso de que la otra parte, cuyas intenciones reales no estamos en condiciones de valorar desde aquí, se empeñase en una política pérfida e irresponsable exigiendo un precio imposible de pagar por la Unidad Popular y la Revolución, lo cual es, incluso, bastante probable, no olvides por un segundo la formidable fuerza de la clase obrera chilena y el respaldo enérgico que te ha brindado en todos los momentos difíciles; ella puede, a tu llamado ante la Revolución en peligro, paralizar

Carta manuscrita de Fidel Castro a Salvador Allende
Días antes del golpe militar que lo derroca Allende recibió de manos de Carlos Rafael Rodríguez y Manuel Piñeiro esta carta de Castro ofreciéndole su cooperación. Ninguna recibió.

PRIMER MINISTRO

los golpistas, mantener la adhesión de
los vacilantes, imponer sus condiciones
y decidir de una vez, si es preciso, el
destino de Chile. El enemigo debe
saber que está apercibido y listo
para entrar en acción. Sus fuerzas
y su combatividad inclinan
la balanza en la capital a tu favor
aun cuando otras circunstancias
sean desfavorables.

Tu decisión de defender el proceso con firmeza y con honor hasta el
precio de tu propia vida, que todos
te sabemos capaz de cumplir arrastrarán
a tu lado todas las fuerzas capaces de
combatir a todos los hombres y mujeres
dignos de Chile. Tu valor, tu se-
renidad y tu audacia en esta hora
histórica de tu patria y, sobre todo
tu jefatura firme, resuelta, y heroica-
mente ejercida constituyen la clave

PRIMER MINISTRO

de la situación.
Hazle saber a Carlos y a Manuel
en qué podemos cooperar tus leales
amigos cubanos.
Te reitero el cariño y la ilimi-
tada confianza de nuestro pueblo.
Fraternalmente,
Fidel Castro

MAYOR RECAL

Firmenich y dirigentes Montoneros en La Habana
Mario Firmenich, acusado de planear y realizar el secuestro y asesinato del expresidente Pedro Eugenio Aramburu, viajaba con frecuencia a La Habana. Aquí aparece, al centro, en la capital cubana junto a otros dirigentes de las Fuerzas Armadas Revolucionarias ya consolidadas con los Montoneros.

El 30 de marzo el ERP secuestraba a un teniente coronel de las Fuerzas Armadas argentinas. El militar, Juan C. Rivero, se sumaba a los otros jefes del ejército en poder del ERP[511].

El 30 de abril es arrestado Juan Martín Guevara, de 31 años, hermano de Ernesto Guevara. La policía de Córdoba lo detuvo l evando documentación falsa y material de propaganda del ERP[512].

La noche anterior al Primero de Mayo una potente bomba había estallado en la oficina central de la poderosa Confederación General del Trabajo (CGT) en la capital provincial de Mendoza.

Ese día el directivo petrolero norteamericano era liberado luego del pago de los US$14.2 millones de dólares. Inconcebiblemente el gobierno argentino reitera en la misma fecha su compromiso de luchar por el regreso de Cuba "a la familia latinoamericana"[513].

Rompe Perón con la "Juventud Peronista"

El primero de mayo, en un extenso discurso conmemorando el Día Internacional del Trabajo, el presidente Perón lanzó su más violento ataque contra la Juventud Peronista cuando grupos de ese sector interrumpieron varias veces su palabra.

Un año antes, el 20 de junio de 1973, se había producido la masacre de Ezeiza. Aquel día Perón calificó a los inconformes de infiltrados amenazándolos con un escarmiento. En este primero de mayo de 1974 los destruyó desde la Plaza de Mayo[514].

---

[511] El teniente coronel Rivero era uno de los miembros del tribunal militar que la siguiente semana debería dictar sentencia en el juicio que se celebraba por un ataque a una unidad del ejército.

[512] Fuente: Prensa Latina, Buenos Aires, abril 30, 1974.

[513] Declaraciones de Luis Alberto Vignes, Ministro de Relaciones Exteriores. Cable EFE, Buenos Aires, mayo 2, 1974.

[514] Alejandro A. Lanusse "Confesiones de un General".

Ignorando la estricta orden de no portar otra bandera que no fuera la insignia nacional la J.P. se situó en el centro de la plaza enarbolando estandartes del grupo guerrillero "Montoneros" que, de hecho, era integrante de la Juventud Peronista. La concentración hizo visible el profundo distanciamiento entre los grupos gremiales ortodoxos –que respaldan al presidente– y la Juventud Peronista que se enfrentaba al mandatario. Perón y su nueva esposa, la vicepresidenta María Estela Martínez, fueron silbados.

Perón, irritado, afirmó que la organización gremial que él había creado hacía 30 años continuaría siendo la base del peronismo "pese a esos estúpidos que gritan", y continuó su ataque contra la JP diciendo que eran "imberbes que pretenden tener más mérito" que los peronistas "que vienen actuando desde la década de 1940"[515].

Incómoda situación para Castro que por sus tratados comerciales –Argentina era uno de los pocos países que comerciaba con Cuba– se veía obligado a mantener cordiales lazos con Perón mientras los grupos extremistas, que antes habían recibido el respaldo de Cuba, combatían fieramente a los viejos sindicalistas peronistas.

La prensa cubana sólo cubrió en pocas líneas los incidentes de la conmemoración del Primero de Mayo en la Argentina.

Al día siguiente el presidente Perón se reunió con dirigentes de los partidos de oposición que concurrieron a la celebración oficial del primero de mayo. No asistieron los dirigentes del Partido Comunista Argentino que explicaron en un comunicado su desacuerdo con la línea sindical que preconizaba Perón. Dos días después, Prensa Latina se hacía eco de los "sectores de la izquierda juvenil peronista que expresaron sus diferencias con los sectores de justicialismo calificados de ortodoxos e interrumpieron mediante consignas el discurso del señor mandatario argentino, retirándose del acto finalmente".

---

[515] Cable UPI, Buenos Aires, mayo 2, 1974.

Juan Domingo Perón
Al asumir el poder, el Gral. Juan Domingo Perón firma varios acuerdos comerciales con el gobierno cubano. Castro y el Partido Comunista Argentino respaldan a Perón. Poco después se distancia.

El líder justicialista, decía Prensa Latina, felicitó a las organizaciones sindicales por su trabajo durante las últimas dos décadas y, por otra parte, fustigó a quienes se oponen a la actual directiva gremial amenazando con un severo escarmiento a los que no cesen en la lucha. Ni una sola mención, a la violenta reacción de los miles de jóvenes y obreros que abandonaron la Plaza de Mayo.

El viernes 3 de mayo se realizan tres nuevos secuestros en Buenos Aires. Al día siguiente estallan once bombas en un nuevo brote de violencia terrorista a pesar de la advertencia oficial de que tales acciones crearían un enfrentamiento con la Juventud Peronista (JP).

Entrando 1974 el grupo ERP original se había dividido en tres distintas facciones: a) El grupo liderado por Mario Roberto Santucho compuesto de miembros ortodoxos del ERP identificados políticamente con el PRT; b) La facción más inclinada a la violencia conocida como ERP-22 de Agosto que había dirigido Palmeiro; y c) un pequeño grupo denominado Facción Roja. Las tres se unían en sus esfuerzos para derrocar el gobierno de Perón[516].

El 22 de febrero (1974) Carlos Caride, único acusado en el complot que atentó contra la vida del presidente Perón, rechazaba las imputaciones que se le hacían[517].

Castro y los comunistas argentinos respaldan a Perón

El Partido Comunista Argentino se sentía amenazado y denunciaba "la creciente agresividad de la ofensiva del terrorismo de derecha" exigiendo "una acción legal y decidida" al tiempo que confirmaba que mantendrían los contactos previstos con el gobierno y en especial con el Presidente Perón (24 de febrero, 1974).

---

[516] Latin American Research Review, 1974.

[517] Cable Prensa Latina, Buenos Aires, febrero 22, 1974.

En Buenos Aires se discutía en marzo la probable intervención federal en la provincia de Córdoba, aprobada en la Cámara del Senado con votación de 46 a favor y 10 en contra. Esta nueva intervención la calificaban los movimientos de izquierda de "contracordobazo" (el Cordobazo fue la acción popular llevada a cabo en la provincia de Córdoba en 1969, que hizo caer al gobierno militar en aquel momento).

Tras del arresto, en marzo 16 del líder Montonero Mario Firmenich por su participación en el secuestro y asesinato del ex-presidente Aramburu el gobierno de Perón intensificó sus medidas represivas contra los grupos terroristas lo que, a su vez, ocasionó el paulatino alejamiento de esos grupos cuyos miembros se iban incorporando al ERP. Puede afirmarse que la detención de Mario Firmenich motivó el distanciamiento entre peronistas "ortodoxos" y radicales.

El 20 era liberado Firmenich detenido durante varios días junto con otros jóvenes de la tendencia izquierdista de la Juventud Peronista, lo que motivó que el Partido Comunista Argentino en su semanario "Nuestra Palabra" hiciera un llamado a la unidad de todas "las fuerzas anti-imperialistas y anti-oligárquicas para salvaguardar las libertades democráticas"[518].

Castro firma acuerdos comerciales con Perón

El 26 de marzo se firma el convenio por el que Cuba compra tres buques construidos en astilleros argentinos.

Los acuerdos comerciales no sólo incluían la compra de buques. También Cuba compra una moderna planta empacadora de carne que, orgullosamente informa la prensa cubana, puede manejar 1,200 cabezas de ganado en dos turnos de trabajo diariamente[519] (el contrato se había firmado el 19 de junio).

---

[518] Cable Prensa Latina, 21 de marzo, Buenos Aires, 1974.

[519] Gramma Internacional, julio 30, 1974.

El general Perón escucha un informe militar
Muy breve será el último período presidencial del Gral. Perón. Toma posesión el 12 de octubre de 1973 y muere el primero de julio de 1974 tras haber fustigado duramente a grupos extremistas que antes lo habían apoyado.

En estos días el interés del gobierno cubano –conoce del débil estado de salud de Perón– se centra en firmar, a la carrera, todos estos tratados comerciales cuyo pago se pacta a muy largo plazo. Supeditando, al menos temporalmente, la actividad guerrillera a los intereses económicos la prensa cubana no hace mención en estas semanas a la violenta actividad subversiva que realizan las guerrillas urbanas.

Pero el líder justicialista está enfermo.

Muere Perón. Aumenta la violencia

El primero de julio muere Perón; la presidencia la asume su esposa María E. (Isabel) Martínez, bajo la influencia de José López Rega.

Menos de 24 horas después de los multitudinarios y llamativos funerales del Presidente Juan Domingo Perón, la organización guerrillera peronista de izquierda, Montoneros, advirtió que reanudaría la guerrilla urbana a menos que el "vacío de poder dejado por la muerte de Perón sea llenado".

La organización Montoneros había sido creada cinco años antes con la consigna de empeñar una guerrilla urbana contra el gobierno militar del entonces Presidente Juan Carlos Onganía, pero cesó en sus operaciones en octubre cuando Perón fue electo presidente por tercera vez[520].

En su última edición de junio Gramma Internacional destaca la venta a Cuba de una moderna planta empacadora de carne. No se menciona a Perón en esa operación que se había firmado el 19 de junio. Tampoco aparece una sola nota sobre la muerte del líder justicialista en las ediciones semanales de julio 1o. y julio 8. Será en la edición de julio 14 que el Gramma publica que el gobierno revolucionario había decretado tres días de duelo nacional por la muerte del presidente argentino y que Castro y Dorticós habían enviado mensajes de condolencia.

---

[520] Cable UPI, julio 5, 1974.

Quince días después los Montoneros asesinaban a Arturo Mor Roig, ex-ministro de gobierno de Lanusse. Ultiman también al director del diario El Día. Otros grupos toman represalias. Al terminar el mes es ejecutado Rodolfo Ortega Peña, de la "Tendencia Revolucionaria" de la izquierda peronista.

Fondos no le faltaban a los Montoneros. Ni un lugar, seguro para ellos, donde protegerlos.

En septiembre de 1974 los hermanos Born, directores de una multimillonaria industria fueron secuestrados exigiéndoles US$60 millones de dólares (un nuevo record mundial en su cuantía) por su libertad y cerca de un millón y medio de dólares en mercancía para ser distribuida gratuitamente a la población. Tras largas negociaciones se pagó la enorme suma por el rescate.

Ningún sitio, más seguro, consideraban los Montoneros, para guardar esos fondos que La Habana.

Para allá viajaron Firmenich y los otros comandantes que fueron recibidos como celebridades y huéspedes distinguidos por el gobierno cubano.

Con la muerte de Perón aumentó la violencia y la hostilidad de los sindicatos obreros hacia el régimen lo que culminó con la forzada separación de López Rega[521] y la deposición por las fuerzas armadas de la presidenta María Estela (Isabel) Martínez en marzo de 1976[522].

Dos semanas después de la muerte de Perón Gramma se hace eco de las dos grandes corrientes que coexisten en el justicialismo: la llamada facción ortodoxa "la rama conservadora del movimiento que proclama representar el auténtico pensamiento peronista (centrado en la Confederación General de

---

[521] En julio de 1975, envuelto en escándalos financieros, José López Rega se vió obligado a renunciar y salir del país. Años después, extraditado a la Argentina, fue condenado a prisión y murió en la cárcel.

[522] El 24 de marzo, 1976 una nueva junta militar presidida por el Teniente General Jorge Rafael Videla se hace cargo del gobierno, planteando como su misión terminar con la subversión. Fue, éste, el final de la lucha armada de los Montoneros.

Trabajadores (CGT), y una tendencia revolucionaria compuesta primordialmente de fuerzas guerrilleras que se habían enfrentado a los gobiernos militares".

Depuesto el gobierno de Isabel Perón y en crisis sus atractivos pactos comerciales con el gobierno justicialista, Castro, a los cuatro meses de la asunción al poder de la Junta Militar, denuncia con los peores epítetos la guerra antisubversiva del nuevo gobierno. Critica el enjuiciamiento de la expresidente María Estela Martínez, de José López Rega, Raúl Lastiri y otros[523]. Castro se siente herido por las medidas económicas que ha puesto en práctica el Ministro de Economía José Alfredo Martínez de Hoz que persigue "la promoción, entre otros aspectos, de las exportaciones tradicionales agropecuarias que lleva al país de regreso al concepto colonial pastoril". Un buen pretexto para no cumplir Castro con los compromisos contraídos por la compra de barcos, plantas empacadoras de carnes, buses y automóviles.

Tanta era la violencia que el 15 de junio el gobierno había reimpuesto la pena de muerte por fusilamiento para castigar delitos graves, principalmente de carácter subversivo. La severa medida –que había sido dejada sin efecto en mayo de 1973, cuando el régimen peronista asumió el gobierno y dictó una amnistía liberando a los militantes de las organizaciones subversivas que se encontraban en prisión– fue incorporada al Código Penal por el gobierno militar[524].

El miércoles 14 de julio (1976) tropas del ejército dan muerte a tres guerrilleros en la provincia de Tucumán, mientras que en Córdoba descubren la mayor imprenta clandestina del proscrito Ejército Revolucionario del Pueblo (ERP).

---

[523] Revista Bohemia, La Habana, julio 16, 1976.

[524] La pena capital había sido implantada en 1970 por el Gobierno Militar del General Juan Carlos Onganía, en oportunidad del secuestro y posterior asesinato del expresidente Pedro Eugenio Aramburu, a manos de la organización "Montoneros", de origen peronista. Desde que las fuerzas armadas asumieron el poder el 24 de marzo, tras derrocar al régimen constitucional de María Estela Martínez de Perón, funcionaban en el país tribunales de guerra especiales facultados para aplicar la pena de muerte.

Localizaban otra imprenta en el suburbio bonaerense de San Andrés donde había sido mantenido cautivo el vicecomodoro, teniente coronel Julio Etchegoyen, secuestrado el 16 de abril y quien fuera ultimado por los guerrilleros antes de que pudiera haber sido liberado por los militares.

El mismo día otros 14 subversivos murieron en cuatro enfrentamientos ocurridos en distintos puntos del país; ya ascendían a 665 las muertes por violencia política en la Argentina desde principios del año[525].

El 19 el gobierno militar propinó uno de los más graves reveses a la subversión izquierdista, al producirse un encuentro en que muere Santucho, el jefe máximo del ERP[526].

Informaciones difundidas dieron a conocer que junto al dirigente del ERP habían caído dos de sus principales lugartenientes: José Benito Urteaga y Domingo Mena.

La muerte de Santucho se había producido una semana después que el ejército se apoderara de las dos imprentas clandestinas pertenecientes al grupo extremista.

Muere Santucho peleando en su patria por sus ideales. Una publicación argentina envía una saeta dirigida al Ché:

> *"Santucho ha muerto... fue la más importante figura del terrorismo latinoamericano después de Ernesto Ché Guevara. Entrenado en Cuba y educado en Harvard, Santucho, a diferencia de Guevara, eligió pelear por la revolución comunista en su propia casa".*

El periódico Gramma recoge su muerte reproduciendo un breve cable de su agencia Prensa Latina limitándose a reconocer a Santucho como "un jefe insurrecto". Avergonzado Castro, tal vez, de haberle negado a Santucho la ayuda solicitada por él para la instalación de una guerrilla en Tucumán durante

---

[525] Cable UPI, Julio 21, 1976.

[526] Amplia información sobre el jefe guerrillero Mario Roberto Santucho puede encontrarse en "Todo o Nada" de María Seoane, Editorial Planeta Espiga, Buenos Aires.

la presidencia de Perón. La ayuda Castro se la negó con esta frase:

"¿Cómo es esto, chico, de una guerrilla rural en pleno gobierno democrático?".

Y es que Castro estaba más interesado en los tratados comerciales con Perón que en ayudar al antiguo troskista itnegrante de la IV Internacional,

Presidía la república el teniente general Jorge Videla que recorría en aquel mes de julio el sur del país.

Castro no se encontraba ajeno a esta radicalización de la lucha urbana en la Argentina que la prensa cubana volvía a cubrir con regularidad. En su edición de diciembre 4 aparece un reportaje de Leopoldo Madruga —el mismo que entrevistaría en su cautiverio en Montevideo, un año y medio después, al embajador británico Geoffrey Jackson —con una amplia información sobre las operaciones de la guerrilla urbana de Argentina.

Tal interés tenía Castro en fomentar las acciones subversivas en aquel país que el día siguiente, en su edición de diciembre 5, aparece otro extenso trabajo, esta vez de Héctor Víctor Suárez, cubriendo el origen y desarrollo de los Montoneros, sus objetivos políticos, su estrategia guerrillera y sus tácticas operaciones. Describe, evidentemente con conocimiento de causa, las relaciones entre los Montoneros y otros grupos guerrilleros.

Los golpes asestados en los últimos días a la subversión forzaron al repliegue de los guerrilleros urbanos del ERP.

Ya las guerrillas han sido vencidas pero Castro es el depositario de los $50 millones de dólares remitidos por los Montoneros que mantienen permanente hostilidad con los marxistas argentinos.

En el Festival Mundial de la Juventud celebrado en La Habana en 1978 Cuba aceptó el veto del Partido Comunista Argentino a los Montoneros para que éstos no participaran como parte de la delegación, pero, seguramente comprometido por los fondos que se encontraban guardados en las arcas del gobierno, Castro permitió que quince Montoneros estuvieran presentes como invitados individuales del gobierno cubano. Castro mantenía, como lo había hecho en otros países, en esos años, buenas relaciones tanto con los partidos comunistas latinoamericanos adictos a Moscú como con los grupos guerrilleros que se distanciaban de esos partidos marxistas[527].

Tras del aplastamiento de las guerrillas urbanas la situación en Argentina deja de ser cubierta por la prensa cubana.

El 24 de marzo de 1981 el Gral. Roberto Eduardo Viola sustituiría al Gral. Videla. Una de sus primeras medidas fue liberar a María Estela (Isabel) Perón que había sufrido seis años de arresto domiciliario.

Para entonces habían cesado las acciones subversivas en la Argentina.

Y Castro ha dirigido su atención, y sus recursos, a la guerra de Angola protegiendo con su ejército las instalacines petroleras de Cabinda, y a facilitar el aprovisionamiento y tráfico de drogas lo que se hizo evidente en 1982 en la causa abierta en Miami por tribunales norteamericanos a Aldo Santamaría, Vice Almirante de las Fuerzas Armadas Cubanas.

Buscará, y encontrará, convenientes chivos expiatorios para encubrir estas acciones.

---

[527] Ver amplios detalles del rescate de US$50 millones y el envío de su importe a Cuba en la obra "Soldados de Perón: Montoneros de Argentina" de Richard Gillespie. Gillespie es autor de varias obras sobre la Revolución Cubana y el peronismo.

EPÍLOGO

La lucha guerrillera ensangrentó el continente pero no fue capaz de alcanzar el poder. Fracasó tanto en su concepción del foco guerrillero como en el de la guerrilla urbana.

La ultraizquierda no comprendió que Castro había llegado al poder no por haberse alzado en las montañas sino porque, ocultando sus verdaderos objetivos, enarboló un programa de modestas reformas que contó con el respaldo de un sector mayoritario de la población. Será tres años después que Castro se declara marxista-leninista.

Fue la cubana una revolución en dos etapas. La primera, vestida con un ropaje pequeño burgués mientras enarbolaba la bandera del "restablecimiento de la Constitución de 1940 y la honestidad administrativa" para, luego, sustituirla por la del establecimiento de un régimen marxista-leninista.

El espejismo del fácil triunfo de aquella revolución hizo creer a muchos que bastaba tomar un fusil en las más recónditas y altas montañas y declararse marxistas o castristas para que el pueblo se les uniese.

Las páginas de este libro muestran que aquellos hombres y mujeres que murieron combatiendo en este continente fueron víctimas de un infantilismo revolucionario que no les permitió ver el fraude que para las aspiraciones de nuestro pueblo representó la "revolución cubana".

Luis Turcios Lima y Yon Sosa en Guatemala; Javier Heraud, Luis de la Puente Uceda y Guillermo Lobatón en Perú; Fabricio Ojeda en Venezuela; Inti y Coco Peredo y tantos otros en Bolivia; Raúl Sendic en Uruguay; Masetti, Palmeiro e Irurzún en Argentina, y tantísimos otros dieron sus vidas engañados por el espejismo de la Revolución Cubana que sólo pudo asentarse en el poder vistiendo en sus inicios el ropaje de reivindicaciones realmente democráticas.

Las grandes masas –de hecho, los pueblos– no se sintieron atraídos por el llamado de aquellos pocos alzados. No participaron en la lucha; fueron solo espectadores.

Esa es la realidad que este libro pretende mostrar.

BIBLIOGRAFÍA

General

Philip Agee "Inside the Company: CIA Diary" Stonehill

Dariel Alarcón "Benigno, Memorias de un soldado cubano"

Claribel Alegría "Somoza: Expediente Cerrado"

John L. Anderson "Ché Guevara, Revolutionary Life". Grove Press, New York

Luis Báez "Guerra Secreta" Editorial Letras Cubanas. La Habana.

Luis Báez "Secretos de Generales", Editorial Si-Mar. La Habana.

Jorge G. Castañeda "Compañero. The Life and Death of Ché Guevara. Alfred A. Knopf. New York

Congreso de Estados Unidos "Comunismo en América Latina". Informe #237. Congreso 89.

Armando Entrialgo "US-Cuban Relations in the 1990's", West View Press. San Francisco.

Pamela S. Falk "Cuban Foreign Policy. Caribbean Tempest", Lexington Books, Mass.

Jane Franklin "The Cuban Revolution and the United States". Ocean Press. Melbourne.

Richard Gott "Guerrilla Movements in Latin America". Double Day & Company, New York.

D. Bruce Jackson "Castro, The Kremlin and Communism in Latin America" The Johns Hopkins Press. Balt.

Granado, Alberto "Con el Ché por Sudamérica", Editorial Letras Cubanas, La Habana.

Pierre Kalfon "Ché, Ernesto Guevara". Plaza & Janes Editores, S.A., Barcelona

K.S. Karo "Guerrillas in Power". Hill and Wang, New York

Latin American Research Review

Jorge Masetti "El Furor y el Delirio". Tusquest Editores, S.A. Barcelona

Luis Mercier Peña "Guerrillas en Latino América"

Edgar Millares Reyes "La Guerrilla: Teoría y Práctica.

John Plank "Cuba and the United States" The Brookings Institution, Washington, D.C.

William Ratliff "Castroism and Communism in Latin America. 1956-1976". AEI-Hoover Policy Studies.

José Rodríguez Elizondo "Crisis de las Izquierdas en América Latina". Editorial Nueva Sociedad. Caracas.

José Rodríguez Elizondo "Crisis y Renovación de las Izquierdas". Editorial Andrés Bello. Santiago, Chile

Dona Rich Kaplowits "Cuba Ties to a Changing World". Lynne Riener Publishers. Londres.

Carlos Saiz Cidoncha "Guerrillas en Cuba y en Otros Países de Iberoamérica". Editora Nacional. Madrid.

Tad Szulc "Exportando la Revolución Cubana"

Paco Ignacio Tarbo II "Guevara, also knows as Ché". Thomas Dunne Book. New York

Ramón H. Torres Molina "La Lucha Armada en América Latina". Ediciones Tercer Mundo. Buenos Aires.

World Marxism Review. Praga.

Argentina

Miguel Bonasso "El Presidente que no fue"

Gonzalo Leónidas Cháves "Los del 73"/ Editorial de La Campana. La Plata

Richard Gillespie "Soldiers of Perón". Clarendon Press. Oxford University, New York.

Alejandro A. Lanusse "Confesiones de un General". Editorial Planeta. Buenos Aires.

Torcuato Luca de Tena "Yo, Juan Domingo Perón". Editorial Planeta. Barcelona

Jorge Ricardo Masetti "Los que Luchan y los que Lloran". Editorial Jorge Álvarez. Argentina.

Enrique Pavón Pereyra "Diario Secreto de Perón". Editorial Sudamericana Planeta.

Roberto Cirilo Perdía "La Otra Historia". Grupo Agora. Buenos Aires

María Seoane "Todo o Nada". Planeta Espejo de la Argentina. Buenos Aires.

Bolivia

Amado O. Canelas "Bolivia, Subasta y Genocidio"

Regis Debray "Estrategia para la Revolución"

Regis Debray "La Guerrilla del Ché". Editorial Siglo XXI. México.

Norberto Frontini "Críticas al libro "Mi Amigo el Ché". Editorial América Latina

Hilda Gadea "Ché Guevara: Años Decisivos". Double Day & Company. New York

William Gálvez "Viajes y Aventuras del Joven Ernesto". Editorial Ciencias Sociales. La Habana

Hugo Gambini "El Ché Guevara". EditorialPridos. Buenos Aires.

Ernesto Guevara Lynch "Mi Hijo el Ché". Editorial Planeta. Buenos Aires.

Ernesto Guevara Serna "Diario". Bantam Books. Nueva York.

Daniel James "Ché Guevara". Stein and Day. New York

Gerardo Irusta Medrano "La Lucha Armada en Bolivia"

Víctor Pérez Galdós "Un hombre que actúa como piensa". Editorial Vanguardia. Managua.

Gary Prado Salmón "Como Capturé al Ché". Editoriales B.S.A. Barcelona.

Gary Prado Salmón "La Guerrilla Inmolada"

Luis Requeterán "La Campaña de Ñancahuazú".

Félix I. Rodríguez "Guerrero de las Sombras". Lasser Press Mexicana.

Horacio Daniel Rodríguez "Ché Guevara: Aventura o Revolución". Plaza y James. Barcelona.

Arnaldo Saucedo Parada "No disparen, soy el Ché". Editorial Oriente. Santa Cruz de la Sierra.

Leo Sauvage "Ché Guevara. The Failure of a Revolutionary". Prentice Hall. New Jersey.

Enrique Salgado "Radiografía del Ché". Editorial Dopesa. Barcelona.

Carlos Soria Gavaldá "El Ché en Bolivia". La Paz, bolivia, 1997.

Rubén Vásquez D. "Bolivia a la hora del Ché". Editores Siglo XX. México.

Humberto Vásquez-Viaña "Antecedentes de la Guerrilla del Ché". Instituto de Estudios Latinoamericanos. Estocolmo.

Harry Villegas "Pombo. Un hombre de la guerrilla del Ché". Editorial Colihue. Buenos Aires.

Colombia

Carlos Arango "Crucifijos, Sotanas y Fusiles"

Carlos Arango "Yo ví morir a Camilo"

Carlos Arango Z. "FARC. Veinte años. De Marquetalia a la Uribe". Ediciones Aurora.

Jacobo Arenas "Cese al Fuego"

Jaime Arenas "La guerrilla por dentro". Colección. Tribuna Libre.

Patricia Ariza "Bateman". Planeta. Bogotá.

Ángel Beccassino "M-19. El Heavy Metal Latino Americano". Editorial Santo Domingo. Bogotá.

Ulises Casas "De la guerrilla liberal a la guerrilla comunista". Ideología e Historia. Bogotá.

Carlos Pizarro León Gómez "Guerra a la Guerra". Editorial Tiempo Presente. Bogotá.

Laura Restrepo "Historia de una traición". Plaza & James. Bogotá.

Guatemala

Gabriel E. Aguilera Peralta "La violencia en Guatemala". Cidos, México.

Orlando Fernández "Turcios Lima". Edición Diseño

Jonathan L. Fried "Guatemala in Rebellion", Grove Press, New York.

Saul Landau "The Guerrillas War of Central America". St. Martin Press, New York.

Julio César Macías "Guerrilla fue mi camino. Epitafio para César Montes". Editorial Piedra Santa. Guatemala.

Edgar Marroquín "Turcios Lima. Éste sí era comandante". Imp. Vásquez, Guatemala.

Louis Segisvary "Guatemala, Complex Scenario" Center for Strategia and International Studies. Georgetown University.

Perú

Hernando Aguirre "El Proceso Peruano". Ediciones

Héctor Béjar R. "Apuntes sobre una experiencia guerrillera". Casa de las Américas. La Habana.

Héctor Béjar "Perú 1965. La experiencia guerrilla".

Wladimiro Lodger "Frentes de Combate".

José Rodríguez E. "Crisis de la Izquierda".

República Dominicana

Fernando Álvarez Tabio "La revolución Dominicana de abril vista por Cuba". Editorial de la Universidad Autónoma de Santo Domingo.

Rolando Evans "Lyndon B. Johnson: The Exercise of Power". The New American Library

Bonaparte Gautreaux Piñeyro "El gobierno de Caamaño. 1965".

Melvin Mañón "Operación Estrella"

Gregorio Ortela "Santo Domingo. 1965". Ediciones Venceremos. La Habana.

David Atlee Phillips "The Night Watch"

Uruguay

Nelson Caula "Alto al Fuego". Colección Polémica. Montevideo

Pablo Cejudo V. "Uruguay, el ciclo de violencia". Colección Debate. San José, Costa Rica.

Omar Costa "Los Tupamaros". Ediciones Era. México.

E. Fernández Huidrobo "Historia de los Tupamaros"

E. Fernández Huidrobo "La Tregua Armada".

Claude Fly "Dios es mi única esperanza", Hawthorn Books, New York.

Geoffrey Jackson "Surviving the Long Night", Vanguard Press, New York.

Francois Lerín "Historia Política de la Dictadura Uruguaya (1973-1983). Ediciones Nuevo Mundo. Montevideo.

Martha Machado "Los Años Duros"

Ernesto Mayans "Tupamaros". Centro Intercultural de Documentos (CIDOC).

Antonio Mercader "Tupamaros. Estrategia y Acción".

Carlos Núñez "Los Tupamaros: teoría y práctica".

Venezuela

Agustín Blanco Muñoz "La Lucha Armada. Hablan seis comandantes". Coediciones Universidad Central de Venezuela.

Agustín Blanco Muñoz "La Lucha Armada. Hablan cinco jefes". Coediciones U.C.V.

Adolfo Meinhardt. "Yo el terrorista"

Moisés Moleiro "El MIR de Venezuela". Guairas. Instituto del Libro. La Habana.

Fabricio Ojeda "Hacia el Poder Revolucionario". Guairas. Instituto del Libro. La Habana.

Luis Posada Carrriles "Los Caminos del Guerrero".

ÍNDICE ONOMÁSTICO

A

Alarcón, Dariel (Benigno) · 227, 288, 293, 369
Altamirano, Carlos · 272
Allende, Salvador · 17, 21, 161, 259, 312, 316, 320, 337, 344, 348
Amiama Tió, Luis · 275, 278
Amílcar, Jorge · 304, 306
Aramburu, Pedro E. · 35, 309, 334-335, 341, 359
Arana Campero, Jaime · 234, 239
Arana Osorio, Carlos · 152-153
Arbenz, Jacobo · 27, 183-184, 282
Arcaya, Luis Ignacio · 91-92
Arenas Reyes, Jaime · 69, 71, 73, 372
Arenas, Jacobo · 67, 76, 372
Arguedas Mendieta, Antonio · 195, 245-246, 251-252
Arismendi, Rodney · 259

B

Balbín, Ricardo · 342

Barrientos, René · 20, 155, 160, 186-87, 208, 237, 240, 247, 251-252, 256
Bateman Cayón, Jaime · 75-78
Béjar, Héctor · 18, 46-47, 49, 55, 57-58, 61, 159, 257, 373
Belaúnde Terry, Fernando · 18, 48, 51, 57, 62, 63, 70, 118, 150
Ben Bella · 30, 95
Benigno, Ver Alarcón, Dariel
Betancourt, Rómulo · 19, 86-91, 94, 96, 98, 100-101, 183
Betancur, Belisario · 77-79, 82
Blanco, Hugo · 31, 45-46, 48-51, 58, 63-64, 257
Bordaberry, José María · 316, 322-324, 326
Borge, Tomás · 204, 211, 214, 216
Bosch, Juan · 183, 274-278, 281, 285, 288, 291-292
Bouza Lastre, Mario · 109-110
Bravo, Comandante, Ver Salazar, Pablo Emilio
Briones Montoto, Antonio (Tony) · 122

C

Caamaño Deñó, Francisco · 276-279, 291, 293-294
Cabezas, Juan Vicente · 93, 96-97
Caldera, Rafael · 86, 124, 135-136
Cámpora, Héctor J. · 340-341
Caride, Carlos · 332, 358
Carquez, Freddy · 111-112
Castillo Armas, Carlos · 27, 149, 184
Castro, Fidel · 9-11, 18, 25, 45-46, 64, 80, 83, 88, 90, 103, 107-108, 110, 116, 119, 120, 131, 141, 143, 157, 181, 185, 189, 252, 255, 264-265, 267, 269, 271-272, 274, 288, 290, 320, 337, 340, 348
Coello, Carlos (Tuma) · 186, 191, 206, 227
Colomé Ibarra, Abelardo · 32-33, 35, 204, 233
Collazo, Ariel · 295, 319
Cordobazo · 334, 359
Correa, Luis · 96, 106-107, 127, 130
Cuba, Simón (Willy) · 234, 239, 248, 250

Ch

Chang, Juan Pablo · 44, 45, 56, 59, 183, 205, 234
Chávez, Ñuflo · 20

D

Dávila, Rául · 31, 34, 39-40
De la Guardia, Antonio (Tony) · 80, 348
De la Puente Uceda, Luis · 18, 46-47, 54-55, 58, 61, 185, 188, 367
Debray, Regis · 34, 41, 48, 75, 127, 192-193, 196-200, 205, 208, 225, 241-243, 245-247, 255-257, 371
Díaz Gomide, Aloysio · 309, 314, 318
Díaz Silveira, Frank · 28
Dorticós Torrado, Osvaldo · 88, 344

E

El Kadri, Envar · 328-329
Escobar, Pablo · 79-80
Ezeiza, Aereopuerto de · 40, 348

F

Farías, Félix · 112
Farías, Jesús · 19, 98, 102, 272
Fernández Huidrobo, Eleuterio · 324-325, 374
Fernández Montes de Oca, Alberto (Pacho) · 206, 224, 227, 232, 240
Fernández Palmeiro · 330, 337-338, 340, 358, 367
Ferrer, Carlos (Calica) · 166, 181-182

Firmenich, Mario Eduardo · 332, 335, 349-350, 359, 362
Fly, Claude · 311-312, 314-315, 374
Fonseca Amador, Carlos · 204
Frei Montalva, Eduardo · 21, 303

G

Gadea, Hilda · 26-27, 45, 183-185, 371
Gadea, Ricardo · 58-59, 62, 64, 257
Galán, Luis Carlos · 79, 82
Gamba, Tomás · 28
García Incháustegui, Mario · 64, 314
García Ponce, Guillermo · 86-87, 102, 112, 116-117
García, Eduardo (Gualo) · 26, 182
Gaviria, César · 79, 82-83
German, Amaury · 290
Gil Castellanos, Manuel · 123, 125
Gorriarán Merlo, Enrique · 209-210, 212, 223
Granado, Alberto · 38, 160, 182
Groswald, Bernardo (Nardo) · 34, 38
Guerra, Orestes · 109, 129
Guevara de la Serna, Ernesto · 22, 25-27, 31-35, 40, 42-43, 45, 47, 49, 56, 58, 62, 64, 111, 118, 157-160, 162, 164, 166-167, 173-175, 180-181, 183-186, 189-190, 192, 195, 203-204, 206-208, 224-226, 230, 232-234, 238, 240, 246, 248, 250-251, 255, 257, 260, 263-264, 288, 310, 341, 355, 370-371
Guevara Lynch, Ernesto · 167
Guzmán, Loyola · 50, 194-195, 242, 246, 248

H

Heraud, Javier · 18, 46-47, 49, 50-51, 55-57, 155, 234, 367

I

Illia, Arturo · 18, 35-36
Imbert, Antonio · 275, 277-279, 284
Iribarren Borges, Julio · 115, 117, 132
Irurzún, Hugo Alfredo · 209-210, 218, 220-221, 367
Iván, *Ver* Montero, Renán

J

Jackson, Geoffrey · 312, 314, 320, 365, 374
Jaramillo Ossa, Bernardo · 79, 81-82
Jiménez Moya, Enrique · 87, 274
Jouve, Emilio · 34
Jouve, Héctor · 32, 34, 38, 42, 345

K

Kolle, Jorge · 153, 155-156, 158, 189, 195, 250, 253-254
Kruschev, Nikita · 16, 21-22, 31, 141, 143, 272

L

Lanusse, Alejandro · 335, 340-342
Lastiri, Raúl · 347, 363
Lechín, Juan · 20, 158, 201, 203
Leoni, Raúl · 100, 103, 133
Lobatón, Guillermo · 18, 47, 55-59, 61, 155, 188, 367
López Rega, José · 332, 347, 361-363
Lora, Guillermo · 157, 188, 200-201, 255
Lunar Márquez, Gregorio · 103, 105-106

M

Machado, Eduardo · 87, 102
Machado, Gustavo · 19, 24, 86, 98, 102-103, 134
Madruga, Leopoldo · 312, 318-319, 365
Maneiro, Alfredo · 93, 102
Manuitt Camero, Elías · 95, 97, 105, 112, 114
Marcos, *Ver* Sánchez Díaz, Antonio
Mari Bras, Juan · 272
Marquetalia · 21, 66, 68-69, 372

Márquez, Pompeyo · 19, 24, 86, 102, 107, 112, 117, 119
Martínez Tamayo, José María (Ricardo) · 29, 31, 34, 191, 204, 227, 230, 260
Masetti, Jorge · 26, 30, 39, 43, 45, 130, 207, 208, 212, 215, 222, 370
Masetti, Jorge Ricardo · 18, 25, 51, 155, 159, 327, 345, 371
Méndez Montenegro, Julio César · 143, 145, 150-152, 303
Méndez, Federico (El Flaco) · 30, 38, 345
Menéndez Tomassevich, Raúl · 121-122, 124, 126, 129
Mitrioni, Dan · 309-312, 318
Moleiro, Moisé · 94, 106, 121, 126, 129, 136, 375
Monje, Mario · 22, 33, 153, 155-156, 186, 188-189, 191, 193-194, 224, 250, 253-255
Montero Moleón, Renán · 203-205, 208, 210, 212, 214
Montes, César · 118, 142-143, 145-146, 149-150, 373

N

Navarro Wolff, Antonio · 75, 81
Nogues, Isaías (Gobo) · 182

O

Ochoa, Arnaldo · 79, 99, 109-110, 112, 122, 126, 129-130, 337

Ojeda, Fabricio · 85, 90, 93, 95-96, 103, 105, 108, 116-117, 133-134, 188, 265, 367, 375
Onganía, Juan Carlos · 35-36, 303, 306, 328-330, 334-336, 341, 361, 363
Ortega, Ortega · 211
Ovando Candía, Alfredo · 20, 186-187, 202, 250, 256, 307

P

Pacheco Areco, Jorge · 301, 303, 315
Palmeiro, *Ver* Fernández Palmeiro
Pardo Leal, Jaime · 80, 82
Pastora, Edén (Comandante Cero) · 211
Pastrana, Andrés · 79, 84
Paz Estensoro, Víctor · 20, 158
Pedro Medina Silva · 95, 97, 103, 106, 108, 133-134
Peña, Hermes · 30-31, 33-34, 37, 41-43
Peredo, Guido (Inti) · 29, 34, 159, 191, 202, 249-251, 253
Peredo, Roberto (Coco) · 32, 34, 186, 197, 232, 246, 310, 367
Pereira Reverbel, Ulises · 301
Pérez Marcano, Héctor · 106, 121-124, 126, 129
Perón, Juan Domingo · 26, 45, 327, 334, 340, 361, 371
Perón, María Estela (Isabel) · 363

Petkoff, Luben · 99, 106, 109, 113, 117, 122-123, 126-130, 268
Petkoff, Teodoro · 85, 96, 102, 107, 114, 117
Phillips, David · 282-283, 285
Pinares, *Ver* Sánchez Díaz, Antonio
Piñeiro, Manuel (Barbaroja) · 33, 50, 192, 212, 310, 348
Pizarro León-Gómez, Carlos · 75, 81
Pombo, *Ver* Villegas, Harry · 372
Portocarrero, Elio · 47, 55, 61, 257
Prada, Francisco · 103, 105-106, 111, 127, 136, 259, 265
Prado Salmón, Gary · 250-251, 372
Prestes, Luis Carlos · 272
Puerto Maldonado · 18, 46, 50-51, 55, 234
Punta Carretas · 316, 321
Punto Fijo, Acuerdo de · 86-87, 94

Q

Quijada, Hermes · 338, 340

R

Rangel, Domingo Alberto · 86, 90, 100, 103
Rangel, José Vicente · 19
Reid Cabral, Donald · 275-276, 278
Renán, *Ver* Moleón, Renán

Reyes Rodríguez, Eliseo
(Rolando) · 40, 159, 207,
224, 227
Reyes Zayas, Israel (Braulio)
· 227-228
Ricardo, *Ver* Martínez
Tamayo, José María
Roca, Gustavo · 43
Rodríguez, Carlos Rafael ·
22, 28, 270, 348
Rojo, Ricardo · 26-27, 30-31,
42-45, 181, 183, 230, 246
Rosales del Toro, Ulises ·
122, 125-126, 129
Rotblat, Adolfo (Pupi)

S

Salazar, Pablo Emilio · 213-
214, 216
Saldaña, Rodolfo · 29, 34,
186, 189, 190, 192
Salta · 25, 29, 32-33, 35-36,
39, 48, 155-156, 204, 329
Sánchez Díaz, Antonio
(Marcos/Pinares) · 223,
227, 247
Santucho, Mario Roberto ·
212, 217, 223, 330-331,
336-338, 345, 347, 358,
364
Sendic, Raúl · 296-297, 301-
302, 306, 311-312, 316-
318, 321, 324-325, 367
Somoza, Anastasio · 204,
209-210, 213, 215-216
Sosa, Yon · 20, 118, 139-
145, 149-150, 153, 367

T

Tamara Bunke, Haydee (Tania)
· 204, 227
Tiro Fijo, *Ver* Manuel Marulanda
Vélez)
Torres, Camilo · 69-70, 72-73,
75-76, 188
Trujillo, Rafael Leónidas · 89,
91, 274-276, 278
Turcios Lima, Luis Augusto · 20,
118, 138, 142-148, 150,
188, 367, 373

U

Universidad de Buenos Aires
(UBA) · 166-167, 174-175,
180-181

V

Vásquez Castaño, Fabio (Helio)
· 69-70, 73
Vásquez-Viaña, Humberto ·
160, 372
Vásquez-Viaña, Jorge · 34, 159
Villegas Tamayo, Harry
(Pombo) · 186, 190, 193,
197, 205-206, 224-225, 227,
229-230, 247, 251, 372

W

Wessin Wessin, Elías · 275, 277, 279, 285

Z

Zamora Medinacelli, Oscar · 155, 157-158, 191, 201
Zenteno Anaya, Joaquín · 236

Otros libros publicados por Ediciones Universal en la
COLECCIÓN CUBA Y SUS JUECES

359-6	CUBA EN 1830, Jorge J. Beato & Miguel F. Garrido	
46-1	CUBA Y LA CASA DE AUSTRIA, Nicasio Silverio Saínz	
48-8	CUBA, CONCIENCIA Y REVOLUCIÓN, Luis Aguilar León	
49-6	TRES VIDAS PARALELAS, Nicasio Silverio Saínz	
65-4	VIDAS CUBANAS - CUBAN LIVES.- (2 vols.), José Ignacio Lasaga	
07-3	MEMORIAS DE UN DESMEMORIADO-Leña para fuego hist. Cuba, José García Pedrosa	
43-X	LOS ESCLAVOS Y LA VIRGEN DEL COBRE, Leví Marrero	
93-6	HISTORIA DE LA ODONTOLOGÍA EN CUBA(4 vols: (1492-1983), César A. Mena	
122-0	RELIGIÓN Y POLÍTICA EN CUBA DEL SIGLO XIX, Miguel Figueroa	
28-2	OCHO AÑOS DE LUCHA - MEMORIAS, Gerardo Machado y Morales	
74-6	GRAU: ESTADISTA Y POLÍTICO (Cincuenta años de la Historia de Cuba), Antonio Lancís	
79-7	HISTORIA DE FAMILIAS CUBANAS (9 vols.), Francisco Xavier de Santa Cruz	
11-4	LOS ABUELOS: HISTORIA ORAL CUBANA, José B. Fernández	
13-0	ELEMENTOS DE HISTORIA DE CUBA, Rolando Espinosa	
25-4	A LA INGERENCIA EXTRAÑA LA VIRTUD DOMÉSTICA, Carlos Márquez Sterling	
26-2	BIOGRAFÍA DE UNA EMOCIÓN POPULAR: EL Dr. Grau, M. Hernández-Bauzá	
28-9	THE EVOLUTION OF THE CUBAN MILITARY (1492-1986), Rafael Fermoselle	
31-9	MIS RELACIONES CON MÁXIMO GÓMEZ, Orestes Ferrara	
37-8	HISTORIA DE MI VIDA, Agustín Castellanos	
58-0	CUBA: LITERATURA CLANDESTINA, José Carreño	
66-1	CUBAN LEADERSHIP AFTER CASTRO, Rafael Fermoselle	
79-3	HABLA EL CORONEL ORLANDO PIEDRA, Daniel Efraín Raimundo	
83-1	JOSÉ ANTONIO SACO , Anita Arroyo	
90-4	HISTORIOLOGÍA CUBANA /4 vols./ (1492-1980), José Duarte Oropesa	
02-1	MAS ALLÁ DE MIS FUERZAS, William Arbelo	
10-2	GENEALOGÍA, HERÁLDICA E HIST.DE NUESTRAS FAM. Fernando R. de Castro	
14-5	EL LEÓN DE SANTA RITA, Florencio García Cisneros	
16-1	EL PERFIL PASTORAL DE FÉLIX VARELA, Felipe J. Estévez	
18-8	CUBA Y SU DESTINO HISTÓRICO. Ernesto Ardura	
20-X	APUNTES DESDE EL DESTIERRO, Teresa Fernández Soneira	
32-3	MANUEL SANGUILY. HISTORIA DE UN CIUDADANO, Octavio R. Costa	
38-2	DESPUÉS DEL SILENCIO, Fray Miguel Angel Loredo	
51-X	¿QUIEN MANDA EN CUBA? Las estructuras de poder. La élite, Manuel Sánchez Pérez	
53-6	EL TRABAJADOR CUBANO EN EL ESTADO DE OBREROS Y CAMPESINOS, Efrén Córdova	
58-7	JOSÉ ANTONIO SACO Y LA CUBA DE HOY, Ángel Aparicio	
386-3	MEMORIAS DE CUBA, Oscar de San Emilio	
59-2	ELENA MEDEROS (Una mujer con perfil para la historia), María Luisa Guerrero	
77-3	ENRIQUE JOSÉ VARONA Y CUBA, José Sánchez Boudy	
39-7	DE EMBAJADORA A PRISIONERA POLÍTICA:Albertina O'Farrill, Víctor Pino Y.	
92-7	DOS FIGURAS CUBANAS Y UNA SOLA ACTITUD, Rosario Rexach	
06-0	CRISIS DE LA ALTA CULTURA EN CUBA/INDAGACIÓN DEL CHOTEO, Jorge Mañach	
08-7	VIDA Y MILAGROS DE LA FARÁNDULA DE CUBA (4 v.), Rosendo Rosell	
17-6	EL PODER JUDICIAL EN CUBA, Vicente Viñuela	
20-6	TODOS SOMOS CULPABLES, Guillermo de Zéndegui	
24-9	HISTORIA DE LA MEDICINA EN CUBA(2 v.),César A. Mena y Armando Cobelo	
26-5	LA MÁSCARA Y EL MARAÑÓN (Identidad nacional cubana), Lucrecia Artalejo	
45-1	FÉLIX VARELA: ANÁLISIS DE SUS IDEAS POLÍTICAS, Juan P. Esteve	
47-8	REFLEXIONES SOBRE CUBA Y SU FUTURO, (2da.edc.), Luis Aguilar León	
48-6	DEMOCRACIA INTEGRAL, Instituto de Solidaridad Cristiana	
52-4	ANTIRREFLEXIONES, Juan Alborná-Salado	
79-6	LOS SEIS GRANDES ERRORES DE MARTÍ, Daniel Román	
80-X	¿POR QUÉ FRACASÓ LA DEMOCRACIA EN CUBA?, Luis Fernández-Caubí	
82-6	IMAGEN Y TRAYECTORIA DEL CUBANO EN LA HISTORIA(2 vols.1492-1959),Octavio Costa	

689-3	A CUBA LE TOCÓ PERDER, Justo Carrillo
690-7	CUBA Y SU CULTURA, Raúl M. Shelton
703-2	MÚSICA CUBANA: DEL AREYTO A LA NUEVA TROVA, Cristóbal Díaz Ayala
706-7	BLAS HERNÁNDEZ Y LA REVOLUCIÓN CUBANA DE 1933, Ángel Aparicio
713-X	DISIDENCIA, Ariel Hidalgo
718-0	CUBA POR DENTRO (EL MININT), Juan Antonio Rodríguez Menier
719-9	DETRÁS DEL GENERALÍSIMO(Biografía Bernarda Toro de Gómez«Manana»),Ena Curnow
730-X	CUBA: JUSTICIA Y TERROR, Luis Fernández-Caubí
738-5	PLAYA GIRÓN: LA HISTORIA VERDADERA, Enrique Ros
740-7	CUBA: VIAJE AL PASADO, Roberto A. Solera
743-1	MARTA ABREU, UNA MUJER COMPRENDIDA Pánfilo D. Camacho
745-8	CUBA: ENTRE LA INDEPENDENCIA Y LA LIBERTAD, Armando P. Ribas
747-4	LA HONDA DE DAVID, Mario Llerena
752-0	24 DE FEBRERO DE 1895: UN PROGRAMA VIGENTE, Jorge Castellanos
756-3	LA SANGRE DE SANTA ÁGUEDA (Angiolillo/Betances/Cánovas), Frank Fernández
760-1	ASÍ ERA CUBA (Como hablábamos, sentíamos y actuábamos), Daniel Román
765-2	CLASE TRABAJADORA Y MOVIMIENTO SINDICAL EN CUBA (2 vols.: 1819-1996), Efrén Córdova
773-3	DE GIRÓN A LA CRISIS DE LOS COHETES: La segunda derrota, Enrique Ros
786-5	POR LA LIBERTAD DE CUBA (una historia inconclusa), Néstor Carbonell Cortina
794-6	CUBA HOY (la lente muerte del castrismo), Carlos Alberto Montaner
795-4	LA LOCURA DE FIDEL CASTRO, Gustavo Adolfo Marín
796-2	MI INFANCIA EN CUBA: LO VISTO Y LO VIVIDO POR UNA NIÑA CUBANA DE DOCE AÑOS, Cosette Alves Carballos
798-9	APUNTES SOBRE LA NACIONALIDAD CUBANA, Luis Fernández-Caubí
803-9	AMANECER. HISTORIAS DEL CLANDESTINAJE, Rafael A. Aguirre Rencurrell
804-7	EL CARÁCTER CUBANO, Calixto Masó y Vázquez
808-X	RAZÓN Y PASIÓN (25 años de estudios cubanos), Instituto de Estudios Cubanos
814-4	AÑOS CRÍTICOS: Del camino de la acción al camino del entendimiento, Enrique Ros
823-3	JOSÉ VARELA ZEQUEIRA(1854-1939);Su obra científico-literaria, Beatriz Varela
828-4	BALSEROS: HISTORIA ORAL DEL ÉXODO CUBANO DEL '94, Felicia Guerra y Tamara Álvarez-Detrell
831-4	CONVERSANDO CON UN MÁRTIR CUBANO: CARLOS GONZÁLEZ VIDAL, Mario Pombo
832-2	TODO TIENE SU TIEMPO, Luis Aguilar León
838-1	8-A: LA REALIDAD INVISIBLE, Orlando Jiménez-Leal
840-3	HISTORIA ÍNTIMA DE LA REVOLUCIÓN CUBANA, Ángel Pérez Vidal
851-2	APUNTES DOCUMENTADOS DE LA LUCHA POR LA LIBERTAD DE CUBA, Alberto Gutiérrez de la Solana
860-8	VIAJEROS EN CUBA (1800-1850), Otto Olivera
861-6	GOBIERNO DEL PUEBLO: Opción para un nuevo siglo, Gerardo E.Martínez-Solanas
866-7	NATUMALEZA CUBANA, Carlos Wotzkow
868-3	CUBANOS COMBATIENTES: peleando en distintos frentes, Enrique Ros
869-1	QUE LA PATRIA SE SIENTA ORGULLOSA (Memorias de una lucha sin fin), Waldo de Castroverde
870-5	EL CASO CEA: intelectuales e inquisidores en Cuba ¿Perestroika en la Isla?, Manurizio Giuliano
874-8	POR AMOR AL ARTE (Memorias de un teatrista cubano 1940-1970), Francisco Morín
875-6	HISTORIA DE CUBA, Calixto C. Masó
876-4	CUBANOS DE DOS SIGLOS: XIX y XX. ENSAYISTAS y CRÍTICOS, Elio Alba Buffill
880-2	ANTONIO MACEO GRAJALES: EL TITÁN DE BRONCE, José Mármol
882-9	EN TORNO A LA CUBANÍA (estudios sobre la idiosincrasia cubana), Ana María Alvarado
886-1	ISLA SIN FIN (Contribución a la crítica del nacionalismo cubano), Rafael Rojas
891-8	MIS CUATRO PUNTOS CARDINALES, Luis Manuel Martínez
895-0	MIS TRES ADIOSES A CUBA (DIARIO DE DOS VIAJES), Ani Mestre
901-9	40 AÑOS DE REVOLUCIÓN CUBANA (El legado de Castro), Efrén Córdova Ed.
907-8	MANUAL DEL PERFECTO SINVERGÜENZA, Tom Mix (José M. Muzaurieta)
908-6	LA AVENTURA AFRICANA DE FIDEL CASTRO, Enrique Ros
910-8	MIS RELACIONES CON EL GENERAL BATISTA, Roberto Fernández Miranda
912-4	ESTRECHO DE TRAICIÓN, Ana Margarita Martínez y Diana Montané
922-1	27 DE NOVIEMBRE DE 1871. FUSILAMIENTO DE OCHO ESTUDIANTES DE MEDICINA, William A. Fountain
929-9	EL GARROTE EN CUBA, Manuel B. López Valdés (Edición de Humberto López Cruz)
931-0	EL CAIMÁN ANTE EL ESPEJO. Un ensayo de interpretación de lo cubano, Uva de Aragón

www.ingramcontent.com/pod-product-compliance
Lightning Source LLC
Chambersburg PA
CBHW031230290426
44109CB00012B/228